工业和信息化普通高等教育
"十三五"规划教材立项项目

21世纪高等学校
市场营销系列教材

广告学
理论、方法与实务
微课版

李东进　秦勇 ◉ 主编
麻菁菁　郑军 ◉ 副主编

Advertising:
Theory, Methods and Practice

人民邮电出版社
北京

图书在版编目（CIP）数据

广告学：理论、方法与实务：微课版 / 李东进，
秦勇主编. -- 北京：人民邮电出版社，2019.1（2022.7重印）
21世纪高等学校市场营销系列教材
ISBN 978-7-115-49461-0

Ⅰ. ①广… Ⅱ. ①李… ②秦… Ⅲ. ①广告学—高等
学校—教材 Ⅳ. ①F713.80

中国版本图书馆CIP数据核字(2018)第295411号

内 容 提 要

　　本书注重广告学的基本理论和操作实务，重点突出新媒体时代的广告创意与实际应用。全书内容包括：广告导论，广告的起源与发展，广告计划、目标与预算，广告信息的认知反应与处理过程，广告信息的情感反应，广告调查，广告创意策略，广告文案创作，广告制作，广告媒体及媒体策略，广告效果测定，广告模特与广告音乐，网络广告，广告管制，广告与社会及国际广告。

　　本书可作为高等院校本、专科"广告学"课程的授课教材，同时也可作为企业在职人员的培训教材，及广告学爱好者的自学用书。

◆ 主　　编　李东进　秦　勇
　　副 主 编　麻菁菁　郑　军
　　责任编辑　刘向荣
　　责任印制　焦志炜

◆ 人民邮电出版社出版发行　　北京市丰台区成寿寺路 11 号
　　邮编　100164　电子邮件　315@ptpress.com.cn
　　网址　http://www.ptpress.com.cn
　　固安县铭成印刷有限公司印刷

◆ 开本：787×1092　1/16
　　印张：16.75　　　　　　　　　2019 年 1 月第 1 版
　　字数：455 千字　　　　　　　2022 年 7 月河北第 8 次印刷

定价：49.80 元

读者服务热线：(010)81055256　印装质量热线：(010)81055316
反盗版热线：(010)81055315
广告经营许可证：京东市监广登字20170147号

前 言

FOREWORD

广告是现代企业塑造品牌、促进销售的有效手段和途径。它广泛存在于我们的社会生活之中，与我们朝夕相伴。走在大街上，映入眼帘、充斥耳边的无不是铺天盖地的广告。可以毫不夸张地说，现代商业社会的每一个角落都弥漫着浓郁的广告气息。

广告既是一门科学，又是一门艺术，同时还是一个不断发展变化的"生命体"。近年来，网络媒体不断兴起，传统媒体日渐衰落，企业的广告策略、广告创意、广告制作和广告发布均发生了日新月异的变化，创新已经成为当今广告发展的主旋律。因此，作为培养广告专业人才的高校广告学教材，也应与时俱进，不断创新。

本书在充分借鉴国内外广告学最新研究成果的基础上，力求以通俗易懂的方式阐述广告学的基本原理和操作实务。在编写过程中，我们结合我国广告业发展的新趋势，对植入广告、名人广告、网络广告等进行了较为深入的探讨。在写作风格方面，我们以多年来积累的教学资料和研究成果为主线，基于广告受众的视角，在一些问题上大胆提出了鲜明的观点和见解，具有一定的创新性和前瞻性。

全书共分 16 章，具体包括：广告导论，广告的起源与发展，广告计划、目标与预算，广告信息的认知反应与处理过程，广告信息的情感反应，广告调查，广告创意策略，广告文案创作，广告制作，广告媒体及媒体策略，广告效果测定，广告模特与广告音乐，网络广告，广告管制，广告与社会和国际广告。

与同类图书相比，本书具有以下 3 点特色。

（1）内容全面、知识新颖、视角独特。本书从广告受众的视角来认识广告并探讨广告的传播效果。除包含同类书籍中的基本内容外，本书还增加了诸如消费者的广告信息认知和情感反应、广告模特与广告音乐、广告与社会等特有的章节。

（2）体系完备，实用性强。本书在编写过程中注重将广告学基本理论与我国企业广告实践有机结合起来，全书精选了 30 多篇经典广告案例供读者学习，以帮助读者切实提高实际应用能力。

（3）体例新颖，形式多样。本书每章开篇均设有导读和开篇案例，文中插入相关阅读资料，每章后设有课后思考与练习、案例讨论等模块。同时，作者针对书中的重点及难点录制了微课，读者可以直接扫描书中的二维码观看。

本书由南开大学市场营销系主任、中国高校市场学研究会副会长李东进教授和秦勇副教授担任主编，麻菁菁和郑军担任副主编。在编写过程中，作者参考和借鉴了众多学者的研究成果，在此表示诚挚的敬意。尽管我们付出了很多努力，但由于作者学识有限，书中一定存在很多不足，敬请各位老师和读者批评指正。

李东进　秦勇

2018 年 12 月于南开园

目 录

CONTENTS

第1章 广告导论

本章导读

广告是现代企业最为重要、最常见的促销手段之一，它与我们朝夕相伴、如影随形。翻开报纸、杂志，打开广播、电视，随意浏览网页，甚至是走在大街上，映入眼帘的、充斥在耳边的总是无处不在的广告。本章为全书的开篇章节，主要介绍了广告的定义、分类、特点、功能及作用，阐述了广告组织和广告的经营环境，并对广告学的研究对象和研究方法进行了探讨。本章知识至关重要，是读者进一步学习的基础。

知识结构图

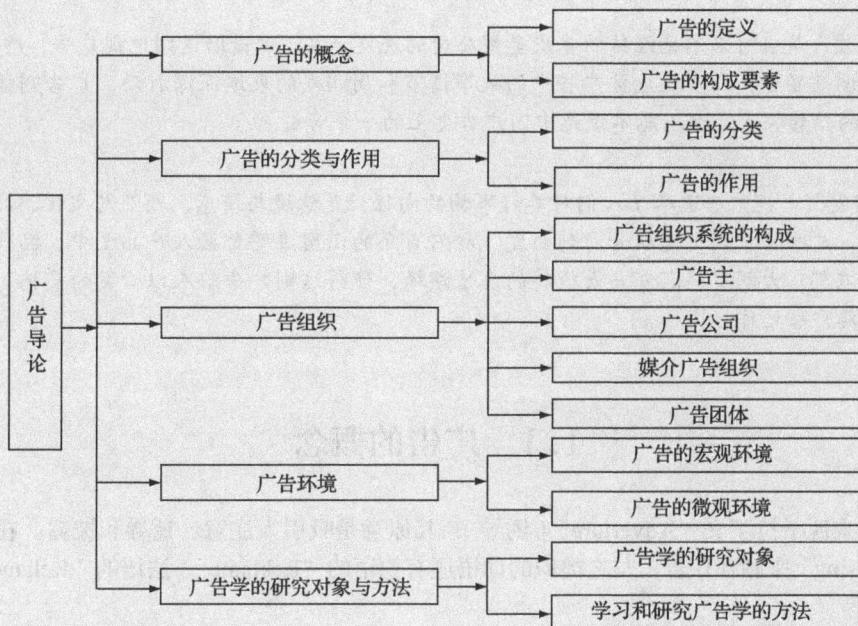

"100 年润发"经典广告

"如果说人生的离合是一场戏，那么百年的缘分更是早有安排。青丝秀发，缘系百年。"多年过去，我们依然会被"100 年润发"广告所感动。

"100 年润发"电视广告堪称中国广告史上"文化"与"商业"完美结合的典范。在京剧的背景音乐声中，该广告为观众讲述了一段温婉感人的爱情故事。借助于周润发与女模特精彩的表演，将广告中男女主人公从相知相恋到离别重逢再到牵手一生，将爱慕、微笑、焦灼与欣喜等丰富的面部表情淋漓尽致地展现出来（见图1-1）。尤其是男主人公周润发一往情深地给"发妻"洗头浇水的一幕，更是让人久久不能忘怀。

图 1-1 "100 年润发"电视广告截图

"100 年润发"是当时名不见经传的重庆奥妮公司的洗发产品。但借助这则电视广告，产品迅速走红。据当时的一项调查显示，众多观众被广告中的故事情节和周润发的表演深深打动，广告刊播后为企业创造了近 8 亿元的销售收入。这不能不说是中国广告史上的一个奇迹。

案例分析

"100 年润发"电视广告道尽了人们对美好事物的向往，是意境与情感、商业与文化、品牌与明星完美融合的典范。广告将中国夫妻从青丝到白发、相好百年的山盟海誓都融入产品之中，品牌定位独特，传统文化气息浓郁。大明星周润发与女模特的真情演绎，使得这则广告给人以心灵的震撼，堪称是具有中国特色的经典广告之作。

1.1 广告的概念

广告一词来源于拉丁文"Adverture"（诱导），其原意是吸引人注意、诱导和披露。在英文中人们常用"Advertising"来指代广告，与之类似的词语还有德语的"Reklame"、法语的"Relame"和拉丁语的"Clame"等。

我国古代并没有所谓的"广告"一词，而是以"告白"或"广而告之"代之。在《辞源》和《康熙字典》中都查不到"广告"这个词语。事实上，直到 20 世纪初期，广告一词才从日本引入我国。和许多外来词语一样，"广告"也是个舶来品。

1.1.1　广告的定义

广告的定义有多种，并随着时代的发展在不断地变化，例如，1932 年，美国《广告时代周刊》征求广告定义，最后确定的定义为："个人、商品、劳务、运动，以印刷、书写、口述或图画为表现方法，由广告主出费用做公开宣传，以促成销售、使用、投票或赞成为目的。"但是，在当前电波媒体和网络媒体占主流的环境下，这个定义已不再适用。

按照广告定义出现的时间顺序，我们能够列举出多条有代表性的定义，限于篇幅本书不再赘述。但综合众多观点，我们可以从两个方面来理解广告的含义。一是从市场营销学的角度来看，广告强调的是产品、服务等促销或销售的功能，即广告的最终目的在于促销或销售。二是从传播学的角度来看，广告作为一种传播手段，其主要目的在于传递信息或劝说。

基于以上分析，我们认为：所谓广告，是指可确认的广告主为了促进交换，主要以付费的方式，通过各种媒体所进行的单向或双向的营销传播活动。

此定义主要强调以下 5 点。

（1）广告的目的是促进交换。交换（exchange）是交换双方之间的一切行为。交换不仅包括交易（transaction）行为，而且还包括通过向社会捐赠从而获得荣誉感等非营利性行为。虽然广告传递信息具有传播的功能，但是广告的最终目的还是为了促进交换。

（2）广告是可确认的广告主的活动。在广告中，广告主不能用歪曲的方式表示自己的身份，广告主的身份必须是确定的。

（3）广告一般是以付费的方式进行的。但并不是所有的广告都需要支付费用。例如，企业在自己的网站上发布广告并不需要支付媒体的使用费。

（4）广告是通过各种媒体以单向或双向的方式进行的。广告主可以借助传统媒体进行单向的信息传递，也可以利用网络等新兴媒体实现信息的双向传播。

（5）广告是营销传播活动。广告是市场营销的重要组成部分，是实现营销目标的有效手段。广告活动要在营销计划的框架下进行。

1.1.2　广告的构成要素

广告的构成要素即广告活动的基本组成单位，主要包括广告主、广告信息、广告费用、广告媒介、广告公司和广告受众等。

1. 广告主

广告主是广告行为活动的行为主体，包括各类组织和个人。为了促进商品的交换，广告主需要设计、制作并在各种媒介上发布广告。在通常的情况下，广告主会将广告业务外包，委托广告公司代为完成。广告主支付广告费用，对广告发布具有一定的支配权，在整个广告活动中居于主导地位。同时，广告主也是广告的责任主体，需要对所做广告承担相应的法律责任。

2. 广告信息

广告信息是指广告主所传递的广告内容，包括商品（产品或服务）信息以及广告主的某种主张或理念。广告主对广告信息的发布具有决定权，经由广告公司创作的广告作品必须得到广告主的认可后方能在广告媒体上发布。

3. 广告费用

广告费用是广告主开展广告活动所需的各种开支，包括广告调研费、广告设计费、广告制作费、媒体发布费等。广告费用的多少取决于多种因素，如广告发布媒介的地位和影响力、广告发布时间段及时间的长短、版面的位置和大小、发布的频率、制作的复杂程度等。如今，一些广告主为了吸引受众的关注，热衷于聘请名人代言，由此所产生的代言费也是一笔巨大的开支。

4. 广告媒介

广告媒介又称广告媒体，既是广告信息的载体，又是联结广告主和广告受众的纽带。没有广告媒介，广告内容就无从展示，因此，广告媒介在广告运作系统中具有极为重要的作用。在我国，由于长期以来广告媒介所处的垄断地位，使得媒介在与广告主和广告代理公司的博弈中居于强势地位。

广告媒介种类很多，传统的广告媒介主要有电视、广播、报纸、杂志、户外等。如今，以互联网为代表的新媒体异军突起，对传统广告媒介造成巨大冲击，网络媒体已经成为当今毫无争议的第一大广告媒体。

5. 广告公司

广告公司，俗称为广告代理商，是指专门从事广告业务活动的企业。广告公司为广告主提供广告调查、策划、设计、制作、发布等多项服务，并从中获取收益。在经济高度发达的城市，往往也是广告公司云集的地方，如美国的纽约、日本的东京和英国的伦敦等。

我国广告公司在 20 世纪 80 年代初期获得了良好的发展契机，借助改革开放的春风，一部分公司快速成长，取得了惊人的业绩。然而，随着广告市场的不断开放，外资公司蜂拥而入，我国本土广告公司在与国外广告巨头的竞争中逐渐处于劣势。

6. 广告受众

广告受众是广告信息的传递对象，可以是组织和群体，也可以是个人。广告信息只有有效传递给受众并为受众所接受，广告活动的目标才有可能实现。正如广告大师李奥·贝纳所言："一个广告在没有印刷出来、没有播放出来、没有张贴出来，或是在一切应该刊播的方式应用之前，以及已经刊播出来但没有发挥传播作用之前，都不能称之为真正的广告。"因此，在广告活动中，应该重视对广告受众的研究，制作目标受众乐于接受的广告内容，同时要选择目标受众能够方便接收的媒体。

1.2 广告的分类与作用

1.2.1 广告的分类

在电波媒体出现之前，广告的主要发布媒介只能是报纸和杂志。被誉为"现代广告之父"的阿尔伯特·莱斯克（Albert Lasker）把广告称为"印刷品上的推销人"（salesman in print），因为那时根本没有广播、电视等传播媒体。如今，广告媒体已经极大丰富，广告信息的传播方式呈现出新的特征，广告的形式和种类日趋多样化。

广告的分类方法很多，具体而言主要有以下几类。

1. 根据广告媒体进行分类

根据媒体对广告进行分类是最常见的分类方法，此种分类方法可以将广告分为以下 7 类。

（1）电波广告。电波广告是指主要通过电波手段来表现广告信息的广告形式。主要包括电视广告和广播广告，它们均属于传统的 4 大广告媒体。此外，电影和幻灯播放的广告亦属于电波广告。

（2）印刷品广告。印刷品广告是指主要通过印刷品传递广告信息的广告形式，包括报纸、杂志、招贴、函件、册子、日历、产品目录、传单等广告。其中，报纸和杂志也都属于传统的 4 大广告媒体。

（3）户外广告。户外广告是指通过存放于开放空间的媒体而发布的广告。户外媒体主要有交通类和建筑类两种。其发布媒体具体包括户外的电子显示屏、悬挂在建筑物上的大型广告牌、霓虹灯、专门设置在公路旁及重要交通路口的路牌、流动广告车，以及车体、船体内外等。

（4）新媒体广告。新媒体广告是指利用互联网、PC 通信（个人计算机）、手机等新媒体来传播广告信息的广告形式。新媒体广告自身具有传统媒体所不具备的诸多优势，目前正在以令人惊讶的速度发展。新媒体广告已经对传统的广告媒体产生了巨大的冲击。以互联网广告为例，2016 年我国网络广告的市场规模高达 2 902.7 亿元，同比增长 32.9%，再创历史新高。

（5）直接邮递广告（direct mail advertising，DM）。直接邮递广告是指直接将印刷品广告、录像带、影碟甚至实物等寄送给广告对象的广告形式。在国外，直接邮寄广告是一种非常常见的广告形式，美国 1998 年直接邮递广告费用达到 392 亿美元，成为与无线电视广告并列的第二大广告媒体。但近年来随着网络媒体的兴起，直接邮递广告逐渐被电子邮件（e-mail）等新兴的广告形式所代替，影响力已经大不如前。

（6）售点广告（point of purchase advertising，POP）。售点广告是指在销售现场所做的广告（见图 1-2），它是购物场所内外一切悬挂、设置的广告的总称。从建筑物外悬挂的巨幅旗帜，到商店内外的橱窗广告、商品陈列、商品的价目表以及展销会等，都属于售点广告的范畴。

（7）其他广告。此外，还有许多利用其他媒体发布广告信息的广告形式。如利用飞艇等飞行物悬浮标语（见图1-3），甚至喷洒烟雾组成特定图案的空中广告；利用包装物和手提袋传播广告信息的包装广告等。这些媒体丰富了广告媒体的形式，也发挥出了较好的广告效果。

图 1-2　超市里的加多宝售点广告

图 1-3　固特异轮胎所做的飞艇广告

2. 根据广告主进行分类

根据传递广告信息的主体即广告主进行分类，广告可以分为以下 3 种。

（1）制造商广告（manufacturer's advertising）。制造商广告是指直接生产或制作产品的广告主所做的广告。

（2）中间商广告（retailer's advertising）。中间商广告是指商业批发企业或零售商所做的广告。

（3）合作广告（cooperative advertising）。合作广告是指广告由经销商来做，但制造商共同承担部分广告费用的广告。

3. 根据广告受众对象进行分类

根据受众对象的不同，广告可以分为消费者广告和商务广告。

（1）消费者广告（consumer advertising）。此类广告直接指向最终消费者，是以消费者为受众对象的广告，一般使用大众媒体。在全部广告活动中，这类广告占有较大的比例。我们平常接触的广告，大都属于此类。

（2）商务广告（business advertising）。此类广告是以企业为受众对象，主要是通过专业媒体进行发布。商务广告又可分为主要针对工业企业，以原材料、生产设备为主要广告内容的产业广告和以批发商、零售商等商业流通企业为诉求对象，以商品交易为主要广告内容的商业广告。

4. 根据广告内容分类

按照广告传递信息内容的不同，可以将其分为产品广告和非产品广告。

（1）产品广告（product advertising）。此类广告的目的是使目标受众了解产品的性能、特点，知晓产品的商标，并产生好感，进而在选购该类产品时给予特别注意的广告形式。

（2）非产品广告（nonproduct advertising）。此类广告的目的是扩大企业的知名度和影响力，建立及提升企业形象。因而，在广告中一般并不直接介绍产品和宣传产品的性能、特点等，而更多的是表现企业的精神、理念及象征等，这类广告也称为形象广告。

5. 根据广告目的分类

在不同的时期和具体的环境下，企业的广告目的会有所不同。从经济效益的角度可以将广告分为营利性广告和非营利性广告。

（1）营利性广告（commercial advertising）。营利性广告也叫经济广告，是指以谋求利润为目的的广告。企业所做的大部分广告都是盈利性广告。

（2）非营利性广告（noncommercial advertising）。非营利性广告是指做广告的目的不是谋求利润，而是为了表明立场、态度以及对社会问题的关切。公益广告（Public Interest Advertising，或 Public Service Advertising）是其中最主要的一种。

公益广告一般是非商业性的，其内容为传播公益观念，其目的为以倡导或警示等方式把有关社会公共利益或社会公众关心的信息传递给社会公众。因此，其更容易引起受众的共鸣，能够起到营利性广告所无法替代的作用。

与一般的商业性广告相比，公益广告有以下特征。

① 公益性。公益广告的最显著特征是公益性而非商业性，公益广告应是纯粹的"公益服务广告"，其中不应含有任何商业目的。公益广告虽然也是在从事一种诱导性传播，但是其广告信息均围绕公众利益，而不是广告主利益。

② 义务性。从事公益活动，履行社会责任是每一个社会组织应尽的义务。公益广告内容与广告主商业利益虽无直接关系，但能够体现出广告主对社会公益事业的责任和义务感。

③ 社会性。公益广告的主题及公益广告所产生的效益带有显著的社会性。公益广告的主题内容存在深厚的社会基础，取材于老百姓的日常生活，再通过广告以鲜明的立场、健康的方式实现正确导向，解决的是与百姓生活息息相关的社会问题。请看下面一则"光盘行动"的公益广告（见图1-4）。

④ 大众性。公益广告的诉求对象是最广泛的社会公众，是面向全体社会公众的信息传播。公益广告从性质上讲是公众服务类广告；从内容上讲是社会性题材广告；从目标上讲是宣传教育类广告，这一切都决定了公益广告具有最大的受众面。

下面一则公益广告"常回家看看"，表现了一家三口在瑞雪纷飞的寒冬即将踏进老人家门的那种喜悦的心情，提醒现在忙碌的年轻人即使工作再忙也不能忘记亲情，要多回家看看老人（见图1-5）。

图1-4 "光盘行动"公益广告　　　　　　图1-5 "常回家看看"公益广告

⑤ 教育性。公益广告以广告的表现手法和独特的艺术魅力，对社会公众产生教育目的，负有教育使命。

公益广告寓宣传教育于情理之中，以倡导、鼓励、规劝、警醒，甚至批评等方式引起受众的共鸣，从而达到一般教育所不及的社会效应。下图为一张令人震撼的公益公告图片，警示我们"驾驶时拨打电话是一件多么可怕的事情"。虽然没有血腥的画面，但足以触目惊心（见图1-6和图1-7）。

图1-6　交通安全公益广告1

图1-7　交通安全公益广告2

6. 根据产品的生命周期分类

根据产品生命周期各阶段的不同，企业常采用不同的广告策略。例如，在产品引入期，企业广告的主要目的是通过向消费者介绍产品让消费者尽快了解和认识产品，所以一般采取认知性的广告策略。具体而言，根据产品的生命周期分类，广告可以划分为认知性广告、竞争性广告和提醒性广告3种。

（1）认知性广告（awareness advertising）。认知性广告通过向消费者介绍产品的性质、性能、用途、价格等，促进消费者对产品的认知，并产生初步的需求。

（2）竞争性广告（competitive advertising）。竞争性广告是一种以说服为目的的广告，通过有效的说服手段促使消费者加深对某品牌产品的印象，进而刺激其选择性需求。

（3）提醒性广告（remind advertising）。提醒性广告也叫备忘性广告，是指针对消费者已有使用习惯和购买习惯的产品，通过广告提醒他们不要忘记这个产品，刺激其重复购买。

7. 根据广告诉求分类

广告诉求是指通过广告传播来促使消费者认知和行动，也就是广告诉说有关内容，要求消费者按广告内容指示去购买。

（1）感性广告（emotional advertising）。感性广告也叫情感广告，是指广告内容的选择主要是从感性的角度出发，寻求产品特色与目标受众情感之间的一种和谐或共鸣。感性诉求可划分为以下两种。① 愉悦感性广告。这类广告着重运用富有人情味的诉求，吸引消费者为获得美满感去购买广告的商品。多数消费品均用这种方式，如温馨广告、幽默广告等。② 恐惧感性广告。这类广告强调不幸情景，为预防或阻止其出现而购买。药品、保险等广告会用这种方式，如严重性广告、恐惧广告等。

（2）理性广告。理性广告是指广告内容的选择主要从理性的角度出发，直接陈述商品的好处或能给消费者带来的物质利益，从而促使消费者产生理智性购买。理性广告主要有产品提示性广告、比较广告等。

8. 根据广告传播范围分类

按照广告传播的范围，广告可分为以下3类。

（1）全国性广告。选择全国性的媒体，如全国性的报纸、杂志、电视、电台等所进行的广告活动形式。这类广告是以全国市场为目标市场的，所以根据全国性市场的特点进行设计与制作。对于同质性较强的产品以及在全国范围内销售的品牌产品而言，可能会更多地采用这类广告形式。

（2）区域性广告。选择区域性的媒体所进行的广告活动形式。由于我国幅员辽阔，各地区之间经济发展不平衡，消费水平也有较大的差距，因而许多商品并不是以全国市场为目标市场，而是在区域市场内销售。这样，大量的此类广告是针对此类市场的特点进行设计与制作的。区域性广告与全国性广告相辅相成、各具特色，从而提高总体广告效果。

（3）国际广告。选择国外的广告媒体所进行的广告活动形式。国际广告又可分为标准化（standardization）国际广告和本土化（localization）国际广告。标准化国际广告是把同样的广告信息和宣传主体传递给各国市场的广告形式，这种广告要求忽视各国的市场个性，而强调各国市场需求的一致性。本土化国际广告是指通过向不同的国家和地区传递不同的信息，强调各国市场的差异性。采取哪种国际广告形式，实际上是国际广告策略的选择问题。

1.2.2 广告的作用

随着科学技术的不断进步，机器逐渐取代人工劳动，企业生产效率极大提高，大规模工业化生产使得商品过剩现象严重，市场竞争日趋激烈。因此，作为促进商品交换有效手段的广告活动正在为越来越多的商家所重视，并日益发挥着越来越重要的作用。

1. 广告在对市场经济发展的作用

在理想的市场环境下，有限的社会资源是按照市场需求进行合理配置的。但要实现这一目标，必须要有完全的信息传播，而广告在实现信息传播的过程中起到非常重要的作用。广告活动使得社会资源能够在更大的市场范围内优化组合，在更有效率的条件下进行配置，有力地促进了市场经济向更高的阶段迈进。

2. 广告对企业生存和发展的作用

（1）广告是企业获取竞争对手信息的重要途径。在竞争日趋激烈的市场环境下，企业要想在竞争中求得生存和发展，就必须充分掌握大量的市场信息，做到"知己知彼，百战不殆"。在广告传播过程中，任何一家企业都会在一定程度上将自己的经营理念、市场定位、产品特色、渠道、价格策略等重要信息通过广告传播给目标受众，以此来吸引受众关注，进而购买企业的产品。因此，企业可以根据竞争对手的广告传播活动，获取大量有价值的信息，从而有效制定本企业的经营策略。

（2）广告有助于提高企业的知名度和美誉度。企业知名度和美誉度的提高是一个较为漫长的过程，需要企业长期不懈地投入和努力。一旦美誉度建立，企业就拥有了一项重要的无形资产，这是企业发展的巨大财富。在此过程中，广告往往发挥着关键性的作用。例如，我国的海尔公司一贯重视对企业形象的广告宣传，因而在市场中拥有良好的口碑，其"真诚到永远"的服务理念也因此深入人心。

（3）广告支持业务人员进行销售活动。业务人员是直接与客户（消费者）打交道的企业员工。业务人员业绩的好坏，与企业的广告宣传活动密切相关。良好的广告活动能够帮助业务人员顺利实现销售目标。

（4）广告能够帮助企业降低成本，增加收益。广告活动能够促进企业产品销量，实现规模经营，从而有效降低成本。成本的降低，可以使企业在同样的价格水平下获得更多的利润。

（5）广告有助于增强企业的竞争意识。市场经济是竞争经济，企业的一切策略都归因于竞争。竞争推动着企业关注市场信息，加强技术开发，注重营销策略以及内部经营管理。自1978年我国实施改革开放以来，国内企业的竞争意识得到了不断的加强。在这一过程中，广告起到了巨大的作用。我们无数次见证了这样的案例：一家默默无闻的小企业通过广告提高了知名度，产品供不应求，企业迅速发展、壮大，最终成为一家大企业。相反，有一些原本具有较强实力的企业，盲目迷恋产品质量，坚信"酒香不怕巷子深"，从不注重广告宣传，因而最终被市场无情地淘汰。

不过值得注意的是，广告并非企业的万能良药，获得了央视的"标王"也不能保证企业的经营一帆风顺。1995年至2017年23年的时间里，央视总共诞生了17位广告标王（注：有企业多次上榜，所以标王企业数不到23个），如表1-1所示。这其中不少标王们跌宕起伏的命运让人唏嘘不已。有些企业因大手笔的广告投入一时风光无限，但最终却因经营不善而走向了失败的边缘。

表 1-1 央视历届广告"标王"（1995—2017）

年份	标王企业	年份	标王企业
1995	孔府宴酒	2007	宝洁
1996	秦池酒业	2008	伊利
1997	秦池酒业	2009	纳爱斯
1998	爱多	2010	蒙牛
1999	步步高	2011	美的
2000	步步高	2012	茅台
2001	娃哈哈	2013	剑南春
2002	娃哈哈	2014	露露
2003	熊猫手机	2015	王老吉
2004	蒙牛	2016	翼龙贷
2005	宝洁	2017	云南白药
2006	宝洁		

从企业经营现状来看，在这批 17 家标王企业中，现在已经销声匿迹或是出现经营危机的有 6 家，占到了总数的三分之一还要多。曾经无限风光的秦池、爱多、步步高等，早已成为了明日黄花。剩下现在还在正常运营的标王企业中，到底从当年央视标王的身份中获取了多少广告收益、投入与产出是否对等，实在是难以统计。但是多家"标王"企业走向衰落确是不争的事实。这不得不引起我们的反思。

3. 广告对消费者的作用

（1）广告是消费者获取商品信息的重要渠道。在市场经济环境下，特别是在买方市场的环境下，消费者面对品种繁多的商品，几乎无所适从。随着广告媒体的飞速发展和广告创意制作水平的不断提高，广告信息的渗透力和影响力都在进一步加强，广告很自然地被消费者作为获取商品信息及知识的重要途径。

（2）广告影响着消费者的消费观念、消费行为和消费结构。广告信息往往是具有时代感和流行性的，而崇尚流行和求美尝新是消费者共有的心理偏好。因此，广告的示范作用自然影响到人们的消费观念，从而导致消费行为以至整个消费结构发生变化。

例如，中国人婚姻观中的"四大件"是非常贵重的物品，定情信物随时代的变迁也有所不同，但从未将"石头"用作结婚之物。戴比尔斯公司"钻石恒久远，一颗永流传"的经典之作将钻石与婚姻相结合。这句广告语用钻石的永恒品质象征爱情的美好、婚姻的永恒，诱发了无数俊男靓女的幸福联想，并使钻石作为定情信物或爱情见证而永存，进而形成"无钻不结婚"的全新消费理念，从此之后，钻戒成了婚礼的必备，备受消费者的青睐，从而掀起一股经久不衰的"钻石流行风"。[①]

（3）广告影响消费者社会阶层的归属。广告的创意表现必须围绕着广告商品的市场定位展开，通过广告对目标受众展现商品利益，引起他们的注意，使其产生好感，进而促进消费者的购买行为。营销学将整个消费群体划分为多个不同的社会阶层，每一阶层的消费者有着相似的消费习惯和特征。广告以此为创意的基础，使得受众的社会阶层归属得以强化。

（4）广告影响目标受众的生活态度。广告所传递的内容丰富多彩，有些广告能够从商品的特征与企业的理念间找到共通之处。通过这些理念的阐释，会对大众产生一定程度的影响，甚至会起到警示的作用。如海尔的广告语："真诚到永远！"其实就是一种生活态度的写照。它的作用也许超越了广告信息的传递，而上升为对受众生活态度的影响。

---

① 王敬超. 广告口号对消费心理的影响. 新闻世界，2016（6）：84-88.

4. 广告对媒体发展的作用

广告信息必须通过媒体传播，没有媒体的存在，广告就失去了传播的载体。媒体的存在和发展需要大量的资金支持，其来源主要是广告收入。电视、报纸、杂志、网络等媒体能够越办越好，节目能够日益丰富多彩，主要原因在于媒体获得了不菲的广告收入。例如，中国互联网三巨头之一的腾讯公司，2017年第四季度网络广告收入高达123.61亿元，其中媒体广告收入增长22%至人民币41.21亿元，社交及其他广告收入同比增长68%至人民币82.40亿元。广告收入的增加进一步推动了媒体的发展。因此，广告与媒体同生存、共繁荣，相互促进、相得益彰。

5. 广告对文学、艺术发展的作用

为更好地引起受众的注意、激发其购买欲望，广告需充分利用各种艺术表现形式来创作和传递广告信息。这些艺术表现形式包罗万象，可以是文字、诗歌、歌曲、舞蹈以及音乐等。而为使广告更具感染力，广告创作又往往将几种艺术形式进行综合加工处理。虽然广告时间很短或篇幅很小，但却蕴含着深厚的文学艺术功底，可以说是文学艺术水平的一种集中体现。

例如，五粮液集团企业形象推广MTV《爱到春潮滚滚来》，不仅曲调委婉悠扬，画面唯美感人，而且歌词也颇具浪漫唯美气息，让人过目难忘。

此外，广东康美药业广告歌曲《康美之恋》，一经推出便受到广大歌迷的青睐，各大网站纷纷提供在线试听或下载服务。

6. 广告对生活环境及文化的作用

广告尤其是户外广告对于城市环境的美化起着重要的作用。好的户外广告的制作和设置，装扮着城市的街道，营造了良好的人文环境。当夜幕降临，华灯初上，都市中无数的霓虹灯广告光芒四射，变化万千，展示着城市的美丽和繁华（见图1-8和图1-9），丰富了人们的文化生活，同时也带动了城市第三产业的兴起和发展。

图1-8 霓虹灯广告图片之一　　　　图1-9 霓虹灯广告图片之二

1.3 广告组织

1.3.1 广告组织系统的构成

广告组织是广告经营活动的机构，广告组织系统由在广告传播过程中承担不同职能的专门机构所组成。我们将广告组织系统归纳如下（见图1-10）。

广告活动的主体是广告主，但是大部分广告活动却是由专门的广告公司来代理的。广告公司的工作包括为广告主制订广告计划、确定广告信息内容以及通过广告媒体向消费者传递广告主的信息，等等。因此，广告主、广告公司、广告媒体就构成了广告组织系统最基本的机构。

广告组织系统

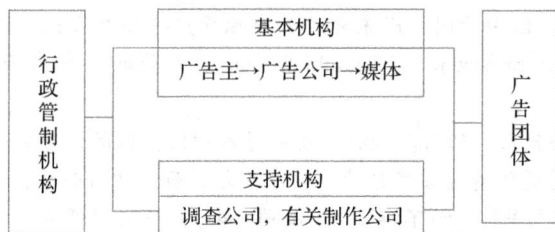

图 1-10　综合的广告组织系统

广告基本机构在执行广告职能的时候，一般需要得到诸如市场调查公司、广告设计公司、广告制作公司以及专门的广告创意公司等机构的支持。规模比较大的广告主、广告公司、媒体或者自己组织调查活动，或者从外部调查公司购买调查资料，并在制作广告过程中利用印刷、制片、设计等专门部门所提供的服务。

另外，广告行政或管理机构也是广告组织系统中的一个很重要的组成部分。广告作为一种有效的促销手段，容易使广告主片面地追求经济利益而忽视广告对社会文化的影响，所以有必要对广告活动加以管制，这种管制广告的机构就是政府的行政机构。

广告团体一般由广告行业内的各系统部门或与广告业相关的部门组成。这些广告团体保护所属会员的利益，促进会员之间的信息交流和业务联系，如广告主协会、户外广告制作协会、广告公司协会等。

1.3.2　广告主

广告主（advertiser）是指直接或委托广告经营者（主要是指广告代理公司）实施广告宣传活动的一个主体，是广告信息的发出者。广告主可以是企业、事业单位，也可以是机关、社会团体和自然人。广告主一般委托广告经营者通过一定的广告媒介进行广告宣传，并向广告经营者支付广告费用。不过广告主也可以利用可能的条件和机会，不通过广告经营者，在自有的媒体上进行自我宣传，这种自我宣传也是广告。

1.3.3　广告公司

广告公司是指专门从事广告代理与广告经营的商业性服务组织。广告公司按照服务功能与经营业务的不同，可以分为广告代理公司、广告制作公司和媒介购买公司 3 类。而不同类型的广告公司，也就相应地具有不同的组织形式和机构设置。

知识拓展 1-1　4A 广告公司

我们在媒体上常看到所谓的 4A 广告公司，很多人不太了解其真正的含义，多误以为 4 个 A 是一种信用或实力评级，其实不然。

那么 4A 到底是什么呢？

4A 一词源于美国，为"美国广告协会"，即：The American Association of Advertising Agencies 的缩写。因名称里有四个单词是以 A 字母开头，故简称缩写为 4A。跟汽车的 4S 店差不多，4A 就是 AAAA。

美国广告协会是上世纪初由美国各大著名广告公司所协商成立的组织，成员包括：Ogilvy&Mather（奥美），J.WalterThompson（智威汤逊，JWT），McCann（麦肯），Leo Burnett（李奥贝纳），DDBO（天联）等著名广告公司。该组织的最主要协议就是关于收取客户媒体费用的约定（17.65%），以避免恶意竞争，此后各广告公司都将精力集中在非凡的创意和高超的客户服务中，从而创造出一个接一个美妙的广告创意，从而 4A 也成为众多广告公司争相希望加入的组织。从 20 世纪 70 年代末到 90 年代初，

4A成员们渐渐地进入国内，但由于国内尚未允许外商独资广告公司存在，所以4A公司往往与国内公司合资成立合资广告公司，比如盛世长城（Saatchi & Saatchi与长城）、智威汤逊中乔（J.WalterThompson与中乔）等。

20世纪80年代末90年代初，随着跨国公司纷纷进入中国，国际广告公司也纷至沓来。当时，国内的广告业尚未发展，4A公司凭借着国际客户的声誉以及大胆而精妙的创意、精彩的导演和拍摄树立了其在国内广告界的名声，国内广告界渐渐了解了4A公司，4A广告公司便成为代理国际品牌广告代理公司的代名词了。

1. 广告代理公司

广告代理公司是为广告主提供广告代理服务的机构，一般又可根据规模大小分为综合型广告代理公司和专项服务型广告代理公司两类。

综合型广告代理公司，为广告主提供全方位的广告代理服务，包括产品的市场调查和研究、广告战略的策划与执行、广告计划的具体设计与制作、广告媒介的选用与发布、广告效果的跟踪与反馈等一系列的活动。它还能为广告主提供信息咨询、企业形象设计、大型公关活动等战略层面的服务和建议。

专项服务型广告代理公司的广告经营范围较狭窄，服务项目较单一，一般不承担广告运作的整体策划和实施。但它能满足特定广告主的特殊需要，具有一定的专业优势，同时顺应了广告专业化分工的趋势，有利于广告专业水平的提高。一般来说，专项服务广告代理公司又可分为3种：提供某一特定产业的广告代理专项服务，如房地产广告代理公司；提供广告活动中某一环节的广告服务，如广告创意公司、广告调查公司；提供特定媒介的广告服务，如户外广告、交通广告等。

2. 广告制作公司

广告制作公司一般只提供广告设计与广告制作方面的服务。由于广告制作业务的专业性，广告制作从一开始就与广告代理分离，成为独立的广告业务服务机构。如平面广告制作公司、影视广告制作公司及路牌、霓虹灯、喷绘等专营或兼营制作机构等都属于这一类。它可以直接为广告主提供广告设计和制作服务，也可以接受广告代理公司的委托，通过提供广告制作服务收取广告制作费用。广告制作公司最大的优势就在于它设备的精良和人员技术的专门化。随着科技和现代广告业的飞速发展，广告主对广告制作的要求越来越高，广告制作设备和人员的投入也越来越大。所以即使是大型的广告代理公司，也日益倾向于委托专门的广告制作机构来完成其广告设计，而在公司内部不再设置广告制作部门。

3. 媒介购买公司

媒介购买公司的主要职能，是专门从事媒介研究、媒介购买、媒介策划与实施等与媒介相关的业务服务。它是早期广告代理中媒介代理职能的一种延续，又是适应现代广告业与广告市场变化的一种新发展。媒介购买公司一般设有媒介研究、媒介策划、媒介购买与媒介执行等几大业务部门，对媒介资讯有系统的掌握，能为广告主选择媒介提供依据，能有效实施媒介资源的合理配置和利用，并有很强的媒介购买能力和价格优势。

从全球范围来看，独立的媒介公司及媒介购买公司，呈现快速发展的趋势。而目前在我国，媒介集中购买是广告媒介业务发展的大势所趋，这一点也得到了业界的普遍认同。我国大陆地区的第一家专业媒介购买公司，是1996年在北京由盛世长城（Sattchi & Sattchi）与达彼思广告公司合并成立的"实力媒体"（Zenith Media）。1997年智威汤逊与奥美广告公司在上海组建了"传立媒体"。中央电视台的未来广告公司、北京的海润国际、上海的兆力媒体和广州的大网与东升媒体等，都是国内较有影响力的媒介购买公司。

1.3.4　媒介广告组织

在广告市场中扮演着极为重要角色的媒介是广告行为主体之一，其广告职能是通过媒介的广告部门来具体实现的。媒介最初的广告经营，是集承揽、发布等多种职能于一身。随着现代广告业的不断发展成熟和广告经营机制的确立，媒介广告经营的职能和角色也相应地转变为专司广告发布之职。但由于各个国家和地区的具体情况不同，广告经营运作方式也不同。媒介的广告机构也就根据媒介在广告经营中所担负的具体职能来设置。不同的国家和地区的媒介广告职能不同，决定了广告机构设置的不同。

1.3.5　广告团体

广告团体主要指广告行业组织，由从事广告业务、广告研究、广告教育或与广告业有密切关系的组织和人员自愿组成，对促进广告行业的业务交流、沟通协调及增强行业自律和管理具有重要的作用。

广告行业组织按照地域范围可分为国际性广告行业组织、地区性广告行业组织和国内广告行业组织。

我国最早的广告行业协会组织，是1927年由上海六家广告社成立的"中华广告公会"，后几经改名，在1933年定名为"上海市广告同业公会"，解放后更名为"上海市广告商业同业公会"。

1979年，我国的广告市场得以恢复和发展，广告行业组织也获得飞速发展。1981年，中国对外经济贸易广告协会成立；1983年，中国广告协会成立。随后，全国相继成立了省、市、地、县等各级广告协会，各地区的媒介也先后成立了广告协会组织。

其中，中国广告协会是我国最大的全国性广告行业组织，会员为团体会员，由国内的广告经营单位联合组成，每两年举行一次会议。其最高权力机构是会员代表大会。它对我国的广告行业具有较强的指导力和监督力。

1.4　广告环境

1.4.1　广告的宏观环境

广告环境是指影响和制约广告活动的诸多因素，包括宏观和微观两个层面。宏观层面主要有人口环境、经济环境、社会文化环境、政治法律环境、自然地理环境和科学技术环境等，下面分别予以介绍。

1. 人口环境

人口环境因素主要包括人口的规模及增长、人口的结构和人口的地理分布等。

（1）人口的规模及增长。人口规模即某一国家或地区总人口的多少。虽然人口数量多并不意味着市场购买力水平就高（还要受到支付能力、购买意愿等的影响），但其对食品、服装、医药、民用建筑、生活日用品、基础教育等消费市场具有决定性的影响。人口越多，这部分基本消费需求及其派生出来的产业用品需求的绝对量就会越大。此外，人口的增长情况也会对市场产生重要的影响。人口增长率越高，意味着未来市场潜在的需求增长也越快，同时人口的增长速度也会影响一个国家或地区的消费结构和人力资源供应情况。

（2）人口的结构。人口结构是指将人口以不同的标准划分而得到的一种结果。构成这些标准的因素主要包括年龄、性别、人种、民族、宗教、教育程度、职业、收入、家庭人数等。人口的结构是重要的广告环境，不同结构的人口具有不同的需求和购买力。

以年龄结构为例，年轻人需要学习用品和娱乐用品，而中老年人需要保健品和医药用品，年龄结构不同的国家有不同的市场需求和进口需求。人口结构中的高龄化和低龄化，都会使国民负担率提高，市场购买力下降。因此，人口结构对企业的广告等方面有着较大的影响。

（3）人口的分布。人口分布是指一个国家或地区人口的地理分布，一般用人口密度来表示。在人口密度较大、居住比较集中和城市化程度较高的国家和地区，开展经营活动会有更高的效率和更低的成本。

2. 经济环境

经济环境是影响组织活动，尤其是从事营利性组织活动的最为重要的因素之一。经济环境可以进一步分为宏观经济环境和微观经济环境两个层面。

（1）宏观经济环境。宏观经济环境主要指一国或地区经济发展的阶段和发展水平、经济制度与市场体系、收入水平、财政预算、贸易与国际收支状况等。宏观经济的发展和繁荣显然能够为企业的发展提供有利条件，而经济萧条和衰退也无疑会给所有经济组织带来生存的困难。

（2）微观经济环境。微观经济环境主要是指组织所在地区或所需服务地区消费者的收入水平、消费偏好、储蓄情况、就业程度等因素。这些因素直接决定着市场规模的大小。

3. 社会文化环境

社会文化环境包括一个国家或地区的居民特定的受教育程度、价值观念、行为方式、伦理道德规范、审美观念、宗教信仰及风俗习惯等内容。社会文化影响和制约着人们的消费观念、购买行为和生活方式。表现在：宗教信仰和风俗习惯会禁止或抵制某些活动的进行；价值观念会影响居民对组织目标、组织活动以及组织存在的态度；审美观念则会影响人们对组织活动内容、活动方式以及活动成果的态度等。

任何人都在一定的社会文化环境中生活，存在于特定社会文化环境中的个体，其认识事物的方式、行为准则和价值观等都会异于生活在其他社会文化环境中的人们。例如，由于价值观念不同，使得人们对周围事物的是非、善恶和重要性的评价不同。同一种款式的商品，甲国人民认为是美的，乙国人民也许认为是丑的；同一种色彩的商品，农村居民十分喜爱，城市居民却可能很少问津；同一种消费行为，在这方土地上是习以为常的，在另一方土地上则可能认为是不可思议的。再如，由于民风习俗、礼仪交往等方面的差异，往往影响到销售促进的内容与形式（如广告内容的设计），致使商务谈判的风格与技巧呈现出不同的特点等。因此，无论在国内还是在国际上开展市场营销活动，企业都必须全面了解、认真分析所处的社会文化环境，以利于准确把握消费者的需要、欲望和购买行为，正确决策目标市场，制订切实可行的广告策略。对于进入国际市场的企业来说，这样做尤为重要。

4. 政治法律环境

政治法律环境指的是组织所在地区的政治制度，政治形势，政府的方针、政策及国家制定和颁布的各种法律、法规等，上述因素都会对组织产生重大的影响。政治环境的突出特点是很难预测并且企业根本无法驾驭。但组织可以通过对政治和法律环境的研究，判断所在地国家（或地区）政权的稳定性、政策的联系性，明确当地政府鼓励组织做什么、允许组织做什么、限制组织做什么以及禁止组织做什么等，以便提高相应的环境预见能力，促进组织发展。

阅读资料 1-1　上海华与华营销咨询公司违法广告案

本案件当事人上海华与华营销咨询公司为华夏幸福基业股份有限公司在动车组列车展牌媒体及航机杂志上设计广告。广告中使用的中华人民共和国地图未将国界线完整、准确地标示出来，损害了国家尊严及利益。且当事人在以后的相关广告设计中，在已知其广告地图绘制错误的情况下，仍未将我国领土标示完整、准确，客观上持续了违法行为，放任了危害后果的继续发生，违反了《中华人民共和国广告法》第九条的规定。2017 年 11 月，上海市静安区市场监管局做出行政处罚，没收广告费用 8.8 万元，罚款 100 万元。

资料来源：国家工商行政管理总局官网。

5. 自然地理环境

自然环境主要指地理位置、气候条件以及资源状况等因素，它是人类赖以生存和发展的物质基础。自然环境主要包括以下几点。

（1）地理位置。地理位置是制约组织活动特别是企业经营的一个重要的因素。企业的地理位置直接影响到人才及原材料获得的难易程度和产品的生产、物流和营销成本。

（2）气候状况。气候状况不仅影响人们的生活，而且还影响一些行业的生产。2011 年冬天，一股百年不遇的寒流席卷整个欧洲，使得原来滞销的棉服瞬间变成了抢手货。正一筹莫展的我国服装代加工企业仿佛一夜之间得到了命运女神的眷顾，可谓昨夜门可罗雀，今朝车水马龙。

（3）资源状况。资源状况是国家或地区经济发展的基础，资源分布通常影响着一国的产业布局，从而决定了不同地区不同产业和企业的命运。

6. 科学技术环境

在当今所有宏观环境因素中，科学技术环境的变化是最为剧烈也是最难把控的。科学技术的发展会使某一畅销商品一夜之间变成过时品；也会使创新媒体短期内异军突起，形成对传统媒体的全面超越。

例如，随着网络技术的不断发展，网络媒体已取代传统的大众媒体，成为人们获取信息最重要的渠道。2015 年我国传媒业市场发生了革命性变化，互联网媒体广告收入首次超过电视、报纸、广告和杂志四家传统媒体广告收入之和，从市场规模上看，互联网媒体已经开始在市场上占主导地位。

知识拓展1-2　4大传统媒体广告收入总和不敌互联网媒体

2016 年 6 月 21 日，由中国社科院新闻所发布的《新媒体蓝皮书：中国新媒体发展报告 No.7(2016)》指出，2015 年中国传媒业市场发生了革命性变化，互联网媒体广告收入首次超过电视、报纸、广告和杂志四大传统媒体广告收入之和，从市场规模上看，互联网媒体成为真正的主导，而传统媒体则更加式微。

数据显示，2015 年中国互联网广告市场规模达 2096.7 亿元，同比增长 36.1%。而 2015 年电视广告收入为 1219.69 亿元，同比下跌 4.6%；报纸为 324.08 亿元，同比下跌 35.4%；杂志为 65.46 亿元，同比下跌 19.8%；广播为 134.30 亿元，同比上涨 1.1%。2015 年广电报刊四大传统媒体行业的广告之和为 1743.53 亿元，低于互联网广告市场的规模。

清华大学新闻与传播学院副院长崔保国认为，传统媒体已经出现了严重的产能过剩。现在全国有将近 2000 种报纸，300 家电视台。全国电视台运营着 4000 多个数字频道，一个地方电视台办七八个频道，实际办一个频道就足够了。

"我觉得这和经济存在的问题一样，就是传媒存在着产能过剩和去产能的问题。"崔保国在发布会上说。

大部分传统媒体出现衰落和断崖式下滑，断崖式的下滑是从 2014 年、2015 年开始的，电视业现在陷入的危机有可能比报业的危机还严重。电视业现在不只是广告额下滑，有的地方电视台还经营困难。

随着越来越多的人上网，未来传统媒体发展会进一步受到影响。比如 2015 年全国网民的规模 6.88 亿，其中手机网民达到 6.2 亿，网站达到 423 万家，国家顶级域名注册量保持全球第一。上网人群占比提升至 90.1%，去年是 85.8%，电子商务交易额突破 20 万亿元，网络经济以 30% 以上的速度发展。

资料来源：社科院：4 大传统媒体广告收入总和不敌互联网媒体。

1.4.2　广告的微观环境

广告的微观环境又称广告的行业内环境，它对广告活动的影响更加直接和具体。从广告主的角度而言，主要包括广告的人力资源环境、广告的传播环境、广告的意识环境以及广告批评与监督环境等内容。

1. 广告的人力资源环境

人力资源是推动广告行业优质、高速发展的重要因素，是广告发展的战略性资源。广告的人力资源环境主要包括以下几个方面。

（1）广告人才的需求条件

广告人才的需求条件主要是指对广告从业人员的基本素质和人员结构的总体要求，包括从业人员的数量、学历层次、专业技能、文化知识素养以及人员的构成等。

根据国家工商总局发布的最新数据，2017 年，我国广告行业从业人员总数为 438.18 万人，同比增长12.3%，我国已经成为全球广告从业人员最多的国家。但是我们也应清楚地认识到，我国虽然是广告大国，但还称不上广告强国。因为决定一个国家广告业发展能力和潜力的关键不仅仅是看从业人员的规模，更重要的还是要看广告从业人员的总体素质和业务能力。我国现有 400 多万广告从业人员中经过专业训练、学历层次较高的人员比例还较低。从我国广告从业人员的总体构成来看，业务人员偏多但专业人才不足。尤其是在广告设计、广告策划和广告文案等方面的高端人才还非常稀缺。这在一定程度上制约了我国广告业的进一步向上发展。

（2）广告人才的选择机制

广告人才的选择机制指对广告人才的评估与选择的标准、方法及手段。合理的选择机制有助于科学、客观地评价广告人才，也有助于激励更多的有志于从事广告事业的人才投身于广告领域。但由于广告并非一门精确的科学，广告的实践性和艺术性决定了要制定一套行之有效的广告人才选择机制标准并不容易。尽管我国人力资源和社会保障部联合国家工商行政管理总局于 2014 年 3 月 27 日颁发了《广告专业技术人员职业资格制度规定》，对各级广告专业技术人员的职业能力进行了明确的界定，并规定广告从业人员可以通过考试获得相应的广告专业资格证书，但就企业而言不能单凭证书来作为选择广告人才的唯一标准。

（3）广告人才的流动状况

广告人才流动是指广告专业人才的服务单位或服务对象按照本人意愿发生变化的社会现象。合理的人才流动，有助于打破组织界限的壁垒，促进广告人才的交流交融，从而做到人尽其才，使广告人才能够在最适合的工作岗位上充分发挥个人的聪明才智。虽然人才流动有助于广告行业的健康发展，但也不能过于频繁。因为过度的人才流动，会造成企业的人才流失，还会加剧企业间互挖墙脚的不正当竞争行为，并因此扰乱广告行业的现有秩序。

（4）广告人才的培养

广告人才的培养包括广告人才培养的观念和广告人才培养的方式这两个方面。广告人才培养的观念是指对广告人才培养的指导思想与重视程度。而广告人才培养的方式主要是指广告人才培养的途径、方法和机构等。当前，从全球范围来看，各国广告人才的培养模式主要有三种。第一种类型是美国的培养模式，以学校教育为主，其特点是重视知识的系统性和实际业务技能的传授，同时以社会科学为依托，加强社会科学理论素质的培养。第二种类型是欧洲模式，以英国为代表，学校教育与职业培训相结合，侧重在职训练。国家设立广告学专业的大学数量不多，而由国家和业界主导的在职教育训练却很充实。第三种类型是日本模式，以在职培养为主，与日本企业的终身雇佣制相配合，入职后因材施教，通过15～20 年时间不间断的全面的业务及理论培训完成广告人才的培养。[①]从总体上来说，我国广告人才培养的方式与美国模式更为接近，主要是以高等院校的专业教育为主，注重专业知识的系统性，同时，进行一定程度的业务技能传授。但由于广告行业的发展日新月异，学校现有的人才培养模式还无法做到与时俱进，使得我国高校培养的广告人才与企业的实际需求还有较大的差距。在当前全媒体时代的广告业大背景下，我国广告人才的培养模式还需不断创新。

2. 广告的传播环境

广告的传播环境是指影响广告传播的诸多因素的综合。广告传播环境的好坏，直接关系到广告与受

---

① 郭桂萍. 中日广告人才培养目标的对比研究. 教育教学论坛, 2017（3）: 241-242.

众接触机会的大小，也关系到广告运作流程的通畅程度。评价广告传播的环境主要从质和量两个方面入手。在质的方面，主要看广告传播的效果，包括广告的经济效果、广告的沟通效果以及广告的社会效果等。在量的方面，主要涉及传播媒体的种类、数量、分布等。改革开放40年来，我国广告的传播媒体无论是质的方面还是量的方面都发生了翻天覆地的变化，在一定程度上满足了企业广告活动的需求。

3. 广告的意识、批评与监督环境

（1）广告的意识环境

正确的广告意识是广告业健康发展的基础。由于长期的计划经济体制影响，我国现有的广告意识环境还不是很理想。改革开放之后，我国实行有计划的市场经济体制，广告有了用武之地，整个社会的广告意识也在不断增强。表现为整个社会对广告持有的态度越来越积极、正面，同时广告主、消费者也越来越依赖广告、接受广告。

（2）广告的批评与监督环境

广告的批评是伴随着广告业发展而形成的一种评价和反馈机制。良好的广告批评环境，能够促进广告活动的良性运作，有利于广告业的健康成长，减少广告的负面影响，促使其更好地为社会进步、经济繁荣服务，更好地为广大消费者服务。广告业最发达的美国，广告批评机制很早就建立起来。可以说，美国的广告业是在"骂声一片"的环境里不断磨炼、发展的。[1]

广告批评不是对广告活动的否定，而是对广告活动的一种客观评价，其目的是促使广告业更加健康地发展。构建我国系统的、完备的广告批评体系是当务之急，应该引起广告界的广泛重视。

1.5 广告学的研究对象与方法

1.5.1 广告学的研究对象

广告学是在众多边缘学科的基础上发展起来的一门综合性的独立的社会科学。它研究的是人类社会中大量存在的一种现象——信息传播现象。广告的本质不是经济性的，而是一种广泛的信息传达。广告实际上在做三件事——传播一种信息、提供一种服务、倡导一种理念。因此从传播学理论的角度来说，传播学的具体研究对象是包括广告在内的所有大众传播手段，传播学的许多理论也就完全适用于广告学的研究。无论是市场学中的广告，还是各种广告的艺术表现形式，都是在传达一种信息，都具备了信息传播过程的五要素：谁——通过什么媒介——对谁——说了什么——取得了什么效果。广告的信息传播就包括：广告发布者（包括广告主、广告制作者和传播者，即信息源）、广告信息内容、广告媒介、广告受众、广告效果等要素。

也就是说，广告学要解决的实际问题不是从经济优先的观点出发，而是从传播信息的立场出发，研究各种信息传播的过程、效果及其发展运动规律，其侧重点在于经济、市场信息的传播规律。因此，广告活动和广告事业的产生与发展规律是广告学的研究对象。

现代广告学的研究视野已经从一个较为狭窄的领域走向一个更为开阔的空间，就是在"营销"和"传播"两个层面上开始对广告的功能和作用进行重新审视。20世纪90年代，舒尔兹等人提出了"整合营销传播"的新概念。在广告整体运作中，整合营销传播被广泛运用于广告实践，并被视为广告学理论体系的有机组成部分。在广告实践中，整合营销传播被描述为：企业或品牌通过发展与协调战略传播活动，使自己借助各种媒介或其他接触方式与员工、顾客、利益相关者以及普通公众建立起建设性的关系，从而建立和加强与他们之间的互利关系过程。传播在这里成为营销组合中的一股驱动性力量。广告的营销特性和传播特性在广告的运作过程中实现了高度的统一。

---

[1] 倪宁. 广告教程. 北京：中国人民大学出版社，2009：92.

以广告活动和广告事业为研究对象的广告学，根据具体研究对象的不同，可分为理论广告学、历史广告学、应用广告学三个广告学研究的分支，不同的分支有不同的研究内容。

理论广告学是运用科学方法，对广告活动中的根本性问题进行研究。如广告的概念，广告的分类，广告在社会和经济发展中的作用、地位，广告活动的基本规律、原则，广告研究的基本方法等。理论广告学的研究内容主要有广告活动与社会政治、经济、文化等的关系，广告者的关系，广告在社会和社会发展中的地位与作用等，其根本任务是揭示广告活动的最一般规律。作为广告学体系中具有指导意义的核心部分，理论广告学为广告活动和其他分支的广告学研究奠定了理论基础。

历史广告学侧重研究广告产生、发展以及广告事业变迁的规律。它的研究范围很广，内容主要有广告媒介发展史、广告组织发展史、广告设计制作风格（表现技法、工具等）演变史、广告学说史等。历史广告学的研究，可以揭示广告发展的历史规律，把握广告活动的发展趋势，从而指导、调整广告实践。

应用广告学是广告学的主体，它以广告实践作为研究对象，旨在探讨和揭示广告在商品促销中的活动规律。应用广告学的研究内容是广告活动的业务规律和具体运作方式，如广告策划、广告设计、广告制作、广告管理等。作为一门应用性学科，广告学的理论研究最终要为广告实践服务，而应用广告学正体现了广告学的研究目的，是贯穿于整个广告学的中心问题。

广告学的研究领域在不断拓宽，广告学本身也在发展和变化之中。通过了解传统广告学的研究视野和现代广告学的研究现状，就能大概认识广告学发展变化的规律和发展趋势。

1.5.2　学习和研究广告学的方法

在学习和研究广告学的过程中，可以参考以下几种方法。

1. 理论与实践相结合的方法

广告学是一门实践性很强的学科。广告学理论产生于广告实践，又服务于广告实践，广告理论必须接受广告实践的检验。因此，在实际广告活动中，必须要重视调查研究，一切从实际出发，同时也要充分认识广告理论对实践的指导作用，从而使广告理论和实践有机结合、相得益彰。

2. 比较借鉴法

所谓比较借鉴法是把广告学的概念、范畴以及相关的广告理论进行比较性研究。任何学科理论的建立，都有借鉴、继承和扬弃的过程，必须认真学习和借用一切有用的经验，包括西方发达国家在广告方面的先进技术和有益经验。通过对比分析研究，做到博采众长、融会贯通、推陈出新，在比较中丰富和发展广告学。

3. 案例分析法

案例研究是在美国兴起的一种社会科学的研究方法，相当于我们通常所说的典型调查材料。在当代的社会科学著作中，常常附以大量的案例研究材料。通过对典型广告案例的分析研究，总结出一般的规律，给广告工作者以启发和借鉴，从而推动广告管理和广告水平的不断提高。

4. 定性与定量结合法

广告是艺术也是科学，一些自然科学的研究方法同样适用于广告学科。如在广告调查和广告效果评估活动过程中，就需要用到大量的统计学的知识和方法。

5. 系统动态研究方法

系统方法是近几十年发展起来的一种现代科学研究方法，是一种立足于整体，筹划全局，使整体与部分辩证统一起来的一种现代思想方法。学会系统性和动态性地分析和研究广告学理论，就会培养自己对于广告学的完整性、严谨性和科学性的研究作风。

本章小结

广告是指可确认的广告主为促进交换，主要以付费的方式，通过各种媒体所进行的单向或双向的营销传播活动。广告在各个层面深刻地影响着我们的社会和经济的发展。

广告对消费者的影响体现在：帮助消费者获得商品信息，树立正确的消费观念、消费行为、生活态度以及满足消费者社会归属的心理需求。同时，广告还影响着媒体、文学、艺术和生活环境的发展等。

广告有不同的分类，可根据媒体、广告主体、广告内容、广告目的、产品的生命周期以及传播范围等进行分类。

广告组织是指承担各种广告活动任务的主体机构，它是实现广告目标的重要保证，也是发展和健全广告组织、顺利开展广告业务的基础。

广告环境是指影响和制约广告活动策略、计划的诸多因素，它包括宏观和微观两个层面。虽然这两种环境都会对广告组织产生影响，但影响的广度和深度有所差别。

广告学是广告学科体系的核心和基础。它研究和探讨一切社会制度下所共有的、各种不同社会制度下所特有的广告活动及其发展规律。学习和研究广告学的方法主要有理论与实践相结合的方法、比较借鉴法、案例分析法、定性与定量结合法以及系统动态研究方法等。

思 考 题

一、单选题

1. 广告一词的英文表达为（　　　　）。

　　A．Advertising　　　　B．Adverture　　　　C．Reklame　　　　D．Relame

2. 广告活动的最终目的是（　　　　）。

　　A．提高知名度　　　　B．引起受众注意　　　　C．促进交换　　　　D．强化经营理念

3. 广告行为活动的主体是（　　　　）。

　　A．广告公司　　　　B．广告主　　　　C．广告媒介　　　　D．广告管制机构

4. 广告的（　　　　）又称广告的行业内环境，它对广告活动的影响更加直接和具体。

　　A．宏观环境　　　　B．中观环境　　　　C．内部环境　　　　D．微观环境

5. 如今（　　　　）已取代传统的大众媒体，成为人们获取信息最重要的渠道。

　　A．电视媒体　　　　B．广播媒体　　　　C．网络媒体　　　　D．报纸媒体

二、多选题

1. 下列属于印刷品广告媒体的是（　　　　）。

　　A．报纸　　　　　　　　　　　　　　B．电视

　　C．杂志　　　　　　　　　　　　　　D．网络

　　E．海报

2. 根据广告主进行分类，广告可以分为（　　　　）。

　　A．产品广告　　　　　　　　　　　　B．制造商广告

　　C．中间商广告　　　　　　　　　　　D．合作广告

　　E．感性广告

3. 广告的特征主要有（　　　　）。

A．具有明确的广告主　　　　　　　　　B．主要目的是为了促进商品交换

C．一般要付费　　　　　　　　　　　　D．是一种营销传播活动

E．要受到法律的制约

4．广告组织系统应该包括（　　　）。

A．广告协会　　　　　　　　　　　　　B．广告主

C．广告公司　　　　　　　　　　　　　D．广告制作公司

E．广告媒体

5．广告的人力资源环境主要包括（　　　）。

A．广告人才的受教育程度　　　　　　　B．广告的人才需求条件

C．广告人才选择机制　　　　　　　　　D．广告人才流动状况

E．广告人才的培养

三、名词解释

1．广告　　2．感性广告　　3．广告组织　　4．广告主　　5．广告环境

四、简答及论述题

1．理解广告的基本概念时应该注意哪些要点？

2．广告的构成要素有哪些？

3．试论述广告对媒体发展的作用。

4．试论述广告的意识、批评与监督环境。

5．试论述学习和研究广告学的基本方法。

📚 案例讨论

香奈儿——极简的奢华

双 "C" LOGO、山茶花、斜纹软呢、林格纹皮包、黑色小礼服、玛丽莲·梦露唯一的睡衣——Chanel 5 号香水……说到香奈儿，人们脑海中不断闪现的是这些专属于她的 "图腾"。由一个传奇女性（即嘉伯丽尔香奈儿的创始人）打造的传奇品牌，自 1910 年诞生至今，历久弥新，在传统中革新，在时尚中永恒。

……

在香奈儿的香水故事中，最为著名的莫过于 5 号香水的传奇：一瓶以香奈儿女士幸运数字 "5" 来命名的香水；1921 年，在当时巴黎香水界的 "第一只鼻子" 恩尼斯（Ernest.Beaux）研制的样品中排名第 5 的香水；发布会举办于 5 月 25 日，又恰与 Chanel 第 5 场时装发布会同时举行……于是，在 5 号香水的广告作品中人们不时与 "5" 相遇。

正如香奈儿女士对产品的要求："把所有最漂亮的好东西都放进去，不必考虑价钱。" 香奈儿对于 5 号香水的广告（见图 1-11）投入历来保持不减的热情：从玛丽莲·梦露到安迪·沃霍尔，香奈儿 5 号自诞生以来就一直是名流和艺术家追捧的时尚偶像，而香奈儿 5 号也不断通过这些大家精挑细选出的每一个时代最伟大的偶像来不断提升品牌的内涵。被香奈儿 5 号记录在案的大师有为其留下不朽平面作品的摄影大师理查德·艾维登、依文潘、帕特里科·德马切雷。在各个时期拍摄经典 TVC 的赫尔穆特·牛顿、雷德利·斯科特、吕克·贝松、尚保罗·高德、巴兹·鲁曼等。当然还有每部片子当中的性感女星：阿丽·麦克格劳、劳伦·赫顿、凯瑟琳·丹妮芙、卡洛·波桂，直到如今的妮可·基德曼——她们不仅是性感美女，更是具有智慧灵性的女性，她们成为香奈儿品牌的触角，用迷人微笑、优雅眼神吸引着世人的争相追逐和崇拜。

1930 年，Chanel 特邀当时的著名摄影师 Horst 为 N5 的瓶身拍照；1953 年，5 号香水成为第一个使用电视打广告的商品。之后，每隔一段时日，香奈儿 N5 就会采取拍摄全新的平面或电视广告以及更换代言

人的方式，重新诠释"5 号"经典又摩登的香奈儿精神。

例如，由卡洛·波桂主演的 Chanel 5 号香水的影视广告，以 20 世纪 40 年代的风格拍摄：镜头里的年轻女子面向大海若有所思，男子缓缓出现，并给予她深深一吻，此时画面转切为浪涛拍岸，同时乐声想起……音乐伴随着浪花的更迭，然后出现年轻女子轻轻微笑的画面。短短的片段却耐人寻味，潮起潮落，斗转星移，时光飞逝，人与人转瞬间擦肩而过，唯有 Chanel 5 号香水的神秘幽香弥漫时空，久久不散。

图 1-11 美女代言的香奈儿 5 号广告画面

又如 2001 年由法国著名导演吕克·贝松执导 5 号香水"小红帽"篇，同样令人记忆犹新。故事叙述了一个身着红衣的"女贼"潜入"博物馆"窃取 5 号香水，当她拿到香水忍不住涂抹于耳根处时，诱人的幽香引来了看门的猎狗，此时女主人不慌不忙走向门外，面对尾随而来的狗，她回眸轻嘘，然后继续沉着离开，凶恶的狗竟然听话般地没有追逐。这是女性的魅力还是香水的魅力，此刻已经很难分辨，画面结束时透过开启的博物馆大门，我们隐约可见远处的埃菲尔铁塔，既说明了 N°5 香水的民族情怀，又暗喻了 N°5 香水如铁塔般的经典地位。整个广告色彩鲜明：金碧辉煌的布景对应奢华的产品，与女主人公身上的鲜红裙装形成强烈对比，给观众以强烈的视觉冲击。

2004 年对于 5 号香水来说，又开启了一个新的代言人时代。面对竞争激烈的香水市场，为了让这款经典香水更加现代时尚，香奈儿请来了电影《红磨坊》的导演巴兹·鲁曼与以饰演《时时刻刻》夺得奥斯卡影后的澳大利亚女星妮可·基德曼联袂合作，缔造了一部两分钟的广告（确切地说是电影短片），这也是到目前为止香奈儿品牌投入最大的一部影视广告。

图 1-12 妮可·基德曼的香奈儿 5 号广告

广告的主要拍摄地在澳大利亚，剧中场景全部是搭建而成的，影片中没有出现 5 号香水瓶身镜头，只是演绎了关于明星和凡人的动人爱情。由妮可·基德曼扮演的女星为躲避狗仔队的追逐，无意间冲进一辆已经载人的出租车中，并与车上那位带有波西米亚艺术家气息的男子一见钟情。于是，他们暂时忘却了世俗的烦恼，置身如同《红磨坊》电影中的巴黎屋顶上谈情说爱。但女星终究是要回归现实人生的，在状如奥斯卡颁奖典礼的林肯中心红地毯阶梯前，女星被簇拥在光鲜的星光大道中，她回眸远眺那个拥有回忆的屋顶，面露微笑；而远处的他也同样注视着她的美丽身影。画面的最后一个镜头聚焦在女主人公深 V 剪裁的雪白背脊上摇曳着的 5 号钻石项链上，从而带出了品牌名。神秘而梦幻的结尾将香奈儿 5 号的传奇色彩弥漫在整个氛围中。

资料来源：张家平. 十大品牌广告经典评析. 上海：学林出版社出版. 2006.

问题讨论

1. 试评价香奈儿 5 号香水的广告策略的成功之处。
2. 如何认识广告在营造品牌中的作用？

第 2 章　广告的起源与发展

📖 **本章导读**

广告产生于原始社会末期，是商品生产与商品交换的必然产物。随着人类社会的不断发展，尤其是市场经济及商品社会的出现，广告业获得了良好的发展契机。本章对中外广告的产生与发展进行了梳理和介绍，重点阐述了近现代广告业高速发展的历程。通过对本章的学习，读者可以对广告的起源与发展有一个比较清晰的了解和认识。

📚 **知识结构图**

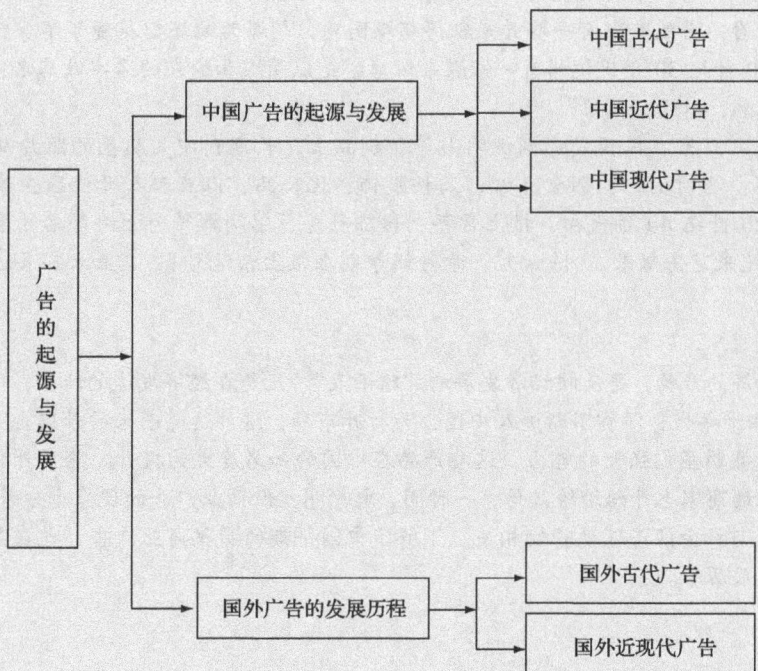

中国早期的明星商业广告

曾几何时，中国的电影明星们对做商业广告还很忌讳，似乎一上广告就有失身份。今天，这种观念已渐渐改变。如果有人能为做过商业广告的明星列一个名单，那阵容一定是颇为壮观的。明星做广告在20世纪三四十年代是屡见不鲜的。时下电视台几乎天天播放的娜塔莎·金斯基做的力士香皂广告，著名影星胡蝶在20世纪30年代也曾做过。1933年，英商中国肥皂有限公司为打开力士香皂在中国的销路，决定出资举行"电影明星选举"，投票结果选出明星影片公司的胡蝶为第一名。于是，他们征得明星公司和胡蝶的同意，在各报刊上大做广告："力士香皂，色白质纯，芬芳滋润。日用洗濯，可保肌肤白嫩，容貌秀丽，因此中外明星都爱用。兹将今年力士香皂主办电影明星选举第一名胡蝶女士倩影及签名式刊登于上，以志纪念。"获得其他名次的演员，如徐来、黎明晖、谈瑛、朱秋痕等，也都陆续在广告中出现，使力士香皂在中国的知名度获得了很大提高。

20世纪三四十年代时，影星做商业广告非常普遍，其中尤以荣膺"电影皇后"之称的胡蝶最受厂家青睐，因为明星越红，拥有的观众也越多，具有的号召力相应也越大。虽然胡蝶本人并不热衷于做广告，但鉴于胡蝶的魅力，主动找上门来的客户却也不少。如有一家沪江照相馆就曾上门找胡蝶商量，表示愿意免费为她拍摄照片，并承担所有影迷索要照片的回复寄照义务，条件是胡蝶的照片由他们制成广告明信片出售。鉴于回复众多影迷的索照信函是一件既费时又麻烦的事，而沪江的照片又拍得确实不错，因此，胡蝶答应了他们的请求。还有一次，胡蝶在一次集会上被人问及："你最喜欢哪一家商店的服装？"胡蝶不假思索地回答："鸿翔服装商店的衣服做工很考究，我经常去那里买衣服。"这本是一句很平常的话，但出自著名影星胡蝶之口，所产生的影响当然就非同一般了。话传到鸿翔服装店老板的耳里，其喜出望外。据说这位老板以后曾和胡蝶达成一种默契：胡蝶以后所需的所有服装，鸿翔愿意优惠供应，而胡蝶也应在适当的时机为鸿翔多做宣传。这大概可算是一种"口头广告"吧。

当时影星做商业广告，大致有这样两种形式。

一是永久性广告。即厂家用明星的姓名做商品名称。如当时不少商品以"胡蝶"的谐音冠名，并印上胡蝶的照片做号召，当然其中有一些并未征得胡蝶同意，胡蝶为此还曾花费了不少精力与这些不法商人打官司。再如20世纪30年代杭州有一家蝶来饭店，是以胡蝶和徐来的名字做店名，开业时还特地请两位明星去揭幕剪彩，以示"正宗"。

二是长期广告。厂家在报刊或影剧说明书等印刷品上，长期刊印某明星的照片及手迹，说明其爱用某种牌子的商品。当时的一些甜食点心、高档服饰、化妆品，以及私人开业医生等，都经常用这种形式做广告。如20世纪40年代初，报上常年刊出陈燕燕、黎明晖等为上海著名的采芝斋食品店做的广告："我们顶爱吃采芝斋糖果。"陈云裳、童月娟等则在报上亲笔赞誉："亚米茄表，余等最信赖之设计式样！"

案例分析

广告是商品经济的产物，是反映经济发展的"晴雨表"。凡是在经济发达的地区，一定伴随着广告的繁荣。20世纪三四十年代，洋货不断进入中国，为打开市场，这些远道而来的外国企业开始使用中国的明星代言产品。依靠明星们强大的魅力，这些产品在中国的知名度大为提升。除了外国企业，国内一些具有较强商业意识的商家也开始纷纷效仿，一时间，电影明星做商业广告的现象十分普遍。本案例表明，广告的发展和变迁与社会经济环境密切相关。了解了中国早期的明星商业广告，也在某种程度上了解了那段时间的商业发展历程。

2.1　中国广告的起源与发展

2.1.1　中国古代广告

中国广告的起源最早可以追溯到原始社会。在原始社会初期，人们只能以渔猎和采集的方式，利用自然界现成的动植物维持生活。人们为了生存，需要相互交往，原始的信息传播即社会广告在社会发展中发挥了重要的作用。我国古代传说中的燧人氏教人钻木取火，以及伏羲氏教人结网捕鱼、狩猎的故事，反映了距今一万年前母系氏族时期繁荣兴盛的景象。

在原始社会后期，生产力的进一步发展和社会分工的产生，导致了剩余产品的出现，从而奠定了私有制的基础。随着社会分工的深化，剩余产品的数量和种类日趋增多。为了把用来交换的产品交换出去，就必须把产品陈列在市场上；同时，为吸引他人，势必需要叫卖。因此，实物陈列和叫卖形成了最早的广告形式。

奴隶社会时期，在我国出现了农业、手工业与商业的分工，行商阶层开始出现。随着商业的发展，商品交换日趋频繁和广泛，做买卖除了走街串巷以外，还有固定的交易场所，如"日中为市"（《易经·系辞下》）、"百工居肆，以成其是"（《论语·子张篇》）等的描述。封建社会以前的广告形式主要是叫卖广告和实物陈列广告，这些广告形式是我国最初的处于萌芽状态的广告。

我国封建社会从战国时期开始一直延续到清朝鸦片战争之前，经历 14 个朝代，长达 2 000 多年。在这期间，封建自然经济占主导地位，商品经济仅在一定程度上缓慢发展。因此，广告的发展也是十分缓慢的。在漫长的封建社会中，主要的广告形式是口头广告、旗帜广告、招牌广告和印刷广告。

（1）口头广告。宋孟元老的《东京梦华录》有这样的记载："是月季春，万花烂漫，牡丹芍药，棣棠木香，种种上市，卖花者以马竹篮铺排，歌叫之声，清奇可听。"明冯梦龙《警世通言·玉堂春落难寻夫》中也有"却说庙外街上，有一小伙子叫云：'本京瓜子，一分一桶，高邮鸭蛋，半分一个'"的广告叫卖及叫卖词的记载。口头广告发展到后来，用工具来代替吆喝或两者配合使用，产生了声响广告，如卖布商人的拨浪鼓、货郎担子的小铜锣等。

（2）旗帜广告。旗帜广告以酒旗最多。酒旗也称酒帘、青帘，是周围呈锯齿状的长条旗子（见图 2-1）。最初的酒旗用青白二色布制作，后来发展到五彩酒旗，并绣上图案或店名。唐宋以后诗人词家多有以酒旗为话题的，而元、明、清的文学作品中也多有对酒旗的描述。唐朝诗人杜牧的《江南春绝句》中就有"千里莺啼绿映红，水村山郭酒旗风"这样的诗句。

图 2-1　拱桥倒影酒旗飘

（3）招牌广告。招牌广告是从先秦的悬帜广告发展起来的。到唐五代时还只是集中于官府统一管理的市场内，至宋代却遍及城乡，都市商店几乎每家都有自己的招牌名称。招牌广告是元、明、清时期主要的广告形式之一。招牌形式有的用文字表示，有的是图文并茂。北宋张择端的《清明上河图》展示了当时汴京繁华的市景和众多商店招牌林立的景象（见图 2-2）。据统计，画面上仅汴州城东门外附近十字街口，就有各家商店设置的招牌、横匾、竖标、广告等 30 余块。元代李有在《古杭杂记》中，引用张任国的《柳梢青》词"挂起招牌，一声喝彩，旧店新开"来描绘旧店复业的情形。早期的招牌比较简单，后来发展为请名人书写，并出现了店铺中堂，如酒店的"太白遗风"、米店的"民食为天"等。同时，在招牌装饰上，也开始演变出艺术图案和描金写红等竞比华贵的景象。

图 2-2 《清明上河图》（局部）

（4）印刷广告。我国是印刷术的故乡。伴随着印刷术的发明和利用，具有近代广告特点的印刷广告出现了。目前在中国历史博物馆收藏的北宋济南刘家针铺的广告铜版雕刻，是我国最早的铜版印刷广告作品。广告刻版四寸见方，绘有"兔儿"商标，是一幅兔儿捣药图。广告名称为"济南刘家功夫针铺"，上面刻着地址："认门前白兔儿为记"。"白兔儿"就是店门面商号标志，同时写道："收买上等钢条，造功夫细针，不偷工，民便用，若被兴贩，别有加饶，请记白（兔）"（见图 2-3）。明朝中叶以后，书商十分活跃，雕版印刷相当盛行。如 1498 年看本《奇妙全像西厢记》的书末附有出版商金台岳家书铺的出版说明："本坊谨依经书重写绘图，参订编大字本，唱与图合。使寓于客邸，行于舟中，闲游坐客，得此一览始终，歌唱了然，爽人心意。"由此可见当时书商广告的功底。

图 2-3 北宋时济南刘家针铺广告铜版

2.1.2 中国近代广告

近代广告主要指从鸦片战争到中华人民共和国成立这段时间的广告发展。1840年鸦片战争爆发后，中国进入半殖民地半封建社会。随着外国资本和商品的大量涌入，民族工商业与远洋资本之间互相争夺市场，刺激了广告的发展。从广告发展史来看，这一时期广告的发展突出表现在报纸和广播电台的利用上。

我国近代广告

1. 广告媒介的发展

（1）报纸广告。1853 年，英国传教士在香港发行并销售到广州、厦门、福州、宁波、上海等地的《遐迩贯珍》刊物，最先兼登和招揽广告。该刊在 1854 年曾刊出一则广告，寻求广告刊户："若行商租船者等，得借此书以表白事款，较之遍贴街衢，传闻更远，获益至多。"史学家认为，该刊是在我国出现最早的铅字印刷的中文报刊。此外，外国人还创办了一些诸如《东方广告报》《福州广告报》《中国广告报》之类的专业广告刊物。其广告业务主要以船期、商品价格为主，这与五口通商之后国外商船往来频繁、货物进出类多量大有很大关系。1872 年 3 月 23 日，《申报》创刊。《申报》是我国现代报纸开端的标志，由英商美查创办的、以赢利为主要目的的商业报纸。它也是在外国人创办的报刊中由中国人主执笔政的第一家报纸。申报上刊登的力士香皂广告如图 2-4 所示。

图 2-4　1934 年申报上所刊的影星黎莉莉的力士香皂广告

同时创办的还有《上海新报》《中国教会新报》等。这些报纸刊登了大量的广告，占到版面的 2/3。19 世纪末，华人报纸相继创刊，在 1895 年至 1898 年间全国共创办了 32 种主要报纸。由于资本竞争激烈，报纸刊数及广告版面迅速增加。到 1922 年，我国的中外文报纸即达 1 100 多种。当时影响最大的报纸是《申报》《字林沪报》和《新闻报》。《新闻报》创办于 1893 年，该报 1923 年即以"日销 15 万份"作为招徕广告的宣传。

此外，一些主要杂志，如《生活周刊》《东方杂志》《妇女杂志》《新青年》《每周评论》《湘江评论》《天津学生联合会报》等都刊登过广告。报纸广告的广泛出现，标志着我国近代广告的发展进入了一个新的历史时期。

（2）广播广告。1923 年 1 月 23 日，我国第一座电台在上海开始广播，它是由美国人奥斯邦的中国无线电公司创办的。其后又出现了美商新孚洋行和开洛公司创办的广播电台。广播电台正式开播广告是在 1927 年，新新公司开办了一座 50 瓦的电台，播送行市、时事与音乐。同年，天津、北京也相继开设电台。至 1936 年，上海已有华资私人电台 36 座、外资电台 4 座、国民政府电台 1 座、交通部电台 1 座，它们基本依靠广告维持。

（3）霓虹灯广告。上海最早的霓虹灯广告是 1926 年引进的。不久，外商在上海开办霓虹灯厂，其中丽安电器公司是规模较大的一个。华资电器等公司也在其后相继出现，并为广告公司制作霓虹灯广告。1926 年，在上海南京东路伊文图书公司的橱窗内首次安装了霓虹灯广告，是宣传皇家牌（Royal）打字机的。1927 年，上海出现了霓虹灯招牌与露天霓虹灯广告，安装在湖北北路中央旅社门首做横式招牌，大世界屋顶也安装了霓虹灯广告。

（4）交通广告。交通广告在当时盛极一时。它主要包括电车广告、汽车广告、轮船广告、火车广告等。其性质相当于移动的路牌广告，具有制作简便、收费低廉、传递信息面广等优点。

（5）橱窗广告。解放前，上海许多大型百货商店都已有橱窗广告。随着现代建筑的出现和购物环境的改善，橱窗广告发挥着越来越大的作用。

2. 广告业的发展

20世纪30—40年代，我国广告业发展较快。在民族工商业反战的同时，许多大企业设立了广告部，如生产三星牌牙膏的中国化学工业社以及信宜药厂、上海新亚药厂。与此同时，广告公司也迅速增加。在20世纪30年代，上海有广告公司近20家，规模最大的是联合广告公司。此外，外国人也在我国开办广告公司，如上海克劳广告公司和美灵登广告公司。

此时，广告界出现了同业公会。1927年，中华广告公会在上海成立，是广告行业最早的组织。后几经易名，1933改名为"上海市广告同业公会"，1946年改为"上海市广告商业同业会"，会员有90家。

3. 广告的研究和管理

1919年，北京大学新闻学研究会出版了徐宝璜所著的《新闻学》一书，其中对广告做了探讨。1920—1925年，上海圣约翰大学、厦门大学、北京平民大学、燕京大学和上海南方大学都开设了广告课程。

在广告业和广告学兴起之时，广告管理和监督也逐渐得到重视。许多报馆的广告简章规定"有关风化及损害他人名誉，或迹近欺骗者，概难照登"。当时，全国报界联合会还通过了《劝告禁载有恶影响于社会之广告案》。

尽管广告业在当时有一定的发展，但由于当时的社会性质及经济的不稳定，广告的发展也受到极大的限制。概括起来，我国近代广告主要有以下几个特点。

（1）政府对广告管理不力。虽然政府及有关行业对广告采取了广告监管措施，但显然没有起到应有的作用，许多人仍把广告与欺骗，甚至谋财害命画等号。

（2）产生了一批有一定水平的专业广告公司和广告人才。在经济发达地区，特别是有"不夜城"之称的上海，广告发展是令人瞩目的。我国解放后最早的一批广告就是在这个基础上发展起来的。这时也出现了一些广告画师，如擅长水粉画广告的胡伯翔、专攻青工图案广告的张光宇等。

（3）广告对经济生活，特别是发达地区产生过较大影响。这也证明了广告与经济发展的联系，经济是广告发展的根本原因。

2.1.3 中国现代广告

我国的现代广告是指中华人民共和国成立到目前为止这一时期的广告，大致可分为两个阶段。

1. 改革开放以前的广告

1949年，中华人民共和国成立后就着手恢复经济，开始了为期三年的经济恢复时期。为了把广告业引上有益于经济建设的轨道，上海、北京、天津和重庆等地成立了广告管理机构，对广告进行管理，并在全国相继成立了广告业同业公会；针对当时广告业务中存在的一些问题，对广告业进行了整顿，解散了一批经营作风不正、业务混乱、濒临破产的广告社。各地区以人民政府的名义发布了一批地方性的广告管理办法，如天津市卫生局在1949年发布的《医药广告管理办法》、上海市人民政府公布的《广告管理规则》、重庆市在1951年成立广告管理所后公布的《重庆市广告管理办法》。

1953年，我国开始执行第一个五年计划，从事大规模的经济建设，并在全国范围内开展了对农业、手工业和资本主义工商业的社会主义改造，在流通领域实行计划收购、计划供应和统购包销的政策，其指导思想是建立一个以社会主义全民所有制和集体所有制为基础的社会主义经济制度。1956年，我国完成了社会主义改造，计划经济被作为社会主义的优越性越来越得到加强，商业广告的发展受到了一定的影响。这一时期，报纸广告版面减少；广播广告日益萎缩，一些城市取消了商业电台。

1957年，在布拉格召开了国际广告大会，包括中国在内的13个社会主义国家的代表参加。此次会议做出了题为"从人民利益出发，发展社会主义商业广告"的决议。1958 年，商业部和铁道部联合发出通知，为使商业广告更好地为生产和消费服务，要求利用车站、候车室、车厢及列车内使用的用具等作为媒介开展广告业务，从而使广告业务有了一定的恢复。1978 年，中共中央召开十一届三中全会，广告业迎来了新的发展时期。

2. 改革开放以后的广告

党的十一届三中全会以后，是我国广告业开始快速发展的时期。1979 年年初，广告恢复全面启动。1979 年被称为我国的"广告元年"，这一年中的广告大事件主要有：

1 月 4 日，《天津日报》率先恢复商业广告（天津牙膏厂产品，见图 2-5）；

1 月 23 日，《文汇报》刊登了第一条外商广告（瑞士雷达表）；

1 月 28 日，上海电视台播出了我国大陆地区电视广告史上的第一条商业广告（参桂补酒，见图 2-6）；

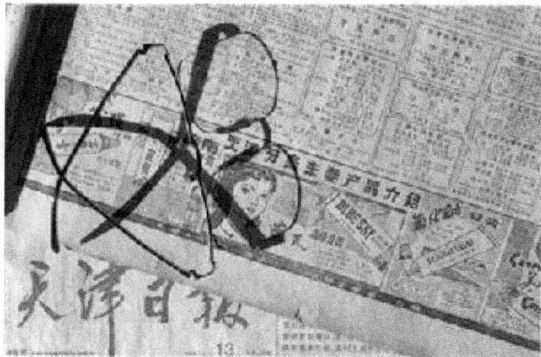

图 2-5　1979 年 1 月 4 日《天津日报》刊登的广告

图 2-6　参桂补酒广告

3 月 5 日，上海人民广播电台在全国广播电台中第一个恢复广告业务；

3 月 15 日，上海电视台又播出第一条外商广告（瑞士雷达表）；

4 月 17 日，《人民日报》刊登了汽车、地质仪器等商品广告。

11 月，中共中央宣传部发出《关于报刊、广播、电视台刊登和播放外国商品广告的通知》，提出"广告宣传要着重介绍四化建设中可借鉴参考的生产资料，消费品除烟酒外，也可以刊登"；并要求"调动各方面的积极因素，更好地开展外商广告业务"，从而使广告业迅速扩大。

（1）总体概况。改革开放以后，我国的经济发展取得举世瞩目的成就。1979—1997 年，我国国内总产值的年平均增长率为 9.8%，其中，1990—1995 年的年平均增长率为 12.8%，远远高于全球同期 2.0% 的平均增长速度。高速发展的中国经济推动了广告业务的井喷式发展。1980—1997 年，我国广告营业额每年平均增长 43.93%，其中 1985 年的增速高达 65.7%。1981 年，我国广告营业总额为 11 800 万元，占国内生产总值的比重为 0.024%；而到了 2008 年已达到了 1 899.56 亿元，增长了 1 609 倍，增速远远超过同期 GDP 的增长速度。

1998 年后，由于受亚洲金融危机的影响以及国内一些经济阻碍因素的影响，广告产业的发展速度开始降温。1998 年，我国国内生产总值为 79 148 000 万元，比 1997 年增长 7.8%，未能达到年初所计划的8% 的增长目标。而 1998 年广告营业额为 5 378 327 万元，比上年增长 16.4%，但比 1997 年的年增长率26% 下降了 9.6 个百分点。1999 年，我国广告营业额为 6 220 506 万元，比上年年增长率又降低了 0.7 个百分点。而到了 2002 年我国广告营业额 9 031 000 万元，年增长率为 8.2%，增长趋于平缓。2006 年我国广告营业额同比增长 11.06%，2007 年同比增长 10.68%，2008 年同比增长 9.11%，和国民经济的增长率越来越接近。2009 年，我国广告营业额首次突破 2 000 亿元，达到 20 410 322 万元，年增长率为 7.45%。2011 年，我国广告业发展又有了新的突破，年人均广告费首次超过 200 元，达到 234 元。

近年来，随着国家宏观经济的稳步发展，以及移动通信、互联网、社交媒体等新兴媒介的飞速发展，广告业进入了蓬勃发展时期。2017 年，全国广告经营额 6 896.41 亿元，相比 2016 年的 6 489 亿元小幅增长 6.3%。全年广告业营业额占国内生产总值（GDP）的 0.84%，与同期 GDP 增长率 6.9%基本持平，但仍低于国际平均水平的 1.5%和发达国家水平的 2%。2012—2017 年我国广告营业额数据统计如图 2-7 所示。

图 2-7　2012—2017 年我国广告营业额数据统计

资料来源：中国产业网。

2017 年，中国传统媒体（主要指电视台、广播电台、报社、期刊社）的广告经营额没能持续上一年的增长态势，出现了小幅下滑。纵观历年数据可以发现，我国四大传统平台广告营业额从 2013 年的 1 834.2 亿元到 2017 年的 1 784.65 亿元，整体处于下滑趋势。2014 年，传统广告媒体营业额上升至 1 994.63 亿元，达到近五年最高点后，开始了连续三年下滑。其中，电视广告的下滑幅度最大。2013—2017 年，中国传统媒体广告营业额统计情况如图 2-8 所示。

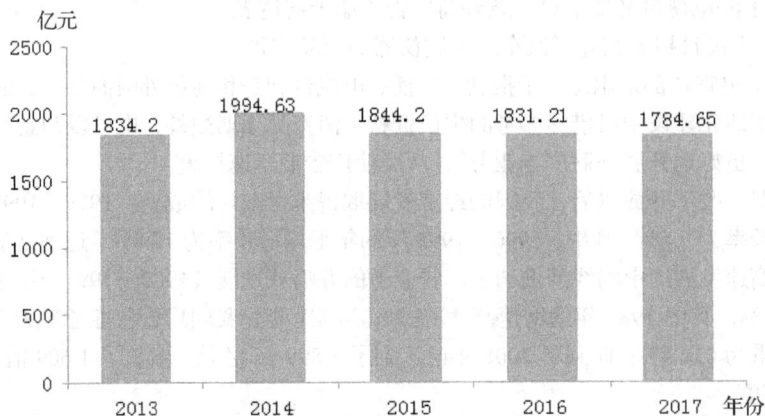

图 2-8　2013—2017 年中国传统媒体广告营业额统计（单位：亿元）

资料来源：中国产业网。

在 2016 年一举超过广播、电视、报纸和杂志四大传统媒体广告经营额总和后，2017 年的中国互联网广告继续承担了全面拉升中国广告行业的重任。2017 年，中国互联网广告经营额合计为 2 975.15 亿元，比上一年增长了 29.06%，占广告总经营额的 43.14%。从互联网广告分类来看，互联网服务类广告占93.67%，其中电子商务广告 302 万条次，其他互联网服务广告 646.95 万条次。2013—2017 年，我国互联网广告营业额统计情况如图 2-9 所示。

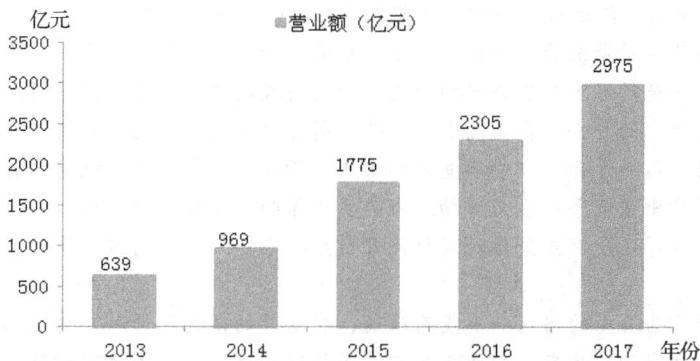

图 2-9 2013—2017 年我国互联网广告营业额统计

资料来源：中国产业网。

总之，改革开放之后，我国广告市场快速发展，取得了巨大成就。但近几年来广告业的发展增速变缓（新媒体除外）。总体上来说，我国广告产业仍处于发展上升期，还有很大的发展潜力。

（2）广告公司。1979 年以前，全国经营广告业务的专业广告公司约 10 家，主要经营户外广告。1979 年以后，我国经济日益发展，广告公司的数量如雨后春笋般地增加。1983 年的统计数据显示，全国已有 181 家专业广告公司，年营业额达 4 870.9 万元，占当年全国广告营业额的 20.8%。到了 1998 年，全国专业广告公司猛增到 3.3 万多家，年广告营业额达 2 301 138 万元，占广告行业营业额的 43%。2000—2010 年，我国广告经营单位发展势头依然迅猛，年均增长率超过两位数。2013 年，我国广告经营单位数量和从业人员数量继续保持两位数增长，但增长幅度较 2012 年有所下降，开始进入了相对平稳增长的新阶段。

我国广告市场从 1987 年公布《广告管理条例实施细则》开始对外开放。《广告管理条例施行细则》第五条和第七条规定，外国广告公司在我国境内可以办中外合资、合营广告公司。由原对外经济贸易合作部和原国家工商行政管理局批准的第一个中外合资广告公司，为 1987 年成立的北京天鹅广告有限公司（与日本广告公司合资的公司）。到 1990 年为止，我国的中外合资广告公司为 17 家。但从 1993 年开始，中外合资广告公司数量猛增，到 1995 年我国的中外合资广告公司为 552 家。

随着广告市场的进一步开放，我国本土广告公司的发展面临着更大的机遇和挑战。那么在开放条件下，如何发展我国本土广告公司呢？这不能不引起广告界、学术界以及有关部门的极大重视。

拓展阅读 2-1　如何发展我国的本土广告公司

为什么我国本土广告公司在开放条件下失去了广告市场的主导地位？其深层次的原因是什么？为什么韩国的情况与我国相似，但韩国本土的广告公司一直占据绝对的优势？这些问题值得我们做进一步的探讨。

在开放的市场经济发展过程中，广告市场的开放问题是无论哪个国家都面临的问题。韩国也是从 20 世纪 80 年代后半期开始开放本国的广告市场的，外国一些著名的跨国广告公司纷纷进军韩国广告市场，加剧了广告市场份额的竞争。但在开放条件下，韩国本土广告公司一直占绝对优势。韩国本土广告公司能占绝对优势的原因主要有以下三个方面：① 韩国本土的集团所属广告公司实力强；② 在本土广告公司成熟的前提下开放广告市场；③ 推行独特的广告公司代理制度。

那么，为什么我国本土广告公司在开放条件下失去广告市场的主导地位？其原因在于：

（1）本土广告公司在还不成熟的情况下面临开放的广告市场。我国广告市场是从 20 世纪 80 年代末开始逐步开放的。1987 年公布的《广告管理条例实施细则》中的第五条和第七条规定外国广告公司在中国境内可以办合资广告公司。到 1990 年在我国境内注册登记的有外资背景的广告公司 17 家，到 1993 年猛增到 290 家。但我国广告费占 GDP 的比重，1987 年为 0.098%，1990 年为 0.141%，1993 年为 0.392%。这说明开放广告市场的时候，我国广告产业还比较落后，还没有形成一定的规模。在开放条件下，脆弱而不成熟的本土广告公司只能把市场份额让给实力雄厚的中外合资广告公司。

（2）对广告市场开放所带来的一系列问题没有提前给予充分估计和讨论。广告市场的开放至少带来以下两方面的冲击：一是对本土广告公司的冲击，一是对我国传统文化价值观的冲击。前者是"有形"的冲击，后者是"无形"的冲击。在我国本土广告公司普遍脆弱的情况下开放广告市场，首先受到冲击的就是本土广告公司；另一方面，广告毕竟影响文化，所以开放广告市场就意味着外国文化的涌入。现在我们在广告里不难看出强调个人主义、物质万能主义等西方文化的广告内容。但在开放广告市场的时候，我国学术界和广告界还没有充分估计或讨论开放广告市场所带来的这一系列问题。也就是说，在理论上没有充分的准备。

（3）强媒介、弱广告公司的格局一直没有改变，在这样的情况下开放广告市场，本土广告公司发展的空间就更狭小了。在我国广告界，由于媒介特殊的体制属性，以及由政府行政管制赋予广告资源的垄断性经营，造成媒介在广告市场上的强势地位。

那么，在开放条件下，如何发展我国本土广告公司？如何发展我国民族广告产业？韩国本土广告公司发展的经验至少给我国本土广告公司发展有以下两方面的启示：

其一，企业直接投入于广告业。目前我国企业也向集团化发展，所以企业的规模也不断扩大。加上企业的广告意识不断提高，大部分企业已认识到广告不仅是重要的营销手段，而且是积累企业品牌资产的传播手段。集团公司直接参与广告业，起点会比较高。因为比较充足的资金保证，能使广告公司引进先进的设备和高级的专门人才；并且至少能保证集团内的广告主，从而使广告公司稳步发展。

其二，实行广告公司资质认定制度。目前我国大部分广告公司的总体策划、创意等方面的水平还不高，技术设备落后，服务质量差，特别是规模一般都小。这样，本来有限的资源和市场更为分散。所以尽快制定广告公司资质标准，严格把关广告代理制度，从而改变目前媒介选定广告公司的比较混乱而不规范的状况。为此，应制定有关法律，建立像韩国放送广告公社那样的带有管理和社会公益性质的广告管理公司，专门管理广告代理业务，执行广告公司资质认定制度。

资料来源：李东进. 韩国本土广告公司的发展及其启示. 外国经济与管理，1999（9）：31-35.

根据工商总局最新数据显示，2017年广告经营单位112.31万户，同比增长28.3%，其中，私营企业80.32万户，同比增长32.4%。这是我国广告行业经营单位首次突破了百万户关口，并且同比增速高达28.3%，增长十分迅速。

（3）广告的监督管理。自1978年改革开放以来，伴随着我国广告业的恢复和发展，国家对广告的监管也在逐步加强和规范。1980年，国务院工商行政管理局下设广告管理司，开始统一监督和管理广告业。1982年2月，我国公布了第一个广告管理法规，即《广告管理暂行条例》和《广告管理暂行条例实施细则》；1987年又公布了《广告管理条例》和《广告管理条例实施细则》；1994年10月通过《广告法》，具体地明确规定有关广告监督管理方面的内容。除了《广告法》以外，有关广告监督管理方面的行政法规或条例还有《药品广告管理方法》《食品广告管理方法》《医疗仪器广告管理方法》等。2015年4月24日全国人大常委会修订通过新的《中华人民共和国广告法》，自2015年9月1日起施行。新的《广告法》在完善广告准则、明确界定虚假广告、约束广告代言人、禁止烟草变相广告等方面均有不少新的规定。有关我国广告监督管理的具体内容，我们将在广告管制一章中详细讲述。

2.2 国外广告的发展历程

2.2.1 国外古代广告

国外广告的历史源远流长，公认的现存最早的文字广告是在公元前3000年，它是在埃及尼罗河畔的古城底比斯发现的写在羊皮纸上的广告。其内容为："一个叫谢姆的男奴隶，从善良的织布匠哈浦家逃走，首都特贝一切善良的市民们，谁能把他领回来的话，有赏。谢姆身高约 160 厘米，红脸，茶色眼珠。谁能提供他的下落，就赏给半个金币，如果谁能把谢姆送到技艺高超的织布匠哈浦的店铺来，就赏给他一个金币。"

公元前 79 年，维苏威火山爆发，古代罗马的庞贝城被埋在火山熔岩下。而考古发现，在庞贝纵横交错的街道建筑物的墙上和柱子上，刻满了各种文字和图画；在官方规定的广告栏内，还发现有候选人的竞选广告。

在古希腊和古罗马时期，一些沿海城市的商业也较发达，已有叫卖、陈列、声响、文图、诗歌、招牌等广告形式。如古代雅典的一首化妆品的叫卖诗，可称为最早的声响广告："为了两眸晶莹，为了两颊绯红，为了老珠不黄，也为了合理的价钱，每一个在行的女人都会——购买埃斯克里普托只制造的化妆品。"罗马商人在墙壁刷上商品广告，悬挂在全城固定地点。出租广告也多见，有一则广告写道："在阿里奥·鲍连街区，业主克恩·阿累尼乌斯·尼基都斯·梅乌有店面和房屋出租，二楼的公寓皇帝也会合意，自 7 月 1 日起出租，可与梅乌的奴仆普城姆斯接洽。"

公元 1445 年，德国人谷登堡发明了金属活字印刷，从此西方活字印刷技术被广泛应用，开辟了印刷广告的时代。

古登堡印刷厂的工作情景如图 2-10 所示。

图 2-10　谷登堡的印刷厂操作情境

阅读资料 2-1　铅活字版的发明者——约翰·谷登堡

约翰·谷登堡（1397—1468）是缅茵兹市一位具领导地位的公务员，发明用活字与机械来印制书籍的方法。

约翰·谷登堡熟知用制造硬币的钢模、印制扑克牌木刻版和铸造钟铃的字模方式来制成印刷版子，但这种方法制成的印刷版子只能印刷一面且不可重复使用。如果可以让字母分开，并且能移动，同时解决耐压的问题，那这些字母就可以重复使用了。

他的第一个目标是使用熔化的金属铸造个别的铅字，为此谷登堡选用手写字体作为蓝本。为了能模拟手写格式，使一般人不易分辨手写书籍和铅字印刷品的铸造铅活字的工具差别，他特地选用"textura"字体（哥德体的一种）作为范本。

约翰·谷登堡为每个字母与每个符号制作一个钢模，压在软铜块上形成一个铜模，如此即可铸造大量的铅字。为此目的，约翰·谷登堡发明了一种手铸工具，将铜模放置其中，只要倾入熔化的合金，字母与符号即可产生，这种合金包含铅、锑、锡与少许比例的铋金属。他于 1450 年开办了自己的印刷厂。

但仅有这些仍然不够，印墨也必须自行生产，为此他又发明了脂肪性的印刷油墨。然而这一切准备之首要工作，仍是要制造一部印刷机，为此，他又发明了木制印刷机。

经过三年的辛劳工作，四十二行拉丁文圣经终在 1455 年印刷完成，约装订成 200 册，每册有 1 282 页，每本都是一样完好而美观。

从此，他的发明品很快传遍全球各个角落，使全世界均能用这种印刷方式印刷有形的读物。

1472 年，英国人威廉•卡克斯顿（William Caxton）在伦敦教会前张贴了一张长 12.5 厘米、宽 17.5 厘米的招贴式广告，这则广告被大多数广告专家认定为最早的印刷广告。现在英国还保存着两张。

2.2.2 国外近现代广告

1609 年，德国出现了世界上最早的报纸，叫《Aviso & Relation》。这时还出现了广告代理店。1610 年英国最早出现了广告代理商，这是詹姆士一世让两个骑士建立的。1612 年法国的雷纳德创立了广告代理商，叫"高格德尔"。1622 年，第一份英文报纸《每周新闻》在伦敦出版，并首次刊载了一份书籍广告。

17 世纪后半期，英国报纸上出现了食品广告，如 1675 年 7 月《Public Advice》报纸上刊登的咖啡广告，它反映了当时的食品情况。

在报纸发行的同时，杂志也陆续出现，世界上最早的杂志是创刊于 1737 年的英国杂志《绅士》。10 年后，美国的费城有两种杂志创刊。1830 年，海尔夫人在费城创办《格台妇女书》杂志，成为美国妇女杂志的先驱。

1850—1911 年，现今世界上有影响力的报纸相继创刊。它们是英国的《泰晤士报》和《每日邮报》，美国的《纽约时报》，日本的《读卖新闻》和《朝日新闻》，法国的《镜报》等。

1841 年美国费城成立了第一家广告公司，使广告逐步形成一个行业。

1868 年，第一家具有现代意义的广告公司——艾尔父子广告公司创办。他们通过代理报纸的广告业务，为报纸承揽客户，并向报纸收取佣金。此后，不同规模的广告公司相继出现。

世界最早开办广播电台的是美国。1902 年，第一家领取营业执照的广播电台——匹兹堡西屋电器公司的商业电台开始播音。继美国之后，其他国家也相继建立了广播电台。这些电台都设有商业节目，主要播放广告。

世界上第一座电视台是 1936 年在英国建立的。美国开始设立电视台是 1939 年，正式开始播放商业电视是在 1941 年。第二次世界大战期间，各国电视事业都停止了。第二次世界大战后，电视事业得以迅速发展，尤其是 20 世纪 50 年代美国首创彩电之后，由于电视广告集语言、音乐、画面于一体，电视成为最理想的传播媒介，在此后的广告业中独占鳌头。

户外广告在 17 世纪就得到了发展。1870 年，户外广告收入占商业广告的 30%，比较大的是酒店的广告牌、彩票海报、药品广告。到了 20 世纪初，由于汽车的数量不断增加，户外广告的重要性进一步提高。户外广告多以图画为主，对来往的行人，不断重复宣传，给人印象较深。

世界上第一个霓虹灯广告是由法国的克劳特安装在巴黎皇宫上的。以后又逐步扩大到法属殖民地和英属殖民地，1923 年进入美国。到 20 世纪 30 年代，霓虹灯广告已广泛普及。

此外，空中广告以广阔的天空为背景，书写或垂挂巨幅广告文字，能吸引众多人的注意。1913 年，英国空军少校萨维奇组织了烟雾空中广告试验。1922 年，在英国一个赛马场上空举行了首次表演，飞机在空中利用烟雾写下了"Daily Mail"（《每日邮报》）字样。空中投光广告最早是在美国纽约进行的，它是用 9.1 万个烛光投光机在 50 米上空放射而成的，这种空中广告给人新奇壮观的感受。

随着经济的发展与科技的进步，广告产业也迅速发展。全球用于广告的费用，1976 年是 595 亿美元，

1980 年为 1 114 亿美元，1986 年为 1 800 亿美元，而 1996 年达 2 910 亿美元。2008 年，全球广告费用为 7 518 亿元，2009 年与 2010 年全球广告费用持续下降，分别为 7 022 亿美元和 6 657 亿美元，但仍维持在较高的水平。

近几年，全球广告支出以较快速度持续增长。2015 年，全球广告支出为 5 268 亿美元，2016 年达到 5 513 亿美元，同比增长 4.7%。2017 年全球广告支出增长 3.1%，达到 5 685 亿美元。电通安吉斯集团发布最新广告支出预测报告，根据采集自 59 个市场的数据，预计全球广告支出增幅将从 2017 年的 3.1%增至 2018 年的 3.6%。2018 年全球广告支出将达到 5 895 亿美元。2011 年至 2018 年全球广告市场规模走势如图 2-11 所示。

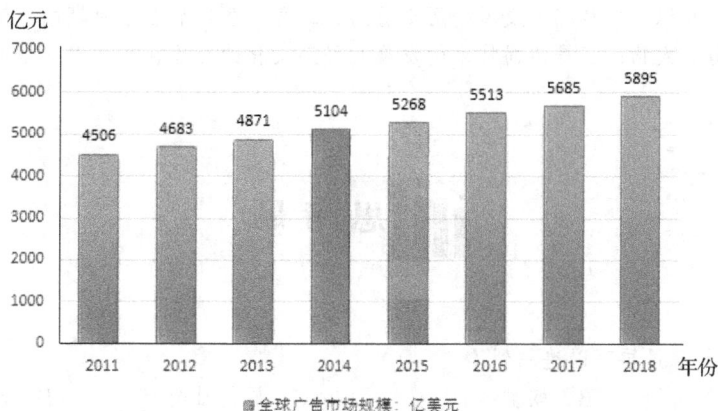

图 2-11　2011 年至 2018 年全球广告市场规模走势

资料来源：中国产业信息。

从广告媒体来看，数字媒体广告支出的增长最快。2016 年全球数字媒体广告支出为 1 751 亿美元。2017 年为 2 010 亿美元，2018 年将达 2 264 亿美元，2017 年和 2018 年将分别增长 14.8%和 12.6%，远高于全球广告平均增幅。数字媒体广告支出占世界广告支出的比例，2016 年为 31.8%，2017 年上升为 35.4%，2018 年将接近 4 成，达到 38.3%。[1]2016—2018 年全球数字媒体广告支出的增长情况如表 2-1 所示。

表 2-1　2016—2018 年全球数字媒体广告支出增长

数字媒体类别	2016 年增长率（%）	2017 年增长率（%）	2018 年增长率（%）
展示广告	13.7	11	8.7
在线视频	48.6	34.3	24.5
社交媒体	46.9	30.8	23.5
付费搜索	13.3	13.5	12.5
分类广告	9.6	8.8	7.3

资料来源：智研咨询。

从区域发展情况来看，进入 21 世纪以来，世界广告市场的格局发生了新的变化，由原来的北美和西欧主导，变成了北美、亚太和西欧三足鼎立的局面。目前，美国仍是广告支出总额最多的国家，而中国已上升到世界第二位，而且这两个国家会是未来几年内广告支出增长最多的两个国家，中国和美国的广告支出增长额将接近全球广告支出增长额的二分之一。

从整个世界来看，广告业如今正面临着新技术的发展以及由此带来的更多媒体选择上的挑战。移动互联网等新的广告媒体都将对广告业，特别是广告投资的方向产生深远的影响。

---

① 陈镜波. 世界广告费增长. 今日印刷，2018（4）：46.

本章小结

本章介绍了我国古代、近代、现代广告以及国外广告发展历史。通过本章的学习可以了解广告的起源以及广告的发展、演化过程。

本章的学习重点是我国改革开放 40 年来的广告业发展历程。

本章要求掌握的知识：一是广告发展的历史脉络；二是广告发展各个时期的经济文化背景，具有标志性的广告事件和历史人物；三是传播技术的发展和经济文化的交流在广告发展中的重要作用；四是广告发展的历史趋势。

思 考 题

一、单选题

1．中国广告的起源最早可以追溯到（ ）。

    A．封建社会　　　　　B．奴隶社会　　　　　C．原始社会　　　　　D．近现代社会

2．1923 年 1 月 23 日，我国第一座电台在（ ）开始广播，它是由美国人奥斯邦的中国无线电公司创办的。

    A．天津　　　　　　　B．上海　　　　　　　C．北京　　　　　　　D．广州

3．公元 1445 年，德国人（ ）发明了金属活字印刷，从此西方活字印刷技术被广泛应用，开辟了印刷广告的时代。

    A．阿尔伯特·莱斯克　B．威廉·伯恩巴克　　C．约翰·谷登堡　　　D．乔治·戈里宾

4．（ ）年，我国广告业发展又有了新的突破，年人均广告费首次超过 200 元，达到 234 元。

    A．1979　　　　　　　B．1995　　　　　　　C．2011　　　　　　　D．2013

5．1872 年 3 月 23 日，（ ）创刊，这是我国历史最悠久、最有名望的中文报纸。

    A．《中国教会新报》　B．《申报》　　　　　C．《上海新报》　　　D．《中国广告报》

二、多选题

1．在漫长的封建社会中，主要的广告形式是（ ）等。

    A．口头广告　　　　　　　　　　　　　B．旗帜广告

    C．霓虹灯广告　　　　　　　　　　　　D．招牌广告

    E．印刷广告

2．近现代广告媒介包括（ ）。

    A．报纸广告　　　　　　　　　　　　　B．广播广告

    C．霓虹灯广告　　　　　　　　　　　　D．交通广告

    E．橱窗广告

3．1922 年，我国的中外文报纸即达到 1 100 多种。当时影响最大的报纸是（ ）。

    A．申报　　　　　　　　　　　　　　　B．上海新报

    C．字林沪报　　　　　　　　　　　　　D．新闻报

    E．中国教会报

4．在古希腊和古罗马时期，一些沿海城市的商业也较发达，已有（   ）广告形式。

    A．叫卖   B．陈列

    C．音响   D．文图

    E．报纸

5．进入 21 世纪以来，世界广告市场的格局发生了一定的变化，由原来的北美和西欧主导，变成了（   ）三足鼎立。

    A．亚太   B．非洲

    C．西欧   D．北美

    E．拉美

三、简答及论述题

1．我国奴隶社会时期的主要广告形式有哪些？

2．我国近现代时期广告的主要特点是什么？

3．简述中华人民共和国成立后到改革开放之前的广告业发展状况。

4．简述发展我国本土广告公司的策略。

5．简述近年来世界各地广告市场状况。

案例讨论

可口可乐百年广告变迁

1886 年 5 月 8 日，药剂师彭伯顿博士在自己家后院用铜鼎调制出一种新口味的糖浆。他和朋友们考虑两个大写字母 C 会使广告更醒目，便为之起名 Coca-Cola；不久又在《亚特兰大纪事报》上刊登了有史以来的第一则可口可乐广告，向全体市民推荐"一种全新的大众化的苏打水饮料"。

如今，可口可乐已经和自由女神像一起成了美国的象征。作为软饮料市场的巨无霸、享誉全球的世界超级名牌，可口可乐是世界上销量最大的饮料。每天被 50 多个国家和地区的 5.43 亿人饮用。

它之所以成为典型的美式商品，是因为它具备了美国社会的三大特征：自由经营、大量消费和铺天盖地无所不在的广告。广告使可口可乐成为头号全球产品。"成功在于广告"是他们的秘诀。2001 年 8 月美国《商业周刊》评出全球十大品牌，可口可乐稳坐头把交椅，品牌价值高达 689 亿美元。

可口可乐公司在说明它巨额的广告费用时说："今天，竞争比以往更激烈。不仅有来自其他软饮料的竞争，还有来自正在增多的各种各样的产品的竞争：这些竞争的目的是赚顾客的钱。这种竞争是富有经验、带有攻击性的，需要有雄厚的经济力量。现在是这个国家有史以来广告运用最多的时期，我们不能少花钱。"可口可乐的成功不仅在于对广告的充分重视，更在于广告战略的运用。

20 世纪 30 年代以前可口可乐采用了进攻性战略，30 年代以后面临强有力竞争对手的挑战，采用了防御性和进攻性相结合的战略。在全球营销战略上采用全球一致的广告主题策略。每一时期的广告，都有一个基本的主题思想，以微笑作为广告的诉求点。从 1886 年至今，持续不断的广告战略中使用过的广告口号已达 94 条。

"要想提精神请留步""喝新鲜饮料，干新鲜事儿""喝可口可乐只需花五美分""Coca-Cola，一个全球性的符号""真正清凉的饮料""可口可乐使你一帆风顺""挡不住的诱惑"等不同时期的广告主题，都针对了当时青年消费者爱美、好奇心强、追求欢乐等心理趋势，通过文字、构图、曲调和媒介运用上的不断创新和着力渲染，赢得消费者的信赖与肯定。

在媒体运用上，可口可乐也从未曾落伍。从 20 世纪 20 年代中期到 60 年代，广播电台是它的首要传播媒体。电视的发展又使它转移了广告的重点，1950 年感恩节，可口可乐首次资助电视直播节目。此后，许多重要庆祝活动、娱乐表演和体育比赛都曾得到过可口可乐的赞助。

为了适应个性化消费时代的到来，可口可乐广告在不同国家已开始以本土化的形象呈现。1999 年可口可乐在中国推出的电视广告片《年轻的成分》，一改以往的美国面孔，而以全新的本土形象展现可口可乐年轻的心态和健康活力，中式场景、最中国化的面孔和热力四射的音乐，一下子缩短了与中国年青一代消费者的心理距离。

可口可乐卓越而成功的广告形象战略——其独特的红白二色标志，已成为它的金护照。人们只要看到标志，就会很快辨认出这是可口可乐。它在全世界展示相同的品牌形象，开创了品牌形象模式化的先河。

"广告是经营的需要，是商业世界一帖美妙的强身剂。"正是这个"美妙"能使顾客高兴，把顾客带到一个美好的世界。卓越的广告策略的成功运用，创造了可口可乐王国的丰功伟绩。可口可乐在一份报告中提出："展望 21 世纪，我们的目标是继续赢取我们能获得的成功。"

进入 21 世纪，可口可乐的广告策略更加国际化。广告强调的是全世界共通的博爱与慈悲。可口可乐公司将产品意象从饮料本质抽离，以人与人之间的情感出发，塑造出温馨的氛围，从网站、平面广告，到电视传媒一体成型的宣传，期待创造出另一波高峰。

在可口可乐 2007 年"心随我爽"主题广告中，红红的主色调、激情的旋律、随处可见的可口可乐标志和可口可乐瓶子仍然是广告选用的主要元素；所不同的是可口可乐主题广告不是放在对"情"的表现上，不是通过对可口可乐饮料在连接青年男女情感流露表现时的独特作用，而是通过年轻人具有的玩"酷"的特点，在运动内容、游戏表现等方面充分显示可口可乐饮料带来的无限活力，尽情释放"心随我爽"的诱惑。这种诱惑不仅仅是对体验可口可乐的消费者的诱惑，也是对欣赏可口可乐广告受众的诱惑。同时，这种诱惑又不是对可口可乐往年广告主题的割裂。片尾"要爽由自己"的字样恰似提醒受众，2007 年的广告主题是"要爽由自己"的延伸，是对"要爽由自己"的一种立体化表现。

2013 年夏天，可口可乐因"昵称瓶"而改变，成为了全民话题，并飞速地进入到我们的日常生活。不仅销量较上年同期增长 20%，并且在广告界的盛大节日中国艾菲奖（EFFIE AWARDS，大中华区）颁奖中摘得全场大奖。而 2014 年的"歌词瓶"同样掀起了一场夏日狂欢。

经过"昵称瓶"后，可口可乐对"歌词瓶"的推广更显轻车熟路。先是在名人微博进行定制化产品投放，利用其名人效应让更多消费者熟知。而后，在自身的微博上发布与歌词相关的内容，与产品配合。歌词瓶的出现让爱好音乐的年轻人们重温了一遍那些充满回忆的歌曲，创新的瓶身设计让人眼前一亮的同时，也迅速地被人分享到各种社交平台。

可口可乐广告演变的过程也是技术手段不断改变广告的过程。从最早的手绘插图到精美的艺术作品，从电视广告初期的定格动画到流畅的产品演示，从人物出演的情节短片到先进的计算机动画技术。技术的革新，不断丰富着广告的演示手段，推动着广告向更高层次发展。

问题讨论

1. 可口可乐的广告为什么要随着时代的变化而变化？
2. 结合本案例，请谈谈媒体技术的进步对可口可乐广告策略的影响。

第 3 章 广告计划、目标与预算

本章导读

广告计划既是企业对广告活动所做的规划，也是企业检验和总结广告效益的依据。广告目标是广告策划的出发点和归宿，广告策划的各项工作都是围绕广告目标展开的。广告预算是广告活动所需费用的计划和控制方法，它规定计划期间从事广告活动所需经费的总额和使用范围，是企业广告活动得以顺利进行的保证。广告计划、目标与预算三者之间的关系密切。广告预算是制订广告计划的重要内容，广告目标说明广告策划者想做什么，而广告预算则限制广告策划者能做什么。

知识结构图

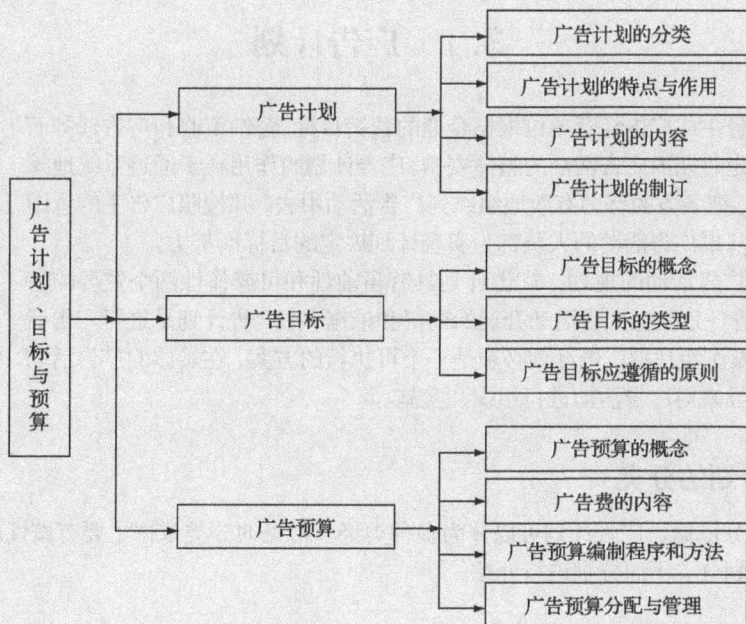

小快克牌儿童感冒药广告策划

我国每年感冒患儿高达 5 000 多万，开发儿童专用感冒药市场潜力巨大。海南快克药业有限公司主要经营快克（复方氨酚烷胺胶囊）、小快克（小儿氨酚黄那敏颗粒）、快克露等。其中小快克是专为儿童研发的感冒药。快克是复方氨酚烷胺胶囊处方的创制者，亦是复方氨酚烷胺胶囊国家药品标准的起草者，并率先提出"抗病毒，治感冒"的科学理念。

2005 年 7 月 5 日，快克以其优良的处方、优良的品质和良好的疗效，荣获"中国驰名商标"的称号。小快克牌儿童感冒药从研发开始就严保品质，立足于儿童市场。比如推出了草莓口味的颗粒剂，有效解决了儿童吃药难的问题。2010 年 9 月，小快克牌儿童感冒药 0.5 袋分隔包装的全面上市，有效地保障了儿童的安全用药问题。

公司通过营销传播活动，向妈妈们介绍精准用药的重要性和小快克精准用药的专业性。虽然与同类竞品相比，小快克的知名度没有优势，但其品牌形象成熟，销售系统完备，所以广告策划的重点在于提高品牌知名度，加深目标受众对小快克精准、可爱、好喝的形象的认知。广告方案以 4C 理论为指导思想，在媒介选择上采用电视、报纸、网络、户外等组合媒体的方式进行全方位、立体式的传播，最终取得了良好的广告投放效果。

案例分析

由于儿童的抵抗力较弱，容易被病毒感染，因此儿童感冒是一种常见的疾病。不同于抵抗力较强的成年人，儿童感冒一旦治疗不力，往往会导致较为严重的并发症。因而妈妈们都非常重视儿童感冒的用药问题。快克公司通过对妈妈们介绍精准用药的重要性和小快克精准用药的专业性，有效地赢得了妈妈们的信任，再借助 4C 理论，采用立体式的广告媒体组合传播策略，最终取得了良好的广告传播效果。其给我们的启发是：在开展广告活动时，必须要做好预先的筹划。要明确产品的定位，准确把握目标受众所关心的核心问题并通过恰当的媒体实现精准的广告信息传递。

3.1　广告计划

广告计划是广告主或广告经营单位根据企业的营销目标、营销策略和广告任务而制定的关于未来一定时期内广告活动的整体安排。广告计划的作用在于通过系统地筹划未来的广告活动，把各方的努力有效地组织到广告活动中去，并按照广告主的意图使之协调起来，使从事广告活动的人员都为实现计划规定的目标而努力。

作为指导企业广告活动的规划，广告计划具有事前性和可操作性两个重要的特征。事前性是指广告计划是在广告活动开展的前提和依据，拟广告计划是进行广告活动的首要环节。可操作性是指广告计划必须是一个可执行的方案，在具体的广告活动中企业将以此为指导来对广告活动进行组织和实施。

广告计划与营销战略的整合

3.1.1　广告计划的分类

依据不同的划分依据，广告计划可以分为多种类型。常见的分类依据主要有按性质划分、按时间划分和按广告的媒体划分。下面分别进行介绍。

1. 根据广告计划性质分类

按广告计划的性质进行划分，可以将其分为战略性广告计划、战术性广告计划和单一性广告计划。

（1）战略性广告计划。战略性广告计划与企业长期发展战略相适应，是企业长期广告活动的目标与发展战略。此类广告计划一般涉及范围较广，规模较大，广告实施的周期很长而且投入巨大。

（2）战术性广告计划。战术性广告计划是企业为完成某一特定的广告活动或为达到某一广告目标而制订的广告活动规划，是在战略性广告计划的指导下，企业所制订的具体的广告活动计划。战术性广告计划的时间期限较短，内容具体，可操作性强，是一种常见的广告计划。

（3）单一性广告计划。单一性广告计划是指企业针对某一市场、某一产品在一定的时段内进行广告活动而制订的广告执行计划。它是在较小的范围内进行的广告计划活动，是对战术性广告策划的进一步细化。单一性广告计划可以是一个广告创意方案、一个媒体计划方案或一次促销活动中广告的实施计划。单一性广告策划是组成战术型广告策划的基本单位，在广告策划中占有重要的地位。

2. 根据广告时间分类

按广告时间划分，广告计划可以分为长期广告计划、中期广告计划和短期广告计划 3 类。

（1）长期广告计划。长期广告计划一般是指期限在 5 年以上的广告计划。它是以企业长期发展战略为依据，按照市场营销的战略要求而制订的广告活动规划。长期广告计划主要是方向性和长远性的计划，通常是以工作纲领的形式出现。长期广告计划必须根据企业发展计划的实施程度和市场形势的变化，不断适当地进行调整和修订。

（2）中期广告计划。中期广告计划是指计划期限在 1 年以上到 5 年以内的广告计划。中期广告计划是根据企业的长期广告计划而制订的，它比长期计划要详细具体，是在充分考虑了企业的内外部经营环境后制订的可执行计划。

（3）短期广告计划。短期广告计划包括年度广告计划和临时性广告计划，其时间期限均不超过 1 年。年度广告计划是企业在一年内按季分月制订的广告活动规划。年度广告计划是依据企业年度经营目标和销售计划制订的，其主要内容包括确定本年度广告目标及广告预算在不同媒体上的分配等内容。临时性广告计划是指企业在特殊场合或遇到突发事件而制订的广告计划。短期广告计划的可操作性比较强，要求其内容全面具体、指标可量化、切实可行。

3. 根据广告的媒体分类

根据广告媒体划分，可以将广告计划分为组合媒体广告计划和单一媒体广告计划。

（1）组合媒体广告计划。组合媒体广告计划是指在广告宣传活动中，计划使用两种或两种以上的媒体作为传播媒介的广告计划。

（2）单一媒体广告计划。单一媒体广告计划是指仅利用一种媒体进行宣传的广告计划。

3.1.2　广告计划的特点与作用

1. 广告计划的特点

（1）广告计划是一项行动文件。实施一项广告策划活动是非常复杂的工作，需要各方面的协调配合。广告计划以文件的形式标明了所要采取的步骤、时间安排等，用以指导和控制整个广告策划活动的运作。

（2）广告计划是对某一广告目标及完成这一目标的一种解释。广告计划解释了需要完成的广告任务、需要达到的广告目标，并解释和规划了实现广告目标的具体步骤。

（3）广告计划具有一定的强制性和约束性。广告计划一旦制订，就成为广告活动必须遵守的行动准则和努力方向。虽然计划具有一定的灵活性，但这种灵活性是受一定的条件限制的，是有限的灵活。

2. 广告计划的作用

广告计划是广告活动的首要环节，是广告策划的重要组成部分。广告计划在整个广告活动中起着举足轻重的作用，其作用主要体现在以下几个方面。

（1）广告计划的指导作用。广告计划是对整个广告活动的预先规划，是企业广告战略和广告策略的体现，它是广告活动的依据和行动指南。广告计划使无序的广告活动变为有序，为各项广告活动规定了努力的方向。广告计划对广告活动的整个过程都具有指导作用。

（2）广告计划的协调作用。建立在充分调研和科学分析基础上的广告计划，可以使从事不同广告业务的人员彼此协调、有条不紊地进行各项工作，齐心协力完成广告目标。通过广告计划的协调作用，能够使广告活动的各个职能部门相互配合，统一行动。

（3）广告计划的控制作用。广告计划规定了广告活动所要达到的各项指标，这些指标是广告活动的衡量标准。在具体的广告实施过程中，管理者应根据这些指标来检查实际活动与计划目标是否一致，如果存在偏差就必须采取控制措施来消除差距，从而保证能够按时、保质、保量地完成广告计划。

（4）广告计划的评价作用。广告计划为评价广告活动、测定广告效果提供了相应的依据，有助于广告目标的实现。

3.1.3 广告计划的内容

广告计划涉及广告活动的各个方面，企业可以根据营销战略的需要，在某些方面有所侧重。概括起来，广告计划主要包含以下几个方面的内容。

（1）广告的市场分析。市场分析是广告计划的首要内容，它既是广告活动的基础，也是广告活动取得成功、达到广告目标的关键。广告的市场分析包括企业与产品分析、市场与环境分析、营销分析、消费群体分析、竞争者分析和市场发展机会分析等。

（2）广告的目标。广告目标是广告活动所要实现的预期成果，包括提高商品的知名度、美誉度，激发消费者的购买欲望等。

广告目标不是单一的，而是多元的。对于广告本身来说，有广告的受众率、理解度、记忆率等指标；对于广告效果来说，有企业及产品的知名度、美誉度、广告宣传引起的购买率、市场占有率提高的幅度、销售利润增长的程度等指标。在制定广告目标时，应尽可能使各项指标都能够具体量化，同时，也要注意广告目标的可行性和可控性，不片面追求数字指标。

（3）广告的对象。广告对象即广告的目标受众。一般来说，广告对象分析主要包括以下基本内容：广告对象是谁、广告对象最关心的是什么、广告对象的消费水平如何、广告对象对产品及广告的态度如何等。只有找准了广告的对象，企业才能准确把握消费者的特征，制定出有的放矢的广告策略。

（4）广告的传播区域。广告传播区域是指广告对象生活的区域与范围。广告区域的划分一般有 3 个层次，即全国范围、国内特定区域和海外市场。这些区域的划分应根据广告战略进行周密筹划，在原则上要突出重点区域，对重点区域要加大广告的投放力度。

（5）广告的主题。广告主题是广告所要表达的重点和中心思想。广告主题应根据产品的市场定位和产品本身的特点来确定，而且广告主题必须要体现出产品的与众不同的个性。在一个广告中不能有太多的诉求主题，否则广告难以给目标受众留下深刻的印象。

（6）广告的策略。广告策略是广告活动中所运用的具体措施与手段，主要包括广告的媒体策略、创意策略和实施策略。这部分的内容我们将在广告创意策略一章中详细介绍。

（7）广告的费用预算。广告预算是广告活动所需费用的计划和控制方法，它规定计划期间从事广告活动所需经费的总额和使用范围，是企业广告活动得以顺利进行的保证。广告目标与广告预算有着密切的联系。广告目标说明广告策划者想做什么，而广告预算则限制广告策划者能做什么。编制广告预算是制订广告计划的重要内容，二者可以同时进行。

（8）广告效果的预测。广告效果预测是指对广告活动所要达到的目标和完成任务情况的预先估计。在广告计划中，广告效果预测主要包括广告传播效果和广告销售效果两项内容。广告效果的预测应该是建立在科学分析的基础上，而不能凭空臆造。

3.1.4 广告计划的制订

广告计划的制订要遵循一定的程序来进行。在制订广告计划时，首先要确定目标，然后紧紧围绕这个目标开展工作。具体来说，广告计划有以下的制订程序。第一步，确定广告目标，即明确广告活动所要达成的预期成果。第二步，明确前提条件，即确定未来广告计划实施的预期环境。因为计划是面向未来的，企业的内外部环境变化都会对计划产生影响，因而存在着一定的不确定性。为了实现目标，所制订的广告计划要切实可行，必须要做好环境的预测工作。第三步，确定备选方案，即在各种可能实现广告目标的途径和方法中选择最优或最满意的方案。这一阶段的工作又可进一步细分为拟订广告计划方案、评价方案和选择方案这三个方面。广告计划的制订者通过对各种计划方案的综合评价，按照从高到低的次序，确定方案的优先级，并做出最终的选择。第四步，拟订派生计划，即基于主要计划拟订分支计划。如广告计划可以派生出广告媒体计划、广告调查计划、广告制作计划等。第五步，编制广告预算。广告预算实质上是广告经费的分配计划，它规定了广告计划期内开展广告活动所需的费用总额、使用范围和使用方法。

3.2 广告目标

3.2.1 广告目标的概念

广告目标是一定时期内广告主期望实现的预期广告活动成果，如促进商品销售，提高商品知名度、美誉度，改变消费者认知，增强市场竞争力等。因此，广告目标不是单一的，而是多元的。此外，广告目标与广告计划之间的关系密切，目标是计划工作的导向，而计划则是实现目标的手段。

3.2.2 广告目标的类型

广告目标具有多元性，因此划分的方法也有很多，下面做简单介绍。

1. 根据市场营销策略进行划分

（1）创牌广告目标。创牌广告目标旨在通过对产品的性能、特点和用途的宣传介绍，提高消费者对产品认知度和对品牌的知晓度。企业在新产品上市或是开拓新市场时常采用此广告目标。

（2）保牌广告目标。此类型广告的目的在于巩固企业已有的市场地位，并在此基础上深入开发潜在市场和刺激消费者重复购买。企业主要通过连续广告的形式，加深目标受众对已有商品的认识，使消费者养成消费习惯，潜在消费者产生兴趣和购买欲望。保牌广告诉求的重点在于保持消费者对广告产品的好感、偏好和信心。

（3）竞争广告目标。此类型广告的目的在于强调企业有别于其他竞争对手的优势，使消费者产生购买偏好。

2. 根据广告产品的生命周期进行划分

（1）信息性广告目标。信息性广告目标常用于产品生命周期的引入期阶段。此时产品刚刚上市，消费者对产品的性能、品质和特点还缺乏了解，为打消消费者的购买顾虑，必须向消费者传递全面的产品信息。

（2）说服性广告目标。当产品处于生命周期的成长或成熟期阶段，市场上同类产品或替代品不断增加，导致竞争日趋激烈，消费者的选择余地也越来越大。此时企业多采用说服性广告，即通过劝说或具体比较来说服消费者购买本企业的产品。

（3）提醒性广告目标。提醒性广告是产品进入生命周期的成熟期或衰退期所采用的一种广告策略。

这类广告的目的在于提醒现有消费者不要忘记本企业产品的商标、品牌及特色，刺激其重复购买，引导消费者形成稳固的、习惯性的需求。

3.2.3　广告目标应遵循的原则

广告目标的确定要遵循科学的原则，需要注意以下几个方面。

（1）广告目标要符合企业的营销目标。广告是企业营销活动中的一种促销手段，广告目标是企业营销目标在广告活动中的具体化。广告目标必须服从、服务于企业的营销目标。

（2）广告目标要切实可行。在确定广告目标时，要考虑到目标实现的可行性，要从实际出发，全面分析，研究企业内外条件的影响和制约因素。既不要降低标准，也不要脱离实际盲目求高，力求使目标恰当合理、切实可行。

（3）广告目标要明确具体。广告目标不能含含糊糊、模棱两可，不能笼统地确定为开拓市场、扩大市场份额、促进商品销售等，广告目标应当尽可能地量化。

（4）广告目标应单一。在某一次具体的广告活动中，切忌追求多目标。多目标实际上是主次不分，力量也容易分散，中心不突出，难以收到应有的广告效果。

（5）广告目标要有一定弹性。广告在实施过程中，企业内外环境可能发生较大的变化，广告活动为了适应这种变化，配合企业整体营销的进行，需要做适当的调整。

（6）广告目标要有协调性。广告活动是企业整体营销中的一个组成部分，在确定广告目标时，既要考虑到它与企业的其他促销手段的协调，又要考虑到广告部门与企业其他部门活动的协调，以利于实现企业的营销目标。

（7）广告目标要考虑公益性。尽量将企业利益同社会利益结合起来，使两者相互促进，建立起符合社会利益的企业形象，这也是企业广告目标的最终目标。

3.3　广告预算

3.3.1　广告预算的概念

广告预算是广告主根据广告计划对开展广告活动费用的匡算，是广告主进行广告宣传活动投入资金的使用计划。它规定了广告计划期内开展广告活动所需的费用总额、使用范围和使用方法。

广告预算是广告计划的重要组成部分，是确保广告活动有计划顺利展开的基础。广告预算编制额度过大，就会造成资金的浪费，编制额度过小，则无法实现广告宣传的预期效果。广告预算支撑着广告计划，它关系着广告计划能否落实以及广告活动的效果。

广告预算不同于企业的其他财务预算。一般财务预算包括收入与支出两部分内容，而广告预算只是广告费支出的匡算。这是因为广告投入的收益具有较强的不确定性，而且收益表现在多个方面。例如，它或许反映在良好社会观念的倡导上，或许反映在媒体受众的心理反应上，也有可能体现在商品的销售额指标上。

有许多广告主错误地认为，广告投入越大，所取得的效果也就越好。而实际上当广告投入达到一定规模时，其边际收益呈递减趋势。美国广告学家肯尼斯·朗曼（Kenneth Longman）经过长期的潜心研究，在利润分析的基础上，创立了一个广告投资模式，如图 3-1 所示。

肯尼斯·朗曼认为，任何品牌的产品即使不做广告也有一个最低销售额。广告的效果不会超过产品的最大销售额，产品的最大销售额是由广告主的经营规模、生产能力、销售网络以及其他因素综合决定的。朗曼认为，理想的广告宣传活动应该是以最小的广告投入取得最大的广告效果。当广告效果达到一定规模时，再追加广告投入就是一种资源的浪费。

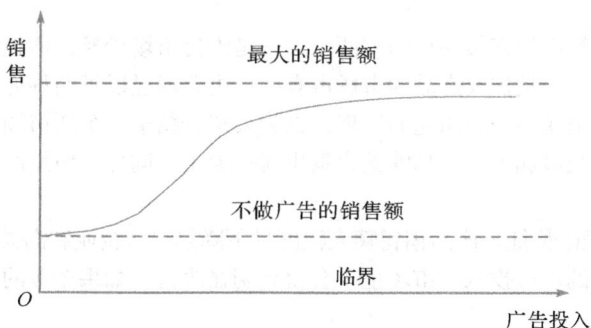

图 3-1　广告效果与广告投入之间的关系

3.3.2　广告费的内容

广告费一般是指开展广告活动所需的广告调研费、广告设计费、广告制作费、广告媒体费、广告机构办公费与人员工资等项目。有的企业把公共关系与其他促销活动费也记入广告费，这是不合理的。如馈赠销售的馈赠品开支，有奖销售的奖品或奖金开支，推销员的名片，公司内部刊物等的开支，均不应列入广告费。

3.3.3　广告预算编制程序和方法

1. 影响广告预算编制的主要因素

一般来说，影响广告预算编制的主要因素有产品的生命周期、市场竞争状况、产品品牌的市场地位（或市场占有率）、广告频次等。

（1）产品的生命周期。产品的生命周期是指产品从上市到最终退出市场的整个过程，包括引入期、成长期、成熟期和衰退期 4 个阶段。产品的生命周期是由市场需求的变化趋势所决定的。在产品生命周期的不同阶段，企业经营者应采取不同的经营策略，以取得最佳的收益。

① 引入期。引入期是产品进入市场的第一个阶段。在这一阶段，目标市场上的消费者还不了解产品的功能，产品的品牌还没有给大家留下任何印象。产品的销售量增长缓慢，由于前期投入较大（例如，产品的研制费用、开发费用、材料成本以及销售网络的建设费用等），企业基本上是无利经营，市场上还没有出现竞争对手。

企业经营者为了提高产品品牌的知名度，树立品牌形象，必须投入大量的广告费用，充分利用各种媒体进行广告宣传，以增加产品的曝光度。只有当产品的曝光度达到一定程度后，媒体受众才能对产品产生初步的印象。引入期的广告宣传是一种典型的信息型广告。它主要是针对产品的基本情况向目标市场"广而告之"，例如将产品的价格、功能、品牌、产地、售后承诺等情况告诉媒体受众。

② 成长期。在这一阶段，产品在目标市场上已有一定的知名度，一些消费者对产品已建立了初步的品牌认知。产品的销售网络已基本建成，销售利润逐步增加。市场上出现了竞争对手。一部分顾客由于产品的质量而成了企业的回头客，他们已形成了一定的品牌忠诚度。

企业在这一阶段的广告宣传，已由信息型转向个性诉求型。广告规模较引入期有所缩小，广告内容侧重于突出产品的特征，增加了广告的艺术含量，以求通过良好的视听形式来促使媒体受众产生固定的品牌联想。

③ 成熟期。在这一阶段，市场上观望类消费者也已购买了产品，企业的利润达到最大化。由于利润的诱惑，市场上涌现出大量替代产品或类似产品，竞争达到白热化。由于竞争的加剧，企业的广告费用

又开始增加，企业利用多种媒体进行广告宣传，以突出"人无我有，人有我新，人新我全，人全我精"的特征。

在这一阶段，企业进行广告宣传的目的有两个。一是维持市场份额，通过各种形式的促销活动吸引媒体受众购买本品牌产品；二是扩大产品的市场占有率。主要通过以下两种方法。第一，开发产品的新用途。例如，杜邦公司的尼龙每一新用途的出现，都为公司开拓了一个新市场。第二，增加产品的使用量。消费者使用产品的次数增加了，产品的销售量也就扩大了。同样，使用产品的数量增加了，也会扩大产品的销售规模。

④ 衰退期。这一阶段的特征是产品销售额大幅度呈下降趋势，企业利润大幅度减少。许多竞争对手纷纷转产，即使增加产品的广告投入，市场也不会得到明显改善。如果企业的产品线比较单一，那么企业将会处于困境。

针对以上情况，企业应该开发新产品，或者进行品牌延伸，将成功的品牌引用到新产品上。它可以将媒体受众对原有品牌的认知自然过渡到新产品上，从而为新产品打开市场奠定基础。可口可乐就是利用这种策略，成功地开发了健怡可口可乐、樱桃可口可乐等新产品，确保了企业的市场地位。

在衰退期，企业如果进行广告宣传，其规模也一定非常小，属于提醒性广告。企业只是提醒媒体受众注意该产品的存在，某品牌产品依然是消费者忠实的朋友。提醒性广告主要突出产品的品牌，以唤起媒体受众对产品的回忆，同时也使对本品牌产品持有忠诚感的顾客感到欣慰。

产品生命周期与广告费支出的关系可用图 3-2 表示。

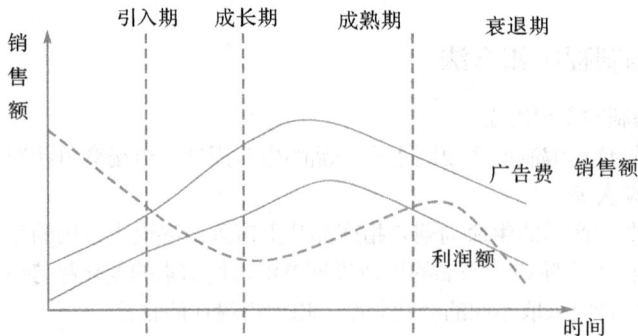

图 3-2　产品生命周期与广告费支出的关系

（2）市场竞争状况。市场竞争状况也是影响广告费用开支的一个主要因素。同类产品竞争者的数量与实力也影响企业的广告预算。如果竞争对手进行大规模的广告宣传，本企业必然要扩大广告宣传的规模，广告预算也随之增加。否则本企业的广告活动就收效甚微，达不到预期的目标。

目标市场上的"广告拥挤度"的大小也影响企业的广告预算规模。广告拥挤度是指单位时间内，某一特定媒体刊播的广告数量。如果广告拥挤度非常大，较小的广告预算无法与竞争企业抗衡。只有企业的广告是众多广告中最响亮的一支的情况下，才有可能引起媒体受众的注意，诱使他们产生购买欲望。比如在一间有 30 多位同学和 1 位老师的教室里，每一个人都向老师诉说，在这种吵闹的无秩序的环境里，作为学生的你如果想让老师听清你的话，你的声音只有比其他人的响亮，才能达到你的目的。而"响亮的声音"需要花费更多精力。这个道理在"广告爆炸"的年代里同样适用。

（3）产品品牌的市场地位。产品品牌的市场地位也影响企业的广告预算。一般而言，保持现有的市场占有率的广告费用，远远低于扩大市场占有率的广告费用。如果品牌属于领导型品牌，由于它有成熟的销售网络，有较高的品牌知名度和美誉度，老顾客对产品品牌的忠诚是领导型产品独具的一份经营优势，其广告宣传活动的目的只是维持老顾客的重复购买，这就决定了企业没有必要进行大规模的广告推广。

如果品牌处于挑战型的市场地位，不太高的知名度与不太成熟的销售网络都迫使企业进行大规模的广告宣传，以提高目标市场上媒体受众对产品品牌的认同意识。据研究，如果维持一名老顾客需要花费 1 元钱，那么吸引一名新顾客则需要花费 6 元钱。对挑战型品牌的经营者来说，进行广告宣传是企业将挑战型品牌发展成为领导型品牌的主要手段之一。在这一发展过程中，较大规模的广告预算是不可避免的。

（4）广告频次。广告频次是指在一段时间内，某一广告在特定媒体上出现的次数。在单位费用不变的情况下，广告播出的次数越多，相应的广告支出也就越大，广告频次与广告预算额呈正比关系。广告重复出现的次数越多，广告主的花费也就会更多。

（5）品牌的替代性。如果产品的可替代品牌较多，为突出产品的独特个性、树立品牌形象，企业就需要为产品进行更多的广告投放预算。

某些产品，例如化妆品等，产品之间的同质性使消费者很难将它们区分开来，广告策划者必须通过艺术化的广告促销，将品牌中的文化附加值突出出来，使该品牌显得与其他品牌不同，为媒体受众识别产品创造条件。这一形象塑造过程，需要大量的广告投入，否则，产品品牌的个性不足以成为媒体受众辨别不同品牌产品的标志。

2. 广告预算的编制程序

广告预算活动由一系列预测、规划、计算、协调等工作组成。广告预算的基本程序大体如下。

（1）确定广告投资的额度。通过分析企业的整体营销计划和企业的产品市场环境，提出广告投资的计算方法的理由，以书面报告的形式上报主管人员，由主管人员进行决策。

（2）分析上一年度的销售额。广告预算一般一年进行一次。在对下一年度的广告活动进行预算时，应该先对上一年的销售额进行分析，了解上一年度的实际销售额、销售额是否符合上一年度的预测销售单位和预测销售额。由此分析，可以预测下一年度的实际销售情况，以便合理安排广告费用。

（3）分析广告产品的销售周期。大部分产品在一年的销售中，都会呈现出一定的周期变化，即在某月上升、某月下降、某月维持不变等。通过对销售周期的分析，可以为广告总预算提供依据，以确定不同生命周期的广告预算分配。

（4）编制广告预算的时间分配表。根据前三项工作得出的结论，确定年度内广告经费总的分配方法，按季度、月份将广告费用的固定开支予以分配。

（5）对广告进行分类预算。在广告总预算的指导下，根据企业的实际情况，再将由时间分配上大致确定的广告费用分配到不同的产品、不同的地区、不同的媒体上。这是广告预算的具体展开环节。

（6）制定控制与评价标准。在完成上述广告费用的分配后，应立刻确定各项广告开支所要达到的效果，以及对每个时期每一项广告开支的记录方法。通过这些标准的制定，再结合广告效果评价工作，就可以对广告费用开支进行控制和评价了。

（7）确定机动经费的投入条件、时机、效果的评价方法。广告预算中除去绝大部分的固定开支外，还需要对一定比例的变动开支做出预算。如在什么情况下方可投入变动开支、变动开支如何与固定开支协调、怎样评价变动开支带来的效果等。

3. 广告预算的编制方法

编制广告预算不仅要分析影响因素，按一定步骤操作，还必须采取正确的方法，以保证广告预算编制的科学性。目前，常用的编制广告预算的方法主要有以下几种。

（1）销售额百分比法。它是广告主以一定时期内产品销售额的一定比例，匡算出广告费用总额的一种方法。这种方法是最常用的一种广告预算编制方法，根据形式、内容的不同，又可将它分为两种。

① 上年度销售额百分比法。它是根据企业上一年度产品的销售额情况来确定本年度广告费用的一种方法。这种方法的优点是确定的基准实际、客观，广告预算的总额与分配情况都有据可依，不会出现大的失误。

广告策划者在运用这种方法时，可以根据广告主近几年的销售趋势，按一定比例来调整下一年度的广告预算，以适应企业发展的需要。

② 下年度销售额百分比法。该法与上年度销售额百分比法基本相同，都是根据产品销售的情况按一定比例来提取广告费用总额。它们的区别在于下一年度销售额百分比法有一定的预测性，经营者在预测下一年度销售额情况的基础上来确定企业的广告费用。它以当前产品销售情况为基础，按照发展趋势预测出下一年度的销售额，再以一定比例计算出广告费用总额。

这种方法适合企业的发展要求，但也有一定的风险。市场上，有许多因素都是未知的，这些因素对企业经营活动的影响有可能是突发性的，预测本质上是对事物发展趋势的一种合理推断，而突发性因素常常具有破坏性，它们改变事物的发展规律，使市场处于无序状态。例如，当经济不景气时，再多的广告宣传也无法阻止产品销售额下降的趋势，在这种情况下，执行预测计划就是一种"非理性"的经营行为。

（2）销售单位法。销售单位法是以每单位产品的广告费用来确定计划期的广告预算的一种方法。这种方法以产品销售数量为基数来计算，操作起来非常简便。通过这种方法也可以随时掌握企业广告活动的效果，但缺点是忽略了市场环境的变化，灵活性较差。

销售单位法的计算公式为：

$$广告费用总额=\frac{上年度广告费用}{上年度产品销售数量}×本年度计划产品销售量$$

或

$$=单位产品分摊的广告费用×本年度计划产品销售量$$

（3）目标任务法

目标任务法是指根据广告主的营销目标确定企业的广告目标，根据广告目标编制广告计划，再根据广告计划具体确定广告主的广告费用总额。它的操作过程如图3-3所示。

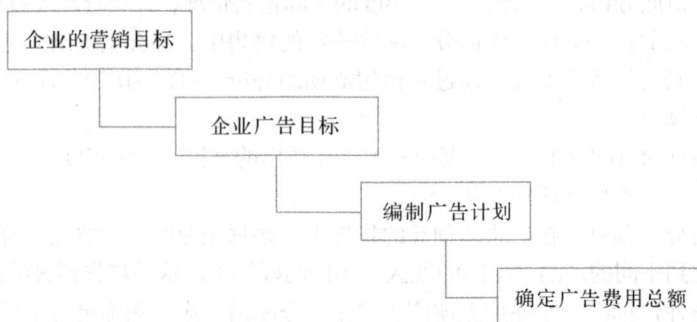

图3-3　目标任务法的操作过程

美国市场营销专家阿尔伯特·费雷将目标任务法的操作程序归纳为7个步骤，具体情况如下。

① 确定广告主在特定时间内所要达到的营销目标。

② 确定企业的潜在市场并勾画出市场的基本特征，包括：值得企业去争取的消费者对广告产品的知晓程度，以及他们对产品所抱持的态度；现有消费者购买产品的情况。

③ 计算潜在消费者对广告产品的知晓程度和态度变化情况，以及广告产品销售增长状况。

④ 选择恰当形式的广告媒体，以提高产品的知名度，改变消费者对产品所抱持的不利于产品销售的态度。

⑤ 确定广告暴露频次，制定恰当的广告媒体策略。

⑥ 计算为达到既定广告目标所需的广告暴露频次。

⑦ 计算实现上述暴露频次所需的最低的广告费用，这一费用就是广告主的广告预算总额。

目标任务法是在调查研究的基础上，确定广告主的广告预算总额，较为科学。但缺点是计算过程烦琐，任何一步计算不准确都会影响到最终预算的精确率。

（4）竞争对比法。竞争对比法是指广告主根据竞争对手的广告费开支来确定自己的广告预算的一种方法。在市场经济下，企业面临的是开放的信息系统，企业必须与竞争对手展开竞争，以赢得竞争优势。企业开展广告宣传在一定意义上是为了赢得一定的市场占有率，因此企业在编制广告预算时，必须要考虑竞争对手的广告规模。

运用竞争对比法的关键是要了解主要竞争对手的市场地位与广告费用额，计算出竞争对手每个市场占有率的广告投入，再依此来确定企业的广告预算。如果企业想保持与竞争对手相同的市场地位，则可以根据竞争对手的广告费率来确定自己的广告规模；如果企业想扩大市场地位，则可根据比竞争对手高的广告费率来匡算自己的广告费用总额。这种方法的计算公式为：

$$广告费用总额 = \frac{主要竞争对手的广告费用额}{主要竞争对手的市场占有率} \times 本企业的市场占有率$$

或

$$= \frac{主要竞争对手的广告费用额}{主要竞争对手的市场占有率} \times 本企业预期的市场占有率$$

这种方法最大的优点是编制的广告预算具有针对性，适合市场竞争的需要，有利于企业在竞争中赢得主动权。最大的缺点是竞争对手的广告预算的具体资料不容易取得。广告预算总额属于企业的经营秘密，大多数企业都不愿将它公布于众，这就给本企业编制广告预算造成了困难。更有甚者，有些企业会故意散布一些假情报，诱使竞争企业进行错误的决策。

（5）量力而行法。量力而行法是指企业根据自己的经济实力，即财务承受能力来确定广告费用总额。具体做法为企业将所有不可避免的投资和开支除去之后，再根据剩余的多少来确定广告费用总额。

量力而行法也常被称为"量体裁衣法"，许多中小型企业都采用这种方法。

（6）武断法（Arbitrary method）。武断法是指企业决策者根据经验或其他方面的知识来确定广告费用总额的一种方法。运用这种方法编制广告预算时，不考虑广告活动所要达到的目标，而是完全根据决策者的判断力来确定企业的广告预算。

武断法是一种主观的决策方法，在一些中小型企业中被经常采用。这些企业多是集权管理，决策者权力很大，可以自行做出决定。武断法的优点是决策迅速，缺点是受决策者个人能力所限，广告预算的准确性可能不高。

3.3.4 广告预算分配与管理

1. 广告预算的分配

企业在确定了广告费用总额之后，就要按照广告计划的具体安排将广告费用分摊到各个广告活动项目上，使广告策划工作有序地展开，以实现扩大产品品牌的知名度、提高品牌资产、树立企业形象、增加商品销售的目的。

广告策划者在分配企业的广告费用时，可以按时间、地理区域、品牌或广告媒体分配。

（1）按时间分配。按时间分配是指广告策划者根据广告刊播的不同时段，来具体分配广告费用。根据时间来分配广告费用是为了取得理想的广告效果，因为在不同时间里，媒体受众的人数以及生活习惯是不同的。广告费用的时间分配策略包含两层含义。

① 广告费用的季节性分配。在不同的季节里，由于市场需求情况的变化，就要求广告活动的规模有所侧重。以店面广告为例，在我国每年的 10 月到次年的 2 月是零售业的销售旺季，这时的店面广告可以营造一种节日的气氛，调动受众的购买欲望，其广告效果非常好，一份广告投入可能取得数倍的广告收益，这一段时间内广告策划者应加大广告投入；6—8 月是销售淡季，再多的广告投入也难以改变商品销售不旺的规律，这一段时间内，广告策划者应理智地缩小广告规模，否则就是一种非理性的经营行为。

② 广告费用在一天内的时段性安排。在一天的时间内，大多数消费者都表现出明显的生活规律：白

天工作，晚上休息。广告策划者在选用电视媒体进行广告宣传时，应该侧重于 18:00—23:00 这一时段。因为大多数媒体受众在入睡以前，常常对电视留恋，这一时段的电视广告具有较高的注目率，因此广告主的广告费用安排也应侧重于这一时段。

（2）按地理区域分配。地理分配策略是指广告策划者根据消费者的某一特征，将目标市场分割成若干个地理区域，然后再将广告费用在各个区域市场上进行分配。广告策划者可以根据不同区域市场上的销售额指标，来制定有效的视听众暴露度，最终确定所要投入的广告费用额。

按地理区域分配看起来简便易行，但操作起来很难兼顾各个市场的实际情况。通常的做法是，广告主将几个区域市场的广告费用拨付给某个选定的广告代理商，再由广告代理商根据各个市场的特点进行重新分配，以确保广告投资的效果。

（3）按产品（品牌）分配。按产品分配与按区域市场分配在本质上是相同的，它是指广告策划者根据不同产品在企业经营中的地位，有所侧重地分配广告费用。这种分配策略使产品的广告和销售额密切联系在一起，贯彻了重点产品投入的经营方针。分配广告费用的依据可以是产品的销售比例、产品处在不同的生命周期的阶段、产品的潜在购买力等。

广告费的品牌分配法也属于产品分配法。广告策划者根据经营品牌的某些特征将广告费用进行具体分配。以美国宝洁公司为例，该公司的洗涤类产品有众多的品牌，其中一些成熟品牌广告投入可以相应少一点；而一些初创品牌，则需要大量的广告推广，以提高品牌的知名度，其广告费用就需要多一些。一般说来，当产品或品牌处于上市期时，需要较多的广告投入。当产品或品牌处于成熟期和衰退期时，其广告费用应该少一些。如果企业使用的是统一品牌策略，如海尔电器公司，它的所有产品都只有海尔（Haier）一个品牌，公司在编制广告和广告预算时，就应该采取产品分配法。

（4）按媒体分配。按媒体分配是指根据目标市场的媒体习惯，将广告预算有所侧重地分配在不同媒体上的一种分配方法。这种方法在运用时，首先要考虑产品品牌的特性，其次要考虑目标市场的媒体习惯，使所选用的媒体能够充分展现广告产品的个性。

2. 广告预算的管理

从某种意义上讲，广告预算实际上就是一个行动方案。而这个行动方案一旦得以制订、确定，那各个环节均应照此办理。在企业中，每一个管理层次都应在广告预算的有效期限之内，严格按照广告预算的各个项目、数额负责具体实施。

需要注意的是，当目标市场出现了一些始料不及的变化时，如经济环境突然恶化等，都会迫使广告主调整原来所制订的广告计划，而广告计划的调整又不可避免地会对广告预算施以影响。因此，在各种不可预测性因素的影响制约下，应允许在实施广告预算过程中出现一些偏差（这种偏差实际上也是对广告预算进行修正或调整），同时也要求在拟定广告预算时保留一定的弹性。

正常情况下，在广告实施的过程中应严格遵照广告预算开展工作，而且要经常性地对广告预算实施情况进行检查。有关部门在具体确定的时间段（无论是以周、月或其他形式出现的时间段）结束之后，都要将广告预算实施情况进行整理，并将各项实施情况与广告预算中各项具体要求加以对比。同广告预算的实施相类似，各个时间段的具体实施情况也允许出现一些差异。那么，多大的差异在允许范围之内呢？一般来说，差异幅度在 5% 之内即属正常，但这要视具体情况而定。

本章小结

广告计划是广告主或广告经营单位根据企业的营销目标、营销策略和广告任务而制定的关于未来一定时期内广告活动的整体安排。作为指导企业广告活动的规划，广告计划具有事前性和可操作性两个重要的特征。

广告计划是广告活动的首要环节，是广告策划的重要组成部分。广告计划的内容主要包括广告的市场分析、广告的目标、广告的策略以及广告的费用预算等 8 个方面。要制订和执行科学的广告计划，必须从战略的角度去考虑。

广告目标就是广告主希望广告活动所能达到的预期目的。与促销目标相比，广告目标具有促销数额的不确定性、期间的不确定性以及效果的多元性等特点。

广告预算是企业和广告部门对广告所需费用的计划和匡算，是广告主进行广告宣传活动投入资金的使用计划。广告产品的生命周期、市场竞争状况、品牌的市场定位、广告频次和品牌的替代性等因素，影响着广告预算的编制。

编制广告预算的一般方法包括销售额百分法、销售单位法、目标任务法、竞争对比法、量力而行法和武断法等。企业决定了广告预算后，还要按广告的时间、地理区域、产品（品牌）、传播媒体，对广告费用进行合理分配，并且按照一定的要求加强对广告预算的控制和管理。

思 考 题

一、单选题

1. （   ）与企业长期发展战略相适应，是企业长期广告活动的目标与发展战略。

　　A．战略广告计划　　　B．长期广告计划　　　　C．单一性广告计划　　D．战术广告计划

2. （   ）广告计划的首要内容，它既是广告活动的基础，也是广告活动取得成功、达到广告目标的关键。

　　A．目标市场选择　　　B．市场细分　　　　　　C．市场分析　　　　　D．市场定位

3. （   ）广告目标的作用在某些产品开拓阶段极为突出，因为消费者对产品的性能、品质和特点有所认识，才能对产品产生基本需求。

　　A．信息性　　　　　　B．说服性　　　　　　　C．完善性　　　　　　D．系统性

4. （   ）是一种非科学的决策方法，它常被用于一些中小型企业。在这些企业里，独断式的经营管理代替了科学的经营决策。这种方法具有较大的冒险性，广告投入与广告效果往往不具因果关系。

　　A．武断法　　　　　　B．销售额百分比法　　　C．竞争对比　　　　　D．目标任务法

5. 根据目标市场的媒体习惯，将广告预算有所侧重地分配在不同媒体上的一种分配方法是（   ）。

　　A．按时间分配　　　　B．按区域分配　　　　　C．按媒体分配　　　　D．随机分配

二、多选题

1. 按广告计划性质划分，可以将广告计划分为（   ）。

　　A．战略性广告计划　　　　　　　　　　B．战术性广告计划

　　C．单一性广告计划　　　　　　　　　　D．合作广告计划

　　E．长期广告计划

2. 广告计划的特征主要有（   ）。

　　A．事前性　　　　　　　　　　　　　　B．可操作性

　　C．安全性　　　　　　　　　　　　　　D．周密性

　　E．完善性

3. 广告目标的类型，根据市场营销策略划分，可以分为（   ）。

　　A．创牌广告目标　　　　　　　　　　　B．制造商广告目标

　　C．保牌广告目标　　　　　　　　　　　D．合作广告目标

　　E．竞争广告目标

4．产品生命周期是指产品从上市到衰退的整个过程，大多数产品在市场上都要经过（　　）4个阶段。

A．引入期
B．成长期
C．成熟期
D．衰退期
E．发展期

三、名词解释

1．广告计划　　2．广告预算　　3．品牌知名度　　4．广告费　　5．广告频次

四、简答及论述题

1．广告计划的特点与作用是什么？
2．完整的广告计划一般包括哪些内容？
3．什么是广告目标？广告目标有哪些特点？
4．确定广告目标时应注意哪些原则？
5．影响广告预算的因素有哪些？如何编制广告预算？

📖 案例讨论

小企业做广告，好钢用在刀刃上

罗小林大学毕业后筹资20万办了一家皮鞋厂，开始他主要是给一些大的皮鞋厂做贴牌加工。厂子慢慢发展起来后他就开始琢磨自己进入零售业闯一闯，希望通过销售自有品牌的皮鞋建立自己的品牌形象，为今后的进一步发展打下基础。他聘请了一位营销经理，负责企业自有产品的销售，主要以在大小型商场建立专柜的形式销售，一年下来，效果很不错。

为了更进一步拓宽市场和建立品牌形象，罗小林决定做广告。他从众多上门拉广告的广告公司中选了一家自认为可以合作的公司，要求这家广告公司为自己的企业提供一个全面的广告计划。一周后，广告公司送来了一份广告计划，声称如果照此实施，能使罗小林的公司建立起良好的品牌形象，提高产品知名度，在促进公司产品的零售方面，根据他们的评估，销售额会相应增加两倍以上。

尽管罗小林有一定的思想准备，但看到这份预算为40万元的广告计划书，他还是倒吸了一口冷气。自己厂里每年自有品牌的销售额不过85万元，毛利也就三四十万元而已，这份计划显然不是他可以接受的。三天后，广告公司的客户经理带着几位助手一起来到厂里，与罗小林进行沟通，调整后的广告计划为35万元。那位客户经理强调这已经是目前市场上的最低标准了，低于这个限度将不可能达到罗小林所期望的销售及宣传目标。听了对方的解释，罗小林不好再说什么，过高的费用是目前厂里所无法承受的，他说他需要再考虑几天。

第二天，罗小林找来营销经理，就广告公司的计划书与相关情况和他交换了一下意见。

营销经理当即提出了反对意见，他说："这份广告计划根本不适合厂里的实情。公司应该在广告方面投入一些资金，但这份计划不切实际。首先计划以电视广告为主，其金额占了预算的三分之二。电视广告是一种费用高昂的广告形式，40万元不会有几次，很难产生明显的效果。第二，计划制作的大量招贴与吊旗已是目前市场上不被接受的一种宣传方式，多数商场也不允许使用这类东西，做了也是放在仓库里。第三，广告商把计划分散在1年内，几乎没有什么重点时间，这与皮鞋的销售周期不合拍。"

听了这番话，罗小林不由得对位营销经理刮目相看，因为这些问题确实比单纯投入还重要，他的皮鞋厂原来的加工业务占去生产总量的一半，而另一半才是自有产品。即便如计划书里说的会通过广告提高两倍的销售业绩，那么随之而来的生产量会增加，原有设备肯定会不够，销售人员也要相应增加，现在的运输力量也会有问题。如果按两倍的销售量补足这些，至少要先投入20万元，厂里不可能为增加销售而放弃外加工。一方面那些加工客户都是老客户，加工尽管利润低些，但资金周转快；而在商场零售

占压资金巨大，回款也慢，如果一味投入这么大的一个资金量，罗小林是不敢的。罗小林让营销经理也搞出一个计划，想听听他的意见。

营销经理的计划书很快完成了。他计划将公司的销售专柜做适当装修，随着销售旺季即将到来，在产品主要区域市场的晚报投放两个月的广告，预算是30万元左右。并希望将计划交给一家他认识的广告商做，说那样会省一些费用。

罗小林采纳了营销经理的计划，并和他一起和广告公司进行了沟通。最后只花了25万元就做下了这次推广活动。

小企业在广告投放时要注重现实问题，实力既然无法与大型企业相抗衡，那么就应该选择费用低廉的媒介或运用低成本的媒介策略，把媒介选择的目光投向地市报、电台、互联网、二级城市贴片广告、户外等媒介，避免和领导品牌发生正面冲突。另外，在大众媒介上施以公关营销策略，策划新闻事件作为公关传播，以较小的投入创造更大的价值。

资料来源：龚光程，现代营销·经营版，2008年1月，有删改。

问题讨论

1. 结合案例材料，请回答为什么罗小林第一次所做的广告计划需要修改。
2. 小企业做广告预算应该注意哪些问题？与大企业有何不同？

第 4 章　广告信息的认知反应与处理过程

本章导读

消费者接触广告时会在心理上产生各种不同的反应，对于同一则广告诉求，消费者或是接受认同，或是否认拒绝，也可能是毫无反应。传递广告信息的广告主或广告代理公司有必要详细地了解消费者究竟通过哪些心理过程来处理广告信息，以便在有限的资源投入下获得最大的广告收益。

知识结构图

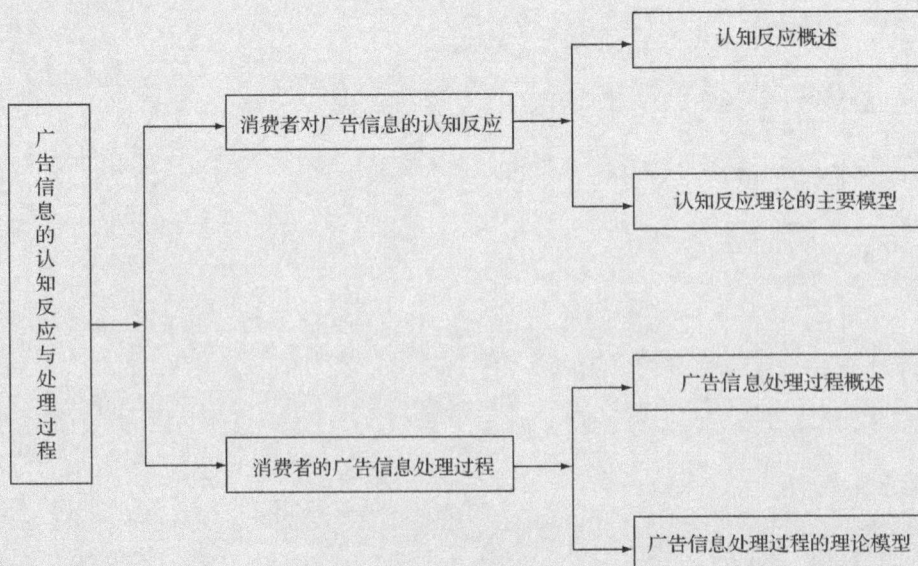

开篇引例

王先生与街头小广告

在王先生上班的路上，有许多电线杆广告。"祖传秘方""TOFEL 冲刺""房屋招租"等琳琅满目。尽管"爱卫会"（爱国卫生运动委员会）三令五申，但仍然是层出不穷。在这些广告中，数搬家、房屋出租和清洗厨房等家政服务广告最多。

王先生每天早上经过这些电线杆广告时，只是有意无意扫上两眼，从没有特别留心这些广告。虽然如此，在他的印象中，对这些广告总有些隐隐约约、模模糊糊的印象。一天，王先生家的抽水马桶开始漏水，王先生突然想起电线杆上曾有修厕具的广告，就打电话给那家修理店，解决了抽水马桶的问题。

案例分析

通过王先生的行为，我们不难发现，电线杆广告透过潜意识的媒介，引导他去寻找厕具修理店的服务，这就是潜意识的作用。

生活中，这样的例子不胜枚举。当我们随便翻开一本杂志，看见其中一个广告；打开电视机看见一个广告片段，我们潜意识中已接受了广告的刺激，并留存一定的记忆。如果我们将来某一天有需求时，潜意识就会支配我们的行动。

并非所有的广告刺激都能给人以明确的意识，但却把"根"深深地植入于受众的潜意识中。"立竿见影"式的广告效果并不多见，厂家希望"今天播广告，明天见效果"的梦想是不现实的。

从广告对潜意识的影响来看，广告即使未见效益（短时间内），广告费没有浪费，植于消费者心里的"根"，总有一天会发芽、开花、结果。

资料来源：陶应虎. 广告理论与策划. 北京：清华大学出版社，2007：169.

4.1　消费者对广告信息的认知反应

认知反应就是发生于传播活动过程之中或之后的积极思考过程或活动。一般说来，认知反应会影响最终的态度改变。认知反应理论的基本思路概括起来，即广告接触（或者广告暴露）导致认知反应，而认知反应可分为两大类，即肯定的反应和否定的反应。这些认知反应又影响态度的形成或改变。

消费者对广告信息的认知反应

4.1.1　认知反应概述

1. 认知反应的种类

消费者对广告信息的认知反应大致分为肯定的反应和否定的反应。肯定的反应表现为支持意见（support argument），否定的反应表现为反对意见（counter argument）。例如，韩国地奖水在广告中传达这样的信息："东海地奖水具有与众不同的品质，她是从 5 亿 7 千万年前形成的黄土岩板层里提取的，它不仅含有一般矿泉水都有的矿物质，还含有纳米大小的、肉眼看不见的、丰富的黄土成分矿物质，在防止老化、促进新陈代谢及治疗过敏皮炎方面有着卓越效能，属多功能天然矿泉水"。根据广告传递的信息，一些消费者认为："由于是从 5 亿 7 千万年前形成的黄土岩板层里提取的水，所以这种矿泉水一定很神奇。"或认为："含有纳米大小的、肉眼看不见的、丰富的黄土成分矿物质水，一定有益于身体健康。"这种看法就是对广告信息的支持意见。但也可能有些消费者认为："5 亿 7 千万年前形成的黄土岩板层里能提取出水吗？"或认为："商家就是喜欢炒作，这恐怕又是在忽悠我们吧？"这种看法属于反对意见。

如果消费者对广告信息持支持意见，那就意味着消费者认定了广告所主张的内容、论据、结论以及信息来源等。这些支持意见越多，消费者就越朝着广告所期待的方向形成态度。

反对意见是消费者接触广告时对广告信息所产生的不同或相反的意见。那么消费者为什么会对广告信息持相反的意见呢？消费者接触广告的过程中不能相信其内容，或者广告信息与消费者原有的态度相反的时候，消费者就会对广告信息持反对意见。所以做广告时要注意尽量抑制消费者反对意见的形成，而使消费者更多地形成支持意见。为达到这些目的，广告制作者应从理论上理解认知反应过程。

2. 认知反应的测定

认知反应可以用消费者的口头报告和文字报告来测量。口头报告测量方法能测量消费者的即期反应，而文字报告的方法有利于问卷内容的整理和分类。测量认知反应的主要内容包括以下几个方面。

（1）同意或不同意广告的逻辑推理或内容。例如，消费者可能会认为"××咖啡不可能是100%的纯咖啡豆精制而成的"。

（2）赞同或怀疑广告的结论。如当今许多营养保健饮料广告主张其产品能提高儿童的智商，对此消费者也许表示赞同，也可能表示怀疑。

（3）相信或怀疑广告的结论。如有的消费者看了三维动画广告之后，可能认为"现实生活中不可能出现这种情况"。

（4）相信或怀疑广告信息来源。如对名人推荐的产品，有人会认为"一定是企业给他（她）很多钱让他（她）说这些话的"，有人则深信不疑。

我们可以按意见的方向（支持或反对）把消费者的认知反应分为支持意见和反对意见，但消费者认知反应是多方面的。例如，与意见方向无关的由广告信息本身引起的想法、与广告信息有关的话题以及消费者的其他一些意见。

3. 影响认知反应的因素

认知反应受消费者的特性、广告内容的特性以及环境特性等方面因素的影响。

（1）消费者的动机与信息处理能力不同，其认知反应也不同。例如，对广告信息的卷入程度高或者认知欲望（消费者认知性地处理信息的欲望）高而又有处理广告信息的动机的消费者，比缺乏这些动机的消费者产生更多的认知反应。另外，在性格上认真处理每件事情的消费者，对每个广告信息也会仔细地观察和注意，连对非常单纯或简单的信息也表现出认知反应。

（2）消费者知识程度不同，认知反应也不同。消费者掌握有关广告信息方面的知识越多，认知反应的量也越大。如果广告信息与消费者个人所掌握的知识是一致的，那么消费者就会表示支持主张；如果不一致，就会表示反对意见。

（3）广告内容重复暴露的程度不同，消费者的认知反应也不同。已有研究表明，广告信息重复暴露以后，一开始可能引起消费者的反对，但随着重复暴露次数的增加，消费者的反对意见反而会逐步减退，但这有一个限度。如果广告信息重复暴露的次数过多，消费者的支持意见会逐步减退，而反对意见则逐步增加。

（4）广告信息来源的可靠性也影响消费者的认知反应。虽然接触广告信息的消费者持有与信息内容相反的意见，但如果广告信息来源可靠，那么反对意见可能会减退。

根据认知反应理论，认知反应对态度改变的影响取决于认知反应的实质。支持意见的数量与态度和行为意向的改变有积极的关系；而反对意见的数量与态度改变之间有消极的关系。所以，一些研究者指出，要改变消费者的态度，应该设法增加支持意见，减少反对意见。

从认知反应理论所强调的认知反应来分析，在广告实践中，如果希望加强广告的说服力，那么一定要注意几个方面。①广告信息来源一定要可靠、可信，如要选择用信誉高的媒体；广告的产品介绍人不管是名人，还是普通人物，最好是产品的真正使用者。②广告情境要有真实感。③广告中说明产品优点的论据一定要有力，广告中的推理论证逻辑性要强。

4.1.2 认知反应理论的主要模型

接触广告信息的消费者往往从不同角度评价广告信息内容。例如，奇瑞 QQ 汽车广告强调经济性、便利性这两个属性。QQ 汽车的价格当然便宜，而且由于车身小，停车时所占的面积也小，并且能行驶于狭窄的道路上。接触这些信息的时候，消费者如何评价 QQ 汽车的这些属性？首先消费者评价的是 QQ 汽车是否具有这些属性？如果具有这些属性，那么这些属性的程度如何？消费者就是把这些评价综合起来对奇瑞 QQ 汽车进行评价。人们对广告形成一种态度之前，总是先通过对产品的各个方面（如性能、质量、价格等）进行一定的评价，再把这些评价综合起来形成对产品的总态度。

在上述例子中，虽然奇瑞 QQ 汽车具有经济性和便利性，但消费者不会因此而判断 QQ 是好车。因为，消费者未必仅仅将经济性和便利性视为购买汽车的重要依据，除此之外，还会有一些其他的因素影响着消费者的汽车购买行为。消费者对广告信息的评价是多方面的，他们会把这些评价综合起来，从而形成对产品的总体态度。有关消费者的产品态度的形成过程，可用以下几种理论模型来进行解释。

下面介绍一下认知理论的主要模型。

1. Fishbein（费什拜因）的态度模型

费什拜因的态度模型（Attitude Model）研究的是消费者的态度取决于对产品属性的信念（评价）和这些属性的重要性。也就是说，接触广告信息的消费者首先对广告所主张的品牌的各种属性形成信念，然后评价对属性的信念的重要程度，通过这些过程，消费者形成对品牌的态度。该模式可用以下函数来表示。

$$A_o = \sum_{i=1}^{n} b_i e_i$$

其中：A_o 是针对产品（object）的消费者态度；b_i 是对产品属性 i 的信念强度；e_i 是产品属性 i 的重要程度。

表 4-1 列出了消费者对 QQ 汽车的态度。在表中先假定消费者购买汽车时，主要考虑经济性、安全性、品位（质量）、便利性等属性。如果各属性的最高信念分数为 10 分，那么消费者对 4 个属性的信念打的分数为，经济性 9 分、安全性 2 分、品位 3 分、便利性 8 分，而消费者所评价的各属性的重要程度为，经济性 20%、安全性 40%、品位 30%、便利性 10%。这样综合起来计算，消费者的态度分数为 4.3（见表 4-1）。

表 4-1　　　　　　　　　　对奇瑞 QQ 汽车的消费者态度的计算

属性（i）	信念的强度（b_i）	属性的重要程度（e_i）	态度分数（$b_i e_i$）
经济性	9	0.2	1.8
安全性	2	0.4	0.8
品位（质量）	3	0.3	0.9
便利性	8	0.1	0.8
合计			4.3

在上述例子中，消费者对奇瑞 QQ 汽车的态度总分数中，虽然对安全性和品位的信念强度较低，但经济性和便利性的信念强度较高。这样，态度分数高的属性补偿态度分数低的属性，所以费什拜因的行为模型也叫补偿模型（compensatory model）。

阅读资料 4-1　费什拜因模型对广告的意义

费什拜因的态度模型对广告的意义有以下 3 点。

首先，向消费者提示新的属性（i）。向消费者提示原来不太重要的新的属性，从而使消费者对新属性提供的利益（benefit）产生友好态度。例如，海尔空调的广告强调"健康性空调"，使消费者把"空调"与"健康"联系起来。

其次，改变与属性有关的对产品的信念（b_i）。在对消费者重要的属性中，自己企业的产品占有竞争优势时，强调其优势，强化与属性有关的信念，从而可以改变消费者对自己企业品牌的态度。特别要强化消费者对肯定评价的属性的信念，要减少消费者对否定评价的属性的信念。例如，一则牛奶广告传递有关头脑营养因素 DHA 含量的信息，那就可以强化与 DHA 属性有关的消费者信念。又如，一则方便面广告强调不使用防腐剂，那就可以减少消费者对防腐剂的否定的信念。

最后，改变对属性的评价（e_i）。如改变与信念有关的评价的强度，就可以改变消费者对品牌的态度。并且，企业减少对自己产品的劣势属性的评价，强调具有竞争优势的属性的重要性，从而引起消费者的友好的态度。例如，奇瑞 QQ 是车身小、价格相对便宜的汽车，但消费者对汽车的认知结构中的信念一般是车身大的汽车品位高。对此，QQ 汽车可以强调城市空间的狭小引起的停车难的问题和我国大部分消费者的购买力水平有限的情况，那就有利于提高消费者对 QQ 汽车的积极的评价。

2. Fishbein（费什拜因）的扩张行为模型

费什拜因的态度模型首先假设消费者对产品产生的友好态度直接影响到购买行为。但实际上，态度和行为往往是不一致的。为了更明确地说明人们的行为，费什拜因提出了有理由的行为模型（Fishbein's theory of reasoned action model）。在这个模型中，费什拜因考虑了态度以外的因素，如规范（norm）和对规范的个人顺应程度。费什拜因同时指出，主观性的规范包括参照群体的规范信念（normative belief）和个人对这一规范信念的顺从动机（motivation to comply）。

费什拜因的扩张行为模型如下：

$$B \sim BI = W_1(Aact) + W_2(SN)$$

其中：B 为消费者的实际行为；BI 为行为意图（behavioral intention）；$Aact$ 为对特定行为的消费者态度；SN 为对行为的主观规范；W_1、W_2 为影响行为意图 $Aact$ 和 SN 的加权。

$$SN = \sum_{j=1}^{m} NB_j \, MC_j$$

其中：SN 为主观规范（subjective norm）；NB_j 为规范信念（normative belief）；MC_j 为顺应动机（motivation comply）；m 为影响个人行为的主要参照群体或个人数。

费什拜因扩张行为模型的意义主要有以下几点。

第一，改变对特定行为的消费者态度（Aact）。这里的态度是指消费者对行为的态度。例如，广告中强调固定电话联系不便时可使用移动电话，这显然有助于改变消费者对手机的态度。

第二，改变消费者的规范信念（NB）。主观规范（subjective norm）是费什拜因扩张模型与原来模型的大差异。按照费什拜因的观点，主观规范由两个因素来构成：一是规范信念，一是顺从动机（motivation to comply）。规范信念是指个人知觉到其他人对于其信念的期望。

第三，改变消费者的顺从动机（MC）。顺从动机是指消费者如何顺从其他人对自己行为的期待的程度。例如，一个家庭妇女在市场上购买蔬菜时并不购买自己喜欢吃的蔬菜，而购买的是全家都喜欢的蔬菜。所以，改变顺从参照群体期待的消费者个人顺从动机，就可以引起消费者的购买行为。

3. Heider（海德）的均衡理论模型

根据均衡理论，如果态度之间发生不均衡的情况，那么为恢复均衡就改变原来的态度。海德认为每个个体都具有各自的认知结构，注意在各个体的关系中态度如何变化或形成的问题。下面看一看海德的范式。海德在他的均衡理论中首先假定"自己"（P）、别人（O）和对象（X）之间形成三元关系。海德利用这三元关系说明自己或他人的态度是如何形成的问题。并且假设在 P—O、P—X、O—X 之间的关系中人们尽量回避不均衡状态，而努力维持均衡状态。在海德的这三元关系中，三元都具有肯定的关系（＋），或二元是否定的关系（－）、一元是肯定的关系的状态被称为均衡状态；否则就是非均衡状态（见图 4-1）。

如果，P 喜欢 O，而 P 和 O 都喜欢 X，那么三元之间的关系是肯定的关系，从而形成均衡状态。如果 P 喜欢 O，而 P 不喜欢 X，O 喜欢 X，那么形成两个肯定的关系和一个否定的关系，从而形成非均衡状态。例如，大明星巩俐出现在美的空调广告中，由于巩俐代言了这则广告，那么巩俐与美的空调之间形成肯定的关系（O—X：＋），如果消费者喜欢巩俐（P—O：＋），但不喜欢美的空调（P—X：－），就会形成不均衡状态。此时，消费者也许由于喜欢巩俐，也就喜欢上了美的空调；也许由于不喜欢美的空调，就认为巩俐是只知道金钱的明星，因而不喜欢巩俐。处在不均衡状态的消费者通过沟通，尽量把一个否定的关系变成肯定的关系，或者将两个肯定关系中的一个变成否定的关系，从而消除心理上的紧张感。

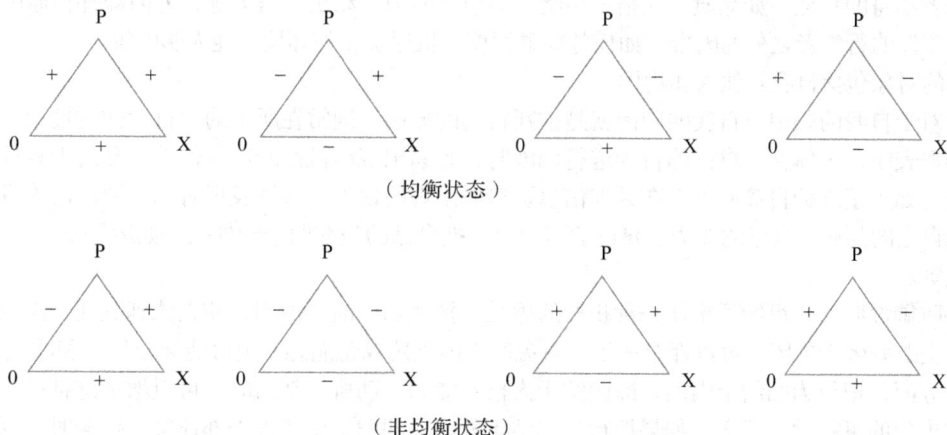

（均衡状态）

（非均衡状态）

图 4-1 海德均衡理论中的均衡状态和非均衡状态

4. 认知不协调理论

认知不协调理论（cognitive dissonance theory）是由美国著名社会心理学家利昂·费斯廷格（Leon Festinger）提出的。他在《认知心理学》一书中开始就说，每个人都希望自己的内心世界不发生矛盾，同样，也努力使自己信念或态度与自己的行为不产生冲突，然而，在实际生活中，种种不协调总会出现，任何人都无法一直处于毫无矛盾的状态。

根据认知不协调理论，如果认知的两个对象不一致，这两个不协调的认知对象就处于不协调的关系中。如果消费者所认知的对象处于不协调关系，就会在心理上感到不安。这时消费者减轻或消除认知不协调状态的一个可取的方法就是有选择性地暴露，即接受所支持的主张，回避反对的或否定的主张。

认知就是对对象的个体的知识、信念和意见。在个体的认知结构中，各认知要素之间存在三种关系，即一个认知因素与其他认知因素之间毫无意义的无关系（irrelevant）、相互一致的协调关系（consonant）和相互间不一致的不协调关系（dissonant）。

消费者在广告信息的基础上评价和选择方案，如果消费者所认知的两个对象不一致，就会产生不协调。例如，在广告上听到（或看到）与自己所选择的方案或主张相反或否定的信息时，或者购买后的产品在性能方面远不如自己期望的时候，消费者在心理上会感到紧张或不安，从而处于认知上的不协调状态。

出现认知不协调状态以后，消费者会有哪些行为呢？很多研究结果表明，消费者感到认知不协调时可采取的措施有以下几种。①改变态度或意见；②搜寻或回忆能形成协调状态的肯定的或支持的信息；③回避矛盾的信息；④知觉的歪曲；⑤改变行为。

针对消费者的认知不协调的反应，该如何做广告？首先，通过广告让消费者相信自己对产品的期望与购买产品以后的实际性能之间的一致性。例如，不要过分地强调产品的长处，而同时传递产品的肯定的信息和否定的信息（即两面劝说：two sided persuasion），从而可以减少实际购买结果与期望之间产生的不协调。夸张广告引起消费者认知不协调的可能性很大，所以尽量不要做夸张广告。

其次，在广告中强调消费者自己选择的正确性，从而预防认知不协调的产生。即在消费者购买产品以后，继续向消费者传递有关"消费者的选择非常正确"的信息，从而不给消费者感到认知不协调的时间。

5. 归因理论

所谓归因，就是寻找能够解释自己或他人行为的原因的过程。像"我为什么要这样做"或"他为什么劝我买这种商品"，即属于归因问题。这种推断自己或他人行为的原因的过程，也是态度形成和转变的一个主要因素，或者说，归因理论将消费者态度的形成和转变看成是他们解释自己的行为和经验的结果。

行为的原因可以分成若干种类，最常见的是分为内因和外因。内因即内在原因，是指导致行为或事件的行为者本身的特征，如品质、人格、情绪、心境、能力、动机、努力等；外因即外在原因，是指导致行为或事件的行为者之外的因素，如任务难易程度、机遇、工作环境、他人影响等。

归因的对象包括自我、他人和物体。

（1）对于自我的归因。自我的归因就是推断行为的原因，通常在所谓的"自我知觉理论"中讨论。大量的证据表明，个体在对自己的行为进行归因时，容易出现动机性的归因偏差，即由于某种特殊的动机或需要（如为了维护自尊心）而在处理信息资料时出现的误差。具体表现有二：把自己的成功归结于内因，如自己的品质、自己的能力、自己的努力等；把自己的失败归结于外因，如运气不好、环境恶劣、障碍太大等。

这种防御性归因，可给予个体一种积极的感受，把成功归因于内因，使人感到胜任、满意、自信和自豪；把失败归因于外因，可以保全面子，避免产生内疚感和无能感（但可能导致气愤和敌意）。

另一方面，把行为归结于内因，即归结于人格、能力、动机、努力时，可以增加这种行为在类似情况下再次出现的可能性；反之，如果把行为归结于外因，即归结于各种外部环境、机遇时，则难以断定在类似情况下这种行为是否再度出现。

所以，营销者应当一贯地提供保质量的产品或服务，让消费者获得成功感，并把这种成功归结于自己明智的抉择，这样可使消费者一再地重复这种购买行为。此外，在广告中也最好向消费者（特别是那些没有经验的消费者）保证，选择这种产品不会让他们失望，而只会使他们显得更有判断力。

（2）对于他人的归因。对于他人的归因，尤其是对于推销人员的言行的归因，会极大地影响到消费者的购买意向。通常，消费者会考虑推销人员的动机、有关的专门知识或技能和自己的最佳利益之间的关系。如果三者之间被认为是一致的，则消费者可能做出积极的反应；反之，则可能置之不理。

（3）对于物体的归因。对于物体的归因也可以看成是对产品或服务的归因。在判断产品的性能时，消费者最有可能形成对于产品的归因，而且，他们最热衷于找出产品符合或不符合他们的期望的原因。

显然，他们可以把产品的成功（或失败）归结于他们自己，或者归结于产品本身，或者归结于他人，或者归结于情境，或者归结于这些原因中的几个或全部。不同的归因，对于态度改变有着不同的影响，至于究竟如何影响，借助于我们前面的分析思路，便可迎刃而解。

4.2 消费者的广告信息处理过程

4.2.1 广告信息处理过程概述

消费者的广告信息处理始于与广告的接触阶段。接触广告的消费者受到广告的刺激，并通过自己的感觉器官来接受或解释刺激，这一过程被称为知觉过程（Perception）。消费者在知觉广告信息的基础上认知品牌（Cognition of brand, Cb），从而获得有关品牌的知识；或者是通过情感反应形成对广告的态度（Attitude toward advertising, Aad）。通过这两个过程（对品牌的认知过程和对广告的态度的形成过程）形成对广告商品的品牌态度（Attitude toward brand, Ab）。如果消费者对品牌的态度是友好的、肯定的，就会产生购买意向（Purchase Intention，PI），并在适当的时候采取购买（Purchase，P）行为。这一过程就是消费者的广告信息处理过程（见图4-2）。

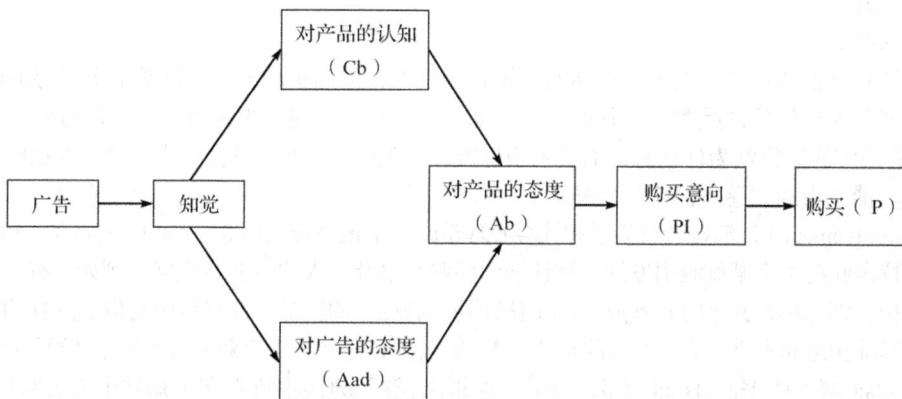

图 4-2　消费者的广告信息处理过程

"广告→品牌的认知→态度的形成→购买行为"是广告信息处理的传统模型。根据此模型，消费者首先处理广告所提示的有关品牌属性方面的信息，然后产生对品牌的态度，而这一态度会引起购买行为。这是从认知的角度说明消费者信息处理过程的模型。认知是消费者获得有关品牌知识的过程，所以，这时的信息主要依靠理性。

与这种传统模型不同的观点，就是从情感角度解释消费者的广告信息处理过程。情感信息处理过程是指消费者不经过认知过程，而通过对广告的情感迁移过程来形成对品牌的友好态度。这种观点就是针对传统的信息处理观点忽视消费者情绪或情感而提出来的。

后来，研究者又发现，对广告的态度与对品牌的态度之间有正（＋）的关系。这样理解消费者广告信息处理过程就有了新的体系。在广告态度影响品牌态度的观点的基础上，有些研究者进一步提出，广告态度能强化品牌信息的认知反应，从而间接影响品牌态度的二重中介假设（Dual Mediation Hypothesis）。

现在，我们利用这一假设以化妆品广告为例说明一下。如果这个化妆品广告使用外国女性模特并且消费者对广告中的外国模特产生好感，通过这些情感反应，广告受众对广告的肯定态度（Aad）会发展为对品牌的肯定的态度（Ab）。这些广告态度（Aad）促使消费者接受广告中的主张或有关产品属性，从而使消费者肯定地认知该品牌化妆品的属性（Cb），这又间接影响对品牌的态度（Ab）。

总之，消费者在广告信息处理过程中，通过认知过程和情感迁移这两个处理途径来产生对品牌的态度。

4.2.2　广告信息处理过程的理论模型

纵观20世纪60年代至今50多年来关于广告信息处理的研究，大致可分为3个阶段。每个阶段研究者所倡导的理论模式的侧重点都有所不同。

第一阶段，大约是1960—1970年，关于广告信息处理的各种理论均强调情感迁移以及其他非认知因素的作用，而忽视了消费者的信息处理对他们接受广告信息的作用。所以，这一阶段的理论模式称为低认知卷入理论模式。

第二阶段，即1970—1980年左右。在这期间，由于认知心理学的迅速发展及其对其他领域的冲击，研究者们非常重视信息处理或认知卷入对消费者接受广告信息的影响，有些研究者甚至直接将认知心理学理论引入广告说服领域。而与此同时，又忽视了非认知性因素。因此，这一阶段的理论模式称为高卷入理论模式。

第三阶段，即20世纪70年代末和80年代初以来，有些广告理论家、心理学家开始认识到，单纯地强调非认知因素的作用，或单纯地强调信息处理、认知卷入的影响都不能有效而全面地解释各种广告现象。因此，他们综合前人的研究（先行研究），提出了较为全面的精细处理可能性模式。下面我们将对这些理论模式加以介绍和分析。

1. 卷入理论

（1）卷入的概念

为什么消费者购买房子、汽车等产品的时候相当投入，但购买泡泡糖、圆珠笔等产品的时候就不太注意？消费者购买同样的产品时，为什么有时（如送礼购买）对品牌相当重视，但有时（如为自己购买）不太注意品牌的选择？为什么有些消费者积极搜寻有关产品信息，但有些消费者不太积极搜寻信息？这些问题就与消费者的"卷入程度"有关。

卷入（involvement）是消费者行为学和社会心理学的一个很重要的概念。Antil（安蒂尔，1984）[①]指出，卷入是指在特定状况下由某刺激引发的、被认知的关联性以及个人的重要性程度。例如，有一位消费者需要选购网球拍，网球拍是其平时喜欢或关心（认知的关联性）的产品，并且认为对像他这样的职业网球运动员来说，网球拍是非常重要的（个人的重要性）。那么，对这个消费者来说网球拍是高卷入产品。

另外，Celsi（塞尔西）和Olson（奥森，1988）[②]也指出，卷入的根本特点在于知觉个人关联性（perceived personal relevance）。他们认为，对某产品的个人关联性就是个人的欲望、目标、价值等与个人所具有的产品知识之间形成的知觉的结合（linkage）。

（2）个人的关联性/重要性

个人的关联性/重要性是在特定的状况下反映消费者精神状态的内部变量。也就是说，卷入对象符合消费者自我、自身价值标准或目的的程度。例如，消费者把奥迪牌高级轿车理解为成功企业家的象征物或实现自己的重要的价值标准即社会地位的手段，那么消费者对奥迪牌轿车的卷入程度就相当高。

研究发现，个人重要性/关联性由以下4个方面来表现。

① 自我表现的重要性，即帮助自我表现的程度。

② 快乐的重要性，即喜欢、兴奋、魅力的程度。

③ 实用的关联性，即对实际利益的需要程度。

④ 购买不安，即对选择的不确定性。

消费者卷入又与动机密切相关。消费者卷入根据动机的特性又可以分为认知性卷入和情感性卷入。认知性（cognitive）卷入是由个人关联性的利益动机引发的。而情感性（affective）卷入是由价值表现动机（或自我形象的表现）引发的。例如，对为获得有关品牌的信息而看电视广告的消费者来说，形成认知性卷入，对那些以浓厚的兴趣来看电视广告的消费者来说，形成情感性卷入。

（3）卷入的强度

消费者卷入的强度是指在特定状况下由刺激引起的心理能量的程度。卷入的强度一般由高卷入和低卷入来区分。

在这方面，沃恩（Vaughn，1980，1986）[③]和伯杰（Berger，1981）根据卷入理论和头脑专门化理论提出了著名的FCB矩阵。在消费者行为理论中的卷入是指在特定状况下由某刺激引发的、被知觉的个人的重要性或关心程度。或者个人对信息的关联（relevance）程度或注意（attention）程度。而根据头脑专门化理论，左脑具有分析、语言、思考的功能，右脑具有直观、综合、感性的功能。FCB矩阵从高卷入/低卷入、思考/情感两方面对产品进行分类，并按产品类型的特点提出了消费者购买决策模型和相应的广告策略（见表4-2）。

---

① Antil, John "Conceptualization and Operalionalization of Involvement," In Thomas Kinnear, ed., Advances In *Consumer Research* Ⅱ, Provo, UT: Association for Consumer Research, 1984: 204.

② Celsi, Richard L., and Jerry C. Olson, "The Role of Involvement in Attention and Comprehension Processes," *Journal of Consumer Research,* Vol.15 (September), 1988.

③ Vaughn, Richard, "How Advertising Works : A Planning Model", *Journal of Advertising Research*, Vol. 20, No. 5 (October), 1980, pp.27-33., "How Advertising Works: A Planning Model Revisited", *Journal of Advertising Research,* Vol. 26, 1986: 57-66.

表 4-2   FCB 矩阵

	思考	情感
高卷入	第一空间 信息性 产品：汽车、家具、住房 模型：学习→感觉→购买	第二空间 情感性 产品：化妆品、时装、宝石 模型：感觉→学习→购买
低卷入	第三空间 习惯性 产品：食品、日用品 模型：购买→学习→感觉	第四空间 自我满足 产品：香烟、饮料、酒 模型：购买→感觉→学习

第一空间是高卷入/思考领域。属于这一领域的产品主要有汽车、家具、住房等。由于这类产品价格贵，购买风险也大，消费者购买时一般做出理性判断，所以，做广告时需要强调产品的信息。其购买决策模型为"学习→感觉→购买"。

第二空间是高卷入/情感领域。属于这一领域的产品主要有化妆品、时装、宝石等。虽然这类产品价格较贵，也有购买风险，但是消费者购买时情感起很大的作用。所以做广告时需要强调形象、情感。其购买决策模型为"感觉→学习→购买"。

第三空间是低卷入/思考领域。属于这一领域的产品主要有食品、日用品等。这类产品价格较低，购买风险不大，消费者购买时一般根据自己的习惯去购买，所以做广告时要强调产品的差别，从而形成消费者对产品的偏好。其购买决策模型为"购买→学习→感觉"。

第四空间是低卷入/情感领域。属于这一领域的产品主要有香烟、饮料、各种酒类等。这类产品价格也较低，购买风险不大，但消费者购买时根据自己的趣味和爱好、特性去购买，或受某些刺激、冲动时购买。所以做广告时要强调满足个人特性。其购买决策模型为"购买→感觉→学习"。

（4）卷入的方向

消费者卷入的方向是指心理能量所指向的卷入刺激(满足欲望的产品或活动)。消费者与卷入刺激（如产品、品牌、购物处、广告等）、情境以及与自己相关的活动或行为之间产生卷入关系。这些卷入关系可由卷入程度来表现。对产品的卷入程度可分为对产品类的卷入程度和对具体品牌的卷入程度。例如，有些人卷入于汽车，所以掌握有关汽车方面的知识，谈话时也多谈有关汽车方面的内容；但有些人卷入于奥迪、桑塔纳等具体的汽车品牌上，只看重这些品牌。库欣（Cushing，1985）等利用对产品的卷入程度和对品牌的卷入程度，提出了 4 种购买方式（见表 4-3）。

表 4-3   卷入方向与购买方式

卷入程度		对产品	
		高卷入	低卷入
对品牌	高卷入	品牌忠诚型 • 注意品牌 • 追求最佳 • 有喜欢的品牌 • 不使用其他品牌	日常品牌购买型 • 不太注意产品类 • 不追求最佳 • 有喜欢的品牌 • 不使用其他品牌
	低卷入	信息型 • 注意产品类 • 追求最佳 • 使用多种品牌 • 搜寻信息	品牌转换型 • 不注意产品类/品牌 • 不追求最佳 • 使用多种品牌 • 对价格敏感

资料来源：Cushing, Peter, Melody Douglas-Tate & Lel Burnett, U.S.A., "The Effect of People/Product Relationshinps on Advertising Processing," in Linda F. Alwitt & Andrew A. Mitchell, ed., *Psychological Processing and Advertisng Effects.* Lawrence Erlbaum, Hillsdale, New Jersey, 1985: 241—259.

（5）消费者卷入模型

从消费者自我与产品之间知觉的联结关系来看，消费者卷入模型如图 4-3 所示。

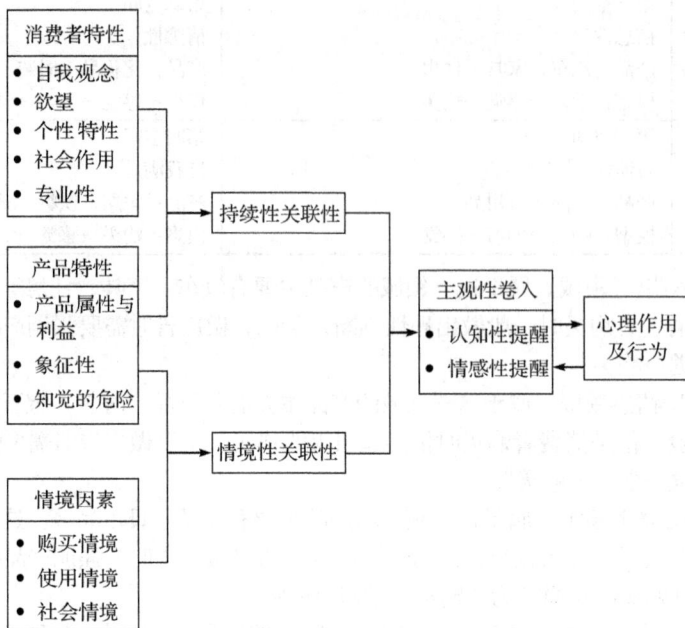

图 4-3　消费者卷入的一般模型

由图 4-3 可知，影响消费者主观性卷入的持续关联性和情境关联性是由消费者特性、产品特性以及情境特性等因素来决定的。

① 消费者特性。每个人对产品的关心程度都是不同的。影响产品关联性的个人特性主要有自我观念、个性、欲望、个人对社会起作用的程度、专业性。

② 产品特性。消费者非常关心（卷入）满足持续性需求的产品，并且消费者对带来快乐、愉快感的产品也表示关心。产品的快乐价值与消费者主观上的象征性是密切相关的。消费者在产品的知觉危险（perceived risk）高的时候也对产品表示关心。知觉危险是消费者在购买或使用产品的过程中所感觉到的对不确定结果的不安。知觉危险有以下几种。

- 财务危险（financial risk），怕在资金上受损失的不安心理。
- 性能危险（performance risk），对产品的性能的忧虑。
- 身体危险（physical risk），对使用产品造成身体损害的不安心理。
- 心理危险（phychological risk），对影响和损坏自我形象的忧虑。
- 社会危险（social risk），对不适合参照群体标准的忧虑。消费者购买或使用可视性产品（如汽车）、带有社会魅力的产品（如化妆品、装饰品等）的时候也会有社会危险感。

③ 情境因素。购买情境、使用情境、社会环境等情境因素直接影响消费者对产品的关联性，特别是消费者对情境的关联性。搜寻信息的时间、单独购物还是和其他人一起购物等购买情境、自己使用还是送礼等使用情境、个人使用还是共同使用等社会环境，这些因素都是情境关联性的主要决定因素。

2. 精细处理可能性模型

20 世纪 70 年代末 80 年代初，社会心理学家佩蒂（Petty）、卡西奥普（Cacioppo）和舒曼（Schumann）（1983）[1]在对广告的信息处理进行研究的基础上提出精细处理可能性模型（Elaboration Likelihood Model,

---

[1] Petty, Richard E., John T. Cacioppo and David Schumann, "Central and Peripheral Routes to Advertising Effectiveness: The Moderating Role of Involvement," *Journal of Consumer Research*, Vol.10(September),1983.

ELM）。根据精细处理可能性模型，消费者信息处理由两条线路进行，一是中枢线路，二是边缘线路（见图 4-4）。

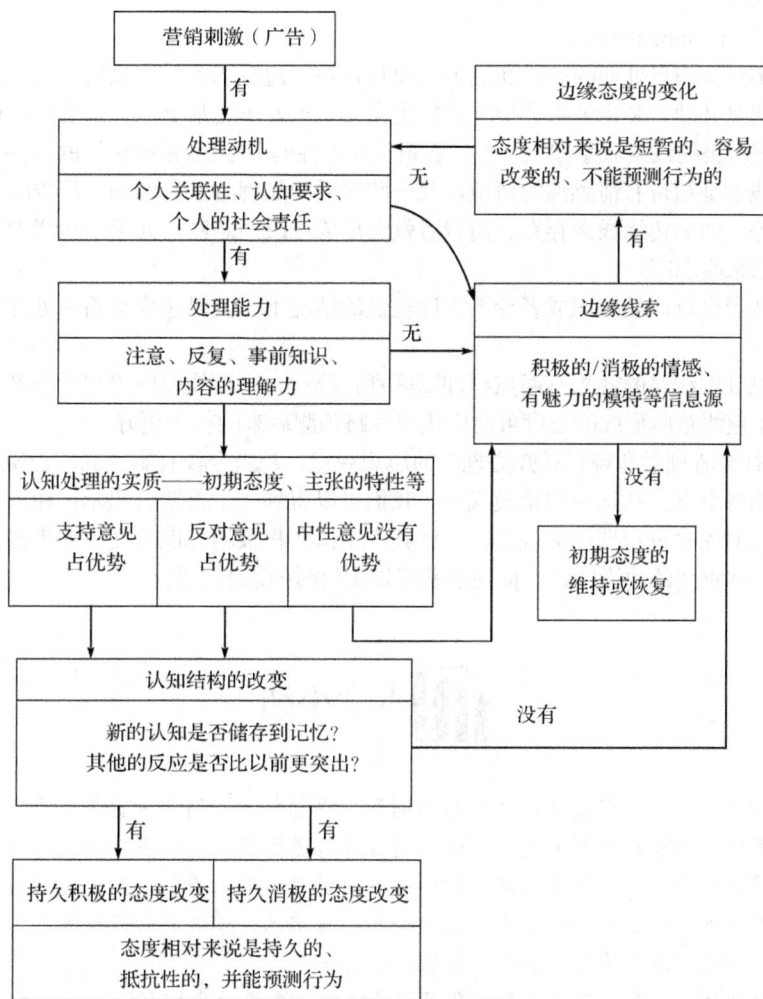

图 4-4 精细处理可能性模型

（1）中枢线路（central route）

通过中枢线路处理信息时，消费者首先应具备处理信息的动机和能力。消费者是否具备处理信息的动机，一方面取决于消费者本身，即消费者是否为潜在的产品用户，是否正在做购买决策，是否对产品感兴趣，是否想了解产品信息。另一方面取决于信息是否与消费者有关系，对他们是否重要，信息能否唤起消费者的认知需求等。如果消费者产生了处理信息的动机，那么就有进行中枢线路处理的可能。消费者是否具备信息处理的能力，要看他们是否具备有关的知识经验。很显然，一个不懂英语的人要阅读英文广告语是不可能的，一个文盲要阅读广告文案也是不可能的。消费者如果不具备信息处理的能力，精细处理就无法进行。

在精细处理过程中，消费者会产生一些认知反应，包括支持意见和反对意见。消费者产生何种认知反应取决于他们原来的态度以及企业宣传（或广告）的说服力。在所有的认知反应中只要支持意见或反对意见哪一方都不占优势（就是中性意见），那么信息处理就由中枢线路转移到边缘线索进行。

消费者经过认知处理产生了一些认知反应，即对信息的论点有了新的认识，并储存于记忆中。换言之，如果消费者的认知结构发生了变化，那么积极的、支持性的认识会导致持久的、积极的态度；消极的、反对性的认识则导致持久的、消极的态度。相反，如果消费者的认知结构没有发生变化，信息处理途径就转移到边缘线路上。

（2）边缘线路（peripheral route）

如果消费者不具备信息处理的动机和能力，而且存在着边缘线索，那么消费者就会进行边缘线路处理。所谓的边缘线路处理，是指消费者拒绝或接受信息诉求并不是基于他们对信息的仔细思考，而是将品牌直接与积极或消极的线索联系起来（这种联系是非理性的）；或者根据情境的各种线索做一个简单的结论。所谓边缘线索是指带有情感性的情境以及一些次要的品牌特征。例如，广告的背景音乐、景物、模特和产品外观等。如果边缘线索存在，消费者就会形成或改变态度；如果边缘线索不存在，消费者就保持或重新获得原来的态度。

总之，在消费者没有产品知识或者卷入程度较低的情况下，就以边缘线路来处理信息，这时情感过程影响品牌态度。

上述两条信息处理线路的效果有两点要加以区别：第一，中枢线路所引起的态度变化比边缘线路的要持久；第二，中枢线路所形成的态度可能比边缘线路预测后来的行为更好。

ELM综合了社会心理学和现代认知心理学的思想观点，是当今较有影响的广告说服理论，对于广告实践有着重要的指导意义。从这一理论模式中，我们可以得到一个重要的启示：在广告中，我们最好提供强有力的论据，对受众进行理性的说服，促使其产生持久积极的态度改变。如果做不到这一点，那么至少也必须提供一些重要的边缘线索，促使消费者发生暂时的态度改变。

本章小结

本章主要介绍了消费者如何处理广告信息的问题。接触广告的消费者首先注意广告这一刺激物，并通过自己的感觉器官来接受或解释其刺激，这一过程是知觉过程。消费者在知觉广告信息基础上认知品牌，或者通过情感反应产生对广告的态度。通过这两个过程（对品牌的认知过程和对广告态度的形成过程）产生对品牌的态度。如果对品牌的态度是友好的、肯定的，消费者就产生购买意向，并在适当的时候购买其品牌。这一过程就是消费者的广告信息处理过程。

支持这一模型的理论有卷入理论和精细化可能性模型，本章对此均有详尽的阐述。

思 考 题

一、单选题

1．一般来说，（　　）会影响最终的态度改变。

A．认知反应　　　　　B．社会阶层　　　　　C．消费行为　　　　　D．购后反应

2．（　　）就是发生于传播活动过程中或之后的积极思考过程或活动。

A．认知过程　　　　　B．认知反应　　　　　C．情感反应　　　　　D．以上均不正确

3．费什拜因的态度模型（Attitude Model）研究的是消费者的态度取决于对产品属性的信念（评价）和这些属性的（　　　）。

A．完备性　　　　　　B．明确性　　　　　　C．重要性　　　　　　D．先进性

4．消费者在广告信息的基础上评价和选择方案，如果消费者所认知的两个对象不一致，就会产生（　　　）。

    A．不接受　　　　　　B．不协调　　　　　　C．不理解　　　　　　D．不知晓

5．广告信息处理的传统模型是（　　　）。

    A．广告→品牌的认知→态度的形成→购买行为

    B．广告→态度的形成→品牌的认知→购买行为

    C．广告→购买行为→品牌的认知→态度的形成

    D．广告→品牌的认知→购买行为→态度的形成

二、多选题

1．测量认知反应的主要内容包括（　　　）。

    A．同意或不同意广告的逻辑推理或内容　　　　B．赞同或怀疑广告的结论

    C．相信或怀疑广告的结论　　　　　　　　　　D．相信或怀疑广告信息来源

    E．相信或怀疑广告的动机

2．从认知反应理论所强调的认知反应来分析，在广告实践中，如果希望加强广告的说服力，那么一定要注意（　　　）。

    A．广告信息来源一定要可靠、可信　　　　　　B．广告模特必须是大明星

    C．广告情景要让人有真实感　　　　　　　　　D．广告中说明产品优点的推理论证逻辑性要强

    E．要在最主流的媒体上发布广告

3．归因的对象包括（　　　）。

    A．自我　　　　　　　　　　　　　　　　　　B．他人

    C．物体　　　　　　　　　　　　　　　　　　D．广告主

    E．广告受众

4．消费者感到认知不协调时可采取的措施有（　　　）。

    A．改变态度或意见

    B．搜寻或回忆能形成协调状态的肯定的或支持的信息

    C．回避矛盾的信息

    D．知觉的歪曲

    E．改变行为

5．知觉的危险主要有（　　　）。

    A．财务危险　　　　　　　　　　　　　　　　B．性能危险

    C．身体危险　　　　　　　　　　　　　　　　D．心理危险

    E．社会危险

三、名词解释

1．认知反应　　2．归因　　3．卷入　　4．消费者卷入的强度　　5．消费者卷入的方向

四、简答及论述题

1．哪些因素影响消费者对广告的认知反应？

2．费什拜因（Fishbein）扩张行为模型的意义主要有哪几点？

3．针对消费者的认知不协调的反应，该如何做广告？

4．认知性卷入和情感性卷入的主要区别是什么？

5．试论述消费者的广告信息处理过程。

德芙巧克力的电视广告

德芙巧克力是世界上最大宠物食品和休闲食品制造商美国跨国食品公司马氏公司在中国推出的系列产品之一，1989 年进入中国，1995 年成为中国巧克力领导品牌。"牛奶香浓，丝般感受"成为经典广告语。巧克力早已成为人们传递情感、享受美好瞬间的首选佳品。德芙品牌在市场上具有很高的品牌知名度，市场占有率为 35%，知名度为 80%。这样的成绩来自于德芙丝滑细腻的口感，精美的包装，也来自于德芙的广告宣传工作。以 2007 年的电视广告为开端，德芙在当今日益激烈的市场环境中成功脱颖而出。

2007 年，CCTV 每天黄金时段都会播出德芙巧克力的最新电视广告。专业人士评价它把德芙牛奶巧克力的魅力及纯美品质刻画得丝丝入扣。其独特的创意及制作拍摄技巧，也将德芙牛奶巧克力带向了全新的境界。这支广告片的成功不只在于创意构思，更在于技术成果。这则广告的制作还延续了德芙以往的优雅气质，美丽的女主角，唯美的画面，优雅的音乐，明快的色彩，给人总的第一印象就是难以言喻的舒心。

广告片从一片飞鸟飞过的天空开始，背景音乐响起，镜头转到露台上正在看书的女人。虽然广告采用的不是众人皆知的大牌明星，可是它采用了美女，相反更能体现广告的唯美，让人心生美的感受。露台咖啡厅的男侍者的目光一直落在她身上，女人拿出巧克力的动作流畅，将一块送入口中，画面变成牛奶与巧克力交融的情景，采用 Photo-Sonics 的镜头捕捉，呈现出缓缓旋转运动的美。顺滑丝感的感觉从口中延续到身边，咖啡色的丝绸轻绕过女人裸出一侧的香肩，接着又随风轻拂在抚过书页的手背上，最后轻轻环绕在走过的男侍身上，女人一脸甜蜜的微笑，沉浸在阅读和德芙所带来的愉悦里。

整个广告片画面简洁，色彩淡雅，灰白的浅色映衬着巧克力的浓郁，情节简单，却让人印象深刻。此广告背景音乐为也广告加分不少。音乐营造的浪漫气氛使主角享受着巧克力带来的愉悦感受时，也让观众伴着醉人的音乐感受生活的浪漫，让你觉得只要吃一块德芙，生活就会更加美妙。最后丝绸揭开，画面正中一行字，愉悦一刻，更享丝滑。同时低沉、感性的独白响起"愉悦一刻，更享德芙丝滑"，简洁明快，紧扣广告表现的愉悦感。整个广告片仅 30 秒，却令人回味无穷。

而 2008 年的德芙广告更是深入人心，其内容大致为：在复古的英伦风街道上，一位身着小礼服的年轻女人走到橱窗口，比着镜子里的自己，想象着自己佩戴着橱窗里面的帽子，表情很欢快，又走到珠宝的橱窗，看着玻璃上自己的影子，摆出各种造型，想象着自己佩戴着这些珠宝的样子，里面的店员看到了，回以温情地一笑。该情节创意十足，给人一种新奇欢快的感觉，让人过目难忘意犹未尽。此时，女主角从包里拿出德芙巧克力，轻咬一口，顺滑丝感的感觉从口中延续到身上，咖啡色的丝绸轻绕过女人的手臂，最后离开。女孩儿沉浸在欢乐里，表现出德芙巧克力给人带来的是非物质的享受，已经上升到了精神层面，使人身心愉悦，给人的生活带来幸福。背景音乐欢快轻柔，最后丝绸再次揭开，画面正中有一行字"此刻尽丝滑"。依然抓住了德芙巧克力丝滑的主题，简洁明快，又不乏愉悦感，同时旁白响起，令人回味无穷。

2009 年的德芙广告明信片篇选用高中女生，唯美地表达出德芙所包含的对浪漫爱情的憧憬。广告内容为：轻松的音乐响起，女主角憧憬爱情、崇尚时尚，追求浪漫，讲究青春的年轻群体，尤其是年轻情侣和年轻女性，正伏案微笑，看到门缝里出现一张明信片，她按照明信片上所说的来到那个地方。突然一条丝巾状的巧克力蒙住了她的眼睛，让她看到了一个美丽的世界，然后她乘着男主角的车来到一个美丽的郊外，轻松愉悦的音乐贯穿始终，多个唯美画面构成一个浪漫的爱情故事。整个广告中，弥漫的是甜蜜、浪漫的情愫，营造的是愉悦、时尚的气氛，看到一个方盒子，方盒子里飘出一条棕色丝巾，使用联想通过棕色丝巾把德芙的丝滑具体形象化，一步一步地引出文案"此刻尽丝滑"，强化了目标顾客的印象，再一次蒙住了她的眼睛，当她睁开眼睛时，她的手里多了一盒德芙巧克力。旁白响起"发现新德芙，更多丝滑感受，更多愉悦惊喜"。文案出现，此刻尽丝滑。

资料来源：百度文库。

问题讨论

德芙巧克力的电视广告属于低卷入度广告还是高卷入度广告？您的判断依据是什么？

第 5 章　广告信息的情感反应

本章导读

广告能引起消费者的情感反应，进而影响对广告商品品牌的态度。本章主要介绍情感反应的影响、广告态度与品牌态度、经典条件反应作用下的情感迁移以及影响消费者品牌态度的情感反应等内容。通过本章的学习，有助于我们全面了解消费者对广告信息的情感反应，并为今后学习广告创意奠定一定的理论基础。

知识结构图

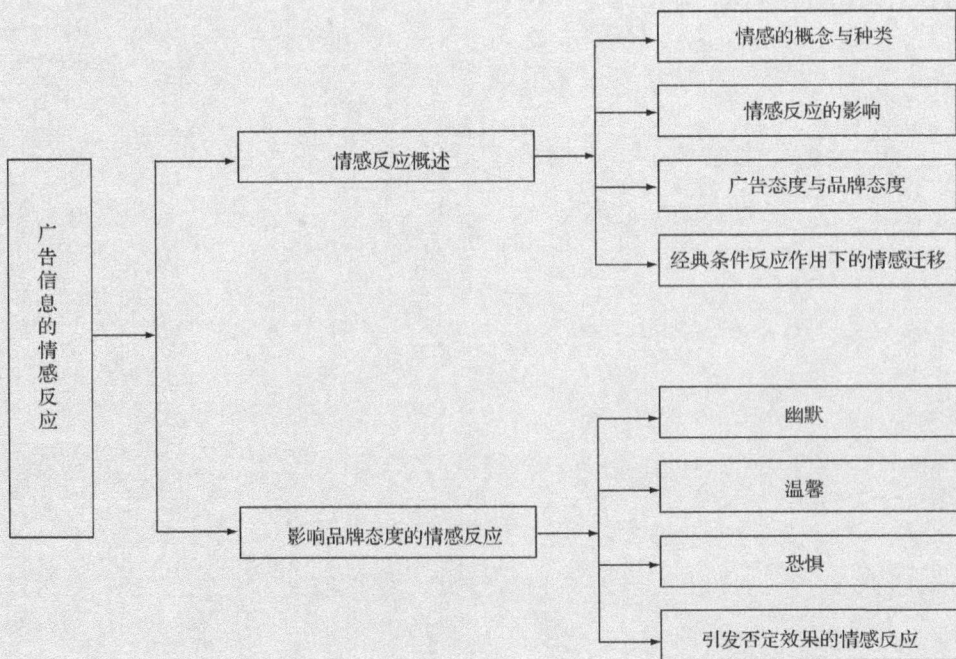

乡愁诉求广告

故乡历来都是文人墨客吟诵的主题。正如作家三毛在文中写的：故乡水最美，浸出了一口浓郁地道的乡音；故乡人最亲，无论走到天涯海角彼此都血脉连通；故乡情最深，如枝繁叶茂的大树深深扎根在游子的心中。记忆深处的一湾细流、一座小桥、一口乡音，都会激起我们的浓浓乡情。

乡愁（nostalgia）诉求广告是指以过去话题为中心强调人的情感的广告。乡愁的英文词 nostalgia 来自于希腊语的家庭（home）和痛苦（pain）。乡愁是怀念家乡的忧伤的心情（或者对家乡的怀念之情）。但现在乡愁的空间含义远远超过了对家乡的怀念之情。乡愁不仅仅是对家乡的怀念之情，而且还包括对过去美好的时光、情景的怀念之情。这些怀念过去的感情是被美化而抽象化了的幻想的感情。

图 5-1　家乡菜寄托了游子的思乡之情

乡愁诉求广告能引起以下沟通效果。

（1）乡愁诉求广告能有效地引起消费者的注意。

（2）消费者比较容易理解广告内容。

（3）乡愁诉求广告能有效地引起消费者的情感反应。

（4）乡愁诉求广告能提高消费者对广告的置信度。

（5）在广告中所包含的乡愁因素有助于消费者记忆广告内容。

目前，在我国也有不少乡愁诉求广告出现在报纸、杂志、电视等广告媒体上。例如，在药品广告中常用"常回家看看"等广告标语。但总体上，我国广告中采取乡愁诉求方式的还不是很多，建议企业不妨大胆尝试，因为思念家乡、重视地缘关系在我国有着上千年的传统和文化基础。

案例分析

在我国，乡愁广告之所以能够起到很好的沟通效果，主要有以下几点原因：我国原来农村人口占多数，但随着改革开放和经济的发展，大批农村人口背井离乡，涌入城市，城乡人口结构发生很大的变化。有不少中、青年都对家乡持有怀念之情；从我国传统文化来看，尊重老人、供养父母等是中华民族的传统美德，并且人和人之间的关系中也非常重视地缘关系；随着广告行业的发展，企业为引起消费者的注意或说服消费者采取一系列的广告创意策略，但雷同现象严重，所以难以吸引广告受众。因此，利用人们的思乡之情，另辟蹊径采用乡愁诉求方式，更容易引起共鸣。

5.1 情感反应概述

5.1.1 情感的概念与种类

情感（affect）是人的需要得到满足时所产生的一种对客观事物的态度和内心体验。人们在与现实世界的各种人和事发生关联时，由于现实事物对人具有一定意义，人也会对这些事物产生某种态度。人对客观事物的态度与人对事物的认识不同，它总是以带有某些特殊色彩的体验的形式表现出来。如完成工作或取得成绩会使人兴奋和愉快；亲人故去会使人痛苦和悲伤；遇到不讲理的人和事物会使人激动和愤慨；遭遇危机会引起人的震惊和恐惧。所有这些喜、怒、哀、乐、悲、惊、恐，都是人具有的独特体验。而人的不同体验，又是以人的不同的态度为转移的。因此，情感就是人对客观事物的态度的一种反映。

与情感类似的概念有情绪（emotion）和感觉（feeling）。从严格的角度来说，情感与情绪、感觉是不同的，但实际上常常被混用。

情感的种类很多，例如，心理学家把情感分出 40 多种，如挑战性的、冒险性的、热情的、善良的、不幸的、为难的、害羞的、高兴的、绝望的、害怕的、惊慌的、悲伤的等。

5.1.2 情感反应的影响

广告不仅传递信息，而且还能够给受众以温馨、幸福和威胁等感觉。广告所引起的消费者情感反应可以在以下 3 个方面对消费者的品牌态度和行为产生影响。

（1）情感可以影响到认知反应的数量和性质。积极的情感可以促进积极的思考，进而引发消费者对广告主张的支持或争议的比率上升。而当消费者的情感较为消极时很可能会对广告视而不见，因而对广告的评价意愿会下降很多。

（2）连接消费者过去经验与广告的迁移广告（transformational advertising）能够影响消费者对品牌的态度和行为。例如，当消费者看过麦当劳电视广告中所展现的家庭团圆的温馨画面后，再与家人共享麦当劳美食时就会感到比平常更温馨、更快乐。

（3）通过广告而形成的消费者情感能够影响消费者对品牌和产品的认知。例如，看到乡愁广告，往往会引发人们的思乡之情，进而让消费者对广告中的产品产生特殊的情感。孔府家酒电视广告中的一句"孔府家酒，叫人想家"，击中了无数游子的心，引起了极大的社会共鸣。从此"孔府家酒"蜚声海内外。1997 年，孔府家酒销售 9.6 亿元，创利税 3.6 亿元，在全国白酒市场的占有率名列第一，连续八年全国出口量第一。

5.1.3 广告态度与品牌态度

消费者接触广告时所产生的情感形成对广告的态度。对广告的态度就是指对具体广告的喜欢或不喜欢的程度。这样形成的广告态度与品牌有关系，影响品牌态度的形成。也就是说，消费者接触广告以后，不仅产生对广告的认知反应，还表现出情感反应，而这些对广告的情感反应就影响品牌态度的形成。

这些由广告引起的消费者反应就引起对广告的态度或对品牌的态度，引起一定程度的安全的心理准备状态。而这样的心理准备状态保存到记忆中，在消费者决定购买时就会发挥作用。

5.1.4 经典条件反应作用下的情感迁移

根据经典条件作用理论，刺激和反应各分为两种，刺激分为无条件刺激（Unconditioned Stimulus，US）和条件刺激（Conditioned Stimulus，CS），反应分为无条件反应（Unconditioned Response，UR）和条件反应（Conditioned Response，CR）。其中 US 和 UR 的关系是本能的、与生俱来的，如狗看到食物（US）就分泌唾液（UR），人听轻快的音乐（US）就产生轻松愉快的感觉（UR）。经典性条件作用下，先使用与 US（食物）无关的中性刺激（铃声），然后给 US（食物），并使两者共同作用一定时间，这样多次结合后，中性刺激（铃声）即 CS 单独作用，就会引起与 UR 形同的反应（分泌唾液），这时条件反射就形成了。经典性条件反应作用过程是把无条件刺激（US）引起的无条件反应变成为由条件刺激引起的条件反应过程（见图 5-2）。

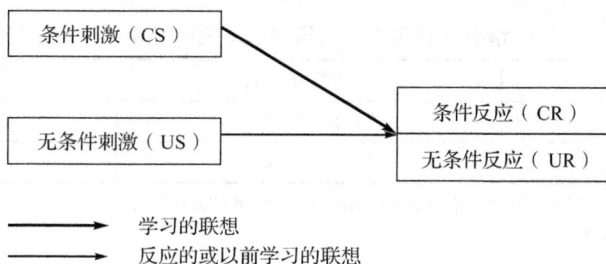

图 5-2　经典条件反应作用过程

经典性条件反应作用的结果是 UR=CR。

例如，在条件反应作用之前，消费者听到自己所喜爱的音乐（US）的时候，就产生良好的感情。但接触特定品牌广告（CS）时，消费者也许表现出无关的反应，甚至没有反应。但在条件反应作用的过程中先给消费者看消费者熟悉的电影明星或听消费者熟悉的音乐，然后展示品牌（就是 US 和 CS 的匹配），这样把电影明星或音乐与品牌联系在一起反复持续地做广告，那么就会产生条件反应（CR）。就是说，一展示品牌，消费者就会产生像看电影明星或听音乐那样的肯定的情感反应。

在这里肯定的情感反应就是条件反应（CR）。这些对模特或音乐等象征物的情感反应迁移到对广告的情感反应的过程就是情感迁移过程。在经典条件反应作用下的情感迁移过程如表 5-1 所示。

表 5-1　　　　　　　　　　　　　经典条件反应作用下情感的迁移

〈经典条件反应〉	〈在广告中的经典条件作用〉
无条件刺激　→　无条件反应	喜欢的模特　→　好的感觉
条件刺激 + 无条件刺激　→　无条件反应	新品牌 +　喜欢的模特　→　好的感觉
条件刺激 + 无条件刺激　→　无条件反应	新品牌 +　喜欢的模特　→　好的感觉
⋮	⋮
条件刺激　→　条件反应	新品牌　→　好的感觉

知识拓展 5-1　Gorn（戈恩）经典条件反应作用下的情感迁移实验

戈恩利用经典条件反应理论研究了背景音乐对产品偏好的影响。实验探究的是在最低限度地展示产品信息时，广告背景音乐如何影响被试者的产品偏好。

在实验中，通过投影仪向被试者展示不同颜色的圆珠笔（条件刺激），同时给被试者听不同的音乐（无条件刺激）。条件刺激来自圆珠笔的两种颜色，一种是浅蓝色，另一种是米黄色。以无条件刺激来利用的音乐也是两种，一种是喜欢的电影 Grease 音乐（肯定的无条件刺激），另一种是不喜欢的印度古典音乐（否定的无条件刺激）。

被试者分为四个小组。给第一小组听喜欢的音乐，同时展示浅蓝色圆珠笔；给第二小组听喜欢的音乐，同时展示米黄色圆珠笔；给第三小组听不喜欢的音乐，同时展示浅蓝色圆珠笔；给第四小组听不喜欢的音乐，同时展示米黄色圆珠笔。

然后，为感谢被试者的协助，让被试者在浅蓝色圆珠笔和米黄色圆珠笔中选择一个。结果，79%（74名）的被试者选择与喜欢音乐同时展示的圆珠笔（广告的圆珠笔），而只有21%（20名）的被试者选择在提示喜欢音乐时没有展示的圆珠笔（没有广告的圆珠笔）。另外，30%（30名）的被试者选择在提示不喜欢音乐时展示的圆珠笔（广告的圆珠笔），而70%（71名）的被试者选择在提示不喜欢音乐时没有展示的圆珠笔（没有广告的圆珠笔），如表5-2所示。

表5-2　　　　　　　　　情感迁移实验中音乐与圆珠笔的选择

	广告的圆珠笔	没有广告的圆珠笔
喜欢的音乐	74 名（79%）	20 名（21%）
不喜欢的音乐	30 名（30%）	71 名（70%）

资料来源：Gorn, Gerald J., "The Effects of Music In Advertising on Choice Behavior : A Classical Conditioning Approach," Journal of Marketing, Vol.16(Dec.),1982.

5.2　影响品牌态度的情感反应

前面已经指出，接触广告的消费者对广告产生情感反应。这些情感反应又影响品牌态度的产生。从这种观点出发，伯克（Burke）和爱德尔（Edell）研究了电视广告所引起的感觉（feeling）对广告态度和品牌态度的直接或间接的影响。但影响品牌态度的这些情感反应是多种多样的，其中我们主要解释广告能引发的幽默、温暖、恐惧等情感反应。这些情感反应决定广告态度，并对品牌态度的产生起很大的作用。

5.2.1　幽默

幽默（humor）是广告中常见的一种诉求手法。广告中的幽默可以用画面来表现，也可以用语言来表达。例如，在"步步高电话机"电视广告中，其幽默就是用人物的滑稽表情与动作来表现的。

关于幽默诉求广告的效果，传统的看法认为，幽默能降低受众的认知防御，从而可对产品引发出愉悦的、易于记忆的联想。然而，一些著名的广告人对幽默的看法则大为不同。大卫·奥格威坚持认为广告不宜太引人发笑，而应该多一些信息，并指出"人们可被小丑所逗笑——他们却不敢取其行径"。而美国波恩巴奇公司的一位撰稿人罗伯特·怀恩从广告与受众互惠的角度强调幽默的作用时指出："我们知道广告等于一种侵扰，读者并不一定喜欢广告，并且可能尽量避开广告，因此做好广告便是广告人的责任……为了赔偿你在他买的杂志上耗去的阅读他的广告的时间，广告人必须带给消费者乐趣，这是他们的一种报酬。"

阅读资料 5-1　幽默广告语欣赏

眼镜店："眼睛是心灵的窗户，为了保护您的心灵，请为您的窗户安上玻璃。"
香水公司："我们的新产品极其吸引异性，因此随瓶奉送自卫教材一份。"

公共场所禁烟："为了使地毯没有洞，也为了使您肺部没有洞，请不要吸烟。"

新书："本书作者是百万富翁，未婚，他所希望的对象，就是本小说中描写的女主人公！"

交通安全："请记住，上帝并不是十全十美的，它给汽车准备了备件，而人没有。"

鲜花店："今日本店的玫瑰售价最为低廉，甚至可以买几朵送给太太。"

在幽默效果的研究领域，市场学家、心理学家做了不少研究，但研究结果不一。邓肯（1985）的研究发现，幽默增加了受众对广告的注意，积极影响了人们对广告、产品和品牌的态度。佩蒂·威尔斯和鲁克（1976）及马登（1983）的研究表明，幽默会分散受众的注意力，从而减少反对意见的产生。

总之，在有关幽默效果的实验研究领域里，对幽默效应认识的倾向是：幽默引起受众对广告的注意，提高受众的广告接触率，促进受众对广告、品牌形象的良好态度，但减少受众对信息的理解和记忆效果。

在实验研究中，记忆测验大多在接触广告后的短时间（几分钟、几十分钟或几天）内进行，所以效果较差。在测验时间延迟至更长时间之后，情形就有所不同。幽默的语言、表演容易给人留下难忘的记忆，这些信息的记忆对信息的回忆具有提示的作用。一项针对 500 条电视广告的调查发现，在一系列广告的效果测验中，幽默广告更便于记忆，也更有说服力。该项调查还表明，金钱、财产、生命和死亡都不是取笑的对象，应当避免。

幽默表现手法有利于达到较好的宣传效果，但要注意使用的场合。著名广告人 D·丹尼尔为幽默广告创作提出下列 4 条原则，值得读者参考。

（1）在大多数情况下，幽默性广告只适用于推销低档商品，不适用于推销高档商品；

（2）幽默笔法应能使老生常谈的话题获得新生，以加强读者的记忆力；

（3）利用幽默的笔法应能有效地把一个简单的内容讲得生动，便于记忆；

（4）幽默创作应能突出强调一个过时做法的愚昧可笑，从而为新产品或新方法扫清思想障碍。

另外，利用幽默的广告也会遇到以下问题，做幽默性广告时应特别注意。

（1）有些人喜欢幽默，认为很有趣，但另外一些人并不喜欢幽默，甚至厌倦，认为幽默是庸俗的。所以企业在做幽默广告时，明确目标受众（target audience）是非常重要的。

（2）利用幽默的频率越多，引起受众厌倦的可能性越大。虽然一开始幽默非常逗笑有趣，但过于反复，就容易引起受众的厌倦。

（3）虽然幽默能引起受众的注意，引起受众对广告的好感，但过于强调幽默，就会妨碍受众对广告信息内容的理解。

在幽默性广告中还要注意的是，由于各国的文化不同，消费者能接受的幽默的表现方法也不同。例如，法国的克伦堡（Kronenbourg）啤酒进入美国市场的时候，就利用英国式的幽默表现方法来做广告。一开始，法国本部的管理人员都不太喜欢英国式的幽默表现方法。如果克伦堡啤酒在美国市场上不能成功的话，他们准备马上就收回此次广告活动。但实际结果是非常成功的。因为英美幽默的文化基础类似，所以英国式的幽默表现方式在美国很容易被广大消费者所接受。这样，在美国市场进口啤酒的销售增长率为 14%的情况下，法国克伦堡啤酒的销售额增长率高达 22.5%。

5.2.2 温馨

学术界对温馨概念看法有所不同。阿贝莱（Abeele）和麦克拉克兰（Maclachlan）（1994）[①]认为，在情感反应中的属于情绪（emotion）的温馨（warmth）是对广告迅速而敏感、具体的反应。他们通过实验分析温馨与其他 7 个情绪，如快乐（joy）、惊奇（surprise）、期待（anticipation）、愤怒（anger）、容忍（acceptance）、厌恶（disgust）、关注（attention）之间的关系，结果发现，温馨与其他 7 个情绪之间的区

---

① Abeele, Piet Vanden and Douglas L. Maclachlan, "Process Tracing of Emotional Responses to TV Ads : Revising the Warmth Monitor," *Journal of Consumer Research* Vol. 20(March), 1994.

别不大。所以他们指出，温馨不是核心的情绪概念，而且温馨这一概念本身的定义也不明确。

阿克（Aaker）等（1996）[①]认为温馨是包括生理性唤起（arousal）在内的肯定、温和而不易消失的情绪，是直接或间接地感受爱、家庭、友情关系等所激发的情绪。

当广告中模特感受到温馨的时候，受众也可能间接地感受到温馨。例如，广告中出现的从海外回来的儿子与母亲久别重逢的画面，聪明伶俐的孙子给爷爷理发的画面，都充满着温馨的气氛，这时受众很容易感同身受。这些温馨诉求的广告可以减少受众对广告内容的拒绝感。

5.2.3 恐惧

与温暖、幽默不同形态的情感反应恐惧（fear）和不安（anxiety）也是在广告中经常被利用的诉求方式。恐惧诉求是在广告中展示一个可怕的情境，来唤起受众的焦虑和不安，进而指出恐惧情境可以通过使用某产品或劳务来解除。恐惧的情境例如把侵袭人体的病害描述得非常可怕；或指出在某种情况下，消费者蒙受巨大损失等。恐惧诉求常用于为从财产（汽车保险或家庭财产保险等）或健康（人寿保险或戒烟运动等）的损失中保护消费者而提供的产品广告方面。

阅读资料 5-2　保德信保险公司恐惧性诉求广告文案

"日航 123 次航班波音 747 航班，在东京羽田机场跑道升空，飞往大阪，时间是 1985 年 8 月 15 日下午 6 点 15 分，机上载着 524 位机员、乘客以及他们家人的未来"。

"45 分钟后，这架飞机在群马县的偏远山区坠毁，仅 4 人生还，其余 520 人已成为空难的统计数字……"

"在空难现场一个沾有血迹的袋子里，智子女士发现了一张令人心碎的信条。在别人惊慌失措呼天抢地的机舱里，为人夫为人父的谷口先生写下了给妻子的最后叮咛：智子，请好好照顾我们的孩子。就像他要远行一样。"

"你为谷口先生难过吗？还是为人生的无常而感叹？免除后顾之忧，坦然面对人生，享受人生，这就是保德信 117 年前成立的原因。走在人生的道路上，没有恐惧，永远安心——如果你与保德信同行。"

关于恐惧诉求的效果问题，最初的观点认为，信息的有效性与它制造的恐惧程度成正比。恐惧程度制造得越高，受众产生的紧张感就越强，驱使人们采取购买行动以消除紧张的力量就越大。然而，I·L·詹姆斯和 S·费斯巴奇（1953）的研究却发现情况并非如此。在研究中，他们给中学生讲解牙齿保健的知识，并分别用 3 种能引起强烈、中等和低度恐惧的图解来唤起受试者的恐惧感，然后考察感受恐惧程度与受试者改变牙齿卫生行为的关系。结果发现，感受恐惧的受试者比控制组（没有接受讲解的受试者）的行为改变更大。而在实验组中，行为改变最大的并不是受到强烈恐惧诉求的被测试者，而是受到低度恐惧诉求的被测试者。

M·L.雷和 R·L.威克（1970）的研究表明，太强或太弱的恐惧感反而不如适当的恐惧感有效。他们还对恐惧感增加后的后果做如下解释："……假如恐惧感能够增加驱使力，就有可能把更多的注意力和兴趣放在产品和信息上……但是，恐惧感也会导致一种重要的特征出现，就是抑制……如果恐惧程度过高，就可能产生对广告的防御性回避，对威胁的否认，对广告意义做选择性接受或曲解，或者认为如此重大的恐惧实在无法处理。"

麦奎尔（1969）针对恐惧宣传及其效果的关系指出，受众的焦虑唤起水平与观点的改变之间存在着交互作用，即过高或过低的焦虑水平都不容易引起观点的改变，只有适当的焦虑水平才能引起消费者态度的改变。

为提高引起恐惧这一情感反应的广告效果，最好同时提示解决问题的方法。这个解决问题的方法必

---

① Aaker, David A., Rajeev Batra, and John G. Myers, "Advertising Management", Perntice Hall, Englewood Cliffs, New Jersey, 1996: 239.

须是消费者能够接受或执行的方法。如果没给消费者解决问题的信心，消费者就会避开其广告内容。所以，提示解决方法的时候，让受众认知所提示的解决方法是解决恐惧问题的最合适的方案，是受众能够执行的。

从这种观点出发，研究防御动机理论（protection motivation theory）的罗杰斯（Rogers，1983）[①]指出，为提高威胁诉求广告的效果，必须向目标受众强调以下4个方面。

（1）在广告中所提出的威胁的发生可能性很大。

（2）这些威胁将带来严重的后果。

（3）在广告中所主张的行动是能够消除这些威胁的。

（4）目标受众能够把广告所主张的行动变为现实。

例如，诉求青少年坚决抵制毒品的广告，必须提示这样的几个方面事实：吸毒会带来非常严重的生理上、财务上、社会上的后果，甚至死亡。

5.2.4　引发否定效果的情感反应

在引起广告态度的情感反应中，除了上述几种情感反应以外，还有减少广告真实性效果的否定的情感反应。阿克和布鲁兹选取了534条电视广告，对增加拒绝感（irritation）的广告与减少拒绝感的广告进行比较分析。他们认为引起拒绝感的广告"是由于在短时间内刺激不快感或因不快感而不能忍受的广告"。研究结果表明，女用卫生纸广告是最能引发拒绝感的广告，还有疟疾药、妇女内衣广告也是易引起拒绝感的广告。他们又提出了引起拒绝感的原因：

- 个人敏感的产品（sensitive product），并且详细地提示其包装、构成成分、产品效果的广告；
- 不提供可信感，或者过于戏剧性的时候；
- 个人因外貌或知识而意气消沉的时候；
- 母女之间、夫妻之间或朋友之间的关系受威胁的时候；
- 过于生动而详细地提示身体缺陷部分的时候；
- 由矛盾的主张或行为引起不安或紧张感的时候；
- 不喜欢的或没有魅力的人出现在广告上的时候；
- 广告的制作质量很差的时候。

在上述情况下，人们对广告产生拒绝感，从而引起否定反应的可能性很大。

本章小结

广告不仅传递信息，而且给人以温馨、幸福、威胁等感觉。通过广告所给予的感觉而形成的消费者的情感反应影响着消费者对品牌的态度或行为。

消费者接触广告时所产生的情感形成对广告的态度。对广告的态度，就是指对具体广告的喜欢或不喜欢的程度。这样形成的广告态度与品牌有关系，影响品牌态度的形成。

对广告的情感反应会影响品牌态度的产生。但影响品牌态度的这些情感反应是多种多样的。本章主要解释广告能引发的幽默、温暖、恐惧等情感反应。这些情感反应决定着受众的广告态度，进而对品牌态度产生影响。

① Rogers, Ronald W., "A Revised Theory of Protection Motivation," In J. Cacioppo and R. Petty, eds., *Social Psychophysiology*, New York, NY : Guilford., 1983.

思考题

一、单选题

1. 广告不仅传递（　　），而且给人以温馨、幸福、威胁等感觉。
   A. 价值　　　　　　　B. 情感　　　　　　　C. 欢乐　　　　　　　D. 信息

2. 连接消费者过去经验与广告的（　　）也会影响消费者对品牌的态度和行为。
   A. 情感广告　　　　　B. 迁移广告　　　　　C. 认知广告　　　　　D. 信息广告

3. 对广告的（　　）就是指对具体广告的喜欢或不喜欢的程度。
   A. 态度　　　　　　　B. 观念　　　　　　　C. 认知　　　　　　　D. 评价

4. 传统的看法认为，（　　）广告能降低受众的认知防御，从而可对产品引发出愉悦的、易于记忆的联想。
   A. 迁移　　　　　　　B. 恐惧　　　　　　　C. 幽默　　　　　　　D. 温馨

5. 广告利用脆弱的感情（sentimental）、家庭、儿童、友情、好的感觉等的时候，就容易引起消费者的（　　）的感情。
   A. 温馨　　　　　　　B. 恐惧　　　　　　　C. 幽默　　　　　　　D. 欢乐

二、多选题

1. 著名广告人 D·丹尼尔为幽默广告创作提出的 4 条原则是（　　）。
   A. 在大多数情况下，幽默性广告只适用于推销低档商品，不适用于推销高档商品
   B. 幽默笔法应能使老生常谈的话题获得新生，以加强读者的记忆力
   C. 在大多数情况下，幽默性广告只适用于推销高档商品，不适用于推销低档商品
   D. 利用幽默的笔法应能有效地把一个简单的内容讲得生动，便于记忆
   E. 幽默创作应能突出强调一个过时做法的愚昧可笑，从而为新产品或新方法扫清思想障碍

2. 以下有关广告的情感反应说法正确的是（　　）。
   A. 广告不仅传递信息，而且给人以温馨、幸福、威胁等感觉
   B. 情感可以影响到消费者认知反应的数量和性质
   C. 连接消费者过去经验与广告的迁移广告也会影响消费者对品牌的态度和行为
   D. 通过广告而形成的消费者情感能够影响消费者对品牌和产品的认知
   E. 在特定的条件作用下，由广告引发的消费者的情感与态度很难会转化为对产品的态度

3. 以下属于幽默广告语的是（　　）。
   A. 眼镜店：眼睛是心灵的窗户，为了保护您的心灵，请为您的窗户安上玻璃
   B. 香水公司：我们的新产品极其吸引异性，因此随瓶奉送自卫教材一份
   C. 药品：心脑血管疾病正成为人类健康的第一大杀手
   D. 保险：天有不测风云，人有旦夕祸福
   E. 鲜花店：今日本店的玫瑰售价最为低廉，甚至可以买几朵送给太太

4. 改变消费者情感常用的广告策略有（　　）。
   A. 利用条件反射　　　　　　　　　　B. 购物现场展示
   C. 激发对广告本身的情感　　　　　　D. 更多的接触
   E. 搭售及降价

5. 以下属于恐惧型广告语的是（　　）。
   A. 牙膏广告：每天两次，外加约会前一次
   B. 热水器广告：别只看本品价高，若购买便宜的热水器，会使你陷入水深火热之中

C．黑芝麻糊广告：一股浓香，一缕温暖

D．摩托车广告：有多少南方摩托车，就有多少动人的故事

E．空气净化器广告：别让新房变成"毒气房"

三、简答及论述题

1．乡愁广告能引起哪些沟通效果？

2．做幽默性广告时应注意的问题是什么？

3．为提高威胁诉求广告的效果，必须向受众强调哪些问题？

4．试论述广告态度与品牌态度的关系。

5．试论述引起消费者对广告拒绝的原因。

案例讨论

雕牌洗衣粉广告中的情感牌

人类的情感是很微妙的东西。品牌要想通过情感诉求打动消费者的心，首先必须把握消费者的脉搏。即要了解目标消费者最关心的是什么；要知道什么最易触动消费者的心弦。

堪称国内情感广告经典之一的"雕牌"洗衣粉电视广告就是这样一则让无数人为之感动的广告佳作。

雕牌洗衣粉广告向我们讲述了这样的故事：年轻妈妈下岗了，为找工作而四处奔波。懂事的小女儿心疼妈妈，帮妈妈洗衣服，天真可爱的童音说出："妈妈说，'雕牌'洗衣粉只要一点点就能洗好多好多的衣服，可省钱了！"门帘轻动，妈妈无果而回，正想亲吻熟睡中的爱女，看见女儿的留言——"妈妈，我能帮你干活了！"年轻妈妈的眼泪不禁随之滚落……这份母女相依为命的亲情与产品融合，成就了一个感人至深的婉丽的产品故事，声声童音在心头萦绕，拂之不去，"雕牌"形象则深入人心。

所谓"天若有情天亦老"，广告中若能融进适当的情感，定能一把抓住消费者的注意力，贴近消费者的心。

问题讨论

1．为什么雕牌洗衣粉电视广告能让无数消费者感动至深？

2．本案例最后一句话写到"广告中若能融进适当的情感，定能一把抓住消费者的注意力，贴近消费者的心"，您是如何理解的？

第 6 章 广告调查

📖 本章导读

广告调查是广告策划的依据，是制作有效广告的保证，通过广告调查可以帮助企业了解市场状况，对产品进行合理改进。广告调查比一般专项市场调查范围更广，所获信息量更大，更能反映市场的真实状况。如果说广告是企业和消费者之间信息交流的桥梁，那么广告调查则是这座桥梁的坚固基石。

知识结构图

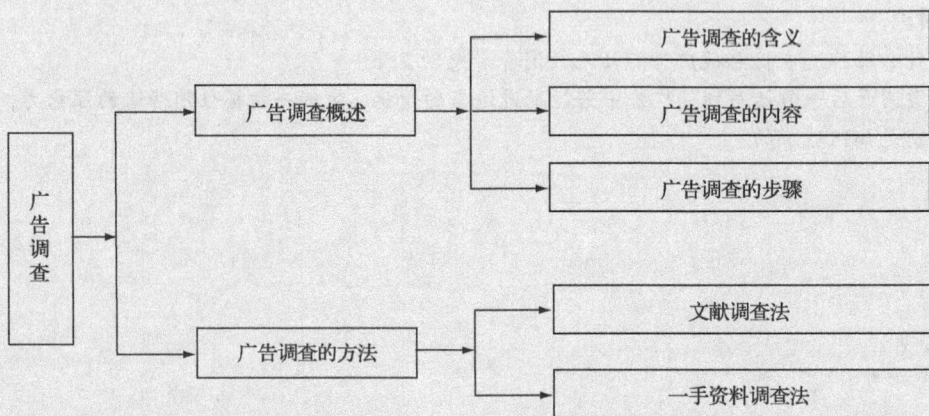

飞利浦公司的广告调查

荷兰飞利浦公司为成功进入中国市场，曾委托香港环球调研公司在上海开展广告调查活动。调研公司在接受任务之后，首先是基于目标市场定位，将调研对象确定为家里只有黑白电视机的已婚男性市民。这主要是考虑到被调查者不仅是飞利浦公司的主要目标顾客，还是家庭里的一家之主，在购买大件商品时拥有更多的决策权。

调查公司让被试者观看三部不同的电视广告片。第一部是意在强化"飞利浦"品牌形象的广告片，在 30 秒内，自始至终反复出现"飞利浦"的标准字、商标和标语"飞利浦——世界尖端技术的先导"，以及飞利浦在世界各地的情况。第二部是阐明市场定位的广告片，片头采用京剧锣鼓的音响效果，屏幕上出现的是京剧大花脸形象，并用京白语调念道："我就是飞利浦"等。以期运用中国民族特点，来强化飞利浦为中国人民服务的宗旨。第三部也是宣传品牌的，所不同的是广告中穿插了中国风光片，画面中一位飞利浦公司形象代言人一边转动着地球仪，一边用生硬的中国话说："飞利浦是中国人民的老朋友"，以勾起中国老年消费者的回忆。完毕，主持人征求被调查者的印象，大多数被调查者倾向于第二部广告片，同时要求飞利浦能提供适合中国市场的彩色电视机尺寸。通过上述调查活动，为飞利浦制定成功的广告策略奠定了坚实的基础。

案例分析

广告调查是企业开展广告活动的基础，全球知名、大名鼎鼎的飞利浦公司自然深谙此道。在此次广告调查活动中，飞利浦公司委托的香港环球调研公司采用了实验调查的方法，让被试者观看不同的广告片，然后根据观众的印象确定了最佳的选择。飞利浦公司的广告调查方案合理，策略得当，值得我们学习和借鉴。

6.1 广告调查概述

广告调查在广告活动中具有极为重要的作用，是企业开展广告活动的基础。没有科学、严密的广告调查，广告活动只能是凭经验、靠感觉，很难做到目标明确、有的放矢。广告调查的具体作用主要体现在编制广告计划、指导广告设计、制定广告预算以及测定广告效果等几个方面。

6.1.1 广告调查的含义

广告调查又称广告运作中的市场调查，是指企业组织为有效地开展广告活动，利用科学的调查研究方法对相关广告信息所进行的搜集、整理、分析和解释工作。

广告调查不同于一般的市场调查，其主要区别在于：市场调查的范围更广，涉及产品、价格、渠道、促销等诸多方面，这其中也包括了部分广告信息的内容。但广告调查作为一种专项调查，在广告信息的获取方面较市场调查更为深入和专业。

6.1.2 广告调查的内容

广告活动是通过广告媒介向目标市场宣传产品，引起消费者兴趣，促使消费者购买，最终使企业在市场竞争中取胜的过程。所以，为制作有效广告所进行的广告调查应该包括社会环境调查、广告主体调查、广告媒体调查、目标市场调查、市场竞争调查、广告效果调查、国际市场广告调查 7 方面的内容。

1. 社会环境调查

广告部门必须了解特定市场范围内人口环境和家庭结构。因为人口是消费需求的主体，企业生产最终是为人服务的。而家庭是社会的细胞，也是市场中基本的消费单位。另外，还必须调查了解不同国家或地区独特的民族习惯、风土人情，尤其应充分掌握不同民族或地区的禁忌。如果忽视了这一点，没有选择恰当的广告用语，不仅不能达到广告的效果，还可能败坏企业声誉，损害品牌形象，甚至遭遇政治抗议和司法诉讼等麻烦。例如，我国的名牌产品"白象"电池和"芳草"牙膏，前者的英文意译是"生活中的包袱、累赘"的意思，后者汉语拼音直译英文是"毒牙"的意思，这样的品牌广告在当地怎么能够受到欢迎？

2. 广告主体调查

广告主体调查包括企业调查和产品调查两部分。为制作广告而进行的企业调查，应该侧重于企业的历史发展、综合实力、同行业地位等方面。了解这些内容，对于宣传企业形象、准确把握企业特色、提高广告说服力和渗透力，具有极其重要的作用。除少数宣传企业形象的广告外，绝大多数商业广告是为宣传具体产品的，而广告所要达到的最终目的也是推销产品。在广告发布的有限时间或空间内，要给公众留下强烈而美好的印象，直至激起购买欲望，就必须准确传达产品的最主要的特点、最与众不同的特性等信息。要做到这一步，就必须在创作广告之前对产品进行详细的调查。

3. 广告媒体调查

广告媒体调查是指针对报纸、杂志、广播、电视、网络等大众媒体以及户外广告、DM、电影等小众媒体所进行的调查。广告媒体调查的任务是获取消费者与各种媒体接触情况的信息，包括调查广告受众如何接触这些媒体，以及各种媒体"质"与"量"的特性如何等。主要考核指标有收视率、到达率、点击率、视听众暴露度、每千人成本及等。选择正确的广告媒体才能做到有的放矢，对于广告活动的最终效果影响巨大。以报纸媒体为例，《光明日报》的发行量在全国各大报刊中名列前茅，读者甚众，但是对于儿童用品生产商而言，却未必是一个很好的广告媒体。因为儿童用品的主要购买者是妇女和儿童，妇女儿童并不是《光明日报》的主要读者。

需要注意的是，做广告媒体调查必须首先明确广告的目标受众，然后再对目标受众最常接触的广告媒体进行调查，这样能减少广告媒体调查的盲目性，提高调研的效率。

4. 目标市场调查

确定目标市场是一项非常复杂的工作，它必须在市场细分的基础上经过充分的调查研究，从中选择对广告主最具吸引力的市场群体，作为广告宣传的主要对象。广告目标市场调查包含在市场细分的过程中，通过市场细分，确定广告的目标市场，目标市场的各种情况也就一目了然了。

5. 市场竞争调查

市场竞争调查主要包括同类企业和同质产品的市场竞争状况及其广告市场竞争状况两方面内容。同类企业市场竞争状况调查应查明竞争对手的数目、市场占有率、生产能力、产品质量、成本、价格、分销渠道、市场控制能力以及与贸易伙伴的关系等方面的情况。对同质产品市场竞争的调查主要包括品质、价格、促销和分销渠道的对比分析。而主要竞争对手的企业及产品广告情况调查应查明对方的年度广告预算、广告代理商、广告内容、广告媒体及广告效果等，研究分析它们在广告宣传策略、广告内容创作和广告媒体选择上的成功经验或失败教训。这样既可以在广告制作中避免雷同，又可以在他人的基础上独具匠心地创作好的广告。

6. 广告效果调查

广告效果调查是在广告制作完毕并发布一段时间之后进行的，是为了检测广告效果、评价广告作用而做的调查。广告效果调查主要有广告沟通效果调查、广告经济效果调查和广告社会效果调查 3 项内容。

7. 国际市场广告调查

随着全球经济一体化的不断深入发展，涉外广告或国际市场广告日益增多，国际市场广告除前面论及的广告调查的一般内容外，还有特殊的调查内容，主要包括政治法规状况调查、文化背景调查以及经济情况调查等。由于国际市场广告涉及不同的主权国家或地区，各个国家的政治法规状况制约着广告的制作，而不同国家或地区的宗教信仰、风俗习惯、在语言和生活习惯中的禁忌不尽相同，情况比较复杂，了解这些文化背景对制作广告来说尤为重要。另外，经济情况调查涉及一国的经济发展水平以及对今后经济形势的预测，包括人口状况、消费水平、消费结构以及市场需求潜力。

阅读资料 6-1　高露洁牙膏初进日本市场的教训

对色彩的感觉常会影响顾客的购买心理，这一点值得在设计包装时特别留意。

颇受美国消费者喜爱的高露洁牙膏，初次进入日本市场，与位居日本榜首的狮王牙膏采用同样的红、白两色的单纯设计，不同的是，高露洁牙膏包装以红为主，红底白字，狮王牙膏以白为主，白底红字。

高露洁采用"红底白字"包装，是因为美国人无论男女老幼都偏爱红色，如运动衣、地毯、小汽车，包括香烟包装。红色在美国象征着活动、生命力。在所有的颜色中，红色被认为有意义，并被印象化了，所以高露洁牙膏采用红色设计，是最自然不过了。

红色被日本人认为是带有婴儿和女性气息的色彩，日本人爱好白色，很多商标名称都冠有"白"字，如白鹤、白雪等。狮王牙膏掌握了这一民族性心理，包装设计以白色为主，使用红字。高露洁牙膏恰恰相反地大块地使用红色，忽视日本消费者与美国消费者在色彩感觉和购买心理上的差异，导致它进入日本市场时，出乎意料地滞销，市场占有率仅达1%。

高露洁牙膏不成功的原因，显然是包装设计不合日本人的审美习惯和兴趣。一个企业进入一个区域市场或国际市场，是为了让当地的消费者购买和消费你的产品或服务。当地消费者能否接受，关键在于这些产品或服务是否符合当地消费者的文化习惯和传统，如果试图反传统，必须有足够的能力来达到反传统的目的，而且还要冒着极高的经营风险。所以像麦当劳、诺基亚等大企业在进入我国台湾市场时，充分注意到了当地的文化和消费者的情感因素，因此接受度也比较高。

"文化"渗透在市场经营活动过程中，影响着包括定价、促销、销售方式、产品、包装、款式等各个环节，谁忽视了这一点，必然会受到市场的无情惩罚。所以，企业在营销中应充分考虑文化特点，避免与当地传统相冲突。

资料来源：赵伟，市场报. 2000年7月19日。

6.1.3　广告调查的步骤

广告调查主要包括5个步骤，即界定问题、研究设计、调查实施、调查资料整理和分析及撰写最终的调查报告。

1. 界定问题

所谓界定问题就是要求广告调查人员确定所要调查的问题以及调查所要实现的目标。只有搞清楚这些，才能做到有的放矢，正确地开展广告调查工作。界定问题可以通过一些预先的定性研究来确定，如与广告主充分沟通、向有关专家咨询、分析二手文献资料等。界定问题是广告调查的首要环节，对广告调查问题的敏锐把握和对调查目标的准确设定是这一阶段工作的关键，这对广告调查人员把握问题的能力提出了较高的挑战。

2. 研究设计

研究设计是实施广告调查前的一项重要工作。研究设计确定了开展广告调查所要遵循的计划方案，描绘了广告调查活动的框架和蓝图。研究设计的工作内容包括确定广告信息来源、选定调研方法、设计调研问卷、明确广告受众、制定广告调研经费预算等一系列的活动。广告调查研究设计的主要内容如表 6-1 所示。

表 6-1　　　　　　　　　　　　　广告调查研究设计的主要内容

具体内容	说明
确定广告信息来源	一手资料、二手资料
选定调研方法	询问法、观察法、实验法等
设计调研问卷	定性调研、定量调研、量表选择
确定数据收集途径	数据检索或购买、人员访问、计算机、社交媒体辅助等
明确广告受众	明确广告调查的对象
制定广告调研经费预算	经费数额及使用安排
确定调研团队	委托调研公司或自己组织
进行调研抽样	样本大小、抽样方法

3. 调查实施

调查的实施是面向调查对象的具体信息的收集过程。调查实施可以分为预先调查和正式调查两个阶段。预先调查是一种测试调查，通常是小规模的，目的是检验调查方案是否合理、概念是否明晰以及调查问卷的信度和效度是否符合要求等。如果通过预测试发现调查设计存在问题，就应该及时修正，待修正之后就可以进入正式调研阶段了。正式调查阶段的主要任务就是收集信息，包括对一手信息和二手信息的收集。这一阶段关键的任务是保证调查信息的真实性和可靠性。

4. 调查资料整理和分析

调查资料整理和分析是指将调查收集到的资料进行整理和分析，剔除不真实信息，保证资料的系统性、完整性和可靠性；将整理后的资料进行分类编号，将纸质版问卷数据录入 Excel、SPSS 等软件中并进行数据的统计和分析。

5. 撰写调查报告

前期的调查工作完成之后，广告调查的实施者应撰写最终的调查报告呈送给调查的委托者。调查报告主要通过文字、数据、图表等形式表现出来，全面客观地描述研究的发现。调查报告主要内容包括调查的背景及意义，调查所采用的方法、步骤、统计方法以及可能产生的误差，调查的主要结论，企业应当采取的主要对策等。调查报告在表述方式上要尽可能简单明了，要让广告决策者和企业的营销人员看得清楚明白。

6.2　广告调查的方法

广告调查是市场调查的一种具体形式，市场调查方法同样适用于广告调查。广告调查方法是指在制作广告或测定广告效果时进行的市场调查中发掘资料来源、捕捉相关信息和搜集资料的途径与方法。

广告调查的方法有多种，根据资料的来源，可分为一手资料调查法和二手资料调查法。二手资料调查法也称为文献调查法或文案调查法，是一种非常常见的调查法。一手资料的调查方法较多，常见的主要有访问调查法、观察法、实验调查法和网络在线调查法等。究竟采用哪种广告调查方法要视具体情况而定。

6.2.1　文献调查法

文献调查是一种间接调查方法，它利用已有的文献、档案等文字资料进行调查。这种方法在实际调查工作中经常被忽视，但实际上它是一种高效率、高质量的调查方式。同时，这种方法对调查人员的素质要求比较高，在市场调查中应受到高度重视。

1. 文献调查的资料来源

文献调查要求调查人员熟知文献来源和资料检索方法。广告调查的文献来源主要有企业自身、图书馆、研究所、情报中心（咨询中心、信息中心）以及政府机构、行业协会和商会等。

（1）企业自身。企业自身所拥有的资料包括有关企业情况介绍、产品目录、商品说明书、价格清单、经销商名录、财务报表、市场报告以及客户函电等。

（2）图书馆。图书馆包括公共图书馆、高校图书馆和一些专业图书馆。图书馆书刊繁多，种类也比较齐全，可以集中获取所需资料。在图书馆可以调查的资料包括相关书籍中的论述和有关报刊上的文章，例如市场评述、调查报告等；此外，工具书中的年鉴（地方统计年鉴和行业统计年鉴）上的统计资料，联合国出版物中的统计资料都是资料的重要来源。在图书馆进行文献调查，要善于使用各种索引目录，这样才能事半功倍、高效地搜集到所需的资料。

（3）研究所。很多经济、工业研究所，特别是某一行业的情报研究所，经常发表一些市场调查、市场评述的文章，可以提供整个行业或某个地区的市场背景资料。这些机构内部经常互相交流非正式出版物，这种出版物是关于某一行业的资料汇总，对市场调查非常有用。

（4）情报中心（咨询中心、信息中心）。此类机构从事信息咨询服务，是营利性机构。其资料比较齐全，但工作效率不能保证。如果需要某一专题资料，请此类机构提供帮助则比较经济可靠。

（5）政府机构。从某些政府部门，如统计部门、工商行政管理部门、税务部门、专业委员会和工业主管部门可以获取当地经济社会发展的有关资料，以及有关的经济政策法规和行业发展规划等。

（6）行业协会和商会。行业协会和商会可以提供会员名单、会员经营状况和发展水平、行业贸易状况以及同业内部交流的一些资料。

此外，消费者组织也是有关资料的重要来源。消费者组织经常查验在当地销售的产品质量和服务情况，并且不定期在报刊上公布有关结果。消费者组织与消费者关系密切，接受消费者投诉、反映消费者的意见和要求。这样的资料对市场调查来说也是很重要的。

2. 文献调查的工作程序和工作方式

文献调查是一项工作量大、复杂性高、技术性很强的工作。调查人员除了需要具备丰富的专业知识和严谨的工作态度之外，还需要掌握科学的工作程序和工作方法，这样才能保证文献调查具有较高的质量。

文献调查的第一步是要在分析的基础上确定所需资料的来源。例如，假定需要调查某一目标市场的人口状况，很显然，政府统计部门的年报、人口普查资料就是比较合适的文献来源。

当资料来源确定之后，就可以着手进行资料搜集的工作了。在多人合作调查时，资料的搜集方法有两种：一个人负责一个问题或几个问题，翻阅查找所有的资料来源，仅搜集所负责的有关资料；一个人负责一种或几种资料来源，搜集这些来源中的全部有关资料。前一种方式搜集资料比较系统但也比较费时；后一种方式每个人搜集资料的范围广，能够节省时间但内容上容易有疏漏。两种方法各有利弊，在实际实施时应该根据具体情况选择使用。

在人手少、时间紧的情况下，文献调查还可以采取间接的方式，委托图书馆、咨询中心等机构进行专题调查，然后再综合整理。

此外，在进行文献调查时，一定要充分利用网络平台和资源获取相关的资料信息，这样能极大地提高调查的效率。

3. 文献调查中需要注意的问题

（1）资料的可信度。调查资料的可信度也就是资料的准确性，依据准确的资料可以做出对市场的正确判断，而错误的资料有可能导致严重的后果。在调查中，要注意资料来源机构或书刊的权威性，他人调查成果的科学性。对一些估计、推测出来的数据或结论，可以做参考，但是使用时要慎重。

（2）资料的时效性。调查得来的资料要看是早期的还是近期的。市场竞争形势千变万化，早期的资料通常意义不大。近期的资料则可以看出市场的现状及发展趋势。但从长期来看，市场的变化也是有规律可循的，把早期和近期的资料进行纵向分析，可以得到市场变化的大致规律，从而对未来趋势做出预测和判断。

（3）资料统计口径的一致性。不同国家，甚至同一国家的不同机构可能对统计指标的定义不同，也就是统计口径不一。从不同渠道搜集的统计数据不能简单地直接比较，需要依据一定标准进行核算。

（4）资料的筛选。文献调查的初步结果资料庞大复杂，要对这些资料去粗取精、去伪存真确实不是一件容易的事。它要求调查人员具有较高的素质，能在大量资料中敏锐、准确地发现那些与调查问题相关的资料。

6.2.2 一手资料调查法

对企业来说一手资料调查非常重要，是对文献调查的有益补充。尤其是当文献资料匮乏或不足时，实地调查是唯一可行的选择。与文献调查相比，采用一手调查获得的数据更为真实、可靠，也更容易在调查过程中发现实际问题。但缺点是费用高、工作量大，有些调查还会超出企业的能力范围，如行业调查等，因而具有一定的局限性。

广告一手资料调查

一手资料调查的方法较多，下面主要介绍有以下几种。

1. 访问调查法

访问调查法是指广告调查人员以访谈询问的形式，或通过电话、邮寄、留置问卷、小组座谈、个别访问等询问形式向被调查者搜集市场调查资料的一种方法。访问法是广告调研资料搜集最基本、最常用的调查方法，主要用于原始资料的搜集。

（1）电话访问法

电话访问法是调查者通过电话对被调查者进行访问，以搜集市场调查资料的一种方法。电话访问分为传统电话访问和计算机辅助电话访问两种形式。电话访问搜集市场调查资料速度快，覆盖面广，费用低，可节省大量调查时间和调查经费；也可以免去被调查者的心理压力，易被人接受。但是，电话访问由于不能见到被调查者，无法观察到被调查者的表情和反应，也无法出示调查说明、图片等背景资料，只能凭听觉得到口头资料。因此，电话访问不能深入问题，且对于回答问题的真实性很难做出准确的判断。电话调查主要应用于民意测验和一些较为简单的市场调查项目，要求询问的项目要少，尽量采用二项选择法提问，时间要短。

（2）面谈访问法

面谈访问法是指调查者与被调查者面对面地进行交谈，以收集调查资料的方法。面谈访问包括入户访问、留置问卷访问、拦截式访问等类型。在做面谈访问调查时应注意两个问题。首先是调查对象的选择，其次是调查人员的素质。调查对象要有代表性，在特定群体中抽样时，要考虑其口头表达能力，在回答中要注意其意见的倾向性以及是否具有普遍性等；访问调查法要求调查人员素质较高，既能够准确提问和记录，又要善于营造轻松和谐的谈话氛围；既要了解调查对象的口头回答，还要注意观察对方的心理活动及反应，多方搜集调查资料。

面谈访问法的缺点是时间长、费用高、样本少，缺乏具有较高素质的调查人员，可供调查的对象也很少，这些都在一定程度上影响了调查结果的准确性。

（3）邮寄访问法

邮寄访问法是指调查者将印制好的广告调查问卷寄给选定的被调查者，由被调查者按要求填写后，按约定的时间寄回的一种调查方法。有时，也可在报纸上或杂志上利用广告版面将调查问卷登出，让读者填好后寄回。

邮寄访问的调查范围较广，问卷可以有一定的深度；调查费用较低；被调查者有充分的时间作答，还可查阅有关资料，因而取得的资料可靠程度较高；被调查者不受调查者态度、情绪等因素的影响；不需要对调查员进行选拔、培训和管理，降低了调查管理的难度，同时还能节省调查费用。

虽然有上述几大优点，但邮寄访问法也存在着问卷回收率低、调查周期长以及问卷回答可靠性较差的缺点。广告主在采取这种调查法时应充分考虑到这些弊端。

（4）小组座谈法

小组座谈法又称焦点小组访谈法，就是挑选一组具有代表性的被调查者，利用小组座谈会的形式，由主持人就某个广告主题引导到会人员进行讨论，获得对某问题的深入了解的一种调查方法。与其他的调查方法相比，小组座谈法具有资料收集快、取得的资料较为广泛和深入、协同增效、专门化、科学监视、形式灵活、即时互动等优点。但是，小组座谈法也具有主持难度比较大、获得的意见性资料比较杂乱、意见的代表性较差等缺点。

（5）深度访谈法

深度访谈法也称个别访问法，是一种无结构的、直接的、个人的访问。即调查者按照拟定的调查提纲，对被调查者进行个别询问，来获得相关信息的调查方法。

由于深度访谈需要调查员与被调查者一对一地沟通，因此调查员的能力决定了深度访谈的效果。调查员应超脱于调查之外，尽量客观公正，并以提供信息的方式问话，让被调查者表达出内心对问题的真实看法。

深度访谈比小组座谈能更深入地探索被访者的内心思想与看法，在深度访谈过程中，被调查者可以更自由地表达自己的看法，而不像在小组座谈中也许会迫于压力而不自觉地形成小组一致的意见。

深度访谈需要调查员具有更高的交流沟通技巧，具备此种能力的调查员难以找到。由于调查的无结构性，调查结果和质量的完整性也十分依赖于调查员的技巧。由于占用的时间和所花的经费较多，因而在一个调查项目中深度访谈的受访者数量是十分有限的。

2. 观察法

观察法是指调查者到现场利用自己的视觉、听觉或借助摄录像器材，直接或间接观察和记录被调查者对广告反应的一种方法。利用观察法进行调查，调查员不需向被调查者提问，而是凭自己的直观感觉，从侧面观察、旁听、记录现场发生的事实，以获取所需要的信息。观察法又可分为直接观察和间接观察两种方法。直接观察需要调查人员亲临现场开展调查，如在公交车站观察候车乘客对站牌广告的关注度等；间接观察法是指调查者采用各种间接观察的手段，如痕迹观察、仪器观察等进行观察，用以获取所需的广告调查信息。

3. 实验调查法

实验调查法是指在既定条件下，通过试验对比，对市场现象中某些变量之间的因果关系及其发展变化过程加以观察分析的一种调查方法。就广告调查而言，可以从影响广告效果的众多可变因素中（如广告文案、广告模特、广告媒体等）选出一个或两个因素，将它们置于同一条件下进行小规模实验，然后对实验观察的数据进行处理和分析，最后确定更好的广告方案。

实验调查法的调查结果具有较强的客观性和实用性，在调查中调查者可以主动地对实验进行控制，因而能较为准确地反映出各市场因素之间的因果关系。实验调查还可以探索在特定的环境中不明确的市场关系或行动方案，其结果具有较强的说服力，可以帮助决策者决定行动的取舍。实验调查法时间长、费用多，只能识别实验变量与有关因素之间的关系，很难解释众多因素的影响，且不能分析过去或未来的情况。

阅读资料 6-2　速溶咖啡的广告调查

速溶咖啡是美国 20 世纪四五十年代开发出的一种新饮料，其味道和营养价值与传统的豆制咖啡完全一样，而且具有传统豆制咖啡所难以匹敌的一大优点——方便。这种饮料配制简单，饮用方便，既不需要花费过多的煮制时间，也不必为清洗咖啡器皿而费力气，只需要用开水一冲，即可饮用。两相比较，应该说，速溶咖啡一上市会很快取代传统的豆制咖啡。但事与愿违，尽管厂家对其又快又方便的特点大力宣传，购买者仍寥寥无几。

原因在哪里呢？厂家组织心理学家们进行了调查。调查采用问卷方式，请被问者回答不喜欢速溶咖啡的原因和理由。很多被问者回答"不喜欢它的味道"。实际上，速溶咖啡味道上与豆制咖啡几乎没有任何区别。显然，这不是消费者不接受速溶咖啡的真正原因，真正的原因不可能是味道上的差别。

那么，速溶咖啡受到冷遇的真正原因是什么呢？由前面直接调查结果表明，消费者可能存在某种偏见，而又出于某种心理不愿意说出这个原因。为了弄清这个问题，心理学家们又改用间接的调查方式向消费者进行更深入的心理调查。他们编制了两份购物单，分发给两组家庭妇女，请她们作为旁观者描述按购物单买东西的家庭妇女是什么样的妇女。事实上，这两种购物单上虽然分别列出了 6 个项目，但除了咖啡一项不同之外，其余完全一样，如表6-2所示。

表 6-2　　　　　　　　　　　　　　　　　　购物清单表

购物单 1	购物单 2
1 听发酵粉	1 听发酵粉
2 块面包、1 根胡萝卜	2 块面包、1 根胡萝卜
1 磅速溶咖啡	1 磅豆制咖啡
1.5 磅碎牛肉	1.5 磅碎牛肉
2 磅桃子	2 磅桃子
5 磅土豆	5 磅土豆

调查结果是：拿到购物单 1 的几乎 50%的人认为，按这张购物单买东西的是个懒惰、邋遢、生活没有计划的女人；有 12%的人认为，这是个挥霍浪费的女人；有 10%的人认为，这不是个好妻子。拿到购物单 2 的家庭主妇们则认为，按此购物单买东西的家庭主妇是个勤俭、会过日子的、有经验的、喜欢烹调的女人。

如此看来，广告里一味强调速溶咖啡的饮用方便和节省时间等优点，使大多数家庭妇女产生了偏见；购买速溶咖啡的，是没有贤妻照顾的可怜虫，或是生活无计划、邋遢的懒妻子。而当时美国的家庭主妇们都希望做一个勤劳的、会过日子的家庭主妇，而不愿意做一个懒惰的、不会过日子的家庭主妇，因而偏见阻碍了厂家的推销。

厂家根据这种情况，决定改变广告主题。在广告宣传时不再鼓吹速溶咖啡的省时省力，而表明速溶咖啡具备新鲜咖啡所具有的美味、芳香和质地醇厚等特点。其广告画面是：一杯美味咖啡，背后高高地堆着很大的褐色咖啡豆，并在速溶咖啡罐上写着"100%真正咖啡的字样"，还有意增加了开启难度。这样的策略，在一定程度上打消了消费者购买速溶咖啡的心理压力，增大了速溶咖啡在感官上的吸引力，经过长时间的广告宣传，消费者的偏见慢慢消除了，速溶咖啡终于成为西方咖啡业中最受欢迎的饮料。

4. 问卷调查法

问卷调查法是实地调查中使用最普遍的一种方法。问卷调查的首要工作是设计好调查问卷，一份高质量的问卷可以最大限度地获得全面准确的调查资料，为调查得出正确结论奠定良好的基础。问卷设计是一项技术性很强的工作，要求设计者具有丰富的学识和实践经验，特别是对社会心理相当了解，不但熟悉调查项目的要求，而且具有综合提出问题的能力，这样才有可能设计出高水平的调查问卷。调查问卷的设计要注意：（1）问题全面，包含要调查的所有问题；（2）问题简明扼要，使被调查者易于理解；（3）包含适当过滤性问题，以便验证被调查者的回答是否真实；（4）对调查对象不愿直接回答的问题巧妙加以转化，使之成为其乐于回答的问题；（5）不涉及调查对象的个人隐私；（6）便于统计分析。

问卷设计完成之后，下一步的工作是选取调查对象。在调查对象数量大、调查问题面广的情况下，一般采用抽样法来选取调查对象。抽样的方法很多，常用的有简单随机抽样、分层随机抽样、分群随机抽样、系统抽样、判断抽样、任意抽样和配额抽样等方法。

问卷发放以后，要保证其回收率，回收率越高，得到的资料越全面。统计分析问卷前，还要注意剔除不合格的问卷。

5. 网络调查法

随着互联网的普及，网络调查方法越来越多地应用于广告调查活动中。广告的网络调查法是指企业利用互联网搜集和掌握广告信息的一种调查方法。网络调查与传统调查法相比，能够为客户提供领域更广、周期更短、成本更低、精度更高、效能更佳、应用更灵活的广告调查服务。

网络广告调查的方法主要有网上问卷调查法、网上讨论法和网上观察法等，是对传统广告调查法极为重要的补充。

本章小结

广告调查在广告活动中具有极为重要的作用，是企业开展广告活动的基础。广告调查的具体作用主要体现在编制广告计划、指导广告设计、制定广告预算以及测定广告效果等几个方面。

广告调查的方法有多种，根据资料的来源，可分为一手资料调查法和二手资料调查法。二手资料调查法也称文献调查法或文案调查法，是一种非常常见的调查法。一手资料的调查方法较多，常见的主要有访问调查法、观察法、实验调查法和网络在线调查法等。究竟采用哪种广告调查方法，要视具体情况而定。

思考题

一、单选题

1. 广告主体调查包括企业调查和（　　）调查两部分。
　　A. 产品　　　　B. 销售额　　　　C. 渠道　　　　D. 目标消费者

2. 文献调查是一种（　　）调查方法，它利用已有的文献、档案等文字资料进行调查。
　　A. 直接　　　　B. 实地　　　　C. 入户　　　　D. 间接

3. 下列调查方法中不属于实地调查的是（　　）。
　　A. 二手资料法　　B. 访问法　　　C. 问卷法　　　D. 深度访谈法

4. 广告的（　　）任务，是指向消费者传播广告信息，使其记忆该品牌或企业，促使消费者的态度向企业所期望的方向转变。
　　A. 促销　　　　B. 公关　　　　C. 传播　　　　D. 催化

5. （　　）调查是为了发现节目的优劣点，以获得有利于改善节目的资料而设计实施的。
　　A. 节目印象　　B. 节目分析　　C. 节目喜好　　D. 节目广告

二、多选题

1. 文献调查中需要注意的问题主要有（　　）。
　　A. 资料的重复性　　　　　　　　B. 资料的可信度
　　C. 资料的时效性　　　　　　　　D. 资料统计口径的一致性
　　E. 资料的筛选

2．广告调查的步骤包括（　　　　）。

A．界定问题　　　　　　　　　　B．研究设计

C．调查实施　　　　　　　　　　D．调查资料整理和分析

E．撰写最终的研究报告

3．文献资料的来源广泛，以下属于文献资料来源的是（　　　）。

A．企业自身　　　　　　　　　　B．图书馆

C．情报中心　　　　　　　　　　D．政府机构

E．行业协会

4．采用小组座谈法开展广告调查的优点是（　　　　）。

A．费用低廉　　　　　　　　　　B．形式灵活

C．不会造成心理压力　　　　　　D．收集资料快

E．即时互动

5．网络广告的调查方法主要有（　　　）等，是对传统广告调查法极为重要的补充。

A．日记式调查法　　　　　　　　B．网上问卷调查法

C．网络讨论法　　　　　　　　　D．网上观察法

E．节目印象调查法

三、名词解释

1．广告调查　　2．广告媒体调查　　3．广告调查方法　　4．深度访谈法　　5．实验调查法

四、简答及论述题

1．广告调查的内容包括哪些方面？

2．企业为什么要进行广告调查？

3．广告调查一手资料的收集方法主要有哪几种？

4．试论述设计调查问卷时需注意的几个问题。

案例讨论

2016年媒体公信力调查：电视仍居榜首

作为媒体赖以生存的无形资产，公信力建设正处在一个前所未有的高度。

在媒体竞争日益加剧的今天，媒体形态更加多样化，通过各种方法传播的信息堪称海量，媒体公信力所面临的挑战更是前所未有的。但无论何时何地，无论信息传播的手段与方式如何变换，万变不离其宗，公信力依然是媒体必须秉承的内在品质，也是媒体赖以生存与发展的核心竞争力。

不得不承认的现实是，在媒体公信力建设显得日益重要的当下，一些新闻"反转剧"、传谣与辟谣却仍在"上演"，这些有损媒体形象的事件，直指媒体公信力流失的现实。

《小康》杂志社联合清华大学媒介调查实验室，并会同有关专家及机构进行的"2016中国信用小康指数"之"2016媒体公信力调查"显示，在"最受公众关注的五大信用领域"榜单中，媒体信用排名第四，从一个侧面反映出了公众对于媒体信用的关心与重视。

电视公信力依然居首

电视，作为传统媒体的代表，又一次在"公信力最强的五种媒体类型"榜单上处于"领跑"地位。在"2016媒体公信力调查"中，受访者认为，公信力最强的是电视，其次是报纸，再次是微博、广播和微信则分列第四位、第五位。公众对于电视媒体的信赖似乎已成为了一种习惯，自2012年至今，电视媒体的公信力一直都得到了受访者最多的肯定。

之所以电视媒体的公信力位列第一，在国家行政学院社会和文化教研部高级经济师郭全中看来，主

要是因为电视是一个大众媒体，其覆盖群体非常广泛，在这一点上，它的普及率远远高于同为传统媒体的报纸与杂志。"不少家庭不会订阅报纸或杂志，但电视几乎覆盖了城乡。"郭全中说道，只有接触才能有了解。

虽然近两年来，传统媒体几乎全线进入"过冬"模式，但是从公信力方面看，受众仍旧更信赖传统媒体，以上调查结果也佐证了这一论断。原因不言而喻，传统媒体有新闻采访权，并且有大量专业人士对信息进行把关。

"逆袭"：主流新闻网站首胜商业网站

门户网站的黄金时代已然过去，甚至曾经崛起于新世纪初的网站现在也被划归传统媒体。尽管各大门户网站都宣称移动端安装量过亿，但是具体到活跃度却很堪忧，门户客户端的用户再也没有了像原来传统门户网站那样每日必上的习惯，用户的活跃度普遍在 20%～30%。对于这些主流的网络媒体，受众对其的信任度又如何呢？

调查结果显示，1/3 的受访者最信赖人民网，其公信力排名第一；紧随其后的分别是央视网、中国新闻网、腾讯网和凤凰网。纵观近几年的数据，值得注意的是，从 2013 年到去年，凤凰网在"公信力最强的五大网络媒体"榜单上均排名第一，今年却滑落至第五，把头把交椅拱手让给了人民网，而以新闻门户网站著称的新浪网则退出了前五。

郭全中分析称，这些最受信赖的网站大多是传统媒体旗下的。人民网等主流新闻网站"逆袭"商业网站，一是它们传播的信息比商业网站少得多，二是传统媒体的"把关人"机制在这些网站依然受用，三是不排除受众把报道尺度等同于公信力的可能。

公信力如何"止跌"

移动互联网时代的到来，用户获取信息的渠道变得更加多样化，用户对新闻的要求也更加个性化。由此，自媒体（We Media）应时而生。

自媒体指私人化、平民化、普泛化、自主化的传播者，以现代化、电子化的手段，向不特定的大多数或者特定的单个人传递规范性及非规范性信息的新媒体的总称。自媒体平台包括博客、微博、微信、百度官方贴吧、论坛/BBS 等网络社区。其中，公号是人们关注较多的一类自媒体。

新媒体，尤其是自媒体，作为一个新生事物，其公信力自然暂时难以与传统媒体相匹敌。虽然如此，郭全中认为，任何一个新生事物刚发展时都会经历一段混乱期，发展到一定程度之后，靠短期噱头赢得大发展就不可能了，必须回到质量本身，公信力就是质量的重要组成部分。作为移动互联网的产物，必然也要依靠互联网的自净机制，有人说假话，就会有人出来用其他方式进行反驳，各方的观点一旦呈现出来，假话就失去了生存的土壤。"通过自净机制，自媒体会从混乱期走向规范期。"郭全中补充道。

在"2016 媒体公信力调查"中，受访者为新媒体公信力的提高提出了四点建议，36.8%的人建议运营商公布散布假新闻者账号，34.4%的人建议建立对散布假新闻账号惩罚机制，20.8%的人建议对网络信息保护进行立法，8%的人则认为运营商应加强清理假新闻并设置辟谣功能。

资料来源：央视网。

问题讨论

1. 如何开展广告媒体的公信力调查？
2. 结合案例请谈谈广告媒体公信力对广告传播效果的影响。

第 7 章　广告创意策略

本章导读

　　随着市场竞争的日趋激烈，企业间的广告大战也在不断升级。由以前的"媒体大战""投入大战"逐渐转向"创意大战"。因而，当今越来越多的广告人认识到创意是广告的灵魂和生命。本章主要讲述广告创意的概念、广告创意的过程、广告创意的策略以及广告创意的表现方式与技巧等内容。

知识结构图

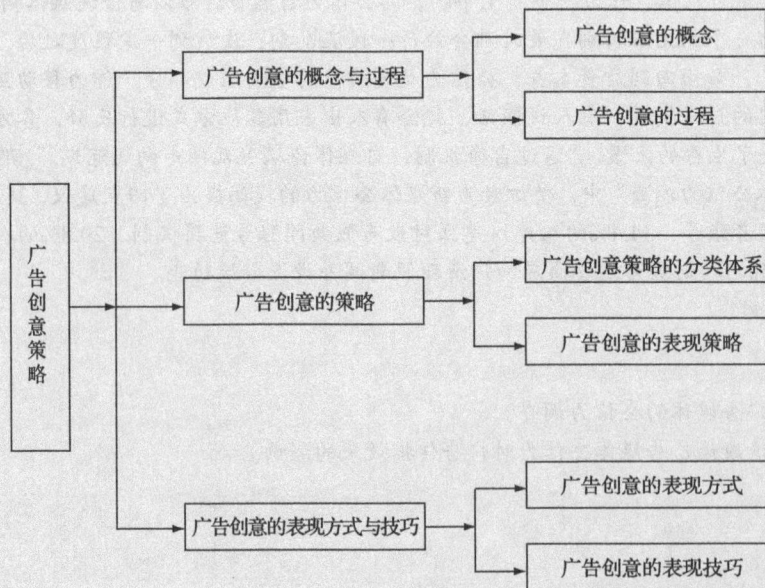

广告创意策略

广告创意的概念与过程 → 广告创意的概念

广告创意的概念与过程 → 广告创意的过程

广告创意的策略 → 广告创意策略的分类体系

广告创意的策略 → 广告创意的表现策略

广告创意的表现方式与技巧 → 广告创意的表现方式

广告创意的表现方式与技巧 → 广告创意的表现技巧

M&M 巧克力：只溶在口，不溶在手

USP 独特销售主张的著名案例之一是罗瑟•瑞夫斯为玛氏公司 M&M 巧克力豆所做的广告，如图 7-1 所示。M&M 巧克力豆是当时美国唯一用糖衣包裹的巧克力，有了这个与众不同的特点，罗瑟•瑞夫斯仅仅花了 10 分钟，便形成了广告的构思——"只溶在口，不溶在手"。简单而清晰的广告语，只用了寥寥数字，就将 M&M 巧克力豆不黏手的独一无二的特性凸显出来，M&M 巧克力从此名声大振，家喻户晓，人们争相购买。

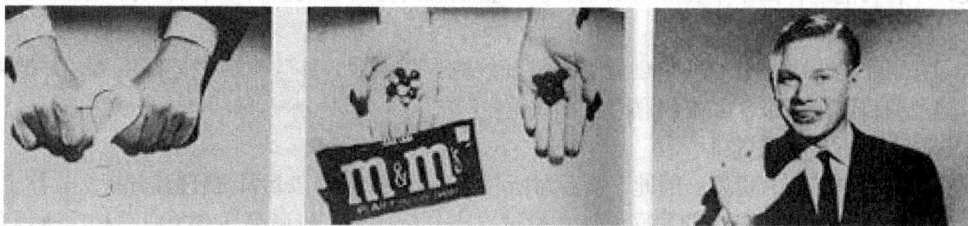

图 7-1　M&M 巧克力豆"只溶在口，不溶在手"篇

案例分析

"M&M 巧克力：只溶在口，不溶在手（M&Ms melt in your mouth, not in your hand）"，将 M&M 巧克力与众不同的产品特性表现得淋漓尽致，它既反映了 M&M 巧克力糖衣包装的独特销售主张，又暗示了 M&M 巧克力口味之好，以至我们不愿意让巧克力在手上做片刻停留。该广告是运用 USP 理论的巅峰之作，堪称经典中的经典，时至今日仍在广为流传。

7.1　广告创意的概念与过程

广告创意水平在一定程度上决定了广告作品的"生命"。商业社会中，广告无处不在，但广告留给我们的印象却大相径庭：一些广告平淡无奇，令人毫无兴趣，甚至会引起我们的反感；而有些广告却能激发我们的消费欲望，产生良好的广告效果。同样是广告，为什么会有如此大的差距？除了设计、制作以及产品本身等方面的因素外，广告创意水平的高低是最为重要的原因。

7.1.1　广告创意的概念

随着市场竞争的不断加剧，企业间的广告大战也在不断升级，广告从以前所谓的"媒体大战""投入大战"逐渐转向创意方面的竞争。现在，人们越来越多地认识到创意是广告的生命与灵魂。

然而，创意一词究竟是什么？其内涵如何界定？对此，广告界众说纷纭。如"创意就是你发现了人们习以为常的事物的新含义。""创意人员的责任是收集所有能帮助解决问题的材料，像产品事实、产品定位、媒体状况、各种市场调查数据、广告费等，把这些材料分类、整理、归纳出所需传达的信息，最后转化为一种极富戏剧性的形式。""创意就是用一种新颖而与众不同的方式来传达单个意念的技巧与才能，即客观地思索，然后天才地表现"等。

可见，广告创意的概念较为抽象，界定其概念并不是一件容易的事。本书认为，广告创意是广告策划的一系列思维活动，是对广告题材的选择、主题的提炼、形象的典型化、文字的精练、图画的意境，

以及载体、表现方式和风格的综合思考与想象。所以，广告创意的实质是对创作对象进行想象和创造，使现实美与艺术美能够融合起来。

7.1.2 广告创意的过程

广告创意是复杂而艰辛的脑力劳动，它不仅需要创作者的灵感，而且还要遵循科学的创作过程。一般而言，广告创意活动要经历以下 4 个阶段。

第一阶段，收集资料

收集资料是开展广告创意活动的前提与基础。广告创意建立在广泛收集资料、充分把握相关信息的基础之上。广告创意人员只有充分掌握各种相关信息，才有可能发现产品或服务与目标消费者之间存在的关联性，才有可能进行高水平和成功的创意。广告创意的资料收集主要集中在广告产品、服务、目标消费者及竞争者等几个方面。

广告创意绝不是无中生有，而是创意者平常细致地观察生活、体验生活、把握生活，并把生活中的点滴汇入脑海储存记录起来，以备创意时"厚积薄发"。

第二阶段，分析、整理资料

收集到的资料未必都有价值，因此，需要对所收集到的资料进行归纳、整理和分析。具体工作包括：分析广告商品与同类商品都具有的共同属性；通过对比分析找出广告商品与竞争商品相比所具有的优势和劣势；根据广告商品的竞争优势确定广告的诉求点。

第三阶段，酝酿与顿悟

广告创意的产生表现为灵感的突现，但不是无中生有，是广告创意人员通过前期的深思熟虑，有可能在某一刻突然茅塞顿开，灵感不期而至，正如"众里寻他千百度，蓦然回首，那人却在灯火阑珊处"。

第四阶段，验证完善

广告创意形成之初，往往是模糊的、粗糙的和支离破碎的，会有许多不尽合理的地方，需要创意人员仔细推敲，使之不断成熟和完善。广告大师大卫·奥格威在产生和确认任何一个广告创意之前都热衷于与他人商讨。最著名的案例是他为劳斯莱斯汽车创作广告时，写了 26 个不同的标题，请了 6 位同行来把关，最后选出大家都觉得很好的一个："这辆劳斯莱斯时速达到 96 千米/时，最大的闹声来自电子钟"。写好后，他又让文案人员进行反复修改，最后再定稿。大师尚且如此，何况一般创意人员。因此，我们更应该对广告创意进行反复斟酌和修改。

7.2 广告创意的策略

广告创意策略目前尚未有统一、明确的定义。但综合来看，广告创意策略基本上包括两个方面的内容，即广告应该"说什么（what is said）"和应该"如何说（how it is said）"。而"说什么"就是指广告的内容（message content），而"如何说"指的是广告的表现（execution）。

有学者主张从广告策略的角度来理解广告创意策略，认为广告创意策略是"如何以内容或视觉的角度表现广告策略的计划"。因此，如果广告策略是市场营销策略的组成部分，那么，广告创意策略就是广告策略的组成部分。广告策略的重点在于广告活动的目标或定位，而创意策略的重点在于广告所要表现的内容。

广告创意策略是创造性地表现整个广告策略的一个非常重要的环节。媒体选择得再好，广告内容构思得再妙，如果诉求不太重要的属性或者使用不恰当的表现手法，那就会直接导致整个广告活动的失败。所以，我们常说"创意是广告的关键""创意是广告的灵魂与生命""创意是广告活动的中心"。

知识拓展 7-1 影视广告的绝佳创意

　　创意是影视广告的灵魂，是赋于广告精神和生命的活动。创意重在策略，并通过媒介的符号语言把创意连同产品信息传达给受众。影视广告与平面广告、广播广告最大的不同，就是使用的符号语言不一样，电视广告的符号语言是视听语言，也就是电影的叙事语言，所以影视广告在表达创意上有更大的空间，可以同时用视觉语言和听觉语言传达。

　　好的广告创意要富有幽默感。人们坐在电视机旁的目的往往不是为了欣赏广告，因此广告要幽默一些，为他们带去欢笑，以补偿广告带给他们的烦扰。表达幽默的方式时，通常是视听并用，要么是语言的幽默，要么是行为的幽默，要么是二者的结合。在利用视听语言制造一种幽默效果的同时，最好有适度的夸张。但实际情况是每天荧屏上出现的上万条电视广告里，几乎没有让人或会心一笑或开怀大笑的广告。有一则国外某品牌巧克力的广告，为了突出它可以增加能量的特性，设置了这样一个场景：一个白人在山间公路上跑步晨练结束后，用双手撑着路边的一辆保时捷跑车，活动腰身。一个黑人一边吃着该品牌的巧克力，一边摇头晃脑听着摇滚歌曲开车经过，远远望过去，黑人还以为白人老兄在用力推那辆车，于是，黑人把车开到那位老兄旁边，二话没说下车走向前用力一推，就把保时捷推下了悬崖，然后以一副"帮忙"不用谢的神情开车离去，白人对这突如其来的一切非常茫然……话外音：××巧克力使您力气倍增。看来，幽默广告既需要想象力，又需要合乎情理的适度夸张。

　　好的广告创意要对比鲜明，能够引起注意。比如在五彩缤纷的广告片中，突然出现个黑白片，就反而引人注目。有一则治疗感冒的药片的广告就很得此要领。它在一大堆彩色广告片中，突然来个黑白片，而且让信号不稳定，让观众产生"电视出毛病了"的错觉，当你正着急的当儿，这才来了一句"感冒了，怎么办？你可以选择白+黑的方法"。接着就兜售白黑两色药片——白天就吃白色药片，晚上吃黑色药片。这个片子很引人注意，且让人印象深刻。总之就是使信息保持差异，心理学家们的实验表明，差异越大的信息越容易引起注意，不管是声音上还是色彩上的。

　　好的广告创意要让受众感到真诚温情，同时要具有戏剧性。李奥•贝纳为美国肉类研究所芝加哥总部做的"肉"的广告文案是"你能不能听见在锅里滋滋地响？"他的创意哲学是：我们卖的不是肉而是滋滋声。多么有创意，这广告让人感到温暖和有人情味。

7.2.1 广告创意策略的分类体系

1. 西蒙的广告创意策略分类体系

　　早在 20 世纪 70 年代初，西蒙（Simon，1971）[①]就从广告内容的类型和广告表现方式的角度出发，提出了包括 10 个广告创意策略的分类体系。具体包括以下内容。

- 信息策略（information strategy）：没有产品的说明或主张而只提示事实性信息。
- 意见策略（argument strategy）：为诱发消费者的购买决策而在广告文案中强调消费者购买产品的理由。
- 心理动机策略（Motivation with psychological appeals strategy）：针对目标受众强调产品能带来的利益。
- 反复主张策略（repeated assertional strategy）：虽然没有提供实际证据，但反复传递普遍的或基本的信息（hard-sell 型）。
- 命令策略（command strategy）：通过权威人士提出产品的主张或信息。
- 品牌熟悉策略（brand familiarizational strategy）：几乎不提出销售主张，是为树立广告主的信任形

---

　　① Zandpour, Fred, Cypress Chang, and Joelle Catalano, "Stores, Symbols, and Straighy Talk：Comparative Analysis of French, Taiwanese, and U.S. TV Commercials," *Journal of Advertising Research*, (Jan/Fev), 1992.

象而采取的熟悉的对话方式。

- 象征性联想策略（symbolic associational strategy）：强调产品与特定的场所、人、事件、象征物之间的联想，销售主张不明确，广告文案的内容少。
- 模仿策略（imitational strategy）：名人（celebrity）推荐产品。
- 义务策略（obligational strategy）：免费提供样品，从而让消费者感动。
- 习惯启动策略（habit-starting strategy）：提供样品、降低价格，从而引起消费者的习惯性购买行为。

2. 弗雷泽的广告创意策略分类体系

弗雷泽（Frazer，1983）[1]认为广告创意策略是指："具体广告内容的属性与特性的政策（policy）或指导性的原则（guiding principle）。"根据这个定义，他提出了由 7 个策略构成的广告创意策略分类体系。

- 一般性策略（generic strategy）：不强调差别，主张的内容形式多样。
- 抢先性策略（preemptive strategy）：通过对特定产品的属性或产品利益的广告主张，强调产品的领先性。
- USP 策略（unique selling proposition strategy）：强调独特的销售主张，以产品优点作为诉求主题。

下面以"白加黑"感冒药的广告案例来进行说明。

在我国感冒药品市场上，"白加黑"是不折不扣的小字辈。面对竞争日趋白热化的感冒药市场，名不见经传的"白加黑"1995 年上市仅 180 天销售额就突破 1.6 亿元，占据了感冒药市场 15%的份额，取得行业排名第二的佳绩。这在中国营销传播史上绝对堪称奇迹。

"白加黑"的成功之道在于独特的产品概念表达。一般而言，在同质化市场中，很难发掘出"独特的销售主张"（USP）。感冒药市场同类药品很多，市场已呈高度同质化状态，而且无论是西药还是中成药，都难以取得实质性的突破。康泰克、丽珠、三九等"大腕"凭借着强大的广告攻势，才占得一席之地。"白加黑"是个了不起的创意。它看似简单，只是把感冒药分成白片和黑片，并把感冒药中的镇静剂"扑尔敏"放在黑片中，其他什么也没做；实则不简单，它不仅在品牌的外观上与竞争品牌形成很大的差别，更重要的是它与消费者的生活形态相符合，达到了引发联想的强烈传播效果。

在广告公司的协助下，"白加黑"确定了干脆简练的广告口号："治疗感冒，黑白分明"。所有的广告传播的核心信息是"白天服白片，不瞌睡；晚上服黑片，睡得香"。产品名称和广告信息都在清晰地传达产品概念（见图 7-2）。

图 7-2 白加黑广告画面

---

① Frazer, C. F., "Creative Strategy : A Management Perspective," *Journal of Advertising*, Vol. 12, 1983.

- 品牌形象策略（brand image strategy）：在广告中强调产品的品牌形象。
- 定位策略（positioning strategy）：通过广告，确定产品在目标市场上的特色和形象。
- 共鸣策略（resonance strategy）：通过广告情节与诉求对象生活经历形成共鸣的一种策略。下面以太太口服液的广告案例来进行说明。

太太口服液在 1993 年上市，当时我国职业妇女正不断增多，太太口服液针对这一消费群追求时尚、注重外表的特点，把产品定位为养颜、打造魅力女性这一新鲜诉求，立即引起了女性白领的广泛共鸣。1999 年，太太药业推出第二种保健产品——静心口服液，针对中年女性的生理特征，在广告中强调关怀和理解，很好地契合了目标消费群的心理需求，同样取得了极大的成功。

- 反常/情感策略（anomalous / affective strategy）：为引起消费者的卷入或注意而采取的情感表现或暧昧表现的策略。

3. 拉斯基、艾伦和梅尔文的广告创意策略分类体系

拉斯基、艾伦和梅尔文（Laskey，Ellen，Melvin，1989）[1]从广告内容的角度提出了电视广告创意策略的分类体系。他们首先把电视广告分为两大类，即信息广告（informational advertising）和迁移广告（transformational advertising）。根据他们的解释，信息广告所采取的创意策略包括比较策略、USP 策略、抢先性策略、夸张策略（hyperbole strategy）、一般性策略等。而迁移广告所采取的创意策略包括使用者形象策略（user image strategy）、品牌形象策略、使用场合策略（use occasional strategy）、一般性策略。

信息广告的创意策略。

- 比较策略：明确提示竞争关系。
- USP 策略：提示独特的销售主张。
- 抢先性策略：依据产品属性或利益来强调对优越性能证明的主张。
- 夸张策略：强调对优越性能不能证明的主张。
- 一般性策略：焦点放在产品群上的策略。

迁移广告的创意策略。

- 使用者形象策略：焦点放在使用者上的策略。
- 品牌形象策略：强调品牌形象的策略。
- 使用场面策略：使受众通过广告反复收看使用场面以后，逐步熟悉使用方法的策略。

4. 莫里亚蒂的广告创意策略分类体系

另外，莫里亚蒂（Moriarity，1991）[2]也提出了 AIIEE 广告创意策略分类体系。她提出的 AIIEE 广告创意策略体系包括主张策略（argumental strategy）、信息策略（informational strategy）、形象策略（image strategy）、情感策略（emotional strategy）、娱乐策略（entertainment strategy）。

- 主张策略：强调产品购买的理由或逻辑性。
- 信息策略：直接提示事实性信息。
- 形象策略：以生活方式等来联想品牌的策略。
- 情感策略：诉求感情的策略。
- 娱乐策略：提示娱乐性或趣味性的内容，从而引起受众注意的策略。

7.2.2 广告创意的表现策略

广告内容有硬性内容（hard cell）和软性内容（soft cell）之分。广告的硬性内容一般以信息传递为主，主要是向消费者说明购买产品或服务的理由，从而使消费者做出合理的购买决策。而软性内容一般以情

---

[1] Laskey, Henry A., Ellen Day and Melvin Crask, "Typology of Main Message Strategies for Television Commercials," *Journal of Advertising*, Vol. 18, 1989.

[2] Moriarity, Sandra E., "Creative Advertising," Englewood Cliffs, NJ : Prentice-Hall, 1991: 82.

感诉求为主。为引发消费者对品牌或企业的偏好，而采用以情感人的方式接近消费者。前者又被称为信息广告（informative advertising），后者被称为迁移广告（transformational advertising）。

1. 信息广告策略

信息广告是指向受众提供明确而有逻辑性的事实性信息的广告。信息广告的诉求点一般采取这样的方式，即诉求消费者的实用性或效用性的需求，以消费者的否定情绪（negative emotion）作为提供信息的线索。在这里，消费者否定的情绪是指消费者遇到问题但没有找到合适的解决方法的时候，或者因问题而处于不满意状态的时候所产生的心理不协调状态。在广告里提示消费者的这些否定情绪时，应该紧接着提供有关广告的产品能带来效用的信息。例如，保险公司的广告中，先提示有关预想不到的事故或死亡方面的内容，然后提示有关能解决这些问题的方法（参加人身保险）。

理性的消费者通过信息广告获得相关的产品信息，并根据这些信息区别产品的特性，做出购买决策。在制定信息广告策略时，应使广告所强调的信息真实、重要且符合逻辑。只有这样，信息广告才能充分影响或刺激广告受众。

2. 迁移广告策略

迁移广告是指帮助消费者在接触广告时能够联系消费经验（或体会）并产生对产品肯定的心理反应的广告。如果消费者能合理地、有逻辑性地思考，并对产品具有一定的判断能力或意志，那么，这些消费者可以成为信息广告的目标受众。但是消费者对广告的反应有时取决于感觉（feeling）或积极性情绪（positive emotions）上的满意程度。积极情绪是持有感觉满意（sensory gratification）、好奇心的充足、社会承认（social approval）等欲望的心理状态。强调通过对产品的利用来满足这些欲望的广告就是迁移广告。所以，从某种意义上来说，情绪广告就是情感广告。

运用迁移广告策略的成功案例很多，其中格瑞特为德比尔斯钻石所做的广告最为著名。1947 年 4 月，艾耶公司的女性撰稿人弗朗西斯·格瑞特（Frances Gerety）在撰写钻石广告文案时，试图找到一种新的表达方式，能把钻石所拥有的内在含义和罗曼蒂克的性质结合在一起。就在万分焦虑的时候，她突然顿悟，写出了"钻石恒久远，一颗永流传"（A Dimand is Foever.）这样的佳句。

格瑞特的广告词精确抓住了以局部代表全体的方法。这微小的钻石是永恒的，伟大的爱情也是永恒的。在德比尔斯的号召下，购买钻戒成为人们一种极其重要的、具有决定意义的行为。

再例如，智威汤逊 1927 年为力士创作的一则广告中，广告标题是"10 个电影明星中有 9 个都用力士香皂呵护她们的肌肤"，画面则是 16 个好莱坞女影星的集体签名证言（见图 7-3）。这种利用明星开展广告宣传的方式，在好莱坞全盛时期的 20 世纪 20 年代曾大行其道。

图 7-3　智威汤逊为力士香皂所做的广告

女明星如花的笑脸、迷人的肌肤，一句自信的广告语"我只用力士"，使力士香皂的魅力倍增。力士品牌的卓越品质和独特的明星气质，由此深入人心。

那么，如何选择信息广告创意策略和迁移广告创意策略呢？可以根据产品的特点，特别是根据消费者对产品的卷入程度选择广告创意策略（见图7-4）。

	信息广告	迁移广告
低卷入产品	• 阿斯匹林 • 清淡啤酒（light beer） • 洗衣机用洗衣粉 • 体育饮料	• 碳酸饮料 • 啤酒（regular beer） • 点心 • 化妆品
高卷入产品	• 房子、公寓 • 计算机 • 保险	• 休假 • 时装 • 轿车 • 高档家具

图7-4 信息广告与迁移广告的选择

资料来源：John R.Rossiter, Larry Percy, "Advertising & Promotion Management," McGraw-Hill, Inc., 1987: 167.

7.3 广告创意的表现方式与技巧

7.3.1 广告创意的表现方式

广告创意表现方式较多，难以一一描述。下面我们仅从广告诉求的角度介绍几种常见的广告创意表现方式。

1. 严重性诉求（serious appeal）

严重性诉求是指通过向消费者直接或间接地展示不购买或不使用广告产品而导致的严重后果，从而促使消费者采取购买行动的一种诉求方式。在一般的情况下，大部分广告主认为肯定的或愉快的广告，比严重的或否定的广告诉求更容易为消费者所接受。所以，广告主不会选择严重性诉求这种广告创意方式。

广告创意的表现方式与技巧

但是也有例外。例如，有两个关于预防艾滋病的公益广告：一个是模特以逗笑的方式说明艾滋病的后果的广告；另一个是直接展示艾滋病患者严重病情的广告。从预防艾滋病的角度来看，哪一个广告效果更好呢？很显然会是后者。

所以，严重性诉求主要用于有关保护环境、预防疾病、禁止饮酒驾驶、预防交通事故、禁毒等的公益广告。相信下面一组采用严重性诉求方式的公益广告会给我们强烈的震撼（见图7-5和图7-6）。

图7-5 关注全球变暖公益广告

图7-6 拒绝酒驾公益广告

像抗癌药、治疗法定传染病药等治疗严重疾病的药品，做广告时利用严重性诉求方式，其广告效果

会比其他诉求广告效果更好。

2. 幽默诉求（humor appeal）

幽默诉求是通过逗笑的方式，使广告内容戏剧化、情趣化，让目标对象在轻松愉快的心情下接受广告内容的诉求方式。某调料产品的广告就采用了幽默诉求的方式（见图 7-7），让人看过之后印象深刻。不少研究证实，幽默广告的回忆率（recall）较一般广告更高，因此被广泛采用。在美国，幽默广告占广告总数量的比重为 15%，在英国这个比重更高。

采取幽默诉求方式，要考虑以下几点。

（1）幽默是为有效地传递销售构思（selling idea）而被利用的。

（2）幽默与广告内容要协调。也就是说，尽量不要使用与广告内容无关的幽默。

（3）幽默的内容应使受众理解。

（4）幽默应与广告的品牌有较高的关联性。就是说，使消费者想起幽默就会联想品牌，或者看到品牌就想起幽默，即强化品牌与幽默之间的联想关系。否则，受众要么只记忆幽默，要么只回忆品牌。

（5）创作广告文案时需注意幽默的内容和方式。很多幽默广告都采用夸张的方式，例如 Softlan Ultra 牌衣服柔顺剂广告（摔跤篇），本是摔跤赛场上的激烈角逐，却演变成了选手间的"相亲相爱"，如图 7-8 所示。

图 7-7　调料产品幽默广告

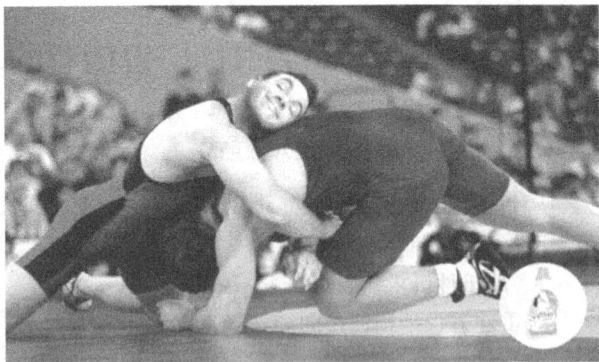

图 7-8　Softlan Ultra 牌衣服柔顺剂广告：摔跤

不过研究表明，幽默广告比一般广告更容易引起消费者的"疲劳效果"（wear-out effect），所以在运用幽默广告诉求时应充分考虑到这一点。

3. USP 式广告

USP（unique selling point），即独特销售主张，指在广告创意时，先仔细进行产品分析，找出产品独一无二的优点，以此作为创意表现的诉求核心，再转化成消费者所关心的商品利益点。USP 式广告应具备以下 3 项特质。

（1）商品必须包含特定的利益；

（2）该利益是独特的、唯一的；

（3）该利益要和销售有关，能够为消费者所接受。

USP 式广告的应用较为广泛，尤其是在竞争激烈的行业中更为常见。例如，近年来我国饮用水市场竞争日趋白热化，娃哈哈、乐百氏、农夫山泉等厂家在市场上捉对厮杀，为了突出各自的特点，大多采用 USP 式的广告策略。

例如，娃哈哈：我的眼里只有你

乐百氏：27 层净化

农夫山泉：农夫山泉有点甜

从以上举例中我们可以看出，独特销售主张可以是客观的，也可以是主观的。这种"独特"并非竞争产品没有具备，而是各竞争产品在其广告表现中没有提及。那么，首先提出并予以强化的这一独特之处，就成为此种产品或服务所特有的，如上文中所述的"农夫山泉有点甜"。

除了前文提及的纯净水企业外，麦氏咖啡打入中国市场初期的广告也是运用了USP的广告创意。麦氏咖啡的广告文案写道：哥伦比亚安第斯山脉，是世界上种植咖啡最好的地方，那里有肥沃的火山土壤、温和的气候以及适量的阳光和雨水，保证了每一颗咖啡豆的完美成长。待到咖啡豆成熟时，人们采用手工摘取。只有最好的咖啡豆才进行烘焙，以保其独特的味道及芬芳。假如您是一位咖啡爱好者，一定要选用哥伦比亚咖啡豆制成的各类咖啡。在中国唯有麦氏超级特选速溶咖啡和生活伴侣杯装咖啡才是您最终的选择。麦氏咖啡能够顺利地为中国消费者所接受，此则广告功不可没。

不过在确定独特性方面，广告创意一定要与销售有关，即此种"独特"是消费者感兴趣的、可接受的和有益的，否则这种独特性就失去了意义。例如美国高露洁公司推出的Ribbon牙膏，在广告中强调"带状一般地挤出，使牙膏平铺在牙刷上"。但这一"独特"并未引起消费者的兴趣，后来在广告公司的建议下，改为强调"牙齿漂亮，口气芬芳"。虽然这一提法可为所有牙膏采用，但所谓"先入为主"，这句广告词成了高露洁Ribbon牙膏的代名词。

7.3.2 广告创意的表现技巧

广告创意的表现技巧有多种，其中较为常见的主要有产品陈述、示范、问题解决、生活片段等，下面分别进行介绍。

1. 产品陈述（product presentation）

这种类型的广告是指通过广告向消费者陈述购买产品的理由和使用方法。例如，药品广告指出某些病症是某种病菌感染引起的，再通过介绍该药品含有能杀灭这些病菌的成分，从而得出这种药品是治疗这些病症的特效药的结论，采用的就是这种创意表现。

2. 示范（demonstration）

示范广告是指以有效的方式介绍产品的功能、规格和使用方法的一种广告形式。运用示范的广告表现方式，必须抓住产品功能和操作的要点，再以简单易懂的方式来实现。

做示范广告时应注意以下几点。① 要具有有趣而戏剧性的因素；② 与广告主主张的主题要一致；③ 以示范结果来证明主张；④ 示范内容要易于理解；⑤ 在竞争产品示范广告出现之前，抢先去做；⑥ 最重要的是使受众信任示范结果。如果示范广告不具备上述条件，特别是示范结果受怀疑的时候，就会使受众产生认知反应中的反对主张（counter argument），从而引起示范的否定效果。示范的形式较多，在这里只介绍比较、使用前—使用后、"拷问测试"3种示范形式。

（1）比较（comparative）。是指借助与竞争产品的对比分析，来突出或陈述产品的特性或优点的示范形式。比较广告作为广告的一种形式，在国外较为常见。特别是在美国，大约每10则广告中就有1则比较广告。但是，有些国家则明确禁止或限制比较广告。比如，日本的广告管理条例其中有一条"不做中伤和排挤他人广告"（哪怕这些广告是建立在事实的基础上）。韩国也在法律上规定禁止不正当的比较广告。我国广告法也明确规定"广告不得贬低其他生产经营者的商品或服务"。比较广告是在消费者认为广告产品比竞争产品确实更占优势的时候才能有效。否则，消费者就会认为竞争产品更好。所以比较广告有利也有弊，在运用时必须小心谨慎。

（2）使用前—使用后（before-after）。这种广告形式是指以示范或实验的方法来提示产品使用前和使用后的不同结果。例如，室内的空气污浊不堪，在使用某某品牌的空气净化器之后，空气变得十分清新。

（3）拷问测试（torture test）。是指为突出广告产品的强度或性能，以实验的方式来展现产品的优点。拷问测试广告容易给消费者留下深刻的印象，从而使消费者长时记忆。一般在与消费者安全有关的产品广告中运用得比较多。

3. 问题解决（problem and solution）

问题解决是指在广告中向消费者提出与产品使用有关的问题后，劝说消费者使用广告产品以解决这些问题。这种广告创意表现技巧又可细分为以下两种：

（1）直接提出消费者所遇到的问题，然后推出广告产品用以解决。

（2）先提出同类竞争产品不能解决的问题，然后强调广告产品可以解决。

4. 生活片段（slice of life）

在向消费者展示足以引起共鸣的生活片段的过程中植入广告，很容易为消费者所接受和认可。这种广告形式在药品广告、食品广告及生活用品广告中被广泛应用。例如，许多洗衣粉广告都会展现这样的生活场景：沾满油渍、污渍的衣服在使用某品牌的洗衣粉之后变得干干净净。这样的广告让广告受众感觉到很生活化，也很有真实感。

5. 代言人（spokesperson）

代言人是指名人、专家或社会知名人士出现在广告中，保证产品质量的一种广告表现形式。采取这种广告表现形式，代言人被消费者理解为保证人，从而加强消费者对产品的友好态度。

如汰渍洗衣粉的电视广告，就是通过一位家庭主妇的亲身体验，来证明产品的功效的。

家庭主妇：要不是亲身体验，我还不相信呢！父亲60大寿，在我家院子里大摆筵席，我丈夫的新衬衫就把各种美味一一记录，要是洗不干净，好好的一件衣服，就要泡汤啦。咳！试试广告介绍的全新汰渍洗衣粉吧！真想不到它的清新亮洁，能够那么快发挥作用，把污渍和汗味消除得如此彻底，衣服恢复干净，还有香味呢！我丈夫很高兴，谢谢！

旁白：全新汰渍洗衣粉。

清洁、清爽、亮洁。

6. 证言（testimonials）

证言式广告是指通过他人向消费者强调广告产品的某些特性，以取得消费者信赖的一种广告形式。广告中专家、权威人士的肯定，科研部门的鉴定，历史资料的引证，科学原理的论证，消费者使用之后对产品的肯定等，都可作为证言广告的内容。

例如，日本"雄狮"洗衣粉是该行业的后起之秀，为了在竞争中赢得一席之地，企业将"雄狮"洗衣粉赠送给一批有经验的家庭主妇试用，并聘请电视台记者一路采访，对洗涤效果进行录像，尔后在电视台播出，标题是"一万个证人"。证人如此之多，其他人不能不为之动心，所以广告收到了良好的效果。

除此之外，广告创意的表现技巧还包括：小片段（vignettes）、解说（narration）、讽刺（satire）、音乐（music）和人格化（personification）等，限于篇幅，本书不再展开介绍。

本章小结

本章内容主要分为两个部分。第一节主要介绍广告创意策略，包括广告创意的概念、广告创意的表现策略；第二节为本章的重点，着重论述了广告创意的表现方式和技巧。

广告创意策略基本上包括两个方面，即如何构成广告内容和如何表现广告内容。从这点来看，广告创意策略与广告的"说什么"（what is said）和"如何说"（how it is said）有关系。而"说什么"就是指广告内容（message content），"如何说"就是指广告表现（execution）。

常见的广告创意表现策略主要有信息广告策略和迁移广告策略。其中信息广告是指向受众提供明确而有逻辑性的事实性信息的广告。而迁移广告是指消费者接触广告的时候，帮助消费者联系消费经验（或体会）与对产品肯定方面的心理反应的广告。

广告创意的表现方式较多，需要我们掌握的几种常见的诉求方式主要有严重性诉求、幽默诉求、USP等。在广告创意技巧部分我们介绍了产品的陈述、示范、比较、生活片段、代言人等12种方法，这些技巧只有与具体产品以及当时的营销环境结合起来综合运用，才能发挥其应有的功效。

思 考 题

一、单选题

1．下列产品的广告中不是以功效为主题而展开诉求的是（　　）。
　　A．大印象减肥茶的"留住你的美丽"
　　B．斯达舒——胃酸、胃痛、胃胀，请用斯达舒胶囊
　　C．舒肤佳爱心妈妈
　　D．脑白金"让你享受婴儿般的睡眠"

2．"只溶在口，不溶在手"这句广告语是哪种广告创意理论的典型代表（　　）？
　　A．品牌形象理论　　　B．USP理论　　　　C．定位理论　　　　D．ROI理论

3．根据大众汽车平面广告（警察篇），可以判断大众Polo的创意概念是（　　）。
　　A．时尚　　　　　B．省油　　　　　C．结实　　　　　D．速度

4．带有过多（　　）色彩的广告在宣传效果上是弊大于利，在教育功能上也不利于青少年身心健康。
　　A．严重性诉求　　　B．幽默诉求　　　C．性诉求　　　　D．USP式诉求

5．很多研究已表明，（　　）广告比一般广告更容易引起消费者的"疲劳效果"。
　　A．幽默　　　　　B．温馨　　　　　C．夸张　　　　　D．明星代言

二、多选题

1．广告创意的表现方式有（　　）。
　　A．严重性诉求　　　　　　　　　B．幽默诉求
　　C．性诉求　　　　　　　　　　　D．USP式广告
　　E．产品陈述

2．在我国，一般广告中使用的代言人主要有（　　）。
　　A．一般消费者　　　　　　　　　B．影视明星
　　C．体育明星　　　　　　　　　　D．企业经营者
　　E．国家工作人员

3．下列采用USP式的广告策略的是（　　）。
　　A．黄山香烟：一品黄山 天高云淡　　B．乐百氏：27层净化
　　C．农夫山泉：农夫山泉有点甜　　　　D．立邦漆：处处现光彩
　　E．李宁：把精彩留给自己

4．USP式广告应具备的三项特质是（　　）。
　　A．广告商品必须价廉物美
　　B．广告商品必须包含特定的利益
　　C．广告商品包含的利益是独特的、唯一的
　　D．广告商品必须是全新的产品
　　E．广告商品利益要和销售有关，为消费者所接受

5．做示范广告时应注意的要点有（　　）。
　　A．要具有有趣而戏剧性的因素

B．与广告主主张的主题要一致

C．以示范结果来证明主张且示范内容要易于理解

D．在竞争产品示范广告出现之后去做

E．最重要的是使受众信任示范结果

三、名词解释

1．广告创意　　2．信息广告　　3．严重性诉求　　4．幽默诉求　　5．迁移广告

四、简答及论述题

1．采取幽默诉求时应该考虑哪些要点？

2．广告创意的表现策略主要有哪些？

3．试论述广告创意的表现技巧。

4．试论述广告创意的过程。

案例讨论

加西亚酒吧的户外广告

时值水牛城的春天，空气中弥漫着爱情的气息。一个星期一的早晨，人们突然发现路边出现了一块新的路牌，酒红色的底，白色的大字，写着一条极具人情味的信息：

"穿红衣服的安琪尔：加西亚爱尔兰酒吧一见。希望见到你——威廉。"

随后连续9个星期，上下班的人每到星期一早晨便会看到一条新的信息，每一条都比上一条更浪漫。如："穿红衣服的安琪尔，我仍在等待，加西亚酒吧，星期五，好吗？——威廉。""穿红衣服的安琪尔：为了这些路牌，我快一个子儿都没有啦，加西亚，……求你了，威廉。"

于是人们开始涌向加西亚酒吧，看自己是否能发现安琪尔，或能碰上威廉。很快，又出现了另一块冠名弗兰克的路牌，警告威廉说他的安琪尔有越轨行为，而威廉则在新的路牌上回应，声称："穿红衣服的安琪尔：去你的弗兰克！我要不惜一切代价在加西亚见到你。"妇女们纷纷打电话到当地的这家路牌公司，询问如何能见到浪漫的威廉。这件事成了该城街头巷尾议论的话题。

最终，人们盼望已久的路牌终于出现了："亲爱的威廉，我肯定是疯了。加西亚见，星期五，8：30安琪尔。"

那天晚上加西亚酒吧爆满，酒吧不得不雇用了两名模特来扮演威廉和安琪尔。

第二个星期，最后的一块路牌出现了："安琪尔，谢谢！周五加西亚见，我高兴死了——爱你的，威廉。"

尽管此广告费用很低，却让所有路过此地的人都成了该酒吧的顾客以及免费宣传员。

问题讨论

请结合案例对加西亚酒吧的户外广告创意策略进行评述。

104

第 8 章　广告文案创作

📖 **本章导读**

　　广告文案是广告作品的重要组成部分，是广告内容的文字化表现。广告文案的撰写是一项创造性的劳动，需要创作者的天赋、灵感和付出艰辛的努力。本章主要讲述广告文案的特征与构成、广告标题、广告正文、广告标语和广告附文等内容，重点是阐述广告标题与广告正文的创作。

📚 **知识结构图**

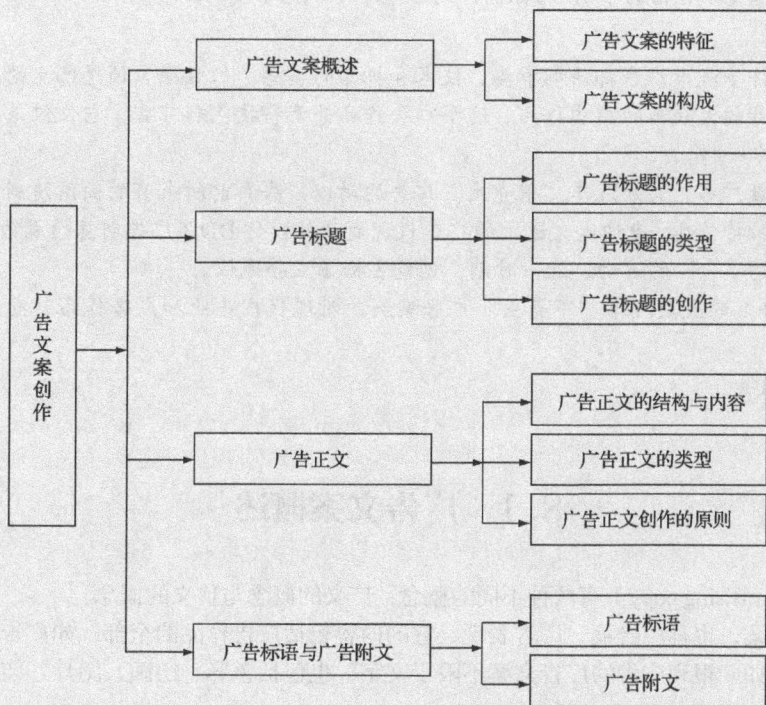

开篇引例

大众甲壳虫汽车经典广告文案

标题：想想小的好处

文案：我们的小车不再是个新奇的事物了。不会再有一大群人试图挤进里边，不会再有加油工问汽油往哪里加，不会再有人感到其形状古怪了。事实上，有很多驾驶我们的"廉价小汽车"的人已经认识到它的许多优点，而非笑话。如 3.79 升汽油可跑 51.5 千米，可以节省一半汽油；用不着放冷装置；一副轮胎可以跑 6.4 万千米。也许一旦你习惯了"金龟车"的节省，就不再认为小是缺点了。尤其当你挤进狭小的停车场时，当你支付那笔少量的保险金、当你付修理账单或者当你用旧大众时，请想想小的好处。

标题：柠檬

文案：这辆"甲壳虫"未赶上装船货运。

仪器板上放置杂物处的镀层受到损伤，这是一定要更换的。你或许没注意到，但检查员克朗诺注意到了。

在我们设在沃尔夫斯堡的工厂中有 3 389 位工作人员，其唯一的任务就是：在生产过程中的每一个阶段，都会去检查"甲壳虫"（每天生产 3 000 辆"甲壳虫"，而检查员比生产的车还多）。每辆车的避雷器都要检查（绝不作抽查），每辆车的挡风玻璃也要经过详细的检查。大众车经常会因为肉眼看不出来的表面抓痕而无法通过。

最后的检查实在了不起！"甲壳虫"的检查员把每辆新车像流水般送上车辆检查台，通过总计 189 处的检查点，再飞快地直开到自动刹车台，每 50 辆甲壳虫中总会有一辆被人说"通不过"。

对一切细节如此全神贯注的结果，是甲壳虫比其他的车子更耐用而少维护（其结果也使甲壳虫的折旧较其他车子小）。

我们提出了柠檬（不合格的车），而你们得到了李子（十全十美的车）。

案例分析

在那个年代，许多汽车广告都强调审美、技术和机器的质感。但威廉·伯恩巴克的文案促成了在世俗看来显得诡异离奇的大众车的广告作品。这个广告作品毫无科技色彩可言，它仅仅是简单、诚实和调皮，就像所代言的车一样。

通过历年的无数广告，大众汽车"甲壳虫"广告运动以广告界前所未有的简洁清新和情感联系，传达出节俭和敏感的独特信息。麦迪逊大道上的广告代理商开始模仿 DDB 广告创意的成功之道，形成了业内专家们称作"创意革命"的运动。这一时期，创意占据了主导地位。

DDB 与其最著名的大众汽车"甲壳虫"广告案例，对现代广告业和广告作品创意制作形成了持久冲击。

资料来源：百度文库。

8.1　广告文案概述

广告文案（advertising copy）有两种不同的概念：广义的概念与狭义的概念。

广义的广告文案，也称广告稿、广告表现，它的内容包括广告作品的全部，如广告文字、绘画、照片及其布局等。例如，报刊广告的广告文案不限于文字，也包括色彩、绘画、图片、装饰等。狭义的广告文案，仅指广告作品中的语言部分。本书所讲的广告文案，就是指狭义的广告文案，即广告文案是指用以展示广告宗旨的语言文字，不包括绘画、照片等。

8.1.1 广告文案的特征

广告文案是较为灵活的信息内容，在广告中占有重要的地位。一般而言，广告文案具备以下基本特征。

（1）真实性。真实性是广告创意的基本原则，也是广告文案的基本特征。广告要传递真实的信息，而不是虚假的信息，这一点十分重要。如果广告文案创作一开始就建立在不真实的基础之上，无论广告文案多么华丽动人，也很难具有持久的生命力。广告文案的真实性主要体现在对广告产品本身的功能、品质、作用的表现上，不能主观夸大或随意隐瞒。当然，这也是广告管理法律法规所不容许的。

（2）独创性。广告文案创作要体现新、奇、特，要立意新、表现奇、方法特，使公众产生新鲜感。这就要求广告文案应具有独创性，绝不能只是简单地模仿。在激烈的市场竞争中，企业除了要加大广告投入外，还要注意不断增强广告表现的吸引力，以迎合现代人求新、求奇的心理特征。

（3）整体性。广告文案是广告的语言文字部分，并不是广告的全部。因而一定要考虑到与广告其他部分的协调与融合，使之成为一个整体，相映生辉。广告文案与插图、色彩、结构关系密切。不同的媒体在各元素的组合上比例不同，但都应能更好地发挥出该媒体的优势，准确、有力地传达广告信息；否则，广告文案与其他广告信息不相统一或自相矛盾，将会损坏广告的效果以至于破坏广告产品的品牌形象和市场定位。

（4）艺术性。好的广告要具有强烈的感染力。广告文案在真实的基础上，要能使语言文字生动活泼，渲染气氛，调动情感；在阐述目标对象利益点的同时，注重"承诺"的接受程度和方式。广告文案的艺术性在广告文案创作上越来越显得重要。这多半因为现代人在接受大量刚性的科技信息的同时，更加具有对感性信息的渴求，艺术性增强了广告信息传播的影响力，使其更加深刻和持久。

（5）商业性。广告文案创作的动机和目的是促使人们购买广告商品，或改变某种观念，或建立某种形象，而最终都是为了实现广告商品的销售增长。因而，商业性原则乃是广告文案创作的根本性原则。当然，这个原则体现的并不是赤裸裸的狭义的商业味，而是将内容更多地蕴含在颇为艺术性的广告文案中，使目标对象在欣赏广告、被诱导的过程中实现广告的商业目标。因此，这就要求广告文案不能成为纯粹的艺术作品，而是要借艺术表现实现广告的商业价值。

8.1.2 广告文案的构成

一般而言，广告文案由以下几个部分组成：标题、正文、标语、随文（附文）、商标。其中，广告的正文、随文、商标是基本部分。正文是广告的主体部分，用以表现广告的主题。不同媒体的广告文案构成是不一样的，比如，霓虹灯广告是标题与正文的合一；路牌广告、交通广告以图为主时，文字部分非常精练，有时甚至标题、正文、标语合一；电视广告与广播广告则有自身的特点，一般没有标题；印刷广告各种构成部分则比较齐全。

广告的文案与构成

随文是广告的必要说明，如公司名、公司地址、电话、传真、电子邮件地址、购买手续、银行账号、经销部门等。

【小案例】下面我们以大卫·奥格威为劳斯莱斯汽车所写的广告文案为例，来具体了解广告文案的构成。

1. 标题

这部新型的劳斯莱斯汽车在以每小时96.56千米的速度行驶时，最大声响来自它的电子钟。

2. 副标题

是什么原因使得劳斯莱斯成为世界上最好的车子？一位知名的劳斯莱斯工程师回答道："根本没什么真正的戏法——这只不过是耐心地注意到细节而已。"

3．正文

（1）行车技术主编报告："在以每小时 96.56 千米的速度行驶时，最大声响来自它的电子钟。"引擎是出奇地寂静。三个消音装置把声音的频率在听觉上消掉。

（2）每个劳斯莱斯的引擎在安装前都先以最大气门开足 7 小时，而每辆车子都在各种不同的路面上试车数百千米。

（3）劳斯莱斯是为车主自己驾驶而设计的，它比国内制造的最大型车小 18 英寸。

（4）本车有机动方向盘，机车刹车及自动排挡，极易驾驶与停车，无须雇用司机。

（5）除驾驶速度计以外，在车身与车盘之间没有金属衔接，整个车身都是封闭绝缘的。

（6）完成的车子要在最后测验室里经过一个星期的精密调试。在这里分别要受到 98 种严酷的考验。例如，工程师们用听诊器来细听轮轴所发出的微弱声音。

（7）劳斯莱斯保用三年。从东岸到西岸都有经销网及零件站，在服务上不再会有任何麻烦了。

（8）著名的劳斯莱斯引擎冷却器，除了亨利·莱斯在 1933 年去世前，把红色姓名的首写字母 RR 改成黑色以外，再也没有变动过。

（9）汽车车身的设计制造，在全部 14 层油漆完成之前，先涂 5 层底漆，每次都用人工磨光。

（10）使用在方向盘柱上的开关，就能够调节减震器以适应路面的情况（驾驶起来不觉疲劳，是该车的显著特点）。

（11）另有后窗除霜开关，它控制着 1 360 条隐藏在玻璃中的热线网。备有两套通风系统，即使你坐在车内关闭所有的门窗，也可调节空气以求舒适。

（12）座位的垫面是用 8 头英国牛皮制成的，这些牛皮足可制作 128 双软皮鞋。

（13）镶贴胡桃木的野餐桌可从仪器板下拉出。另外两个可从前座的后面旋转出来。

（14）你还可以有以下随意的选择：煮咖啡的机械、电话自动记录器、床、冷热水盥洗器、一个电动剃须刀。

（15）你只要压一下驾驶座下的橡板，就能使整个车盘加上润滑油。在仪器板上的计量器可指示出曲轴箱中机油的存量。

（16）汽油消耗量极低，因而不需要买特价油。这是一辆令人十分愉悦的经济车。

（17）具有两种不同传统的机动刹车装置——水力制动器与机械制动器。劳斯莱斯是非常安全的汽车，也是十分灵活的车子。它可在时速达到 137 千米时安静地行驶。最高时速可超过 160 千米。

（18）劳斯莱斯的工程师们定期访问汽车的车主，替他们检修车子，并在服务时提出忠告。

（19）班特利也是劳斯莱斯公司所制造。除了引擎冷却器之外，两车完全一样。是同一个工厂中的同一群工程师所设计制造的。班特利的引擎冷却器较为简单，所以要便宜 300 美元。对于驾驶劳斯莱斯信心不太足的人士，可以考虑买一辆班特利。

图 8-1　奥格威为劳斯莱斯汽车所写的广告文案

4．价格：如广告画面所示的车子，若在主要港口交货，售价是 13 550 美元。

倘若你想得到驾驶劳斯莱斯的愉快经验，请与我们的经销商联系。他的名字写在本页的底端。

5．随文

喷气式引擎与未来。

● 一些航空公司已为他们的波音 707 及道格拉斯 DC8 选用了劳斯莱斯的涡轮喷气式引擎。劳斯莱斯的喷气式螺旋桨引擎则用于韦克子爵机、爱童 F-27 式机以及墨西哥湾·圭亚那式机上。

- 世界各地航空公司的涡轮喷气式引擎，大都是向劳斯莱斯订货或由劳斯莱斯公司供应的。
- 劳斯莱斯现有员工 42 000 人，而该公司的工程经验并不仅限于涡轮喷气式引擎及喷气式螺旋桨引擎。另有柴油发动引擎及汽油发动引擎，可用于其他许多领域。
- 该公司的庞大的研发队伍正在从事许多未来性、计划性的工作，其中包括核能利用、火箭发射等。

对这一则广告文案，奥格威曾经自己评价道："像这种以陈述事实所做的广告，比虚张声势的广告更能助长销售。你告诉消费者得越多，你就销售得越多。请注意：这个广告中的标题非常长，719 个英文字的文案讲的全都是事实。"

8.2　广告标题

广告标题（headline）就是广告的题目，是广告文案的高度概括。在多数情况下，广告标题也即广告主题。一则广告中，标题的好坏，对广告效果具有直接的和很大的影响作用。标题不妥或吸引力不够，很容易造成广告费的流失和浪费。

8.2.1　广告标题的作用

"标题是文章的窗口"，人们在阅读文章的时候，总是先通过标题来了解文章的梗概。读者在翻阅报纸杂志的文章时，也习惯于先读标题，以决定选读哪些感兴趣的文章。所以一则广告标题的优劣，往往决定着整幅广告的命运。有人测验过：看一则广告，有 80% 左右的人是先看标题的。也有人做出了估计，50%～70% 的广告效果有赖于标题的设计，而且正文越长的广告，它的标题的作用显得越重要。因此，在撰写广告标题时，必须注意发挥标题的以下作用。

（1）强化广告主题。广告主题是广告商品定位的文字表述，是广告创意表现的前提。因而，在广告文案创作中，应依据广告主题来进行语言文字的表现。广告标题根据广告表现的要求可以有许多，但广告主题通常只有一个。若干标题围绕主题展开，加深受众对广告主题的印象和理解，从而加深对品牌的印象，提升广告效果。

（2）概括广告表现。广告表现是广告创意的艺术展示。广告信息由多种艺术形式组成。如音乐、图片、动作等。都可以对目标对象产生刺激，形成印象。但若没有一句很好的概括性的语句，这些表现就很难长存于受众的心目中，甚至会被完全遗忘。广告标题以较为简洁的语言文字，对充实丰满的广告内容做出概括，更加容易被受众记忆和传播。

（3）引起受众注意。现代社会广告信息量很大，人们每天都接触大量的广告信息，因而大多数人对广告信息或是习以为常、熟视无睹；或是人为抵触、充耳不闻。因此，若想使广告有效，至少要让目标对象接触到广告信息，因此广告标题的吸引作用就显得尤为重要。

【小案例】下面一则由广告大师威廉·伯恩巴克所创作的经典广告，新奇的标题简直让我们过目难忘。
（1）标题
慷慨地以旧换新
（2）副标题
带来你的太太，只要几块钱……
我们将给你一位新女人
（3）正文
为什么你硬是欺骗自己，认为你买不起最新的与最好的东西？在奥尔巴克百货公司，你不必为买美丽的东西而付高价。有无数种衣物供你选择—— 一切全新，一切都使你兴奋。

现在就把你的太太带给我们，我们会把她换成可爱的新女人——仅仅只花几块钱而已。这将是你有生以来最轻松愉快的付款。

奥尔巴克　纽约·纽瓦克·洛杉矶

（4）口号

做千百万的生意，赚几分钱的利润。

广告大师大卫·奥格威曾说过："平均来说，读标题的人数是读正文的人数的 5 倍，因此，可以说，标题一经写成，就等于花去 1 美元广告中的 80 美分；如果你做标题起不到推销的作用，那就等于浪费了 80% 的广告费。"因此，广告标题必须能够吸引广告受众的关注，进而促使其阅读广告正文。如果确实如此，广告标题的作用也就实现了。

阅读资料 8-1　奥格威关于广告标题写作的原则

1．标题好比商品的价码标签，用它来和你的潜在顾客打招呼。反之，不要在你的标题里说那些排斥你的潜在顾客的话。

2．每个标题都应带出产品给潜在顾客自身利益的承诺，即讲明能够给他带来什么好处。

3．始终注意在标题中加进新信息，因为消费者总是在寻找新产品、老产品的新用法或是老产品的新改进。

4．其他会产生良好效果的字眼诸如如何、突然、引进、新到、奇迹、魔力、奉献、挑战、快捷、简易、了不起、划时代、轰动一时、最后机会等，听起来似乎是老生常谈，但在广告上却很起作用。

5．加进一些充满感情的词儿，可以起到强化的作用。

6．标题中应该写进品牌名称，至少要告诉浏览者，你的广告宣传的是什么品牌。

7．在标题中写进你的销售承诺。

测试表明，10 个字或 10 个字以上带有新信息的标题比短的标题更能推销商品。

8．能激发读者的好奇心，吸引他们去读广告的正文，在标题结束前你应该写点诱人继续往下读的东西进去。

9．你的标题必须以电报文体讲清你要讲的东西，文字要简洁明了，不要和读者捉迷藏。

有些撰稿人常写一些故意卖弄的标题：双关语、引经据典或用晦涩难懂的词句，这是罪过。

10．调查表明，在标题中写否定词是很危险的。因为读者很可能漏掉这个"不"字，从而产生错误的印象。

11．避免使用有字无实的瞎标题，就是那种不读后面的正文就不明其意的标题，而大多数人遇到这种标题时恰恰又不愿意去读后面的正文。

8.2.2　广告标题的类型

广告的标题，按其内容与组合形式的不同，可划分为不同的类型。

W. Dunn 按组合方式把广告标题分为直接标题（direct headlines）、间接标题（indirect headlines）、复合标题（combination headlines）。广告标题按标题内容又可分为新闻式标题（news headlines）、提示式标题（how-to headlines）、疑问式标题（question headlines）、命令式标题（command headlines），下面分别进行介绍。

1．直接式标题

这类广告标题，是以写实形式、简明的文字表明广告的主要内容，使人们一读就清楚广告说些什么。这种标题要求简明、确切。直接标题往往以品牌名、企业名或活动名做标题名，一目了然，清晰直观。如：

"JUST DO IT."

"好空调，格力造!"

"力士香皂，国际著名影星的护肤秘密。"

"非常可乐，中国人自己的可乐!"

"露露一到，众口不再难调!"

"人头马一开，好事自然来!"

2. 间接式标题

这种标题并不直接介绍广告产品，而是采用迂回的办法，以"不明不白"的词句吸引目标对象的注意，引其转向广告正文，待将正文阅读完毕后，方能明白其中意味。这类标题有点儿故弄玄虚，但若设计得当，效果会十分理想。如国外有一则介绍方便面食品的广告的标题："丈夫为什么离开家？"画面上是一个男子气呼呼地瞪着眼睛，一副很不高兴的样子。文案解释道：他结束了一天紧张的工作回到家里，妻子已经外出，留下一张纸条，叫他从冰箱中拿食品自己烧了吃。丈夫不善于烹饪，很不高兴地离开家，到街上餐馆吃饭。广告介绍这家公司已生产一批美味的方便食品，只要一加热即可以食用，就不会发生丈夫离开家的现象了。接着就对各种方便食品做了介绍。文案风趣诱人，读来倍感亲切。间接式标题的应用较为常见，以下几则标题均是。

"一毛不拔"（长命牌牙刷广告标题）

"眼睛是心灵的窗户，为了保护您的心灵，请给窗户安上玻璃吧!"（美国眼镜广告标题）

"热气腾腾，蒸蒸日上"（电饭锅广告标题）

"发光的不完全是黄金"（美国银器广告标题）

"夏夜伴侣？"（蚊香广告标题）

"我探出了琼的底细"[奥尔巴克（Ohrbach's）百货公司广告标题]

"我的朋友乔·霍姆斯，他现在是一匹马了"[箭牌（Arrow）衬衫广告标题]。

间接式标题在拟写时应注意对间接"度"的把握，弯子绕得太大，会让受众一头雾水，不明所以，反而会弄巧成拙。

3. 复合式标题

复合式标题是由引题、正题、副题3种标题组成的标题群。在组合的形式中，有的由上述3种标题组成；也有的由其中两种标题组成，如引题与正题、正题与副题等；还有的由一道正题与两道副题组成。

复合式标题中的各个部分起着不同的作用。引题，又叫眉题或肩题，是为说明广告信息的意义，或是做交代背景时用的。正题，又叫主题或主标题，一般用来说明广告的主要事实。副题，又叫副标题，一般做正题内容的补充说明。

（1）含有引题、正题、副题的广告。比如四川天府花生广告，其标题是：

四川特产，口味一流（引题）

天府花生（正题）

越剥越开心（副题）

又如，松下空调广告标题：

销售进入第二年（引题）

松下电器变频式空调的受用者越来越多（正题）

这么多的笑脸是舒适性和令人信赖的质量之证明（副题）

（2）也有的复合式标题由两种标题组成，如正题和副题，或引题与正题等。

例如，下面几则含有正题与副题的广告：

小儿复方四维亚铁散（正题）

促进婴幼儿骨骼发育（副题）

　　海内存知己，天涯若比邻（正题）

　　电视电话能使山阻海隔的亲友见面畅谈（副题）

　　又如，美国肉类研究所芝加哥总部做的"肉"广告：

　　肉（正题）

　　使你吸收所需的蛋白质成为一种乐趣（副题）

含有引题与正题的广告。比如，春兰空调报纸广告标题：

　　引题：春兰金牌保姆始终追求最好

　　正题：金牌保姆宣言

再如，某酒厂广告标题：

　　××酿酒公司介绍（引题）

　　您想饮上一杯美酒，欢迎品尝××名酒（正题）

复合式标题也可由直接式标题和间接式标题组成。

8.2.3　广告标题的创作

1. 广告标题创作的形式

广告标题的创作形式多种多样，如同做诗，同样的景物，在不同诗人的笔下，就会有不同的诗句佳作。就广告标题的创作形式而言，可归纳为以下几种。

（1）陈述式。如杜邦塑胶标题："结实的杜邦塑胶能使薄型安全玻璃经冲击致碎后，仍黏合在一起"。

（2）新闻式。如某酒店门牌广告标题：敝店素来出售的是一种掺水10%的陈年老酒，如有不愿掺水者，请预先声明，但饮后醉倒概与本店无涉。

（3）承诺式。如上海牌香水广告标题："一分代价，七天留香"。

（4）反衬式。如"我只爱一个男人，我只用一种香水"。

（5）对比式。如苏杭旅游广告标题："上有天堂，下有苏杭"。

（6）祈使式。如台灯广告标题："用功读书时，灯光不足是最大忌讳，请保护你的眼睛"。

（7）设问式。如百事可乐广告标题："不让我喝百事可乐，想都不要想"。

（8）借喻式。如某电冰箱广告标题："同住一座楼，气味不相投"。

（9）反问式。如哈磁杯广告标题："既然每天要喝水，为什么不用哈磁杯"！

（10）抒情式。如捷豹轿车："常人无法抗拒的外在美/常人无法体会的内在美"。

（11）幽默式。如某打字机广告标题："不打不相识"。

（12）悬念式。如新加坡美容广告标题："难道你不要脸吗"？

2. 广告标题创作的原则

（1）关注受众利益，适时传达承诺。目标对象总是接受那些与自身利益相关的广告信息，因此，广告标题一般不要在利益上含糊其词，而应尽可能地明确承诺。如"宝洁（P＆G）公司玉兰油——我们能证明你看起来更年轻！"

（2）尽量把新的内容引入标题。人们往往关注新事物的出现、新产品的上市，并乐于接受新产品的信息和新的观念等。因此，涉及新闻报道的词总能吸引人们的注意，广告标题应善于应用这些词，如"新的""现在""宣告""改进""免费""革命""创新""重大进展""奇迹""令人吃惊""挑战""特殊""特价"等。比如某啤酒广告："期待已久，喜庆上市。'超爽'口味，即将在中国诞生。"

（3）长度适中。一般而言，短标题容易记忆，产生印象，权威认可的是6～12字的标题的广告效果最佳。而美国纽约零售业研究院与百货商店合作，曾对广告标题进行调研，结果发现字数10个或10个以上的标题，只要有新内容、新信息，常常比短标题推销的商品多。可见广告标题并无最佳长度标准，但标题一般不宜太短或太长。

（4）避免使用笼统或概括性很强的词语。广告标题力求生动、具体、形象、阐述直观。泛泛的词语不会使受众产生兴趣，且容易产生误解，严重影响广告效果。因此，对此类词语应避免使用，如某热水器广告："横比，竖比，是热点，没法比。"

（5）避免用否定词。广告标题应尽量不使用否定词。因为受众往往喜欢从正面接受广告信息，若在广告标题中使用否定词，就容易造成负面影响。广告标题中最好说明事物是什么，而非不是什么，否则很可能会弄巧成拙。假如某高校招生广告的标题为"我们的学校不是培养不出优秀的人才"，考生或考生家长看到后极有可能对该校的实力产生怀疑。

8.3　广告正文

广告正文（body copy）是广告文案的中心内容，是对广告标题的解释以及对广告产品的介绍。广告主题也是通过广告正文来充分表现的，广告正文的质量高低关系到广告创意思想的表现。广告正文与标题的关系是：标题在于吸引，正文在于说服；标题提出问题，正文回答问题。

8.3.1　广告正文的结构与内容

一般而言，广告正文包含 3 个部分。

1. 引言

引言是广告标题与广告正文的衔接段，是广告正文的开头部分。广告正文的引言担负着承上启下的使命，因而必须以高度的概括和精练的笔触，迅速生动地点明标题并引出下文，以吸引读者继续阅读，否则就会前功尽弃。

例如，飞利浦等离子超薄平面电视机的广告（《经济日报》1999 年 9 月 30 日三版）：

现代杰作的展示（标题）

飞利浦"等离子超薄平面电视机"视觉的艺术（引言）

2. 主体

主体是阐述广告主题或提供论据的主要部分，是广告文案的中心。引言之后，主体部分要及时点出目标对象关心的价值利益和广告商品的优势特点，以及这些特点与目标消费者的关系，阐明目标消费者可以得到的利益。广告商品中说明这些利益点的依据是什么，对消费者的保证措施等，以此来说服消费者进行购买。仍以飞利浦"等离子超薄平面电视机"广告为例，其广告主体为：

飞利浦等离子超薄平面电视机，外形别具匠心，它拥有宽大的 106 厘米（42 英寸）屏幕，却只有 11 厘米的厚度。超薄的它，挂在墙上，带来无限惊喜，令人惊叹不已！它拥有革命性的等离子平面显示屏，配以数码清晰画面技术，使图像轮廓更为清晰，色彩分外明艳；120 瓦杜比环绕立体声（Dolby Surround Sound）输出，配以 15 个扬声器，二路超重低音扬声器和动态低音增强器，音质生动无比，展现家庭影院的超然境界。

3. 结尾

结尾是广告正文的结束部分。它的主要目的在于用最恰当的语言敦促目标对象及时采取行动。一般结尾较短，但意义重大，具有肯定语气的和煽动性的结尾与广告标题相呼应，可极大地提高广告效果。飞利浦"等离子超薄平面电视机"广告的结尾为：

飞利浦超平面电视机，尊贵享受，尽在其中！生活自然越来越好！

8.3.2 广告正文的类型

根据广告正文的体裁、创作风格和手法等不同，可以分为若干类型，如直述式、叙述式以及描述式等。广告正文很有可能是几种类型的混合体。我们进行广告正文的分类，仅是从理论上进行分析，厘清思路，便于广告文案创作。

1. 直述式

直述式是直接阐述广告产品功能特性，以客观的表述介绍产品，没有过多的修辞与描绘。直述式广告文案的魅力在于商品本身的诉求力量，而非文案写作技巧。在工业用品及部分日用消费品广告中，常采用这种形式。请看方正计算机在杂志上的广告正文：

北大方正专为中国家庭用户制作的网络时代的多媒体计算机卓越98，更充分发挥了计算机在信息处理、通信、多媒体欣赏与创作等方面的功能，再次确立了网络时代高性能家用多媒体计算机标准。

卓越全部采用立式机箱，外设麦克风和音箱，全新的人工工程设计适合家居环境，其独具特色的滑动门设计可较好地保护软驱与光驱。在系统设计上，以网络与多媒体为核心，采用一系列先进的技术，全部配置有33.6/144kbps全功能Fax/Voice/Modem卡、快速S3VIRGE三维图加速卡、16位三维立体声声卡、8倍速光驱、15″数控MPR低辐射、防静电平面直角显示器；CPU全部升级至AMDK5、奔腾或多功能奔腾166MHz处理器，可实现快速多媒体数据处理、高品质三维影像播放、便捷Internet浏览、快捷传真收发、电话答录、特制的S-Video与AV输出端子，可方便用户将电视作为大屏幕显示屏。卓越的9980还配备了视频捕捉卡和CCD摄像头，更方便用户享用可视电话新技术，代表了当今家庭数字或信息处理的更高境界。

方正计算机，源自北大学府，创新科技文明。

2. 叙述式

叙述式正文是用故事形式写成的广告文案，它往往能将枯燥无味的广告信息变得饶有趣味。这类广告正文犹如在讲述一段情节曲折的故事，有矛盾冲突的出现和最后问题的解决，读起来引人入胜，颇有微型小说的味道。此类正文写作往往是从某人遇到困难或麻烦而感到苦恼开始，以找到解决办法而圆满结束。目的是告诉受众在遇到同样的困难时，采用同样的办法。下面请看广告大师乔治·葛里宾（George Cribbin）为旅行者保险公司所创作的广告（见图8-2）正文：

图8-2 旅行者保险公司广告

当我28岁时，我认为今生今世很可能不会结婚了。我的个子太高，双手和双腿又不协调，常常碍事。衣服穿在我的身上，总不及穿在别的女郎身上那么好看。似乎绝不可能有一位护花使者会骑着白马把我带走。

可是，终于有一个男人来陪伴我了，爱维·莱特看上了我自己都不知道的我的优点。至此我方感不虚此生。以后我们就结婚了。

那是4月中的一天，苹果树上的花盛开着，大地一片芬芳。那是近30年前的事了，自从那一天之后，几乎每天都如此。

……

哎，爱维在两年前的4月故去，安静地含着微笑，就和他生前一样。苹果树的花仍然在盛开，大地仍然充满了甜蜜的气息，而我怅然若失，欲哭无泪。当我弟弟来帮助我料理爱维的后事时，我发现爱维是那么体贴关心我，就和他往常的所作所为一样。他在银行中并没有给我留下很多钱，但有一张够我余生全部生活费用的保险单。

就一个女人所诚心相爱的男人过世之后而论，我实在是和别的女人一样地心满意足了。

后记："这是我写过的最好的广告，"乔治·葛里宾说，"那全是由我的亲身经历所得。我太太在她28岁时就曾经认为，这辈子她是不会结婚的了。因为她认为她生得高大而笨拙，很可能会没有人向她求婚。"葛里宾接着说："而在这一则广告中所发生的故事是：这个女人被求婚了……结婚了……她过着快乐的生活。她的丈夫在过世之前，早已给她买好了保险。"

3. 证言式

证言式广告正文是按证明书形式写成的，它需要提供权威人士或著名人士对广告商品的鉴定、赞扬、使用和见证等。这里的权威人士可以是真名实姓，也可以是虚构的，但无论真假，他们都必须有资格为其所宣传的产品出证言。如某家庭用品，最好选用家庭主妇，才具有说服力。时下许多公司的广告正文采取了这种形式。例如，雕牌透明皂电视广告就采用了消费者证言这种形式。

雕牌透明皂通过对日常生活的展示，给雕牌营造了一个温馨的生活场景。广告中的使用者不断介绍并演示产品出色的洗涤性能，亲切可信。电视广告不但可以向受众详尽地介绍商品的各种性能，而且能够形象、直观地将商品的外观及包装特点逐一地展现在受众面前，从而可以最大限度地诱导购买，因此具有不可比拟的影响力和优越性。

4. 音乐式

如果单用语言来传播商品信息，要让人们一下子记住它是比较困难的，但是，如果赋予语言以歌曲的形式，那么记忆将会变得容易许多。因此，音乐式广告有多种形式：可以将整个讯息编成歌；也可在旁白中穿插。许多广告采用统一的音乐主题作为背景色彩或广告结尾，滚石公司为视窗95软件创作的广告音乐《启动我》便属于此列，我们称为音乐标志（musical logo），在广告主题多次重复之后，听众便会把音乐标志与产品自然而然地联系起来。要做到这一点，音乐必须具有摄人心魄的吸引技巧。广告音乐的来源包括：购买音乐版权、利用已无版权问题的曲子或原创歌曲，很多广告歌是通过这一方式制作并最终流行的，如张雨生的《我的未来不是梦》。下面让我们来欣赏一下沱牌曲酒广告歌——《悠悠岁月酒》。

多少天地造化　多少冲天豪情
多少日月精华　多少梦绕情牵
你是人杰圣贤的知己　你是热血男儿的兄弟
也是平民百姓的朋友　也是多情女儿的知音
常言道那好酒醉人不醉心　常言道那好酒醉人不醉心
天地间这无情未必真英豪　天地间这无情未必真英豪
情至深处人自醉　情至深处人自醉
酒到醉时情更深　酒到醉时情更浓
悠悠岁月酒　悠悠岁月酒
滴滴沱牌情　滴滴沱牌情

115

再如，大型企业文化音乐电视片《康美之恋》剧组汇聚了国内一流的创作人才，组成了 100 多人的摄制团队、300 多人的演出阵容。特邀著名导演童年先生执导，歌曲由著名作曲家王晓锋先生与导演童年合作打造，由谭晶演唱、李冰冰与任泉担纲主演（见图 8-3）。歌中唱到：

一条路　海角天涯	意济苍生苦与痛
两颗心　相依相伴	情牵天下喜与乐
风吹不走誓言	明月清风相思
雨打不湿浪漫	丽日百草也多情
意济苍生苦与痛	两颗心长相伴
情牵天下喜与乐	你我写下爱的神话
一条路　千山万水	明月清风相思
两颗心　无怨无悔	丽日百草也多情
风吹不走誓言	康美情长相恋
雨打不湿浪漫	你我写下爱的神话

图 8-3　《康美之恋》MV 唯美画面

《康美之恋》一经推出，好评如潮，那美妙的歌声、唯美的画面深深地打动了每一位观众，也让人们在这美好的意境中记住了康美药业。

另一著名案例为音乐电影《江南之恋》。《江南之恋》由歌手谭晶演唱，佟大为牵手中国香港名模 Mandy Lieu 及七大江南美女主演，音乐创作由著名作曲家王晓锋与导演童年再次词曲合作携手打造（见图 8-4）。作品风格优雅、情深意长，将江南风情风景与隆力奇品牌文化完美结合，传递了隆力奇胸怀世界、远行天下的博爱情怀！

附：《江南之恋》歌词全文

清风吹散千古恩怨　　　　　　　　　　断桥残雪诉说浪漫

水乡红伞烟雨缠绵　　　　　　　　江南洒下了雨
枫桥明月摇来客船　　　　　　　　西方梦绕的情牵
天堂飘来的云　　　　　　　　　　东方朦胧的思恋
江南洒下了雨　　　　　　　　　　天堂飘来的云
西方梦绕的情牵　　　　　　　　　江南洒下了雨
东方朦胧的思恋　　　　　　　　　西方梦绕的情牵
天堂飘来的云　　　　　　　　　　东方朦胧的思恋
江南洒下了雨　　　　　　　　　　天堂飘来的云
西方梦绕的情牵　　　　　　　　　江南洒下了雨
东方朦胧的思恋　　　　　　　　　西方梦绕的情牵
隆力奇这美丽的传说　　　　　　　东方朦胧的思恋
世界的传奇 传奇　　　　　　　　天堂飘来的云
书香评弹知己红颜　　　　　　　　江南洒下了雨
春江水暖芬芳家园　　　　　　　　西方梦绕的情牵
丽日帆影锦绣灿烂　　　　　　　　东方朦胧的思恋
四海碧波天涯相伴　　　　　　　　天堂飘来的云
天堂飘来的云　　　　　　　　　　江南洒下了雨
江南洒下了雨　　　　　　　　　　西方梦绕的情牵
西方梦绕的情牵　　　　　　　　　东方朦胧的思恋
东方朦胧的思恋　　　　　　　　　隆力奇这美丽的传说
天堂飘来的云　　　　　　　　　　世界的传奇 传奇

图 8-4 《江南之恋》画面截图

5. 描述式

描述式这类广告正文是以极其生动细腻的描绘刻画，达到激发人们基本情感和欲望的一种广告文体。读来恰似一篇散文。如果描绘真切感人，会给受众一个鲜明的形象和深刻的印象。否则，就会让人觉得言之无物、枯燥乏味。请看统一企业借父亲节所做的一则广告：

爸爸的脚步	爸爸的脚步，是我的故事书

爸爸的脚步

爸爸的脚步，永不停止

曾经，我们携手走过千万步

逛过庙会，赶过集会

走过沙滩，涉过溪水

爸爸的脚步，陪我走过好长的路……

一面走，一面数

左脚是童话，右脚是盘古

前脚是龟兔，后脚是苏武

爸爸的脚步，是我的故事书

一面走，一面数

左脚一、三、五，右脚二、四、六

前脚是加减，后脚是乘除

爸爸的脚步，是我的算术

爸爸的脚步，是我的前途

为了孩子，为了家

爸爸的脚步，永不停止……

今天，让我们陪爸爸走一段路

赠送《健康养生特辑》。即使不能亲身随侍，也请打个电话、写封信，表达对爸爸深深的感恩之情。

8.3.3 广告正文创作的原则

（1）紧扣主题，围绕标题。正文是标题的解释，同时增加了标题的信息量。正文应围绕标题展开阐述，可举事例来论证标题。当然，正文更是对主题的文字表述，以主题为核心展开，否则，广告正文就失去了重心。即使正文很华丽，很吸引人，但言之无物或受众不知道广告想说明什么，就会使正文失去作用，反而影响到广告标题的效果。

（2）正面陈述，言简意赅。正文应尽量陈述广告产品的事实，用艺术化的语言表述产品特性，以传达最为直观的信息。切记不要闪烁其词，躲躲闪闪，绕大圈子，不知所云。正文的篇幅长短并无界定，一般以短文为好。但对于特殊商品如汽车，长文案反而效果显著。

（3）特性突出，具体生动。正文应突出广告商品的特性，抓住受众最为关心的利益点进行阐述，但应注意避免写成枯燥乏味、毫无活力的"使用说明"式的陈述。广告正文中应增加艺术表现成分，使其生动有趣。

（4）语言热情，朴实真诚。正文行文应注意流露出广告商品的信息和人们对该商品的喜爱，这样才能传递此种感受。广告正文创作的艺术性并非要求文字的华丽，而要强调朴实和真诚。在此基础上渲染气氛，增强诱惑。广告正文毕竟不是散文。

（5）提出忠告，表明承诺。广告正文的结尾若对目标受众提出有益的忠告或表明与目标受众利益相关的承诺，则比整篇广告正文只是广告产品多吸引75%的受众，且此忠告或承诺可与广告标题相呼应，强化广告主题，加深广告信息的印象，很好地体现广告效果。

8.4 广告标语与广告附文

8.4.1 广告标语

广告标语（slogan），又叫广告口号，是最经常使用的广告语言，在广告传播中具有独特的、重要的作用。广告标语是对广告商品信息精练的概括或对广告主企业理念简洁的诠释，或两者兼顾。广告标语便于传播和记忆，是广告主企业进行宣传的重要内容，甚至与企业品牌一道，构成企业宝贵的无形资产。

1. 广告标语的特点

（1）精练简洁，内涵丰富。广告标语总是试图以较少的文字表现最为丰富的广告信息。为了便于记忆与传播，广告标语在许多情况下，不能与广告标题一样，为了吸引公众而有意增加悬念。广告标语往往都是肯定的表述，是对广告商品及广告主企业的高度概括。正如品牌一样，其内涵可能涉及广告主企业的各个方面，为广告主企业所独有。例如：

没有愈合不了的伤口（邦迪创可贴广告）

永远的绿色，永远的秦池！（秦池酒广告）

大家好，才是真的好！（好迪洗发水广告）

真诚到永远！（海尔电器广告）

四海一家的解决之道！（IBM 网络服务广告）

喝可乐，生活添味道！（可口可乐广告）

非常可乐，中国人自己的可乐！（非常可乐广告）

27 层净化（乐百氏纯净水广告）

INTEL 奔腾处理器，给计算机一颗奔腾的"芯"。（INTEL 广告）

农夫山泉有点甜。（农夫山泉广告）

好酒，可以喝一点。（板城烧酒）

突破渴望，敢于第一。（百事可乐广告）

（2）生动形象，意味深长。广告标语的语言总是力求生动有趣、真挚感人。几个字，一句话，即将产品特点栩栩如生地展现出来，令人称奇。这也正是广告标语的魅力所在。例如：

路遥知马力，日久见"跃进"。（跃进汽车广告）

滴滴香浓，意犹未尽。（麦氏咖啡广告语）

钻石恒久远，一颗永流传。（德比尔斯钻石广告）

千里情意，一线相系。（AT&T 公司 10810 中文台广告语）

当太阳升起的时候，我们的爱天长地久。（太阳神口服液广告）

（3）准确定位，吸引目标受众。广告标语对广告商品信息的概括是建立在商品定位的基础之上的，语言、语气的运用均对此有所考虑，使目标受众产生接近感，易于接受。例如：

金利来——男人的世界。（金利来产品广告）

威力洗衣机，献给母亲的爱。（威力洗衣机广告）

只溶在口，不溶在手。（M&M 巧克力豆广告）

牛奶香浓，丝般感受。（德芙巧克力广告）

晶晶亮，透心凉。（雪碧汽水广告）

新一代的选择！（百事可乐广告）

（4）相对固定，强化传播。广告标语与广告标题不同，应是相对固定的。因为广告标语总是与品牌联系在一起，形成品牌—标语—商品—企业这样一种联想。若随意改变，就会损害这一形象的完整性，广告主企业就会遭受重大损失。相反，广告主企业应当增强对广告标语的宣传意识，在不同的场合，经常传播广告标语，加强公众对广告标语的记忆和了解，这将有助于企业形象的建立。

2．广告标语创作的原则

（1）简洁明了。广告标语力求简洁，言简意赅。如阿迪达斯广告："没有什么不可能"。又如攀特牌涂改笔广告："一笔勾销"。

（2）朗朗上口。广告标语应易读、易记，文字流畅。如维维豆奶广告："维维豆奶，欢乐开怀"。又如飘柔洗发水："头屑去无踪，秀发更出众"。

（3）阐明利益广告标语要对受众表明其关心的利益点。如法国一印刷厂的广告："除了钞票，承印一切"。又如蓝天六必治广告语："牙好，胃口就好！"再如奥尔巴克百货公司企业形象广告："百万的企业，毫厘的利润"。

（4）经久耐用。广告标语要考虑其时效性，最好能与品牌永久相伴。例如："可口可乐，挡不住的感觉！"

3．广告标语创作的主要方法

（1）口语法。如雀巢咖啡："味道好极了！"又如娃哈哈营养液："喝了娃哈哈，吃饭就是香！"再如波导手机广告："波导手机，手机中的战斗机"。

（2）夸张法。如某矿泉水广告："寿星喝了矿泉水，扔了拐杖比健美"。又如某化妆品广告："今年20，明年18！"

（3）对仗法。如燃气具："蓝蓝的火，浓浓的情！"又如绿野香波广告语："原野的清新，水晶的光洁"。再如华歌尔服装广告语："长夜如诗，衣裳如梦"。

（4）排比法。如某一公益广告语："选择宽容，就是选择对情感的珍视；选择宽容，就是选择对万物的眷恋；选择宽容，就是选择对他人最好的关怀"。

（5）双关法。如某理发店广告语："新事业从头做起，旧现象一手推平"。

（6）谐音法。如某酱菜广告语："'酱'出名门，传统好滋味"。又如摩托车："'骑'（其）乐无穷"。再如李宁牌运动鞋广告语："步步为'赢'（营）"。还有某酒家广告语："举杯邀明月，对饮（影）成三人"。

（7）回环法。如："万家乐，乐万家"。又如韩国现代集团："现代技术，技术现代"。

（8）对比法。某臭豆腐广告语："臭名远扬，香飘万里"。

（9）顶针法。如丰田车："车到山前必有路，有路就有丰田车！"又如："加佳进家家，家家爱加佳！"

（10）预言法。三九胃泰药品："岁岁平安，三九胃泰的承诺！"

8.4.2 广告附文

广告附文是广告文案中的附属文字部分，是对广告内容必要的交代和进一步的补充说明。它主要由商标、商标名、公司名、公司地址、电话、价格、银行账号以及权威机构证明标识等组成。如大卫·奥格威为舒味思（Schweppes）奎宁柠檬水所做的广告文案附文：

如果你喜欢这一则广告但没有品尝过舒味思的话，请寄明信片来，我们会做适当的安排。

函寄：纽约市·东6街30号·舒味思收。

广告附文是广告文案的组成部分，具有重要的推销作用。一则广告一般不会将上述内容全部列出，应根据广告目标、媒体选择等有所取舍。

本章小结

广告文案（advertising copy）有两种不同的概念：广义的概念与狭义的概念。广义的广告文案，也称广告稿、广告表现，它的内容包括广告作品的全部。狭义的广告文案，仅指广告作品中的语言部分。

广告标题（headline）就是广告的题目，是广告文案的高度概括。在多数情况下，广告标题也即广告主题。一则广告中，标题的好坏，对广告效果具有直接的和很大的影响。标题不妥或吸引力不够，很容易造成广告费的流失和浪费。广告标题的作用主要有强化广告主题、概括广告表现、引起受众注意等。广告标题的类型可以分为直接式标题、间接式标题和复合式标题3种。

广告正文（body copy）是广告文案的中心内容，是对广告标题的解释和对广告产品的介绍。它由引言、主体和结尾3个部分组成。广告正文的类型可分为直述式、叙述式、证言式、音乐式、描述式5种，在创作广告正文时应遵循5个基本的原则。

广告标语（slogan），又叫广告口号，是最经常使用的广告语言，在广告传播中具有独特的、重要的作用，它具有精练简洁、生动形象、相对固定等特点。由于广告标语便于传播和记忆，是企业进行宣传的重要内容，因而易于成为企业宝贵的无形资产。广告附文是广告文案的附属部分，是对广告内容的进一步补充和说明，具有重要的推销作用。

思 考 题

一、单选题

1．某台灯广告标题："用功读书时，灯光不足是最大忌讳，请保护你的眼睛"，使用的创作形式是（　　）。

    A．反衬式　　　　　　B．祈使式　　　　　　C．借喻式　　　　　　D．抒情式

2．某酒店门牌广告标题："敝店素来出售的是一种掺水 10%的陈年老酒，如有不愿掺水者，请预先声明，但饮后醉倒概与本店无涉"，使用的创作形式是（　　）。

    A．陈述式　　　　　　B．新闻式　　　　　　C．借喻式　　　　　　D．对比式

3．下列属于直接式标题的是（　　）。

    A．力士香皂，国际著名影星的护肤秘密

    B．我探出了琼的底细

    C．我的朋友乔·霍姆斯，他现在是一匹马了

    D．热气腾腾，蒸蒸日上

4．在广告文案中，注目率最高的是（　　）。

    A．标题　　　　　　　B．正文　　　　　　　C．附文　　　　　　　D．空白处

5．（　　）是广告的必要说明，如公司名、公司地址、电话、传真、电子邮件地址、购买手续、银行账号、经销部门等。

    A．正文　　　　　　　B．标题　　　　　　　C．附文　　　　　　　D．商标

二、多选题

1．广告标题的作用包括（　　）。

    A．强化广告主题　　　　　　　　　　B．概括广告表现

    C．美化广告内容　　　　　　　　　　D．引起受众注意

    E．突出商品特征

2．广告标题创作的原则包括（　　）。

    A．避免使用否定词　　　　　　　　　B．长度适中

    C．避免使用概括性很强的词语　　　　D．尽量把新的内容引入标题

    E．用否定之否定来强调肯定

3．广告标语创作的原则包括（　　）。

    A．简洁明了　　　　　　　　　　　　B．朗朗上口

    C．阐明广告受众关心的利益点　　　　D．经久耐用

    E．富有文采

4．创作广告正文的原则主要有（　　）。

    A．紧扣主题，围绕标题　　　　　　　B．正面陈述，言简意赅

    C．特性突出，具体生动　　　　　　　D．语言热情，朴实真诚

E．极尽渲染，尽力夸张

5．广告附文主要由（　　）等组成。

A．商标 　　　　　　　　　　　　　　　B．电话

C．最高经营者姓名 　　　　　　　　　　D．公司地址

E．银行账号

三、名词解释

1．广告标题 　　2．间接式标题 　　3．广告正文 　　4．广告标语 　　5．广告附文

四、简答及论述题

1．广告文案有哪些特征？

2．广告标题创作的主要形式有哪些？

3．广告标语主要有哪些特点？

4．试论述广告正文的类型。

5．试论述广告标语创作的主要方法。

📖 案例讨论

穿"哈撒韦"衬衫的男人

被美国《广告时代》杂志评为"以创意之王屹立于广告世界中"的大卫·奥格威，1948 年以 6 000 美元创业，如今已成为全世界 10 大广告公司之一，并在全世界 40 个国家设有 140 个分支机构。这位美国广告泰斗成功的秘诀就在"创意"。40 年来，奥格威的点子层出不穷，他所企划的成功广告活动数不胜数，其中最脍炙人口的经典作品，莫过于哈撒韦衬衫广告。

哈撒韦是一家默默无名的小公司，每年的广告预算只有 3 万美元，与当时箭牌衬衫每年 200 万美元的广告费相比，真是少得可怜。当哈撒韦的老板杰得与奥格威洽谈广告代理时，奥格威不在乎广告预算太少，他在乎的是：必须把广告全权委托，不得更改企划案，连一个字都不得更改。杰得一口答应。

接下哈撒韦衬衫的广告代理后，奥格威内心盘算着：

——面对箭牌衬衫每年 200 万美元庞大的广告费，哈撒韦要打出知名度，非出奇制胜不可。

——哈撒韦的广告活动，必须是一个伟大的创意，否则必败无疑。

——为了提高哈撒韦的知名度，我必须先建立它的品牌印象。

根据调查证实，消费大众都是先看广告图案（相片），再看标题，最后才读文案。此种图案——标题——文案的架构，就是故事诉求法。此种诉求法，常令消费者无法抗拒，不过，"故事"的内容必须充实，而且图案（相片）必须能引起大众的好奇，才能吸引他们接着标准"文案"一路看下去。

——我要以何种图案为主题呢？啊！有了，以戴"眼罩"的中年绅士为主题。于是，一个伟大的创意出现了。

不久，一个戴着黑眼罩的中年男士，穿着哈撒韦衬衫出现在美国的报纸与杂志广告上（见图 8-5）。在短短几个月内，那位戴眼罩的绅士表现出英勇的男子气概，风靡了全美国。

哈撒韦衬衫的广告文案全文如下。

标题：穿"哈撒韦"衬衫的人

正文：美国人最后终于开始体会到，买一套好的西装而被一件大量生产的廉价衬衫毁坏了整个效果，实在是一件愚蠢的事。因此在这个阶层的人群中，"哈撒韦"衬衫就日渐流行了。

首先，"哈撒韦"衬衫耐穿性极强——这是多年的事。其次，因为"哈撒韦"剪裁——低斜度及"为顾客定制的"——衣领，使得您看起来更年轻、更高贵。整件衬衣不惜工本的剪裁，因而使您更为"舒适"。

（a）

（b）

图 8-5　哈撒韦衬衫的广告

下摆很长，可深入你的裤腰。纽扣是用珍珠母做成——非常大，也非常有男子气。甚至缝纫上也存在着一种南北战争前的高雅。

最重要的是"哈撒韦"使用从世界各个角落进口的最有名的布匹来缝制他们的衬衫——从英国来的棉毛混纺的斜纹布，从苏格兰奥斯特拉德地方来的毛织波纹绸，从英属西印度群岛来的海岛棉，从印度来的手织绸，从英格兰曼彻斯特来的宽幅细毛布，从巴黎来的亚麻细布。穿了件风格这么完美的衬衫，会使您得到众多的内心满足。

"哈撒韦"衬衫是缅因州的小城渥特威的一个小公司的虔诚的手艺人所缝制的。他们老老小小在那里工作了已整整 114 年。

您如果想在离你最近的店家买到"哈撒韦"衬衫，请写张明信片到"C. F. 哈撒韦"缅因州·渥特威城，即复。

问题讨论

结合案例背景，试对本广告文案进行评述。

第 9 章　广告制作

本章导读

　　广告制作是广告活动中的一项重要内容，是广告理论与广告实践的具体反映和体现。因此，广告设计与制作的成功与否，直接影响到广告效果的好坏。广告设计、广告制作与广告媒体有着密切的关系。不同的广告媒体因传播特点不同，对广告设计与制作的要求也有所不同。在设计和制作广告时，应充分把握不同媒体的特点，使传播的内容与形式协调一致，以达到最佳的传播效果。本章主要讲述广播、电视、报纸和杂志 4 大媒体的广告制作，同时也对户外、直邮、POP 等媒体的广告制作进行了简单的介绍。

知识结构图

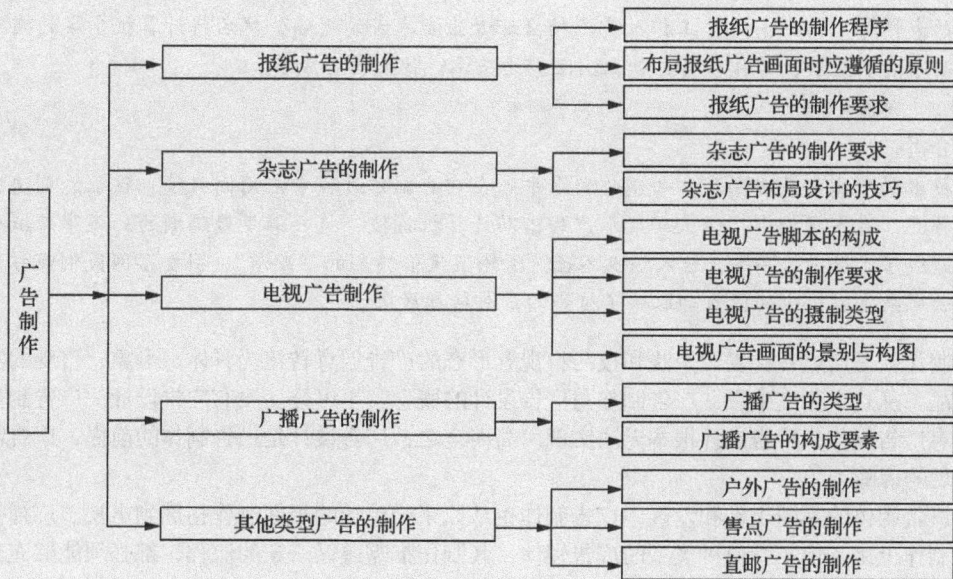

大放异彩的依云矿泉水"滑轮宝宝"

2009 年，一段法国依云矿泉水的视频广告在视频网站 YouTube 上引起轰动——一群穿着纸尿裤的可爱宝宝不仅玩起轮滑，还摆出各种酷酷的姿势，甚至大跳嘻哈。短短一周内，这个视频的点击量超过了 600 万次。这段长 60 秒的视频，其实是法国依云矿泉水的一个创意广告，体现依云矿泉水"保持年轻"系列的宗旨。

视频共出现了 96 个用特效技术制作的轮滑宝宝，背景选在一家城市公园。视频一开始，伴随着说唱团体"糖山帮"（Sugar Hill Gang）的嘻哈单曲《说唱者的喜悦》的音乐声，几名穿着纸尿裤的宝宝脚踩轮滑鞋，隆重出场。别看他们人小，却拥有高超的轮滑技术，轮滑鞋在他们脚下如风火轮一般自如。他们忽而跳跃，忽而跳上栅栏，忽而翻跟头，忽而又大跳嘻哈（见图 9-1）。

图 9-1　依云矿泉水视频广告画面

宝宝们的轮滑技术让很多人惊叹不已，但有人质疑：这些连站都站不稳的宝宝为何有如此高超的轮滑技术？其实这都多亏了计算机技术。这段视频是在伦敦松林工作室制作完成的。视频中的宝宝们只需坐在绿色的幕布前，工作人员一边吸引宝宝们的注意力，一边跟着音乐拍子轻轻地前后摇动他们的身体，录制他们的表情等。与此同时，工作人员已拍摄好专业溜冰者的视频，然后将计算机生成的宝宝们的身体替换成溜冰者。最后，工作人员再加上宝宝们的头像，就大功告成了。

资料来源：新浪博客。

案例分析

科学技术的飞速发展提高了广告制作的水平。在广告制作过程中应用高科技，往往能创造出不同凡响的广告作品。在本案例中，依云矿泉水广告借助计算机特技，将一群步履蹒跚的，还穿着纸尿裤的小宝宝们打造成了旷世滑轮高手，让人惊叹不已。滑轮宝宝们精彩的"表演"，引发了网民们疯狂的热捧和点击。依云矿泉水以较小的投入却取得了极好的广告传播效果。

广告制作就是通过各种表现手法和技巧将观念形态的广告创意转化为具体、形象、直观的实物形态的广告作品。从这个角度来看，广告制作与广告设计的概念密不可分。没有广告设计，广告制作无从着手；而没有广告制作，广告设计根本无法实现。简而言之，广告设计是广告制作的前提，广告制作是广告设计实现的保障。

随着广告媒体的不断丰富和发展，广告制作也从原来的单纯的平面制作拓展到电视、广播等电子媒体的广告制作上来。但不管何种类型的广告媒体，其制作都需遵循一定的流程，都必须能够充分体现广告设计的理念，从而吸引目标受众关注，并最终实现促进销售的目标。

9.1 报纸广告的制作

报纸是一种重要的广告发布媒体，曾与杂志、广播和电视一道被誉为 4 大广告媒体。报纸广告以文字和图画为主要视觉刺激，具有阅读方便、易于保存、不受时间限制等诸多优点。虽然近年来网络媒体异军突起，但报纸作为一种重要的信息载体在媒介中依然占有重要的一席之地。有关报纸媒体的具体特征我们会在广告媒体及媒体策略一章中详述，本节主要介绍报纸广告的制作程序、原则与要求等内容。

9.1.1 报纸广告的制作程序

报纸广告的制作大体上可分为 7 个基本步骤。

1. 设计初稿

在这一阶段，广告制作人员要将酝酿好的广告创意用草图的形式表现出来，并加上一个醒目的标题，然后征求广告主的意见。经广告主同意后，再制作一个较详细的稿样。如果广告主不同意，就必须对初稿进行修改，直到广告主满意为止。

2. 选择字体

报纸广告中的字体是指文字的书写样式。字体样式的选择会影响广告的外观、设计及识别性。

报纸广告中的字体的样式主要有印刷体、手书体、美术体三类。印刷体包括宋体、正体、黑体、隶体等多种。报纸广告标题运用最多的是黑体和宋体。手书体包括篆体、隶体、碑体、草体、行体、楷体，以及各种流派的手书体。美术体种类繁多，不胜枚举。

下面我们以一则广告标题为例，来说明上述几种字体所带来的不同视觉效果。

当太阳升起时，我们的爱天长地久（黑体）

当太阳升起时，我们的爱天长地久（宋体）

当太阳升起时，我们的爱天长地久（隶体）

当太阳升起时，我们的爱天长地久（楷体）

……

广告策划者在选择广告字体时，必须考虑以下几点。

（1）易读性。报纸广告的字体要使受众容易接受，使他们一看就明白、就了解。

（2）适当性。包括字体的大小、位置等都要与广告文案正文以及整体的特点相适应。

（3）外观协调。广告字体外观要与广告商品的特性、广告主题表现、广告的整体格调气氛保持和谐，不能随意化。

（4）强调重点。广告字体的个性要能突出体现广告商品的特点，体现广告商品的文化附加值，使媒体受众一看就能感悟到广告商品的个性特征。

3. 选择色彩

色彩是影响读者注目率的一个重要因素，不同的颜色会让读者产生不同的心理反应。据调查，与黑白广告相比，彩色广告的注目率要高 10%～20%，回忆率要高 5%～10%。媒体受众对彩色广告的注目时间是黑白广告的 2～4 倍。在我国，随着经济的不断发展，广告主的经济实力不断增强，套色、彩色印刷广告也开始多起来，但报纸上的黑白广告仍占主导地位。

对于黑白广告，如果能恰当地运用黑白两色做对比衬托，也能收到很好的视觉效果。黑白广告要注意底、面的颜色对比，这是因为广告文字符号辨识的难易程度，在很大程度上依赖于文字与背景的差异或对比。面色与底色越接近，辨识起来就会越困难；反之，两者差异越大，辨识就会越容易。不过，人们的阅读习惯和色彩的明暗度等因素也会影响到色彩匹配的易读性。例如，同样是黑白两种颜色，白底黑字的匹配就比黑底白字易于识别。

随着现代印刷技术的发展，广告文字和底面的色彩匹配多种多样。美国广告学家卢基经过实验研究，列出了13种颜色匹配的易读性等级，其中黄底黑面的匹配易读性最高（许多交通广告都采用这种匹配），绿底赤面的匹配易读性最差（见表9-1）。对于颜色匹配的问题，广告制作者应加以注意。

表 9-1　　　　　　　　　　　　　　　各种颜色匹配的易读性等级

颜色匹配	底色	黄	白	白	白	青	白	黑	赤	绿	黑	黄	赤	绿
	面色	黑	绿	赤	青	白	黑	黄	白	白	白	赤	绿	赤
等级		1	2	3	4	5	6	7	8	9	10	11	12	13

4. 画面设计

报纸广告的画面设计要注意以下两点。

（1）要把握版位的重点。报纸广告不同于电视广告，电视广告由于占满电视荧屏的全部画面，所以具有强迫性。除非观众不看电视，否则只有一个广告。但报纸广告除了整版广告外，大部分广告只是占据全部版面的一部分，因此读者阅读具有一定的选择性。为了吸引读者关注，需要采取精简的手法，广告画面不可放置太多的内容，否则容易导致读者的厌烦。

（2）画面要有变化。富有动态感的报纸广告画面更能引起读者的注意。

通常广告策划者在接到广告方案之后，先在脑海中构想出许多表达方式，然后将这些构想绘成草图，在所画的草图中选出一两个最理想的，再绘成正式草图或半完成稿。有时为了与其他广告公司比稿，甚至要把正式的原稿即完稿制作出来。

如何将广告的各要素（广告要素包括文案的量、插图或照片等的大小或形态、表现文案的字体等）放在最恰当的位置，以发挥最大的广告效果呢？这涉及广告画面布局的技巧问题。广告画面布局的好坏直接影响到广告的效果，我们将在下一节进行详细的介绍。

5. 制版

将布局好的画面稿送给有关部门制版，并印制清样。

6. 校对清样

将制版后的清样与原稿对照，以确保画面稿的质量。有时也可以对清样进行局部的修改与补充，以保证画面的整体效果。

7. 印刷

将校对无误的清样送交印刷厂印刷。印刷以后校对无误，就可投放市场。

9.1.2　布局报纸广告画面时应遵循的原则

为有效进行报纸广告画面的布局，应遵循以下主要原则。

1. 平衡对称原则

决定报纸广告画面布局平衡的参考点是视觉中心（optical center）。平衡对称就是将一定篇幅内的要素巧妙编排整理，使左边视觉中心对称右边视觉中心，视觉中心以上部分对称视觉中心以下部分。一般人的视觉中心大约在整体报纸版面中心上面的1/8处，或在底线上面的5/8部分。一般来讲，有两种平衡对称形式，即规则性对称与非规则性对称。

纯粹的左右对称是规则性对称的关键。成对的要素置于中央轴的两边，以感觉到广告有相等的视觉分量。这种形式会给受众留下威严的、稳固的以及保守的印象。

非规则性对称是指从视觉中心不等距离地放置不同尺寸、不同形状、不同颜色、不同明亮度的要素，但仍可呈现出视觉的平衡感。如同一个摇摆物，接近中心点的视觉分量较重的物体，与距中心点较远的视觉分量较轻的物体相平衡。

大部分的报纸广告画面为非规则性对称，因为这样可使广告看起来生动而有趣，较富想象力。

2. 视觉移动原则

在制作报纸广告时为吸引媒体受众的关注，可应用如下的视觉移动原则。

（1）借助广告中人物或动物模特的视线指引，使媒体受众的视线移动到下一个重要的要素上。

（2）利用指示图形的设计，如利用方向标、长方形、直线、箭头等，引导媒体受众的视线从一个要素转移到另一个要素。

（3）利用连载漫画的故事情节或图片旁的简短说明，促使读者为了了解情节的发展，必须从头依次阅读下去。

（4）利用留白（white space）及色彩效果来强调主题。留白是指报纸广告画面中不编排任何要素的部分（甚至以黑白或其他颜色为背景而非白色）。利用留白可以使某一孤立的报纸广告要素显得更突出，可以使媒体受众更加集中注意力。如果能在报纸广告文案周围大量留白，看起来广告要素就如同位于舞台的中央，十分抢眼。

（5）利用读者阅读时的自然趋向，由报纸广告版面左上角，从左至右、从上到下沿"Z"字形状移动到右下角。

（6）利用广告画面尺寸大小的变化来吸引媒体受众的注意力。

3. 空间比率原则

报纸广告的要素应基于其重要性，调和适当的空间，以形成完美的广告画面。最佳的表现方式，在各要素中运用各种比例的空间，例如3：2等；不要平均分配每个要素所占的空间，以免造成画面的单调乏味。

4. 要素对比原则

为使读者对报纸广告画面的特殊要素产生兴趣，设计者可充分利用颜色对比、尺寸对比或其他形式的对比，以突出重点。例如，颠倒方式（反白色），或者将黑色、白色广告镶红边，或者是一个异乎寻常风格形式的广告，这些都可提高读者对广告画面某些要素的注意力。

5. 连续性原则

报纸广告画面设计中的连续性原则，是指采取相同的版式、相同的表现手法和风格，结合不同寻常的、独特的画面要素来进行设计。例如，在连续刊登的报纸广告中采用标准字体，重复出现卡通人物或容易记忆的标语等，以突出广告商品的特征。

6. 清晰简化原则

广告策划者在设计报纸广告画面时应注意，任何与广告内容无关的部分都应该删去。内容过多会造成广告画面紊乱，使读者阅读困难，进而破坏广告的整体效果。

9.1.3 报纸广告的制作要求

报纸广告制作一般有下述要求。

1. 连续刊登

报纸广告要取得更大效果，必须有计划地连续刊登，以适应报纸时效较短的特点。通过连续刊登广告，可大大增加读者接触到广告的机会，从而提升广告的受众范围。

2. 版面大小

报纸的版面大小对广告的效果有着直接的影响。一般情况下，广告版面越大，受到读者的关注率也会越高，但广告费会随之增加。因此，广告主应依据自身的财力，合理地选择广告版面。

阅读资料 9-1　报纸广告的各种版面介绍

1. 报眼广告

报眼，即横排版报纸报头一侧的版面。版面面积不大，但位置十分显著、重要，引人注目。如果是新闻版，多用来刊登简短而重要的消息，或内容提要。这个位置用来刊登广告，显然比其他位置受到更多关注，并会自然地体现出权威性、新闻性、时效性与可信度。

2. 半通栏广告

半通栏广告一般分为大小两类：约 50mm 乘以 350mm 或约 32.5mm 乘以 235mm。由于这类广告版面较小，而且众多广告排列在一起，互相干扰，广告效果容易互相削弱。因此，如何使广告做得超凡脱俗、新颖独特，使之从众多广告中脱颖而出，跳入读者视线中，是应特别注意的。

3. 单通栏广告

单通栏广告也有两种类型，约 100mm 乘以 350mm，或者 65mm 乘以 235mm。是广告中最常见的一种版面，符合人们的正常视觉，因此版面自身有一定的说服力。

4. 双通栏广告

双通栏广告一般有约 200mm 乘以 350mm 和约 130mm 乘以 235mm 两种类型。在版面面积上，它是单通栏广告的 2 倍。

5. 半版广告

半版广告一般有约 250mm 乘以 350mm 和 170mm 乘以 235mm 两种类型。半版与整版和跨版广告，均被称为大版面广告，是广告主雄厚的经济实力的体现。

6. 整版广告

整版广告一般可分为 500mm 乘以 350mm 和 340mm 乘以 235mm 两种类型。整版广告是我国单版广告中最大的版面，给人以视野开阔、气势恢宏的感觉。

7. 跨版广告

即一个广告作品，刊登在两个或两个以上的报纸版面上。一般有整版跨版、半版跨版、1/4 版跨版等几种形式。跨版广告很能体现企业的大气魄、厚基础和经济实力，是大企业所乐于采用的。

广告版面如何运用，除考虑费用以外，还应依据广告目标制定不同的策略。通常的做法是，告知性广告使用大版面，提醒性广告使用小版面，节日性广告使用大版面，日常性广告使用小版面。

3. 位置安排

报纸的广告位置安排是指将广告登在报纸的哪一版位上。位置不同，广告效果会有所差异。如，报纸正版（第一版）广告，最引人注目，效果最佳，但收费也最高。在两版报纸之间的夹缝刊登广告，费用低廉，但容易被人忽略。

同一报纸版面内的不同位置，广告效果也不一样。版内位置越符合读者的目光习惯和视觉规律，其广告效果越好。依据读者目光习惯，版内位置的注意值如图 9-2 所示。

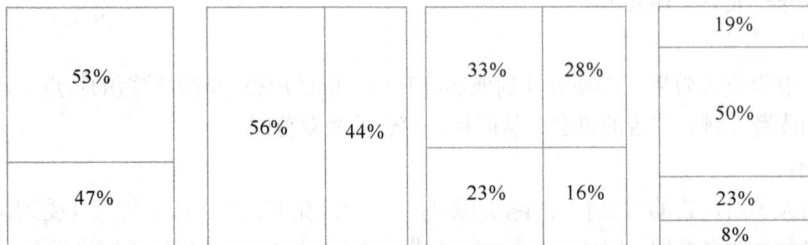

图 9-2　报纸版面注意值

4. 情境配合

报纸的不同版面会有不同的报道重点，广告内容要与该版内容相协调。例如，可以在报纸的时尚版刊登时装广告，在文艺版刊登文娱广告，在体育版刊登运动器材广告等。同类广告，最好安排在一起，如食品广告放在一起，可以方便主妇阅读选择。广告应避免与能引起负面联想的内容放在一起，如刊有讣闻的版面，不要刊登婚纱摄影广告等。

9.2 杂志广告的制作

杂志广告与报纸广告同属于印刷类广告，所以在制作杂志广告时，我们可以借鉴制作报纸广告的一些技巧与方法。但杂志广告有着自身的特点，在制作时应该与报纸广告有所区别。下面简要介绍杂志广告的制作要求和布局技巧。

报纸与杂志广告制作

9.2.1 杂志广告的制作要求

制作杂志广告要力求做到以下几点。

1. 图文并茂

杂志具有发行周期长、专业性强、读者传阅率较高等特点。因此，杂志的印刷往往较为精美，制作要求也相对较高一些。色彩鲜明的杂志广告图案能够逼真地再现广告商品（或服务）的特点和个性，从而引起读者的注意，激发其购买兴趣。同时，杂志广告中的文案要视具体情况灵活处理，可以简明扼要，也可详尽介绍。

2. 正确利用版面

位置与尺寸大小是杂志版面的两个重要因素。杂志的版位一般可以分为封面、封底、封二、封三、扉页和内页等。据调查，如果把最高注意度列为100，则各版面注意度分值如表9-2所示。

表 9-2   杂志版面位置注意度比率

版面位置	封面或封底	封二	封三或扉页	底扉或正中内页	内页
注意度	100	95	90	85	50

同一版面的广告位置也和报纸一样，上比下好，中间比下面好；大比小好，横排字则左比右好，竖排字则右比左好。

3. 情景配合

杂志广告的情景配合与报纸广告的要求大体相同，即同类广告最好集中在一个版面内，内容相互影响的广告最好不要放在一起。

4. 采用多种形式

杂志广告的制作要运用多种手段，采用各种形式，以使杂志广告的表现形式丰富多彩。在制作杂志广告时，较常用的形式主要有以下几种。

（1）折页广告。采取双折、三折、四折等形式扩大杂志的页面，以适应某些广告的特殊需求。图9-3所示为一个四折页的杂志广告，显然要比单页广告能够传递更多的信息，而且也更为醒目。

（2）跨页广告。这种广告的面积是单页广告所占面积的两倍。它的广告画面是一幅完整的图案，以充分展示广告商品的名称、品牌、功能以及价格等特点。

图 9-3　四折页杂志广告

（3）多页广告。多页广告是指在一本杂志内，连续刊登同一企业的多页广告，以提高该企业的曝光率。

（4）插页广告。插页广告是指在杂志正文中插入的整页广告，如图 9-4 所示。

图 9-4　杂志插页广告

（5）其他形式的广告。其他形式的广告如联券广告（见图 9-5）、香味广告、立体广告（见图 9-6）和有声广告等。联券广告是在杂志广告的底部附有礼品券、优惠券、竞赛券等，读者可以剪下，凭此券到指定地点兑现或领取赠品。香味广告是指杂志广告用有香味的墨水印刷，或者在杂志广告上喷洒香水。例如，有些化妆品广告就将特殊香水喷洒在杂志广告上。在一些大型广告的制作过程中，还要求采用立体形式，以增强广告的真实性和感染力。例如，利用立体的人像、动物、商品或风景照片等。有声广告是将一种很薄的录音带或唱片资料插入杂志广告中，当读者翻阅杂志时就能听到优美的音乐。

图 9-5　麦当劳优惠券

图 9-6　3D 立体广告

9.2.2　杂志广告布局设计的技巧

杂志广告布局设计的原则是求新求异，广告作品能够充分体现广告创意的内容，并将广告信息最大限度地传递给目标消费者。杂志广告的布局设计技巧主要有以下两点。

（1）突出杂志广告的主题

一则杂志广告成功与否，通常在媒体受众与广告主题接触的瞬间就已决定。因此，杂志广告布局设计的第一步就是要从分析广告主题开始。通过分析广告主题，了解广告商品的个性，确定杂志广告的诉求点，使布局设计围绕诉求点而展开。其次，要将构成杂志广告的各要素按照与广告主题关系的紧密程度进行排位，并将它们结合起来，使其在画面布局设计中有序地体现出来。

（2）提高广告信息视觉传达的美感

视觉美感对杂志广告的效果会有较大的影响，因此在杂志广告布局设计时需注意以下 3 点。

一是注意文案的可视度、可读性。在杂志广告中，文案不论长短，字体不论大小，都必须以容易阅读为原则。

二是注意布局的美感和整体性。在设计杂志广告时，要浓缩广告内容，提炼主旨，然后将其具体视觉化。在制作技术方面，应根据要素重要性来减少陈列单元的数量。例如，将商品名称、价格、企业名称、地址、品牌名称、标识物等作为一个单元。同时还要考虑画面中文案字句的摆放位置、字体、长度以及形态等，使它们相互间协调起来，构成一个艺术整体。

三是布局要新颖别致、有个性。杂志广告布局的设计要讲求"动感"，力求做到新颖别致，对媒体受众具有吸引力。

9.3　电视广告的制作

电视是一种有声、有形、有色的先进的传播工具。电视传播方式分为有线电视与无线电视，两者都是广告的重要媒体。

9.3.1 电视广告脚本的构成

电视广告脚本，也称电视广告文案，是电视广告创意的文字表达。广告脚本是体现广告主题、塑造广告形象、传播信息内容的语言文字说明，是广告创意的具体体现，也是摄制电视广告的基础和蓝图。电视广告脚本的构成要素主要有广告词、音乐、声响和画面等，其中前三项与广播广告有类似之处，但更有特色。

1. 广告词

广告词，也称台词，包括解说、演词、字幕3种形式。

（1）解说。解说是指随着广告画面的展现而做的讲解，又叫背景语言，用以增加观众对画面的理解。解说应简明扼要，突出个性。画面已表现清楚的不用多说，让画面有更多表现的机会，不要说个不停。

（2）演词。演词是指在戏剧性广告中人物的对话或独白，这时以剧中人物的话语来表达商品个性，比解说更为有趣，感染力更强。

（3）字幕。画面上直接打出文字，如商品品牌名、企业名等。有的叠印在活动的画面上，有的在广告末尾打出，也有的用特定镜头放大商品的标签或品牌名，以加深观众的印象。

知识拓展 9-1　电视广告脚本的写作要求

电视广告脚本的写作既要遵循广告脚本写作的一般规律，又必须掌握电视广告脚本创作的特殊规律。具体要求是：

第一，电视广告脚本的写作，必须首先分析研究相关资料，明确广告定位，确定广告主题。在主题的统帅下，构思广告形象，确定表现形式和技巧。

第二，电视广告脚本的写作，必须运用蒙太奇思维，用镜头进行叙事。语言要具有直观性、形象性，容易化为视觉形象。

第三，按镜头段落为序，运用语言文字描绘出一个个广告画面，必须时时考虑时间的限制。因为电视广告是以秒为计算单位的，每个画面的叙述都要有时间概念。镜头不能太多，必须在有限的时间内传播出所要传达的内容。

第四，电视广告是以视觉形象为主，通过视听结合来传播信息内容的，因此电视广告脚本的写作必须做到声音与画面的和谐，即广告解说词与电视画面的"声画对位"。

第五，电视广告脚本的写作，应充分运用感性诉求方式，调动受众的参与意识，引导受众产生正面的"连带效应"。为达此目的，脚本必须写得生动、形象，以情感人，以情动人，具有艺术感染力。这是电视广告成功的基础和关键。

第六，写好电视广告解说词，也称广告词或广告语。它的构思与设计，将决定电视广告的成败。

电视广告的广告词只是视觉画面的表白，应比广播广告的语言更精练，有更多的停顿，以免影响视觉效果。

2. 音乐与声响

电视广告的音乐与声响，能增强广告的节奏感，烘托意境。悦耳动听的音乐、惟妙惟肖的声响，有助于加深观众对广告的印象。

3. 画面

电视画面是指电子摄录系统拍摄和制作的，由电视屏幕显现的图像。画面是电视广告的主要构成要素，具有生动、直观、具体等特点，往往一个镜头就可以提供多种视觉信息。

9.3.2 电视广告的制作要求

要制作一则好的电视广告，必须掌握好下述几点。

（1）广播化。电视广告要配合活动画面的需要，充分发挥声音的功能，应像广播广告一样，使语言、音乐和音响达到逼真、动听、简明的效果。具体表现为：语言要求口语化、简短化和节奏化；音乐与音响要贴切、动人和协调。

（2）艺术化。电视广告集语言、人物、动作、画面、音乐等于一体，具有声像、视听兼备的优点，在广告中充分利用上述优点，采用艺术化的表现方式，能够达到报纸、杂志和广播媒体广告所不具备的传播效果。

（3）简短化。电视广告播出的时间受相关部门严格的限制，例如，2016年国家新闻出版广电总局就规定单条食品、药品的电视广告时长不能超过1分钟。因此，电视广告剧情必须简短有趣、主题突出、情节简单、语言精练，绝不能拖泥带水、杂乱无章。

（4）动作化。电视广告画面是活动的画面，可以通过各种动作表现帮助策划者实现广告的创意。

（5）多样化。电视广告在内容、情节、语言等方面要求简单明快、表现形式要求活泼多样，这样才能更好地发挥电视广告的效果。

9.3.3 电视广告的摄制类型

电视广告的摄制类型有卡通片、活动片、特殊效果片、木偶片和纪录片等多种类型。

1. 卡通片

卡通片（Cartoon），又叫动画片（Animation）。卡通片利用人的"视觉残象"原理，使画中的东西产生动感。卡通片将有连续动作的各个画面逐格拍摄，然后以每秒转动24格速度放映，使观众看到人或物的动态。

卡通片在艺术构思上，特别擅长于表现夸张的、幻想的、虚构的题材和情节。它能把幻想与现实紧紧地交织在一起，把幻想的东西通过具体形象表现出来，具有独特的感染力，这是动画艺术的特性。例如，让手表、电视机、电冰箱跳舞，让汽车、自行车在空中飞翔。

卡通片中的主角人物或动物，往往也用虚构情节加强渲染力。例如，为增强观众对商标的印象，商标中的动物图形从商标中走出来介绍商品。

例如，著名的米其林卡通人物"必比登"（在中国更名为米其林先生，见图9-7），早在100年前就已出现，现在更是妇孺皆知。消费者一看到这个可爱的虫形卡通人物就会想到米其林轮胎。尤其是那则"米其林轮胎使刹车距离缩短1米"的广告，几乎能让所有人过目不忘。

图9-7 米其林卡通人物

由于卡通片的这些特点，传达特殊广告内容或者针对小孩等特殊目标消费者市场做广告时，利用卡通片广告效果比较好。

但是针对成年人做卡通片广告时要谨慎。因为一些成年人会把动画片广告内容理解为人为的表现，特别是过分的夸张反而容易引起观众的反感。

2. 活动片

活动片也叫写实广告片（live action）。拍摄真人、真物、真景，是常用的广告片，能够给观众以真实感和现实感。

3. 特殊效果片

特殊效果片（special effects）是指在音响、画面、镜头等方面加上特技，以营造气氛，从而对受众视觉产生刺激并留下难忘印象的广告片。例如，在广告中，牙膏从盒里跳出来，药丸从瓶里滚出来又自动跑进瓶里去等。

4. 木偶片

木偶片如拉线木偶、手持木偶、特殊效果片木偶等。

5. 纪录片

纪录片包括现场转播与现场录像两种形式，如拍摄顾客盈门、产品实际操作、时装表演、明星推荐商品等。

9.3.4 电视广告画面的景别与构图

在电视广告的构成要素中画面占主体地位。在画面的摄制过程中要选择好画面的景别和构图。

1. 画面的景别

景别是电视广告语言的基本要素，电视广告就是利用不同的景别组合形成特有的"语言"来向观众传播信息。简单地讲，景别就是被摄主体所占画面大小的不同。景别的首要功能就是描述，通过大小不同的位置变换使媒体受众看清广告的内容。其次，景别还能通过营造特定的环境气氛，来使媒体受众产生某一方面的心理效果。运用不同的景别可以产生不同的气势规模，形成某种特殊的氛围，突出强调细节布局等，从而向媒体受众传达画面以外的某种心理信息。

景别的划分习惯以画面边框截取成年人身体部分的多少为标准。一般可以分为远景、全景、中景、近景和特写。

（1）远景。远景是指表现广告人物周围的空间、环境、自然景色或众多人物活动场面的电视画面。远景的视野开阔，空间规模宏大，常用来突出展示广告主体与周围世界的关系。远景有利于展示宏大的场面，引发一种豪迈的情感。

（2）全景。全景是指表现成年人全身或场景全貌的电视画面。在电视广告中，全景向媒体受众展示广告产品的全貌，使媒体受众对广告产品有一个完整的视觉印象。许多广告策划者在制作电视广告时，常用全景来展示广告产品的各个方面，以求能给媒体受众留下一个清晰的产品印象。

（3）中景。中景是指表现成年人膝盖以上或有典型意义的局部场景的电视画面。中景可以用来表现广告人物的主要情节和情感交流，可使媒体受众看清广告中人物的动作姿态与感情变化。绝大多数以表现商品与消费者之间关系为内容的电视广告，基本上都是采用中景来展示广告创意的。

（4）近景。近景是指表现成年人胸部以上或局部的电视画面。近景可以用来表现广告产品的具体特征，如一些洗发水的广告就是用近景来显示头发柔顺飘逸的特征。化妆品的电视广告多用近景来展示广告产品的个性，因为近景能够产生较强的视觉效果，使产品的一些细微的特征得以充分地展现。

（5）特写。特写是指表现成年人肩部以上或被摄物体局部状况的电视画面。特写能够产生强烈的视觉冲击力，使广告产品深深地留在媒体受众的记忆中。许多化妆品电视广告（如香奈儿唇膏广告，见图9-8），用特写来展示女性的娇美，从而激起目标消费者的购买欲望。

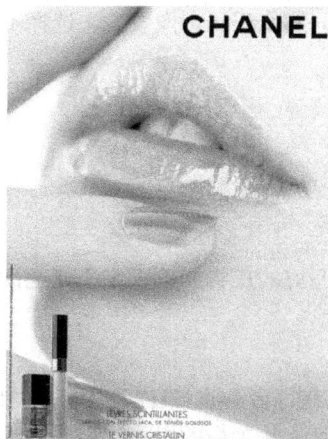

图 9-8　香奈儿唇膏广告

特写可以细致入微地表现人物的神态表情，将广告事物的具体细节充分表现出来。如可以用特写来突出广告产品的品牌，也可以表现消费者在使用广告产品时的感受等。

2. 画面的构图

电视广告的画面是否有美感、是否有吸引力，在很大程度上取决于广告画面的构图。画面构图是指画面的结构，即通过把构成画面的各种要素进行艺术性的排列和组合，使其成为具有美感并体现特定销售主题的形态。构图最初是以静态画面形式出现的，随着科学技术的不断发展，人们逐渐将绘画、摄影的一些原理引入到构图之中，于是构图就有了动态的表现形式。因此，静态画面的构图原则与形式是电视画面构图的基本理论，只有掌握了静态画面的构图理论，才有可能制作出视听效果俱佳的电视广告画面。电视画面构图具有以下特点。

（1）固定的画幅比例。电视广告画面构图是一种"美"的创造，它的最大特点是有固定的画幅比例。电视屏幕的画幅比例固定为 4：3，高清晰电视的画幅比例固定为 16：9。这就决定了电视广告画面构图必须在这个比例内进行。

（2）画面构图的动态性。绘画、摄影的画面是客观物体的一种静态展现，它们体现了物体的瞬间美。电视广告画面是一系列不断变化的镜头，每一幅画面在变化的同时又有明显的承接性，因而电视广告画面构图具有动态性。

3. 画面构图的要求

电视广告画面构图一定要符合以下要求。

（1）简洁完整。电视广告画面构图要使媒体受众一看就明白、一看就清楚。一幅画面只能反映一项内容，围绕一个销售主题展开，要给媒体受众一个完整的印象。

（2）均衡统一。均衡就是画面布局符合人们的视觉习惯，上下、左右搭配合理，有稳定感；统一就是所有画面要素构成一个统一的整体，围绕一个主题，局部画面是整体构图的组成部分。

（3）突出主题。画面的各个要素要合理搭配，包括色彩的明度、线条的形状与走向等都必须以突出主题为中心。

9.4　广播广告的制作

广播广告的制作要经过规划、录播、录音、播音、乐队等多方面人员的分工与合作。但有的广播广告的制作比较简单。例如，现场直播形式，只要把广播文稿提供给播音员就可以了。广播广告的制作，应根据不同的广告文案形式，加配不同的音乐和音像效果，选择不同的人来演播，采用不同的录制合成方式，这样才能起到较好的宣传效果。

9.4.1　广播广告的类型

广播广告的类型主要有以下几种。

1. 直述式

直述式是指由播音员或演员按照写好的广告词，一字不变地读出，不加任何演技，这是一种最基本的广播广告形式。

2. 独白式

"独白"一词本是戏剧用语，是指在舞台上演员自问自答，唱独角戏。独白式广播广告是指在使用广告产品的生活情景中，以广告中的个性人物独白的方式将广告产品的特点、功能、价格、生产厂商等信息传播给听众的一种广告形式。

广告中的个性人物，是指在广告中经常出现的，用以体现广告产品个性的人物或动物形象。出现在广告中的个性人物，能使广告更富有情趣，使商品的特征得以充分体现。

3. 对话式

对话式广播广告，是指在广告中利用母子、情侣、夫妇、兄妹等角色，通过对话，将广告产品的特征以及使用情况告诉听众的一种广播广告形式。这种形式容易使听众产生亲近感或现实感，从而增加广告产品的可信度。如天津牌助听器广播广告就十分幽默地突出了产品的功效，让听众难以忘怀。

员：大爷，您买啥？

爷：啥，减肥茶？不减，我这么瘦再减就没了。

员：……大爷，买什么您自己挑！

爷：咋的，还得上秤约？

员：大爷，您老耳背，我给您介绍一个新伙伴儿。

爷：啊？要给我介绍个老伴儿，不行啊，家里有一个啦。

员：大爷，我给您介绍这个，保证您满意。

爷：啥，助听器？对，我就是来买助听器的。

男声独白：天津牌助听器，让聋人不再打岔。

4. 戏剧式

戏剧式是指编排一场戏剧，让剧中人物将广告产品的特征用戏剧台词告诉听众的一种广告形式。戏剧式具有较强的趣味性，但地域性比较强。这种形式只能适用于地方性媒体的广播广告。

5. 音效式

音效式广播广告是指利用音响效果，将广告产品的信息传输给媒体受众的一种形式。广播电台通过声音塑造想象力气氛的能力非常强，通过播放一段特殊的音乐，诱使媒体受众展开想象力，将广告产品与某一事物联系起来，以达到塑造品牌形象的目的。例如，万宝路的一则广播广告，就是利用音响来突出万宝路的品牌个性：

肃静——声音由远处传来——马蹄声逐渐加大——惊天动地的万马奔腾声，夹杂着马的嘶鸣——低沉而音域宽广的画外牛仔声："Marlboro World"。

9.4.2　广播广告的构成要素

广播广告的独特之处就是通过声音来传递广告信息，也就是说"以声夺人"。广播广告中的声音包括人声（广告的语言部分，就是广告词）、音响和音乐，也称广播广告的 3 要素。

1. 人声

广播媒体中的语言与平面印刷媒体中的语言有着本质的区别，印刷媒体中的语言是抽象符号式的文字语言，而广播中的语言则只能是有声的口头语言。这是广告策划者必须加以区分的。广播广告的语言表现方式比较多，在这里介绍几种常用的表现方式。

（1）比喻法，即将广告产品间接地用其他东西做比喻。例如，在砂糖广告中，可以将砂糖比喻为白雪。又如，有一则牙刷广播广告为"××品牌牙刷，就是一毛不拔"。

（2）逆向表达法，即不是从正向来看待事物，而是从相反的方向来考虑事情，以发现新的观点。

（3）暗示法，即利用一些大家熟悉的名言、格言、谚语等，来暗示某一事物。

（4）列举法，即将广告产品的所有成分、色泽、款式、价格等内容一一列举，分别向媒体受众展示。

（5）重复法，即广告中的关键词重复运用，以突出广告产品的品牌。例如，现代集团的广告"技术的现代，现代的技术"。

（6）定义法。例如，"威士忌是生命之泉"。这种方法改变了广告产品原有的概念，使它与生活中的某一事件联系起来，使媒体受众形成一种有利于产品销售的联想。

（7）语源法，即运用一些有悠久历史的语句，以突出广告产品的经营历史或优异品质。例如，"车到山前必有路，有路就有丰田车"。

（8）现场报道法，以现场报道的形式描写整个过程，使媒体受众产生身临其境的感受。

（9）修辞疑问法，即以问卷的形式直接将广告产品的有关信息告诉媒体受众，使他们对产品形成一个完整的概念。

（10）否定诉求法。大多数广告常以产品的特点或优点作为诉求主题，以给媒体受众留下正面的印象。而否定诉求则以产品的不足或缺点作为诉求点，从反面的角度将广告产品的特征客观地告诉媒体受众，如果运用得当，这种方法比正面诉求更为有力。例如，"××品牌手表，48 小时误差两秒钟"。

（11）夸张法，即通过艺术的手法夸张广告产品的功能，增强广告产品对媒体受众的吸引力。夸张法与夸大不同，夸张法是一种艺术形式，而夸大则带有一定的欺骗性。运用夸张法不是指说假话，而是通过一定的艺术形式将广告产品的特征或功能渲染出来，以增强其视听效果。

（12）反复法，即将同样或类似的表现反复地强调。例如，广告歌多出现在一则广播广告中，以加深听众对广告产品品牌的印象。

（13）双关语法，即说俏皮话，通过一些幽默的俏皮话将广告产品的信息传输给媒体受众。

广告策划者在制作广播广告语言时，除了灵活地运用一定的广播广告语言表现方式以外，还必须了解以下几点。

（1）广播广告是一种"说的语言"。"说的语言"是被用来听的，而汉语中有许多同音异义的字，特别是我国地缘辽阔、方言众多，稍有疏忽，就会使听众产生误解，这一点必须注意。同时，广播语言是人发出的声音，讲话者的形象、表情等都会借助语音、语调传达给听众。听众甚至还可以根据语速来体味说话者的心情。因此，广播广告可以通过听觉效果来调动听众某一方面的兴趣，使他们产生购买欲望。

（2）广播广告要简洁明了。广播广告中所用语句要避免拖沓冗长，用简洁的词句将所要说的话表达出来。句子要尽量简短，段落要分明，层次要清楚，尽量少用形容词。

（3）忌用难懂的词句。在广播广告中，学术用语、专用术语要尽量少用，多采用浅显易懂的词句。

（4）情节要生动感人。广播广告是表现生活的片段，虽然持续时间较短，但情节要感人，有一定的趣味，这样才能使听众产生"听下来"的兴趣。

（5）多次反复。在广播广告中为了将广告产品的品牌、功能等信息如实传递给听众，有时需要不断地重复上述内容，使听众明确了解广告产品的基本情况。反复不同于执拗，反复是将产品的名称多次列出；而执拗是纠缠，会使听众产生反感。

2. 音响

音响是广播广告的主要表现手段之一，可以大大增强广播广告的表现力和感染力。音响可以创造某种特定的环境，可以叙述或表现一个事件，也可以表现思想和情感。在制作广播广告时应注意音响的以下特征。

（1）音响的叙事性。现实中一切人和物都有自己独特的声音，如风声、鸟鸣、马嘶等。也就是说，声音总是和形象联系在一起的，这也正是声音能够令人产生视觉联想的前提。

广播广告中的人物不需要说他打破了盘子，听众只要听到陶瓷破碎的声音和感叹声就知道了。要表现喝饮料的过程，只需要打开瓶盖时"嘭"的一声，再加上喝饮料时"咕嘟咕嘟"的声音，最后是喝过后舒适的一声感慨"啊……"就可以了。同样，要表现火车站的环境，只需用乘客们的嘈杂声、车轮转动声和汽笛声就能把听众带到这个环境中去。

（2）音响的表现力。音响的表现力主要是通过联想来实现的，而这种联想又是通过独特的广告创意而引发的。和视觉一样，声音也同样具有非凡的表现力。因此，对音响的巧妙使用，可以把许多无法或难以表现的东西轻而易举地传达给听众。例如，药品广告的效果一般在广播广告中很难表现出来，因为它无法像电视那样运用画面进行演示。而一则胃肠药品的广播广告却运用自然音响达到了这一目的，即：雷声（约5秒钟时间的雷鸣）——雨声（倾盆大雨）——号角声（雨声停后约两秒）——胃肠药品名，从而把服后的效果表现得恰如其分。

（3）音响的个性化。现代企业大多比较重视企业形象识别系统（CI）的建构，以期通过设计独特的视觉形象为企业赋予个性，从而将本企业从众多的企业中突出出来。在广播广告中，企业可以创作出富有个性化特征的音响作为自己的标志，使人们一听到这个声音就知道是什么产品或哪家企业。例如，美国的Aro化妆品，用优美动听的门铃声作为它的标志，把这种音响同产品紧紧地联系在一起，成为产品的象征。

3. 音乐

音乐是一种抽象的艺术形式，具有强烈的情绪性，对人的情感、态度、行为影响极大。音乐在广播广告中能发挥多种作用：①它可以活跃广告的气氛，使广播广告的内容丰满起来；②它能够增强广播广告的吸引力，引起媒体受众的注意，美好的音乐常能使听众沉浸在想象之中；③有利于塑造广告产品的形象，突出产品的个性；④特定音乐也可以成为广告产品的标志，使媒体受众轻易将产品与其他产品区别开来。

广播广告中的音乐主要分为两种类型：一种是背景音乐，另一种是广告歌曲。

（1）背景音乐。主要是利用乐曲来烘托气氛，配合人声来使用。例如，一则雪地鞋的广播广告，开头就是以《溜冰圆舞曲》缓缓混入并配合至终，听到这首优美抒情的乐曲，听众的脑海里马上就会浮现出欢乐的溜冰者在冰上翩翩起舞的场面。这首为人们所熟悉的乐曲和雪地鞋这种产品联系在一起，起到了很好的陪衬作用，从而加深了人们对这一产品的印象。

（2）广告歌曲。就是把广告中所要传递的重要信息，用歌曲的形式表现出来。它不同于电影插曲，不要求多样化和高技巧，只求易学易记、曲调活泼、歌词简短。广告歌曲创作的目的，是以优美的旋律和独特的音响，加深人们对广告产品特点的认识，强化记忆，并启发联想。

4. 广播广告诸要素的运用

人声、音响和音乐作为广播广告的3要素，并不是简单地相加，而是相互融合。三者融为一体，变化无穷，魅力无穷，不仅能弥补单一的语言、音乐或音响的不足，而且可以发挥整合效能，从而产生强大的表现力，让听众产生身临其境的感觉。当然，人声、音响和音乐的特色和所起的作用是不一样的，在实际运用中需要注意以下两点。

（1）人声语言的主导地位

在广播广告中，语言是传达信息的主要手段，也是使广播广告具备说服力和影响力的关键，音响和音乐也都是为这个目标服务的。一则广播广告可以没有音响和音乐，只要语言引人入胜，符合听觉规律，切合消费者心理需要，同样是一个好的广播广告。当然，音响和音乐的恰当使用会大大增添广告语言的魅力，加强广播广告的整体效果。但是，如果片面追求形式，刻意在音响和音乐上雕琢，而忽略了对广告语言的精益求精，就会喧宾夺主，达不到广告的目的。

（2）广播广告3要素的组合方式

广播广告的3要素（语言、音响、音乐）之间的结合主要有以下方式。

① 只有语言，没有音响和音乐。这是广播广告中常见的一种。其优点是简洁明了、制作简便，具有短、平、快的特点；缺点是容易显得单薄、平淡，缺乏吸引力。

② 音乐和语言相互配合。具体有4种方式，包括：第一，以音乐开头，然后与语言相混播；第二，以语言开头，然后与音乐相混播；第三，语言与音乐齐头并进；第四，语言和音乐交替出现。

③ 音响和语言相互配合。这种配合分为以下几种形式：第一，以音响开头；第二，音响和语言交替出现。

④ 音响、音乐和语言的配合。这种配合分为以下3种形式：第一，以音乐开头，穿插语言和音响；第二，以音响开头，穿插语言和音乐；第三，以语言开头，穿插音乐和音响。

9.5 其他类型广告的制作

除了传统的4大广告媒体（广播、电视、报纸和杂志）及新兴的网络媒体外，还有户外广告、售点（POP）广告、直邮广告等广告形式。这些广告媒体虽然不属于大众媒体，但也发挥着重要的广告功能。下面就简单介绍一下这几种广告类型的设计与制作。

9.5.1 户外广告的制作

户外广告是指通过存放于开放空间的媒体而发布的广告，主要分为交通类和建筑类两种。发布的媒体包括户外的电子显示屏、悬挂在建筑物上的大型广告牌、霓虹灯、专门设置在公路旁及重要交通路口的路牌、流动广告车以及车体、船体内外等。户外的广告历史悠久，中外史书上记载的最早的广告形式均是户外广告。虽然近年来新兴媒体不断涌现，但户外广告依然是传递广告信息的重要载体。有意思的是，我国网络发展的先驱者瀛海威公司最著名的广告语"中国距信息高速公路还有多远？前方1500米远"，就刊登在中关村的户外广告牌上（见图9-9）。

图9-9 瀛海威公司的户外广告

户外广告的种类较多，各有特点，因而在具体的制作工艺上会有较大的区别。但从制作的指导思想上来说，这些户外广告又有着较为一致的共同点。因为户外广告的受众是行人，他们行色匆匆，很少有人专门驻足四处搜寻户外广告信息，所以户外广告设计一定要考虑可视性。制作者要根据距离、视角和周边环境这3个因素来确定广告的位置、大小。户外广告要着重创造良好的注视效果，画面尽可能简洁，标题与正文一般要合一，广告创意要有新意，利益阐述要清晰。

9.5.2 售点广告的制作

售点广告（point of purchase advertising，POP）从广义上来讲是指在销售现场所做的广告，它是购物场所内外一切悬挂、设置的广告的总称。从建筑物外悬挂的巨幅旗帜，到商店内外的橱窗广告、商品陈列、商品的价目表以及展销会等，都属于售点广告的范畴。因此，从广义的角度来讲，其与户外广告是有些交集的。如悬挂在商场外墙的广告既可归为售点广告，也可认为是户外广告。若从狭义上来看，售点广告仅指在购买场所和零售店内部设置的展销专柜及在商品周围悬挂、摆放与陈设的可以促进商品销售的广告媒体。

售点广告具有显示商品信息、促进消费者购买欲望和营造销售氛围的作用，因而广为商家所重视。我们在卖场看到的牌匾、店面装饰、橱窗、气球、条幅、堆头、陈设、招贴广告、广播、电视、录像甚至商品的现场展示等均属于此类。

售点广告的种类较多，且不同类型间的差异很大，如实物陈列与现场广播等，因此很难对其进行统一的介绍。但不管何种售点广告形式，其根本目的都是突出商品的特色、展示商品的优点，从而刺激消费者采取购买行为。这是售点广告的设计者和制作者需要牢记的要点。

9.5.3 直邮广告的制作

直邮广告（direct mail advertising，DM），是指直接将印刷品广告、录像带、影碟甚至实物等寄送给广告对象的广告形式。直邮广告具有费用低廉、目标受众明确、传递迅速、广泛、亲切感强等优点。这种广告形式在西方非常普遍，但在我国直邮广告的影响力还很有限，这与投递成本和消费者的信任度有关，更与一些无良商家的欺骗性的经营行为有关。现在随着网络媒体的兴起，许可E-mail营销的出现使得传统的直邮广告受到极大的冲击，发展前景更加暗淡。

在设计和制作直邮广告时应该注意以下几点。一是要选择合适的投递对象，要根据目标受众的特征来制作有针对性的DM广告；二是直邮广告的表现方式要精美别致，让消费者产生兴趣；三是配图时，多选择与所传递信息有强烈关联的图案，刺激记忆；四是多用询问式DM，因其通常以奖励的方法鼓励消费者回答问题，起到双向沟通的作用，比介绍式DM更能引起消费者的兴趣。此外，还要务必写清楚购买地址和方式方法以及及时处理消费者的反馈信息等。

本章小结

本章主要介绍了4大广告媒体的制作程序与原则，并探讨了报纸广告、电视广告的制作要求以及杂志广告布局设计的技巧。

对于报纸广告而言，应该遵循平衡对称、视觉移动、空间比率、要素对比等原则。连续刊登、较大版面、情境配合以及在较为醒目的位置上刊登是影响报纸广告效果的重要因素。

杂志广告虽与报纸广告同属于印刷广告，但它有着自身的一些特点。在制作杂志广告时，应力求做到满足图文并茂、正确利用版面、采用多种形式等要求。

电视广告集文字、画面、声音等于一体，表现方式多样、制作手法灵活。要制作一则好的电视广告，必须遵循广播化、简短化、表现化、动作化和多样化 5 点原则。

广播广告通过声音来传递广告信息，人声、音响和音乐为广播广告的 3 要素。广播广告在制作过程中，应该注意将这 3 种要素有机地结合在一起，以发挥整合效果，增强广播广告的表现力。

除了传统的 4 大广告媒体（广播、电视、报纸和杂志）及新兴的网络媒体外，还有户外广告、售点（POP）广告、直邮广告等广告形式。这些广告媒体虽然不属于大众媒体，但也发挥着重要的广告功能。这些类型的广告各有特点，制作方式具有较大差别。

思 考 题

一、单选题

1．报纸广告制作一般没有哪项要求？（　　　）
A．色彩明亮　　　　　B．连续刊登　　　　　C．版面大小　　　　　D．位置安排

2．一般人的视觉中心大约在整体报纸版面中心上面的（　　　）处。
A．1/8　　　　　B．1/5　　　　　C．1/4　　　　　D．1/3

3．与黑白广告相比，彩色广告的注目率要高（　　　）。
A．5%～10%　　　　　B．10%～20%　　　　　C．20%～25%　　　　　D．10%～30%

4．美国广告学家卢基经过实验研究，列出了 13 种颜色匹配的易读性等级，其中（　　　）的匹配易读性最高。
A．红底蓝面　　　　　B．白底黑面　　　　　C．绿底赤面　　　　　D．黄底黑面

5．（　　　）是指表现广告人物周围的空间、环境、自然景色或众多人物活动场面的电视画面。
A．近景　　　　　B．中景　　　　　C．远景　　　　　D．全景

二、多选题

1．报纸广告中的字体的样式主要有（　　　）3 类。
A．草体　　　　　　　　　　B．艺术体
C．印刷体　　　　　　　　　D．手写体
E．美术体

2．杂志广告制作的要求有（　　　）。
A．图文并茂　　　　　　　　B．正确利用版面
C．情景配合　　　　　　　　D．采用相似形式
E．有声有色

3．电视广告画面构图一定要符合以下哪几种要求？（　　　）
A．图文并茂　　　　　　　　B．简洁完整
C．均衡统一　　　　　　　　D．突出主题
E．有声有色

三、名词解释

1．电视广告脚本　2．景别　3．活动片　4．解说　5．演词

四、简答及论述题

1．报纸广告制作的程序有哪些？

2．布局报纸广告画面时应遵循哪些原则？

3．试论述杂志广告布局设计的技巧。

4．试论述电视广告的制作要求。

5．试论述广播广告 3 要素的组合方式。

📚 **案例讨论**

白加黑感冒药的电视广告设计

画面：白加黑药盒。字幕：白加黑，治感冒，表现就是这么好！化外音：打喷嚏的声音，紧接其后轻快的背景音乐响起，且背景音乐贯穿整个广告。

画面：清晨，香港凤凰卫视著名主播吴小莉穿戴整齐后对着镜子露出自信从容的微笑；特写桌上刚用过的白加黑感冒药，药盒旁放着因服药而喝了一半水的水杯；吴小莉微笑着到车旁，打开车门准备驾车去工作。画外音：白加黑，白天服白片不瞌睡，正常工作。

画面中左右各出现一张画面，并缓缓向中间靠近，左边的是白色背景下画有太阳，右边的为灰色背景下画有月亮，与白加黑药盒上画面一致。随着画面的分开，镜头场景也发生了改变。

画面：主播节目结束后，吴小莉从容地与同事三人讨论着稿件。化外音：晚上服黑片睡得香，巩固疗效。

同上，左右出现的画面相接相离后将镜头场景改变。

画面：白加黑药盒特写。画外音：感冒用白加黑。

画面：吴小莉对着镜头自信地说道：表现就是这么好。画面中吴小莉旁边是白加黑药盒，药盒下为"表现就是这么好"字样。

画面：东盛标志。画外音：东盛，topsun。

此则广告的最大亮点是广告对"USP"理论的运用。服用普通感冒药会使人昏昏欲睡，严重影响了人们白天的生活和工作。而白加黑能将感冒治疗分为白天和晚上两个部分，使服用者白天不瞌睡并且晚上睡得香。广告将白加黑这种独一无二的好处有效地转换成了产品的独特销售主题，向消费者提供了足够的说辞，不禁让人眼前一亮。

白加黑产品由香港凤凰卫视著名主播吴小莉代言，一方面利用吴小莉的社会知名度为白加黑做了很好的宣传；另一方面吴小莉的承诺更具权威性，更让观众信服。最高的承诺是广告的灵魂，没有承诺的广告无法打动消费者的心。广告主要讲述了吴小莉感冒期间因服用白加黑而带来的好的表现，她所说的"表现就是这么好"就是对观众吐露的心声，也是承诺。广告中的"白天服白片不瞌睡，正常工作""晚上服黑片睡得香，巩固疗效"，则是产品对消费者的最直接最好的承诺。

广告以一段轻快的音乐贯穿……广告画面上边缘是左黄右蓝的条纹，下边缘为左蓝右黄的条纹，与白加黑药盒的上边缘和下边缘的设计一样……切换镜头的两幅画面，左边的是白色背景下画有太阳，右边的是灰色背景下画有月亮，与白加黑药盒上画面一致……诸多小细节中不难看出广告设计师的良苦用心，整则广告的画面都可以看到白加黑药盒的影子，更加深了观众对白加黑的印象。虽然广告的商业性很浓厚，但不得不承认它确实达到了广告的目的，算得上佳作。

资料来源：百度文库。

问题讨论

1．请对白加黑电视广告的设计进行评述。

2．结合本案例谈谈电视广告的设计要求。

第 10 章　广告媒体及媒体策略

本章导读

广告媒体是指借以实现广告主与广告对象之间联系的传播载体。广告活动的大部分经费是花在媒体上的，广告信息能否传递给消费者的关键也在于媒体。可见，准确把握媒体的特点，科学选择媒体以及采取正确的媒体策略对企业和广告公司而言都是至关重要的。本章主要介绍广告媒体的概念、分类，广告媒体的调查，广告媒体的选择、广告媒体的组合与发布策略等。

知识结构图

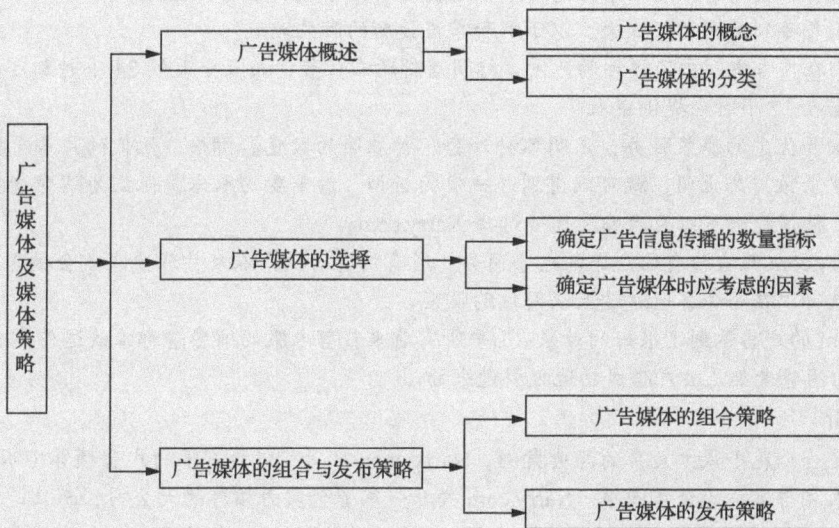

Narry.com 成功的广告媒体创意

泰国是个常年炎热的国家，几乎没人穿西装。可是在泰国裁缝业却是个非常流行的行业。在泰国，每4家店中就有1家是裁缝店。泰国裁缝店的主要客源是外国人和游客。

在当地，进行广告宣传的裁缝店并不多，但是从实际效果看，广告的确是使自己从众多竞争对手中脱颖而出的好方法。Narry.com 就是一家善于运用广告的裁缝店，其成功之处就在于了解谁是自己的"目标消费者"，更知道如何有效地利用有限的预算将广告信息传达到这些"消费者"手中。

Narry.com 广告成功的原因就在于出现在了当地航班所提供的杂志和旅游手册中。大多数做广告的裁缝店都会选择户外广告，但是户外广告通常只能充当指路牌的角色，其广告效果远远不及直接把广告做到消费者手中那么有效。由于各裁缝店之间的最终产品几乎没有多大差别，因此 Narry.com 在非常了解消费者所关心的和自己所销售的服务的基础上，不仅简单地强调品牌，而且强调自己品牌的个性。在这种情况下，广告的目的首先是使自己与其他裁缝店区分开来，然后是加强消费者的信心并激发消费者的兴趣。

作为只在泰国停留几天的旅游消费者，他们主要会考虑以下几个问题（广告信息内容设计）。

（1）制作水平及工艺。衣服尺寸是否合适？衣服是否需要修改多次才能合身？

（2）款式。裁缝店是否能够提供最新的款式？还是只能遵循传统？

（3）方便和快捷性。裁缝店是否很容易找到？消费者能否在短时间内拿到成衣？

（4）价格。裁缝店能否提供最优惠的价格从而避免消费者因逐家询价而浪费大量时间？裁缝店会不会欺骗游客？

Narry.com 广告清楚而又直接地回答了消费者的上述疑问，而且帮助消费者树立了充分的信心和足够的信任感。

（1）Narry.com 在广告中展示了泰国总理颁发的表彰他们高水平制作工艺的奖品。虽然大多数消费者并不清楚这是什么奖励，但是这条信息增加了消费者对这家裁缝店的信任度。

（2）他们每年到欧洲学习6次，以了解和掌握最新的时装潮流。

（3）他们在广告中刊出了详细的地图，标明店铺所在位置，而且全天候24小时都可以为消费者量体裁衣，并承诺在12小时内提供成衣。

（4）详细和优惠的套装服务，注明各种外套、衬衣等的数量和价格。他们的广告更提供了直接的回报：只要你拿着该广告上门，就可以得到进一步的折扣。最重要的承诺是他们为消费者提供了无条件的"退款保证"，使消费者可以无后顾之忧地选择 Narry.com。

（5）Narry.com 还宣传自己先进的电子商务。所有消费者的个人尺寸和要求都会被保存在数据库中，消费者以后就可以在全球各地通过互联网订购服装。

Narry.com 的广告达到了很好的效果。几乎所有前来裁剪衣服的消费者都拿着这份广告。据 Narry.com 透露，90%的消费者都是被广告成功地吸引过来的。

案例分析

本案例是一个花小钱办大事的经典案例，Narry.com 只用了极为有限的广告预算（不到10万美元）就实现了令人相当满意的销售回报。Narry.com 并非一家资金实力雄厚的大公司，而只是泰国的一家年收入 200 多万美元的中等规模的裁缝店。但公司深谙媒体策划之道，公司通过在当地航班所提供的杂志和旅游手册中刊登广告，将广告信息精确地传递给目标客户，避免了广告的浪费。此外，公司里的广告内容设计也非常出色，直接清楚地主动解答了顾客的疑问，从而打消了顾客的顾虑，赢得了顾客的信任。

10.1 广告媒体概述

10.1.1 广告媒体的概念

媒体（media），又称媒介，是指将信息传递给目标受众的刊播载体。广告媒体是指借以实现广告主与广告对象之间联系的载体，凡是能刊载、播映、播放广告作品，在广告宣传中起传播广告信息作用的物质都可称为广告媒体。除了常见的广播、电视、报纸、杂志和网络外，路牌、交通工具、霓虹灯、商品陈列、橱窗、包装物以及产品说明书、企业名录等也都是广告媒体的一种。

10.1.2 广告媒体的分类

广告媒体的分类方法有很多。根据受众规模的不同，媒体可以分为大众媒体和小众媒体两大类。其中，大众媒体主要包括电视、广播、报纸、杂志、网络和电影媒体。小众媒体种类众多，我们比较熟悉的有户外广告牌、交通车体等媒体。

1. 大众传播媒体

大众传播媒体顾名思义就是覆盖面广、传播对象为数众多、影响力较大的媒体，这是一个相对的概念。报纸、杂志、广播、电视、网络、电影等媒体均属于此类。特别是前四种，是传统广告传播活动中最为常见的媒体，通常被称为四大广告媒体。但近年来，网络媒体异军突起，已成为当今第一大媒体。

（1）电视媒体

电视是运用电波把声音、图像（包括文字符号）同时传送和接受的视、听结合的先进的传播工具，是一种具有多种功能的大众传播媒体。自 20 世纪 30 年代问世以来，电视早已深入千家万户，成为很多人生活中获取信息、愉悦身心的重要伙伴。

① 与其他媒体广告相比较，电视广告具有以下优缺点。

• 直观性强，具有视听效果的综合性。电视广告集声音、图像、色彩、活动 4 种功能于一体，可以直观地、真实地、生动地反映商品的特性，能够给广告受众留下深刻的印象。例如，富有故事情节的诛仙游戏的电视广告（见图 10-1），一经播出，就引起了游戏玩家们的强烈兴趣。

图 10-1 诛仙游戏电视广告截图

• 传播范围广，信息传播迅速。电视具有极高的普及率，受众广泛。电视广告能在节目覆盖的地域范围内迅速传递，易于配合广告商家新产品上市、销售等促销活动。

• 有较强的冲击力和感染力。电视广告借助声波和光波信号直接刺激人们的感官和心理，因而具有较强的冲击力和感染力。

- 利于说服广告受众，增加消费者购买的信心和决心。由于电视广告形象逼真，就像一位上门的推销员一样，直观地把商品展示在每一位观众眼前，容易使受众对广告的商品产生好感，进而引发购买兴趣和欲望。
- 注意率高、影响面广。在日常生活中，多数人在看电视的时候相对比较专心，所以电视广告的被注意率较高。对多数人来说，电视是一种娱乐形式、教育途径，是重要的信息来源，是生活中的重要组成部分。

② 与其他媒体广告相比，电视广告具有以下缺点。

- 针对性不强、诉求不精准。电视属于典型的大众媒体，受众的收入水平、职业、社会阶层、年龄、性别以及受教育程度等千差万别，电视媒体受众的这个特点决定了电视广告具有针对性不强、诉求不精准的缺点。
- 受众被动接受，缺乏选择性。绝大多数观众看电视节目的目的是娱乐、接受教育和获取新闻资讯，而不是接受电视广告传播的信息。受众在看电视时往往会被动地接受信息，缺乏选择性，不像报纸、杂志那样有较大的选择性。
- 一次性传播，无法保存。电视媒体在传播信息时，具有一次性的特点，稍纵即逝，无法再现。因此，大多数电视广告都是重复播出的，以弥补一次性传播不易记忆的缺点，起到加强受众印象的作用。
- 费用高昂，一般中小企业无力承受。电视广告的费用较高，除了媒体使用费外，还包括广告设计费、制作费、模特代言费（不是全部都有）、场地费等。因此，大多数中小型企业无力负担。
- 受时间所限，不利于深入传递广告信息。电视广告时间长度多在5～45秒。电视广告要在很短的时间内连续播出各种画面，影响了人们对广告商品的深入理解。
- 电视台播放广告过多，观众容易产生抗拒情绪。为了谋求较高的经济利益，大多数电视台竭尽所能来插播广告，正常的电视节目因此常常被广告所打断，容易引起观众的不满和抵触。

（2）广播媒体

广播媒体包括有限电台和无线广播网。广播媒体运用语言、音像、音乐来表达广告产品或企业的信息。广播媒体的特点可以概括为：采用电声音频技术，按时传播声音节目，专门诉诸媒体受众的听觉。

① 与其他媒体的广告相比，广播广告具有以下优点。

- 覆盖面广，收听方便。广播不受时间和空间的限制，无论城市还是乡村，无论在路上还是在家中，人们都可以方便地接受广播信号，随意地选择自己所喜爱的广播节目。
- 以声带响，亲切动听。广播媒体是声音的艺术。广播广告最突出的特点就是用语言解释来弥补无视觉性形象的不足。广播广告运用声音的艺术，能够惟妙惟肖地模拟各种场景，给人以身临其境的感受。
- 制作容易，传播迅速。与电视广告相比，广播广告制作就要容易很多，既不需要外景，也不须模特等。整个制作过程在录音棚里就可以完成。同时，广播广告的制作周期短，因而能够快速地借助电波传播出去。
- 经济实惠，广告主能够承担。广播媒体与其他媒体相比较，节目制作成本费用低廉。广播广告的制作和刊播费用要远低于电视广告，因而一般的中小企业也能够承担。

② 与其他媒体的广告相比，广播广告具有以下缺点。

- 缺乏视觉感受。与其他媒体相比，广播广告缺少视觉支撑。对受众来说，广告是"只闻其声，不见其人"，因而难以留下深刻的印象。
- 时效短、无法保存。广播广告传递的声音信息转瞬即逝，无法保存，也无法查询。
- 受新兴媒体的冲击巨大。受网络媒体等新兴媒体的巨大冲击，广播媒体的影响力在逐渐下降，广播广告的受众越来越少。
- 听众被动接受，选择性不强。广播广告很少被听众主动接受，听众一听到广告往往很快换台，转而收听其他电台的节目。

（3）报纸媒体

报纸是传统的 4 大传播媒体之一。报纸运用文字、图像等印刷符号，定期、连续地向公众传递新闻、时事评论等信息，同时传播知识、提供娱乐或生活服务。报纸一般以散页的形式发行，版数具有一定的伸缩性，刊载信息容量较大。报纸是较早面向公众（消费者）传播广告信息的载体，现在依然是重要的广告媒体之一。

① 与其他媒体的广告相比，报纸广告具有以下优点。

• 覆盖面广，发行量大。除少数专业性强或是面向特定较小区域的报纸以外，一般公开发行的报纸都具有较大的覆盖面和发行量。国内一些著名的报纸，如《人民日报》《参考消息》等面向全国，而且发行量均超过了 200 万份。

• 广告信息传播迅速。报纸以日报为主，出版周期短，读者通常可以阅读到当天的报纸，因此很适合那些对时效性要求较高的产品刊登广告。

• 选择性强，读者阅读时比较主动。广告主可以根据各种报纸的覆盖范围、发行量、知名度、读者群等情况，灵活地选择某种或某几种报纸进行广告宣传。由于报纸的可读性强，读者阅读时可以自由地选择喜爱的栏目。

• 读者广泛而稳定。报纸能满足各阶层媒体受众的共同需要。因此，它有极广泛的读者群。不同的读者群，其兴趣、偏好各不相同，在一定时期，兴趣、偏好是不易改变的。这就使得报纸的目标市场具有相对的稳定性。

• 表现方式灵活多样。报纸传播信息的方式多种多样，或图文并茂，或单纯文字，或诉诸理性，或诉诸情感。

• 信息易于保存，便于查找。报纸媒体不同于电视和广播媒体，读者不受时间限制，可随时阅读或重复阅读。时间长了，读者还可以查找所需要的信息资料。

• 可以凭借报纸的信誉加深广告效果。由于报纸是以报道新闻为主的，故所传递的信息容易使读者产生信赖感，并影响到对报纸所刊载广告的感觉。

• 广告费用相对较低。这是报纸媒体与电视媒体的主要区别之一。报纸的广告费对大多数中小企业来说，是有能力承担的，并且广告投资风险也相对较小。

② 与其他媒体的广告相比，报纸广告具有以下缺点。

• 有效时间短。报纸出版率高，基本上是每天一份。绝大多数媒体受众只读当天的报纸，很少有人再去读之前的报纸，因此报纸的有效期较短。对于广告策划者来说，要特别重视广告定位以及对广告诉求点的准确把握，即精心思考"说什么"与"怎么说"，尽可能在有限的时间内传递给媒体受众印象深刻的广告信息。

• 广告注目率低。通常报纸广告不会占据最优版面，而读者阅读报纸时又倾向于阅读新闻报道和其他感兴趣的栏目，因此大多数报纸广告会被读者所忽视。

• 印刷不够精美。由于纸张材料和技术的局限，以及发行者出于对报纸印刷成本的考虑，不少报纸广告的印刷常常显得粗制滥造，容易引起读者的不信任感。

• 报纸广告表现形式单一，无听觉与动态视觉刺激，广告吸引力不强。

• 广告相互干扰，广告的关注度低。报纸的售价一般很低，大都是靠广告收入来维持。为了增加收入，报社往往是尽可能在报纸上多安排广告，大量的广告排列在有限的报纸版面上，广告之间产生干扰效应，进一步影响了读者对广告的关注。

阅读资料 10-1　纸媒寒冬：全球报业酝酿新一轮裁员

北京时间 2016 年 10 月 22 日，有媒体报道，全球报纸行业正面临本已承压的印刷广告市场加速下滑的困境，部分出版商不得不考虑大幅削减成本，并对印刷和数字产品做出重大调整，新一轮裁员正在展开。

许多报纸都削减成本以应对比预期更严重的收入下滑。《纽约时报》与《华尔街日报》可能即将进一步裁员，英国《卫报》和《每日邮报》最近已裁员。杰弗瑞投资银行等金融机构已下调了纽约时报公司与甘尼特公司（Gannett Co）等出版商的第三财季业绩预期。

由于业务大幅下滑，《华尔街日报》宣布将对印刷报纸业务进行改革，包括合并版面和其他成本削减措施，这些举措意在使印刷报纸业务从长远看更可持续，帮助加快新闻编辑部门的数字化转型。

据路透社报道，《华尔街日报》总编杰拉德·贝克尔（Gerard Baker）已向所有新闻岗位的员工发出合同买断信，以求大幅裁减新闻职员。

与此同时，《纽约时报》正考虑一项在 2020 年前大幅提升数字收入的战略，包括将更多资源转移到数字项目，研究对都会版等进行改革的事宜。《纽约时报》首席财务官称，2016 年上半年对纸媒体来说确实艰难。

英国《金融时报》首席执行官李尔庭（John Ridding）称，2016 年印刷广告市场加速下滑。他还说，这在一定程度上是因为市场发生了结构性转变，广告主的广告投入转向数字和移动平台。

在英国，《每日邮报》母公司每日邮报和通用信托公共有限公司 2016 年 9 月表示，将裁员超过 400 人，以应对广告市场的严峻形势。卫报传媒集团（Guardian Media Group）今年早些时候宣布裁员约 250 人。

资料来源：新浪财经。

（4）杂志媒体

杂志是一种具有一定间隔周期、定期发行的出版物，属于印刷的平面广告。杂志一般分为周刊、半月刊、月刊、双月刊和季刊等。杂志比报纸具有更强的针对性，往往是针对特定的受众群体。在大众化的广告媒体中，杂志媒体不像报纸、电视和广播那样具有很强的新闻性。杂志媒体具有延伸性、持续性和知晓性等特点。

① 与其他媒体的广告相比，杂志广告具有以下优点。

• 针对性强，目标受众明确，具有明显的读者选择性。与报纸的地区选择性不同，杂志的读者有很强的选择性。杂志媒体的这一特点可以通过读者的类型、年龄、收入情况表现出来。这有助于广告策划者根据广告主的自身情况和产品的特点，选择最合适刊载的广告信息、最能将广告信息传递给目标受众的杂志类型。

• 信息的生命周期较长，传阅率高。杂志由于装订成册，便于携带和收藏，杂志的读者多为固定订户，阅读时比较专心。由于杂志被保存的时间长，反复阅读率高，而且传阅性好，所以能扩大和延续广告的传播效果。杂志是所有广告媒体中生命周期最长的。

• 印刷质量较高，广告表现力较强。杂志的纸张质量较好，印刷设备性能优良，因而广告制作与印刷质量远远高于报纸，其中最具优势的是彩色广告。印刷精美的杂志广告能够产生较强的视觉刺激，使媒体受众感到真实，并留下深刻的印象（见图 10-2）。

图 10-2　杂志广告制作精良

● 编排整洁、灵活性强。杂志媒体版面小，每页编排较为整洁，不像报纸那样内容繁杂。因此，每则广告都显得醒目；同时杂志广告可承载的信息较多，可以比较自由地运用文字、图片、色彩等手段表现广告内容。杂志还可以做多页或折页来延展版面空间，运用一些特殊形式来表现广告商品，形成画面的震撼效果。

● 面向的人群比较固定，杂志广告的效果较一般媒体更容易测定。

② 与其他媒体的广告相比，杂志广告具有以下缺点。

● 时效性差。由于杂志出版周期长、出版频率低，因而不像报纸媒体那样能够迅速及时地反映市场变化，不适合于做对时间性要求高的产品的广告，也不适合于营造声势较大的大规模营销活动。杂志广告的功效是延缓而非及时的，不易很快使媒体受众产生购买欲望。

● 影响面窄。由于杂志媒体的读者相对较少，内容专业性强，因而接触对象不广泛，影响面相对较狭小。

● 广告费用较高。杂志上刊登广告需要较多的广告制作费和刊载费用。加之杂志的专业性强、影响面窄，一般广告主会认为付出大量的广告费用而得不偿失。

（5）网络媒体

被誉为"第四媒体"的互联网的兴起与迅猛发展，为广告业提供了一种全新的媒介和一次全新的机遇。它所创造的信息平台为广告市场提供了一个巨大的潜在传播渠道，它的发展带来了传媒生态的新变化。互联网通过一系列互相连接的终端设备，在全球范围内实现信息交换和传播，不仅具有广播、电视、报纸、杂志等传统媒体的一般功能，而且具有传统媒体无可比拟的独特的优势。当然，正在发展中的网络媒体也有不尽完善的地方，对于网络广告的评价也是众说纷纭。有关网络媒体的知识，本书将在网络广告一章中专门介绍，这里就不做具体分析了。

（6）电影媒体

电影虽然属于大众传播媒体之一，但相对其他媒体而言，其影响力要小得多。但电影广告有自己的优势，主要表现在以下几个方面。电影银幕面积大，声音效果好，真实感强，不受时间限制，诉诸观众的信息密集，诉求重点明确。电影广告一般在正片之前放映，观众接受广告信息时环境较舒适，心情较松弛，对广告排斥心理较少，注意力较集中，因而能收到比较好的广告效果。随着我国广告业的发展，电影广告逐渐受到重视，已被不断开发和利用。

电影（视）中的植入广告

电影广告的缺点也很突出，表现在电影广告受放映时间和场地的限制，传播范围有限，且电影广告片拍摄费用也比较高，因而广告界对电影广告的重视程度不及其他媒体高。

但自冯小刚导演在1999年将"中国银行"植入到电影《没完没了》中之后，广告植入便成为国产电影中一道亮丽的风景线。好的广告植入不仅能让观众乐享其中，还能使商业利益最大化，让制片方和广告主实现双赢。下面是一组电影中的植入广告镜头（见图10-3～图10-5）。

图10-3　《父子雄兵》中神州专车的植入

图10-4　《大闹天竺》中途游斗地主的植入

图 10-5 《天下无贼》电影中淘宝网的植入

除了电影外，如今不少电视剧中同样存在着大量的植入广告，观众们对此褒贬不一。图 10-6～图 10-8 为电视剧《乡村爱情 9》中的大量植入广告镜头。

图 10-6 《乡村爱情 9》中飞鹤奶粉的植入

图 10-7 《乡村爱情 9》中施可丰复合肥的植入

图 10-8 《乡村爱情 9》中 58 同城的植入

2. 小众传播媒体

相对于大众传播媒体而言，还有很多用来传播广告信息的媒体，传播范围较小，受众群体有限，故称为小众传播媒体。这些媒体往往可以直接影响消费者的购买行为，促进销售，是对大众媒体广告有益的补充。小众传播媒体有时也被称为促销媒体。

小众传播媒体广告主要有以下几种形式。

（1）销售点广告（POP 广告）

售点广告是 Point of Purchase Advertising 的缩写，简称 POP，意为销售点广告或购物场所广告。POP 广告围绕销售点现场内外的各种设施做广告，有明确的诱导动机，旨在吸引消费者，唤起消费者的购买欲，具有无声却又十分直观的推销效力。它可直接影响销售业绩，是完成购买阶段任务的主要推销工具。

（2）DM 广告

DM 广告（Direct Mail Advertising，DM），也称邮政广告和函件广告，即通过邮寄、赠送等形式，将宣传品送到消费者手中、家里或公司所在地。美国广告函件协会对 DM 下的定义是："对广告主所选择之对象，将印就的印刷品，用邮寄方法，传递广告主所要传达的信息的一种手段。"而 1995 年出版的全国广告专业技术岗位资格培训教材《广告专业基础知识》，把 DM 定义为直销广告。在这里，我们还是遵照第一种定义来进行理解。

DM 广告在西方国家被广泛应用，许多企业将此作为重要的促销手段。在我国，由于消费者对此种广告形式信任度普遍较低，故 DM 广告目前还不是主流的广告形式。

（3）户外广告

户外广告指设置在室外的广告，如霓虹灯广告、路牌广告（见图 10-9）、灯箱广告、LED 看板等。户外广告的英文为 "Outdoor Advertising"，简称 OD 广告。其种类繁多，特点各异。总体上来看，户外广告一般传播主旨比较鲜明，形象突出，主题集中，引人注目。但它也具有受时空地点所限、传播范围小、广告信息量小、消费者接触时间短等缺点。

（4）交通广告

交通广告是指利用公交车、地铁、航空、船舶等交通工具及其周围的场所等媒体做广告（见图 10-10）。交通广告因其价格比较低廉，且有着较好的传播效果，所以对企业有很大的吸引力。

图 10-9　立邦漆户外广告牌

图 10-10　车体广告

10.2　广告媒体的选择

广告媒体是传播广告信息的手段和工具，离开了广告媒体，广告信息就无法传播。在广告活动中，选择的广告媒体不同，广告策划的内容、广告费用以及广告效果等也不同。

广告媒体选择是指根据广告目标的要求，以最少的成本选择最适合的传播媒体，把广告信息传达给预定的目标消费者，并保障接触者的数量和接触的次数。其中心任务就是比较不同媒体的优缺点，并根据广告目标的要求选择恰当的广告媒体。

10.2.1　确定广告信息传播的数量指标

选择广告媒体时，必须首先确定广告信息传播的数量指标。常用的数量指标主要有以下几种。

1. 视听率

视听率（rating）是指在一定时间内收看（收听）某一节目的人数占电视观众（广播听众）总人数的百分比。其计算公式：

$$视听率=\frac{收视或收听节目的人数}{媒介覆盖区域内的总人数}$$

视听率是广播电视媒体最重要的数量指标。广告主和广告公司根据该指标购买广播节目和电视节目，以判断他们的广告信息将能到达多少人，计算这些人将会多少次暴露于广告信息之中。外国的广播电视经营者，常用该指标来评价节目的普及情况。如果某一节目的视听率高，该节目就可继续播放。反之，就有可能被停播。视听率也是广播电视经营者确定广告刊播收费率的标准之一。通常节目视听率越高媒体的广告收费价格也越高。

2. 开机率

开机率（homes using TV，HUT）是指在一天中的某一特定时间内，拥有电视机的家庭中收看节目的户数占总户数的比例。例如，某一目标市场上有 1 000 户家庭拥有电视机，在 2010 年 12 月 3 日 14—18时，有 125 户在看 A 节目，100 户在收看 B 节目，50 户在收看 C 节目，25 户在收看 D 节目，此时的开机率为 30%。

开机率的高低，因季节、一天中的时段、地理区域以及目标市场的不同而异。这些变化反映了目标市场上消费者的生活习惯和工作形态。早晨因人们去工作而开机率低；傍晚消费者回家时则开机率高；深夜人们逐渐入睡，开机率又降了下来。

3. 节目视听众占有率

节目视听众占有率是指在一定时间内，收看或收听某一特定节目的消费者家庭数目占总开机家庭数的百分比。依照上例，节目 B 的视听众占有率为 33.3%（总开机户为 300，而收看 B 节目的户数为 100）。

节目视听众占有率主要由以下因素决定（以电视节目为例）。

（1）何时播映。黄金时段播出的节目比在其他时间播出具有更高的收视率。这也是为什么电视台会因时段不同而收取不同广告费用的重要原因。

（2）该节目播映时与其他电视台有关节目的竞争状况。

（3）该节目前后播出的节目。如果在该节目前播出的节目非常有吸引力，观众就不会立即转换频道。同样，如果在它之后播出的节目很精彩，观众就会非常留意该频道。

（4）节目内容，精彩节目自然具有较高的视听占有率。

（5）节目的发展情节等。

4. 总视听率

总视听率（gross rating points，GRPs）是指在一定时期内某一特定的广告媒体所刊播的某广告的视听总数。例如，一个媒体或媒体节目的视听率为 30%，广告刊播 5 次，则总视听率为 30%×5=150%。表 10-1所示为 4 个插播 13 次广告的具体情况，其送达的总视听率为 200%。

表 10-1　　　　　　　　　　　　　　　　总视听率计算表

节目名称	家庭平均视听率	插播次数	总视听率
节目 A	20	2	40
节目 B	15	4	60
节目 C	25	2	50
节目 D	10	5	50
合　计	75	13	200

5. 视听众暴露度

视听众暴露度（impressions）是指特定时期内收看（收听）某一媒体或某一媒体特定节目的人次数总和。视听众暴露度以个人数目（或家庭数目）来表示，而不是用百分数来表示。计算方法是：

$$视听众暴露度=视听总数×视听率×发布次数$$

6. 到达率

到达率（reach）是指媒体到达目标受众的人数占媒体目标市场总人数的比例，到达率为非重复性计算数值，即在特定期间内一位观众不论他暴露于特定广告信息多少次，都只能计算一次。到达率的计算公式如下：

$$到达率 = \frac{媒体到达目标受众的人数}{媒体目标市场的总人数}$$

到达率适用于一切广告媒体，唯一不同之处是表示到达率的时间周期长短各异。一般而言，电视、广播媒体到达率的周期是4周，这是因为收集、整理电视、广播媒体有关资料要花费大约4周的时间。

7. 暴露频次

暴露频次（frequency）是指视听众在特定时期内暴露于某一媒体特定广告信息的平均次数。暴露频次与到达率指标一样，在所有广告媒体中都可以使用。需要强调的是，暴露频次指标是平均指标。

暴露频次的计算公式如下：

$$暴露频次 = \frac{总视听频次}{到达率}$$

8. 每千人成本

每千人成本（Cost Per thousand method，CPM，M源自罗马数字"千"）是指把广告信息送达1 000个家庭或用户或广义的消费者所需的广告费用。其计算公式为：

$$每千人成本 = \frac{广告费}{受众人数（以千为单位）}$$

每千人成本适用于任何媒体的计算，而且计算简单，因而是评估广告媒体最常见的数量指标之一。

9. 有效到达率（effective reach）

有效到达率也称有效暴露频次，是指在一特定广告暴露频次范围内，有多少媒体受众知道该广告信息并了解其内容。

产品的有效到达率是由多种因素决定的，主要包括产品的购买周期、广告信息的复杂程度、产品的市场地位、品牌的知晓度以及广告媒体的传播特性等。国外广告学家对最佳程度的广告频次做了大量的研究，得出以下结论：

（1）广告宣传暴露一次没有任何价值；

（2）第二次暴露才会有一些效果；

（3）在一个月或一个购买周期中需要3次暴露，才能产生预期的广告效果；

（4）广告宣传在达到一定的暴露频次以后，广告效应递减；

（5）广告宣传在达到某一程度频次时，广告效果为零，甚至会产生负效果。

广告专家丹·E. 舒尔茨认为，广告频次少于3次没有效果，最佳的暴露频次是6次，当暴露频次超过6次后，媒体受众就会对广告信息感到厌倦，其后的广告暴露将没有任何效果，甚至会产生负效果。如图10-11所示。

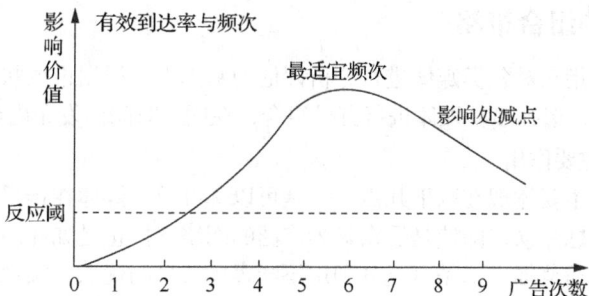

图10-11　丹·E. 舒尔茨对广告有效频次的分析

10.2.2 确定广告媒体时应考虑的因素

1. 目标消费者的媒体接触情况

不同的广告受众通常会接触特定的媒体。有针对性地选择为目标受众所易于接受的媒体，是增强广告促销效果的有效方法。例如，一则针对 IT 人士的广告，在专业杂志上发布无疑要比在大众娱乐类报纸上发布效果更好。

2. 广告商品的特性

选择广告媒体，应当依据广告商品的特性而定。因为不同媒体在展示、解释、可信度、注意力与吸引力等各方面具有不同的特点。工业品与消费品，技术性能较高的复杂产品与较普通的产品，应采用不同的媒体进行广告宣传。

3. 市场竞争的状况

企业在选用广告媒体时，要结合市场竞争情况选择适当的媒体。

4. 广告内容

广告媒体选择要受到广告信息内容的制约。如果广告内容是宣布即将进行的大型促销活动，一般会选择时效性强的报纸、电视、广播等媒体进行广告发布。而如果广告信息中有大量的技术资料，则专业杂志是一种理想的媒体选择。

5. 广告传播区域

选择广告媒体，必须使媒体所能触及的影响区域与企业所要求的信息传播范围相适应。例如，企业的目标市场为全国市场，则宜在全国性报纸或电视台、广播电台发布广告。

6. 相关法律、法规

选择广告媒体时应遵守国家或地方的相关法律、法规。例如，我国《广告法》中明确规定，"禁止利用广播、电影、电视、报纸、期刊发布烟草广告""禁止在各类等候室、影剧院、会议厅堂、体育比赛场馆等公共场所设置烟草广告""烟草广告中必须标明'吸烟危害健康'"等。

7. 媒体成本

媒体使用成本是选择广告媒体的重要考虑因素。依据成本选择广告媒体时，最重要的不是看绝对成本的数字差异，而是媒体成本与广告接收者之间的相对关系，即每千人成本（CPM）。在比较 CPM 的基础上，考虑媒体的传播速度、传播范围、记忆率等因素之后，择优确定广告媒体，可以收到较好的效果。

8. 广告预算

企业发布广告必须量力而行，应在广告预算的限定下依据自身的财力来合理地选择广告媒体。

10.3 广告媒体的组合与发布策略

10.3.1 广告媒体的组合策略

广告媒体组合策略是指在对各类媒体进行分析评估的基础上，根据市场状况、受众心理、媒体传播特点以及广告预算的情况，选择多种媒体进行有机组合，在同一时间内发布内容基本一致的广告策略。

1. 广告媒体组合的主要作用

广告媒体组合的作用主要体现在以下几点。一是可以弥补单一媒体在传播范围上的不足。任何媒体都有一定的传播范围和目标受众，即使是受众最为广泛的网络媒体也是如此。媒体组合，可以克服单一媒体的传播局限，扩大传播范围。二是有充分利用不同媒体各自的优点，实现优势互补。每种媒体都有各自的优缺点，如报纸广告发行量大，转播范围广，但时效性差；杂志广告专业制作精美，时效性长，受众集中，但发行范围小；电视广告传播迅速，受众广泛，但是稍纵即逝不易保存。为克服以上单一媒体的缺点，就必须采用媒体组合的策略。

2. 广告媒体组合的原则

在制定广告媒体组合策略时，应遵守以下原则。第一是全面覆盖原则。即使用组合媒体后，广告应该能够覆盖绝大多数的目标市场。第二是不同媒体的优势互补原则。要充分考虑不同媒体的特点，实现媒体间的优势互补。例如，化肥、农具等农资产品，可以采用电视广告加农村刷墙广告的形式。电视广告可以提高这些农资产品的知名度和品牌影响力，而在农村做刷墙广告则可直接对农民进行广告诉求，很接地气。

3. 广告媒体组合策略的方式

广告媒体组合的方式有多种。如传统媒体和网络新媒体的组合；视觉媒体和非视觉媒体的组合；电波媒体和印刷媒体的组合；大众媒体和小众媒体的组合等。具体采用哪一种组合形式取决于产品的类别、产品的生命周期、市场的竞争状况、目标消费者的媒体偏好以及企业自身的广告预算和广告目标等。媒体的组合运用形式多样，方式灵活，但也非常复杂。企业在制定广告媒体组合策略时，一定要做好充分的广告调研工作。

10.3.2　广告媒体的发布策略

广告媒体的发布策略包括时序策略、时机策略、频率策略和地区分配策略等。下面分别进行介绍。

1. 广告发布的时序策略

所谓时序，就是时间秩序。广告发布的时序策略主要有提前策略、即时策略和延时策略这3种。

提前策略是指广告早于产品进入市场的一种广告发布策略，目的是为新产品上市制造声势或是为产品进入旺季之前抢在竞争对手之前开展广告攻势，以便先声夺人，抢占市场先机。采用提前策略广告成功的案例很多，如脑白金在正式上市之前，就已经在各种媒体上进行了大量的广告宣传，使得消费者非常期待，因而其在1998年产品刚一上市，就形成了热销。

即时策略是指广告与产品同时进入市场的广告发布策略。这种策略较为常见，广告与产品同步可以使消费者看到广告后不用等待就可买到产品。如果广告创意和制作优秀，可以起到很好的当期促销效果。

延时策略是指广告发布晚于产品进入市场的一种策略。例如，有些产品在进入市场时会采用试销的方式，然后再根据销售情况做一些有针对性的广告。采取这种策略主要是为了避免广告发布的风险。但由于广告发布滞后，有可能会失去一些市场机会。

2. 广告发布的时机策略

俗话说"机不可失，失不再来"，广告发布能否抓住时机非常关键。我们不难发现，每年"双十一"到来之际，各大电商的促销广告就会扑面而来，无论是线上还是线下，也无论是在城市还是乡村，到处都可见到电商广告的身影。为何电商广告要在此时突然发力，主要是都想抢得先机，最大限度地吸引网络消费者的注意力。

广告发布的时机策略包括商品时机、黄金时机、节令时机和重大活动时机4种。商品时机是指利用商品与时间的内在联系，巧妙地发布广告。如在奥运会百米赛跑决赛之际发布计时器电视广告，就很容易给观众留下深刻的印象。黄金时机是广播和电视广告所特有的，因为广播和电视媒体有所谓的黄金时间（视听众的收看或收听的高峰时段），利用这个时段做广告效果最佳。不过黄金时间发布广告费用很高，对于很多中小企业来说，由于囊中羞涩只能是望洋兴叹。节令时机是指各种节日来临和季节变换能够为商品销售带来良机，而此时也是广告发布的难得机遇。逢年过节是消费的旺季，在季节变化之际，也是某些商品（如春夏之交，空调销售进入旺季）的热销之际，所以商家在此时都会抓住机会加大广告投入。重大活动时机是指一些重大活动所带来的广告发布机遇。如每四年一届的世界杯是全世界亿万球迷最盛大的节日，全球各大媒体无不关注，这一期间无疑是商家发布广告的良好时机。

3. 广告发布的频率策略

广告发布的频率是指在某一特定时期内广告发布的次数。根据频率是否固定，广告发布频率又可分为固定频率发布和变化频率发布两种。

固定频率发布是指在一定时间内广告的发布次数固定，是一种平均分配的策略。而变动频率发布是指依据实际情况不断变化广告发布的频次。广告频次可以是逐渐增加的，也可以是逐渐减少的，还可以是先增加后减少及先减少后增加的。

4. 广告发布的地区分配策略

广告媒体发布的地区分配策略主要有 3 种：一是广告预算完全投入到全国性媒体上；二是全国性媒体与地方性媒体结合使用；三是只使用地方性媒体。广告策划人员在制定媒体策略时，可采用品牌发展指数（brand development index，BDI）作为分配的依据。

品牌发展指数是指某品牌在某地区的销售量占某品牌全国销售量的比例除以该地区人口占全部人口的比例乘以 1 000%，它是描述特定市场状况的一个指标，计算公式如下：

BDI=（某品牌区域销售量/某品牌全国销售量）/（区域人口数/全国人口数）×1 000%

品牌发展指数反映了一个品牌在特定区域市场的销售水平是高于还是低于全国的平均数，用以作为制定广告媒体地区分配策略的依据。

本章小结

广告媒体是指借以实现广告主与广告对象之间联系的载体。媒体的分类有多种，不同媒体各有优缺点，企业应根据具体情况选择使用。在选择时要参照一定的数量指标，如有效到达率、收视率、阅读率以及总收听率等。

广告媒体选择是广告活动的重要环节。在做广告媒体选择时要综合考虑多种因素，如产品特性、目标受众、广告预算等。

广告媒体的组合与发布策略是本章的重要内容。我们需要掌握广告媒体组合的作用、原则与方式。同时还要掌握广告媒体发布的时序策略、时机策略、频率策略和地区分配策略等。

思 考 题

一、单选题

1．下列属于小众广告媒体的是（　　）。
  A．广播　　　　　　　　B．电视　　　　　　　C．杂志　　　　　　　D．车体

2．下列属于杂志媒体优点的是（　　）。
  A．传播范围广，传播迅速　　　　　　　B．注意率高，影响面大
  C．覆盖面广，发行量大　　　　　　　　D．针对性强，具有明显的读者选择性

3．以下哪项不是电视媒体的特征？（　　）
  A．传播范围广　　　　　　　　　　　　B．媒体受众的被动性
  C．传播效果的一次性　　　　　　　　　D．制作容易，传播迅速

4．（　　　）是指广告与产品同时进入市场的广告发布策略。

    A．即时策略　　　　B．提前策略　　　　C．延期策略　　　　D．以上均不正确

5．下列不属于平面广告的是（　　　）。

    A．电视广告　　　　B．报纸广告　　　　C．杂志广告　　　　D．招贴广告

二、多选题

1．广播广告的优点主要有（　　　）。

    A．覆盖面广　　　　　　　　　　　B．亲切动听

    C．传播迅速　　　　　　　　　　　D．收听方便

    E．图文并茂

2．报纸广告的优点是（　　　）。

    A．覆盖面广　　　　　　　　　　　B．发行量大

    C．传播迅速　　　　　　　　　　　D．针对性强

    E．印刷质量较高

3．杂志广告的缺点主要有（　　　）。

    A．时效性差　　　　　　　　　　　B．影响面窄

    C．广告费用高　　　　　　　　　　D．不易携带

    E．不易存留

4．广告媒体的发布策略包括（　　　）等。

    A．时序策略　　　　　　　　　　　B．时机策略

    C．频率策略　　　　　　　　　　　D．集中策略

    E．地区分配策略

5．确定广告媒体时应考虑的因素主要有（　　　）。

    A．目标消费者的媒体接触情况　　　B．广告商品的特性

    C．市场竞争的状况　　　　　　　　D．广告传播区域

    E．媒体成本

三、名词解释

1．广告媒体　　2．广告媒体策略　　3．视听率　　4．广告媒体组合策略　　5．品牌发展指数

四、简答及论述题

1．电视广告的优缺点主要有哪些？

2．广播广告的优缺点主要有哪些？

3．报纸广告主要有哪些缺点？

4．试论述广告媒体组合的作用。

5．试论述广告媒体发布的时序策略。

案例讨论

"变形金刚3"被斥最牛植入广告，为中国品牌改剧本

梦工厂"钢铁巨制"《变形金刚3》（以下简称"变3"）以风风火火的阵势登陆中国内地，四大国产品牌——美特斯·邦威T恤、伊利舒化奶、TCL3D电视、联想计算机的植入成为焦点。有观众笑称："国产品牌植入广告成了《变3》最大的亮点，男主角萨姆穿着邦威的衣服，镜头出现了1分多钟，女主角也一样，但不仔细看看不出来；电影中所有的计算机都是Lenovo（联想）的，Logo的特写不下5次，尤其女主角最喜欢的那个小机器人，最后变形成了联想最新款的笔记本电脑……"

其中伊利舒化奶的植入方式最让人称奇，甚至有观众表示"看完《变3》，大黄蜂、霸天虎到底做了什么都不记得了，就记得国产牛奶了"。

最牛植入——大特写，有台词，中国奶实在"高"

在影片中段，有一个华裔角色冒死向男主角传递秘密信息的情节，其中给出了这位华裔角色在电梯里拿着盒装伊利舒化奶吸吮的大特写，中文包装十分抢镜。这位演员当时还说了句台词："能让我先喝完舒化奶吗？"伊利舒化奶的整个出镜过程持续了10秒左右。

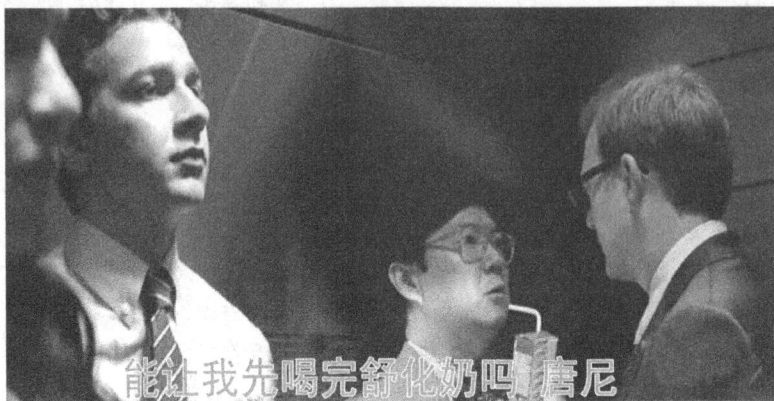

图 10-12 《变形金刚 3》中的伊利舒化奶镜头

这个情节迅速引起了中国观众热议，成为《变3》在中国最热门的话题之一。鉴于该片的影响力，不少没看过的观众不敢相信这是真的，而看过的观众普遍认为这堪称"中国品牌最牛植入广告"。

伊利公司品牌部相关负责人证实，这确实是一次经过精心设计的植入广告。伊利与片方采取了产品、台词植入与联合推广相结合的合作形式，并且要求以一个正面角色展示产品，从而提升品牌形象。由于此次植入完全针对中国市场，因此品牌文字也是中文。

而直接与《变3》制片方沟通、谈判植入广告事宜的，则是由梦工厂在中国的市场营销代理商——影工场（北京）文化咨询有限公司负责的。除了伊利外，这家公司还将 TCL、联想、美特斯·邦威三个中国品牌植入了《变3》。

幕后故事——谈四次，费心思，导演特意改剧本

影工场总裁刘思汝介绍，《变3》中所有中国品牌的植入均由其负责运作。"舒化奶"这个案例尤为特别，导演、制片人、影工场以及伊利公司进行了多次"四方电话会谈"，最终导演迈克尔·贝妥协，重新加工了剧本。

当迈克尔·贝听说有牛奶公司要植入广告并要求产品特写和台词时，第一反应是这怎么可能？这种奶在北美根本没有销售！不过他没有断然拒绝，因为影片中刚好有一个华裔角色。经过多次会谈，迈克尔·贝接受了此种假定：这位华裔喜欢中国的饮料，并且会去唐人街特地找该品牌的奶来喝。为了凸显品牌，迈克尔·贝还将原本发生在办公室中的情节搬进了电梯并设计了台词。

刘思汝表示，这一次中国企业不满足于仅露个 Logo 那种生硬植入，都要求玩新花样，有的要求近乎苛刻，确实令制片方"大伤脑筋"。

美特斯·邦威就提出，男主角在穿他们的衣服时，衣服不能出现脏污或损坏。但男主角的大部分戏都是"打戏"，想来想去，片方只好安排主角开场时在家穿。

《变形金刚 3》中国品牌植入要求一览

伊利舒化奶 产品植入，正面主要角色配合，台词提及。

TCL 电视 产品植入，能变形。

联想计算机 产品植入，能变形。

美特斯·邦威服饰产品植入，主角穿着，不得弄脏或损坏。

规则揭秘——想植入？牌子要响，要求得合理

由于出现过"三聚氰胺"丑闻，一些中国观众不敢相信国产牛奶品牌能够植入《变3》，更愿相信这次亮相国际大片只是一次恶搞。

刘思汝告诉记者，其实除了影工场的严格审核，《变3》制片方也进行了调查。他们发现伊利公司在世博、奥运会等一系列国际大型活动中均担任指定饮品，品质应该有所保证。并没有因为中国出现过"三聚氰胺"牛奶，就以偏概全。

刘思汝透露，除了保证质量，好莱坞大片还要求植入品牌的牌子要"大"，必须是行业中的领军品牌，而且不能影响电影的基本剧情。

"之前有一家汽车公司提出的要求太过分，不仅要求成为'汽车人'中的一员，还要求这个'汽车人'有自己的故事，结果被迈克尔·贝一句'我不是拍广告的'当场回绝。"刘思汝说。

费用高？一视同仁，先到能先得

有消息称，中国品牌企业此次植入《变3》花了大价钱，每秒高达6 000万元人民币。

刘思汝虽然没透露具体价格，但明确表示，这次和植入国产大片的价格没有太大差异。言外之意，绝非外界传闻的那么夸张。"好莱坞大片植入广告费用高低，主要是看时长和植入深度的要求。像覆盖整个《变3》的TCL电视和有一句台词提及的伊利舒化奶，两者的植入价格就不会有太大差别。"

据介绍，好莱坞对品牌植入秉行"先到先得"的原则，一视同仁，不会因为品牌不是美国的就特殊对待。《变3》在计算机品牌的植入问题上就曾出现过竞争，但并未打起"价格战"，原因是片方认为是中国的联想计算机先和他们敲定了合作，就直接选择了联想。"我们先向片方报了计算机、电视、牛奶等，那么别人在这些商品种类上就不能再报了。"刘思汝说。

刘思汝透露，由于《变3》中国品牌的植入广告空前成功，之后不少企业找到他们寻求合作。有些项目已经开始运作，在明年上映的《007》第23部中，观众也将看到中国品牌的身影。

片方说法——不图广告费 看重中国"宣传"效果

植入费用并不惊人，为了植入，导演还屈尊改剧本，《变形金刚3》图的啥？针对中国品牌的大规模植入，《变3》的制片方究竟是何态度？迈克尔·贝电影制作公司主管商业合作的副总裁大卫·里纳透露，主要是看重在中国市场的宣传，这才是和中国商业品牌合作的基础。像伊利、美邦、TCL、联想等品牌，除了植入广告，他们在幕后还给予了我们大量宣传方面的支持。他们在中国投放产品广告时，也会"植入"我们。大卫·里纳表示，品牌对影片的宣传才是电影的最大利益，而靠广告并不能达到降低成本的目的。

资料来源：法制晚报，2011年7月12日，A3版。

问题讨论

1. 为什么近几年植入广告大行其道？
2. 请谈谈你对植入广告的看法。

第11章　广告效果测定

本章导读

　　随着市场经济的不断发展，企业间的竞争日趋激烈。为了赢得有利的市场地位，企业不惜投入巨额的广告费用。这些广告费用的投入，能否为企业带来预期的收益，是广告主极为关心的事情。因此，测定广告效果，已成为现代广告活动的重要组成部分。本章主要介绍广告效果测定概述、广告沟通效果测定、广告经济效果测定、广告社会效果测定等内容。通过对本章的学习，我们可以掌握广告效果测定的科学方法，从而正确、客观地评价广告的传播效果。

知识结构图

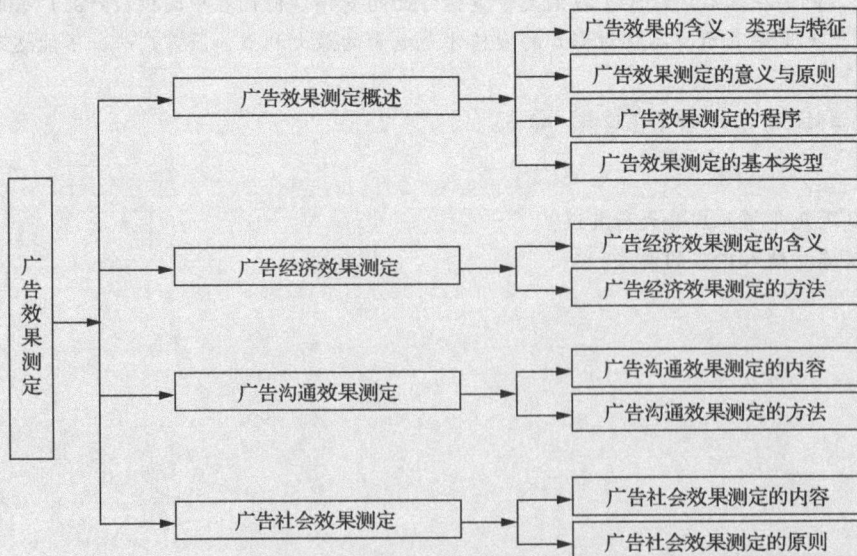

开篇引例

培训班的广告效果之惑

在高校任教的张老师看到电子商务物流认证培训非常火爆，也萌发了要办班的想法。张老师本人就是这方面的专家，经常受聘为校外的一些培训机构讲授电商物流的认证课程，很受学生欢迎，因此张老师觉得自己办班也是水到渠成之事。

张老师是个做事雷厉风行的人，有了想法就要尽快付诸实施。于是他拿起电话邀请好友刘先生和一名自己最信赖的学生商量办班事宜，没想到三人一拍即合，办班的事情就这样确定了下来。当天晚上，三人第一次面谈就确定了培训班的办学课程、办学场地、办学资质（挂靠培训学校）和师资等问题。

一切似乎都很顺利。刘先生很快就与一家培训机构达成了挂靠协议并租下了市中心的办班场地，张老师也凭借在电子商务物流培训圈里的人脉找好了培训教师。张老师的学生也没闲着，很快找广告公司制作了几百张招生海报，与刘先生一道贴满了所在城市 30 多所高校的校园。

然而，招生海报贴出后，来电咨询的学生寥寥无几，第一届仅仅招了不到 10 名学员，所收的学费还不够支付一个月房租的费用。张老师对此非常不解，培训班的师资堪称一流，办学场地也很不错，学费收得也比同行要低，为何没有大批学生前来报名呢？三人经过商议，决定加大广告投入，开始印制更多的广告招贴和宣传单，并在当地的报纸上做了几期招生广告。半个月过去了，培训班的招生情况依然没有好转，虽然陆续有学生来电咨询和报名，但办班庞大的开支使张先生他们三人根本无力承担。在匆匆办完一届之后，三人最终关闭了这个短命的培训班。

让张老师他们始料不及的是，在培训班停办一段时间之后，他们接到的报名咨询电话却日渐增多。张老师不禁陷入沉思之中。

案例分析

广告效果具有时间的滞后性。很少有广告受众看到广告后立即采取行动，广告对消费者的心理认知的影响以及诱导人们采取购买行动需要一定的时间。所以广告的效果必须在广告发布一段时间之后才能实现。在本案例中，张老师所做的培训班广告一开始效果不佳正是这个原因。因此，在评估广告效果时应充分考虑到广告效果产生作用的时间周期，不要像案例中的张老师那样轻易、草率地定下结论。

11.1　广告效果测定概述

广告效果测定是现代广告活动的重要组成部分。本节主要介绍广告效果的含义、类型和特征；广告效果测定的意义与原则以及广告效果测定的类型和基本程序。

11.1.1　广告效果的含义、类型与特征

1. 广告效果的含义

抛弃单纯的唯销售效果论，广告效果是指通过媒体传播之后所产生的影响，或者说媒体受众对广告效果的结果性反应。这种影响可以分为对媒体受众的心理（沟通）影响、对媒体受众社会观念的影响以及对广告产品销售的影响。

总之，广告效果并非是单一的经济效果，它还包含着其他方面的内容。传播广告信息，会为企业带来某些经济利益，同时对广告受众和社会环境也会产生一定的影响。广告的这种影响既可能产生经济效

果，也可能产生心理和社会的效果。广告效果可能是直接的，也可能是间接的。因此，我们对广告的效果必须有一个客观、全面的认识。

2. 广告效果的类型

从广义上讲，凡是在广告播出之后产生的影响都可以称为广告效果。这种影响不仅包括对企业的影响、对消费者的影响，而且还包含着对社会的影响。因此，广告的效果是广泛而又多元的。一般来说，我们可以从以下几个方面来对广告效果进行分类。

（1）根据涵盖内容和影响范围来划分

根据上述标准，可以将广告效果划分为经济效果、沟通效果（消费者心理效果）和社会效果。

广告的经济效果又称为销售效果，是指广告活动促进产品的销售或提供服务的增加，是对企业利润增值的贡献程度。广告主通过付费的形式，利用各种传播媒介把产品、服务以及观念等信息向目标受众传递，其最终目的就是通过广告活动来刺激消费者采取行动来购买广告产品或接受服务，以促进销售。广告的经济效果是企业广告活动最基本、最重要的效果，也是广告效果测定的主要内容。

广告的沟通效果是指广告活动在消费者心理上的反应程度，表现为广告活动对消费者的认知和改变消费者心理方面的影响。广告活动能够激发消费者对广告产品的需求，唤起他们的购买欲望，使之产生购买动机，并培养其对广告产品的信任和偏好。广告的沟通效果与销售并无直接的关系，但它可以间接地促进销售。

广告的社会效果是指广告在社会伦理、道德、教育等精神文化方面的影响。广告的内容和表现手法都带有社会形态的烙印，因此，这种烙印必然会对广告受众产生影响。例如，广告所倡导的消费观念、道德规范、思想意识都会产生一定的社会影响。

（2）根据广告产生效果的时间来划分

根据广告活动产生效果的时间来划分，可以将广告效果分为即时效果、近期效果和长期效果。

① 即时效果是指广告作品发布后立即就能产生的效果。例如，一家酒店门口的招聘广告能够吸引大量的求职人员前去应聘。

② 近期效果是指广告发布后在较短时间内产生的效果。时间通常是一个月、一个季度，最多不超过一年。在此期间，广告主的广告商品（服务）的销售额出现增长，品牌知名度、美誉度等会有一定程度的提高。大多数广告都追求近期的广告效果，它是衡量一则广告活动成功与否的重要标志。

③ 长期广告效果是指广告在目标受众心理产生的长期影响。一般情况下，消费者在接收到广告信息后，并不会立即采取购买行动，而是把这些信息保存积累起来，只有在需要消费的时候这些广告信息才会被加以利用。因此，检验一则广告是否有效时，必须充分考虑到广告产生效果的时间因素，不能仅凭广告的即时效果和近期效果来评价广告的优劣。

（3）根据广告产品所处的不同生命周期阶段来划分

根据广告产品处于不同的生命周期阶段，可以将广告效果划分为导入期效果、成长期效果、成熟期效果与衰退期效果。

（4）根据广告宣传活动的整体过程划分

据此标准，可以分为事前测定效果、事中测定效果与事后测定效果。这是一种常见的划分方式，其目的是随时了解广告的具体效果，并根据效果的不同不断调整和修改广告计划。

3. 广告效果的特征

广告效果是一个集合的概念，涉及诸多方面。广告效果具有与其他经济活动效果不同的特征，主要表现在以下几个方面。

（1）时间的滞后性。广告对媒体受众的影响程度由经济、文化、风俗、习惯等多种因素综合决定。有些媒体受众对广告的反应快一些，有的则慢一些；广告对目标受众的影响有的可能是连贯的、继起的，有的则可能是间断的、迟效的。一般来说，除非强迫消费者去阅读、收听或观看广告，人们对广告的认识是逐步的。广告对消费者的心理认知的影响以及诱导人们采取购买行动需要一定的时间。也就是说，广告的效果一般在广告发布一段时间之后才能实现，我们称为广告效果的时滞性。

事实上，广告的效果是短暂的，即便是长期不做更换的招牌广告，由于媒体受众的流动性，广告给消费者留下的印象也可能是短时的。在这短暂的时间里，即使消费者的购买欲望被激起，也很难立即做出购买的决定。消费者往往要等到时机成熟时才购买广告产品。

时间的滞后性使广告宣传的效果不能很快、很明显地显示出来。因此，测定广告宣传的效果，首先要把握广告产生作用的周期，确定效果发生的时间间隔，区别广告的即时性和迟效性。只有这样，才能准确地预测某次广告活动的效果。

（2）效果的积累性。广告宣传活动往往是反复进行的。一次广告宣传由于传输信息的偶然性与易失性，使得广告效果很难立竿见影。因此，广告发布一般都是反复的，每一次广告发布都会在一定程度上加深消费者的印象，扩大消费者对广告产品的认知范围和认知强度。所以，某一时点的广告效果都是这一时点以前的多次广告宣传积累的结果。我们不能因为一则广告在发布一次之后未能促使消费者产生购买行为，就断定该广告无效。寄希望于一次广告就能产生良好效果是不太现实的。

广告受众因受多种因素的影响而未采取购买行动，这段时间就是广告效果的积累期。针对广告效果的这一特性，广告主进行广告宣传时，应突出广告的诉求点，以鲜明的特色来打动消费者，使他们产生购买欲望，并最终达成交易行为。

阅读资料 11-1　　广告重复的效果

广告重复刊播能够提高或巩固品牌的知名度，对此似乎没有人会产生怀疑。事实上，绝大多数的知名品牌或企业之所以知名，跟其广告的频繁重复是分不开的。无论是名牌进口产品，如可口可乐饮料、松下电器，还是知名的国内产品如春兰空调、乐百氏奶、两面针牙膏，消费者都反复在电视或其他媒体上看过或听过。

心理学的研究也提供了大量的科学依据。例如，心理学家 D·潘达斯在 1970 年、1971 年的一系列试验研究中，向受试者呈现一些单词，并要求受试者出声复述。试验结果发现，所有单词的平均记忆成绩随着重复呈现次数的增加而提高，个别单词也由于受试者复述次数的提高而显示出较高的记忆水平。另一学者的研究也发现，只呈现一次的单词，受试者的回忆率为 28%；呈现两次，回忆率提高到 47%。

黄合水等人曾直接以电视广告为试验材料做研究并发现，受试者见过率在 80% 以上的广告，再认成绩显著地高于见过率在 10% 以下的广告。产品名称重复播讲 3 次或 3 次以上的广告，其再认成绩也明显地高于产品名称播讲不到 3 次的广告。由此可见，如果要达到扩大品牌或企业知名度的目的，广告可以尽可能多、尽可能频繁地重复刊播。

（3）效果的复合性。广告效果具有复合性具有两重含义。其一是，广告活动不过是企业营销体系的一个环节而已，决定产品销售业绩的因素很多，如产品开发策略、定价策略、渠道策略等；其二是，某一时期的广告效果也许是多种媒体广而告之的结果，鉴于不同的广告媒体具有不同的特点，广告主可以综合加以利用。在测定广告效果时，要分清影响广告效果或决定广告效果的主要因素，以确保测定的客观性与真实性。

（4）效果的间接性。广告效果的间接性主要表现在两个方面：一方面，受广告宣传影响的消费者，在购买商品之后的使用或消费过程中，会对商品的质量和功能有一个全面的认识。如果商品质量好并且价格合理，消费者就会对该品牌商品产生信任感，就会重复购买；另一方面，对某一品牌商品产生信任感的消费者就会将该品牌推荐给亲朋好友，从而间接地扩大了广告效果。

（5）效果的层次性。广告效果具有层次性，既有经济效果、认知效果和社会效果之分，又有立即效果、近期效果和长期效果之别。只有将上述效果很好地综合考虑，才能有利于广告主产品的销售以及塑造良好的企业形象与品牌形象。广告策划者在开展广告宣传活动时，不能只顾眼前利益而发布虚假广告，更不能只要经济利益而不顾社会影响。

（6）效果的耗散性。由于广告之间存在着竞争，同类产品的广告大战，必然会对彼此的广告效果产生负面的影响。例如，一位广告天才策划了一次非凡的广告活动，正当人们为之叫好之际，另一位广告天才也为竞争对手策划了同样优秀的广告活动，在同一时期与之相抗衡，以致前一位广告天才所策划的广告效果大打折扣，未能达到预期的效果。在这种情况下，我们能说第一位广告天才策划的广告活动不好吗？

了解以上广告的 6 个特性，有助于我们更加准确地制定广告战略，以争取理想的广告效果；同时，也可以帮助我们树立科学的观念，掌握科学的方法，更加客观地测定广告的效果，保证广告活动持续有效地开展。

11.1.2　广告效果测定的意义与原则

1. 广告效果测定的意义

广告宣传是企业在现代市场上开展的重要促销活动之一。广告活动是企业的一种投资行为，它的产出状况直接关系着企业的命运，因此，对广告效果进行测定是一项非常重要的工作。但是，测定广告效果具有一定的难度，主要表现在以下 5 个方面：①难以分离广告效果与其他因素所产生的效果；②进行广告测定需要很多费用和时间，而企业一般没有这一方面的预算；③广告制作者一般回避对广告活动结果的否定性评价；④在"测定广告效果本身就阻碍广告制作"的认识下，企业不愿进行广告效果的测定；⑤对测定方法的不同看法阻碍了广告效果的测定活动。

虽然有诸多阻碍因素的存在，但广告效果测定还是为越来越多的现代企业所重视。广告效果测定的意义主要有以下 5 点。

（1）广告效果测定是对整个广告活动经验的总结。广告效果是对整个广告活动的总结，是检验广告计划、广告活动合理与否的有效途径。在广告测定过程中，通过将广告结果与计划目标进行对比，能够衡量广告的实现程度，并能够据此总结经验，吸取教训，为下一阶段的广告促销打下良好的基础。

（2）广告效果测定是广告主进行广告决策的依据。在某一时期广告活动结束之后，广告主必须客观地测定广告效果，检验广告目标与企业目标、目标市场、营销目标的吻合程度，以正确把握下一阶段的广告促销活动。如果对广告活动的成效心中无数，就会使广告主在经营决策方面盲目行动，误入歧途。

（3）促进企业改进广告的设计与制作。通过对广告效果的测定，企业可以了解消费者对广告作品的接受程度，鉴定广告主题是否突出，广告形象是否有艺术感染力，广告语言是否简洁、鲜明、生动，是否符合消费者的需求，是否收到良好的心理效果等。这些都为企业未来的广告活动提供了参考资料，并有助于企业改进广告的设计和制作，使广告宣传的内容和表现形式的结合日臻完美，从而使广告的诉求更加有力。

（4）促进整体营销目标与计划的实现。广告效果测定能够比较客观地确定广告活动所取得的效益，也可以找到除广告宣传因素外影响企业产品销售的原因，如产品的款式、包装、质量、价格等问题。企业可据此调整生产经营结构，开发产品，生产适销对路的产品，实现经营目标，取得良好的经济效益。

（5）增强企业的广告意识。对广告效果进行科学的评价、测定，可以摒弃单凭经验、感觉来主观评判广告效果的做法，可以使企业的广告活动规范化、严密化和精细化，从而制定可行的广告决策。同时，通过对广告效果的测定，可以使企业切实感受到广告所带来的各种收益，增强其运用广告发展企业的信心，促进企业与广告业的共同繁荣。

2. 广告效果测定应遵循的原则

为确保广告效果测定的科学、准确，在测定过程中必须遵循以下原则。

（1）针对性原则

针对性原则是指测定广告效果时必须有明确而具体的目标。例如，广告效果测定的内容是经济效果还是社会效果，是短期效果还是长期效果，短期效果中是企业的销售效果还是消费者心理效果，如果是心理效果，是测定态度效果还是认知效果。如果测定的是认知效果，是测定媒体受众对产品品牌的认知效果还是对广告产品的功能特性的认知效果等。只有确定了具体的测定目标，才能选择相应的手段与方法，测定的结果也才能准确、可靠。

（2）可靠性原则

广告效果只有真实、可靠，才有助于企业进行决策，提高经济效益。在测定广告效果的过程中，要求抽取的调查样本具有典型性和代表意义；调查表的设计要合理，汇总分析的方法要科学、先进；考虑的影响因素要全面；测试要多次进行，反复验证。只有这样，才有可能取得可靠的测试结果。如果多次测试的结果都基本相同，说明该测试的可靠程度较高，否则此测试一定存在问题，有必要做进一步的修订。

（3）综合性原则

影响广告效果的因素多种多样，既有可控因素，也有不可控因素。可控因素是指广告主能够改变的因素，如广告预算、媒体的选择、广告刊播的时间、广告播放的频率等；不可控因素是指广告主无法控制的因素，如相关的法律法规、目标市场的经济发展水平、消费者的风俗习惯等。对于不可控因素，在测定广告效果时要充分预测它们对企业广告宣传活动的影响程度，做到心中有数。在测定广告效果时，除了要对影响因素进行综合性分析外，还要考虑到媒体使用的并列性以及广告播放时间的交叉性。只有这样，才能排除片面性的干扰，取得客观的测定效果。

（4）经常性原则

由于广告效果具有时间上的滞后性、效果的累积性、复合性以及间接性等特征，因此，企业不能抱有临时性或一次性测定的态度。本期的广告效果也许并不是本期广告宣传的结果，而是上期或者过去一段时间内企业广告促销活动的共同作用的结果。因此，在测定广告效果时必须坚持经常性原则，要定期或不定期地测定，同时还要进行科学的分析，从而得出客观的结论。

（5）简便易行原则

在制订广告效果测定计划时，必须坚持简便易行的原则。即在不影响测定要求和准确度的前提下，使测定方案不仅要在理论上可行，而且还要在实施中具有较强的可操作性。

（6）经济性原则

进行广告效果测定，所选取的样本数量、测定模式、地点、方法以及相关指标等，既要有利于测定工作的展开，同时又要从广告主的经济实力出发，考虑测定费用的额度，充分利用有限的资源为广告主多办事、办好事，否则就会成为广告主的一种负担或是一种资源浪费。为此，企业要搞好广告效果测定的经济核算工作，用较少的成本投入取得较高的广告效果测定产出，以提高广告主的经济效益，增强广告主的经营实力。

11.1.3 广告效果测定的程序

广告效果测定的程序大体上可以划分为确定问题、收集有关资料、整理和分析资料、论证结果和撰写分析报告等过程。

1. 确定效果测定的具体问题

由于广告效果具有层次性的特点，因此测定效果问题不能漫无边际，而应事先决定研究的具体对象以及从哪些方面对该问题进行剖析。广告效果测定人员要把广告主宣传活动中存在的最关键和最迫切需要了解的效果问题作为测定重点，设立正式测定目标，选定测定课题。

广告效果测定课题的确定方法一般有两种。

（1）归纳法，即了解广告主广告促销现状，根据广告主的要求来确定分析的目标；

（2）演绎法，其基本思想是根据广告主的发展目标来衡量企业广告促销的现状，即广告主发展目标—企业广告现状—企业广告效果测定课题。

2. 收集有关资料

这一阶段主要包括制订计划、组建调查研究组深入调查、搜集资料等内容。

（1）制订计划。根据广告主与测定研究人员双方的洽谈协商，广告公司应该委派课题负责人，写出与实际情况相符的广告效果测定工作计划。该计划内容包括课题进行步骤、调查范围与内容、人员组织等。如果广告效果测定小组与广告主不存在隶属关系，就有必要签订有关协议。按照测定要求，双方应在协商的基础上就广告效果测定研究的目的、范围、内容、质量要求、完成时间、费用酬金、双方应承担的权利与责任等内容订立正式的广告效果测定调查研究合同。

（2）组建调查研究组深入调查。在确定广告效果测定课题并签订测定合同之后，测定研究部门应根据广告主所提课题的要求和测定调查研究人员的构成情况，综合考虑，组建测定研究组。在课题组的组建中，应选择好课题负责人，然后根据课题的要求分工负责、群策群力地进行课题研究，认认真真深入调查，才能产生高质量的测定结果。

（3）搜集有关资料。广告效果测定研究组成立后，要按照测定课题的要求搜集有关资料。企业外部资料主要是与企业广告促销活动有联系的政策、法规、计划及部分统计资料；企业所在地的经济状况、市场供求变化状况、主要媒体状况、目标市场上消费者的媒体习惯以及竞争企业的广告促销状况。企业内部资料包括企业近年来的销售、利润状况，广告预算状况。

3. 整理和分析资料

整理和分析资料是对通过调查和其他方法所搜集的大量信息资料进行分类整理、综合分析和专题分析。资料归纳的基本方法有：按时间序列分类、按问题分类、按专题分类、按因素分类等。在分类整理资料的基础上进行初步分析，摘出可以用于广告效果测定的资料。

分析方法有综合分析和专题分析两类。综合分析是从企业的整体出发，综合分析企业的广告效果。例如，广告主的市场占有率分析、市场扩大率分析、企业知名度提高率分析等。专题分析是根据广告效果测定课题的要求，在对调查资料汇总之后，对广告效果的某一方面进行详尽的分析。

4. 论证分析结果

论证分析结果，即召开分析结果论证会。论证会应由广告效果测定研究组负责召开，邀请社会上有关专家、学者参加，广告主有关负责人出席，运用科学的方法，对广告效果测定结果进行全方位的评议和论证，使测定效果科学合理。常用的论证评议方法如下。

（1）判断分析法。由测定研究组召集课题组成员，邀请专家和广告主主要负责人出席，对提供的分析结果进行研究和论证，然后由主持人集中起来，并根据参加讨论人员的身份、工作性质、发表意见的权威程度等因素确定一个综合权数，提出分析效果的改进意见。

（2）集体思考法。由测定研究组邀请专家、学者参加，对广告效果的结果进行讨论研究，发表独创性意见，尽量使会议参加者畅所欲言，集体修正，综合分析。

5. 撰写测定分析报告

广告策划者要对经过分析论证并征得广告主同意的分析结果进行认真的文字加工，写成分析报告。企业广告效果测定分析报告的主要内容包括：①绪言，主要阐明测定广告效果的背景、目的和意义；②广告主概况，主要说明广告主的人、财、物等资源状况，广告主广告促销的规模、范围和方法等；③广告效果测定的调查内容、范围与基本方法；④广告效果测定的实际步骤；⑤广告效果测定的具体结果；⑥改善广告促销的具体意见。

11.1.4　广告效果测定的基本类型

根据不同的归纳方法，广告效果测定的类型可以分为多种。其中常见的类型有事前、事中和事后测定；经济效果、沟通效果和社会效果测定等。下面就以上几种基本的测定类型做一下简单的介绍。

1. 事前测定、事中测定和事后测定

广告效果测定并非只是在广告发布之后才开始进行，事实上，在广告发布之前和发布过程之中也需要进行效果测定。这是因为事先测定能够起到一定的预测作用，对于整个广告活动的实施有着非常重要的作用；而事中测定则可以检验广告计划的执行情况，以保证广告战略的正常实施。

事前测定是指在广告活动之前对广告的策划方案、表现效果及媒体效果进行评价，其主要目的在于提前发现广告作品和媒体组合中存在的问题，及时提出修改意见和方案，以确保广告正式发布后能够产生最佳的传播效果。事前测定的对象主要有针对媒体情况的调查和针对作品效果的测验。媒体调查一般通过访问日记、访问电话或自动记录仪器等，对各个媒体的单位数、受众人数、社会声誉等情况进行事先调查研究；作品测验是对广告创意构想、文案创作的效果等，采用多种方法进行测定，以便为最后定稿提供参考。

事中测定是指在广告活动实施期间随时了解受众反应，测试和验证广告策略是否符合实际的活动。通常采用市场实验法、回函测定法、分割测定法等方法对广告实施过程中的传播及营销效果进行检测测定。[①]

事后测定是指在整个广告活动结束后，有关方面对广告效果所进行的测定。广告效果的事后测定，是整个广告活动测定的最后阶段，是测定和检验广告活动的最终指标，是人们判断广告活动效益的根本依据。事后测定一般是由广告公司或广告主自己来进行的，现在许多专门的社会中介机构也介入了这一业务领域。事后测定是最常见、最普遍的广告效果测定活动。

2. 经济效果测定、心理效果测定和社会效果测定

根据广告效果的层次性来划分，广告效果测定可以分为经济效果测定、心理效果测定和社会效果测定3种。

广告的经济效果测定的重点是，在投入一定广告费用及广告刊播之后，广告活动所引起的产品销售额与利润的变化情况。广告经济效果是广告主最为关心的问题，但由于广告效果的复杂性，进行销售效果的测定必须注意以下几个问题。[②]

（1）一个品牌销售量的增减，是由多方面因素综合决定的，广告只是其中一个因素。因此，测定广告销售效果时，必须从企业环境、市场环境全局出发做系统考虑，全面、科学地分析广告的影响。

（2）广告的效果有即时、短期和长期3种表现，不可只追求即时效应。

（3）广告的效果包括促销和延缓产品衰退等多方面的作用，在分析时，要具体对待。

（4）要根据广告效果测定目标，选择恰当的测定方法。

广告的心理效果即沟通效果，是指广告在消费者心理上引起反应的程度及其对促进购买的影响，包括知名、了解、信服，或知名、理解、喜爱、偏好、信服，或知名、了解、态度、认为合理或注意、兴趣、欲望等。在广告心理效果中，接触广告的人们的心理变化基本上是按"认知—接受—行动"这种发展模式，每一个层次的目的都可以作为广告沟通效果来测定。

广告的社会效果测定是指从社会道德、风俗习惯、语言文字、宗教信仰等方面对广告效果进行的综合考察和测定。广告的社会效果测定正日益受到人们的关注和重视。

---

① 李宝元. 广告学教程. 北京：人民邮电出版社，2004：321.

② 王国全. 新广告学. 广州：广东人民出版社，2002：322.

11.2 广告经济效果测定

广告的经济效果是广告活动最佳效果的体现，它集中反映了企业在广告促销活动中的营销业绩。广告经济效果测定是衡量广告最终效果的关键环节。

11.2.1 广告经济效果测定的含义

广告经济效果测定，就是测定在投入一定广告费及广告刊播之后，所引起的产品销售额与利润的变化状况。

需要明确的是"产品销售额与利润变化状况"包含两层含义：一是指一定时期的广告促销所导致的广告产品销售额，以及利润额的绝对增加量，这是一种最直观的衡量标准；二是指一定时期的广告促销活动所引起相对量的变化。它是广告投入与产出结果的比较，是一种更深入、更全面了解广告效果的指标。这种投入产出指标对提高企业经济效益有着重大的意义。它要求：

（1）每增加一个单位产品的销售额，要求广告投入最小，销售增加额最大。

（2）每增加一个单位的广告经济效益相对指标，要求企业（即广告主）获益最大。即经济效益的提高要与企业形象、品牌形象的成功塑造相结合。

（3）这种相对指标的提高，要有利于形成一个良好结构与良性循环。良好的结构是指企业内在的生产经营结构与市场需求趋势以及消费者偏好相适应，从而有利于企业开展促销活动；良性循环是指广告促销活动有利于企业调整生产经营结构，开发新产品，生产出适销对路的产品，这一循环成为企业发展的一种内在的自律机制。

11.2.2 广告经济效果测定的方法

广告的销售效果一般比沟通效果难以测定，销售除了受广告促销的影响外，还受其他许多因素的影响，诸如产品特色、价格、售后服务、购买难易程度以及竞争者的行动等。这些因素越少以及可控制的程度越高，广告对产品销售量的影响就越容易测定。

常用的测定广告经济效果的方法主要有以下几种。

1. 广告费用比率法

为测定每百元销售额所支付的广告费用，可以采用广告费用比率法这一相对指标，它表明广告费支出与销售额之间的对比关系。其计算公式如下：

$$广告费用率=\frac{本期广告费用总额}{本期广告后销售总额}\times100\%$$

广告费用率的倒数可以称为单位广告费用销售率，它表明每支出一单位的广告费用所能实现的销售额。计算公式为：

$$单位广告费用销售率=\frac{本期广告销售总额}{本期广告后费用总额}\times100\%$$

2. 单位广告费用销售增加率法

单位广告费用销售增加率的计算公式为：

$$单位广告费用销售增加率=\frac{本期广告后的销售额-本期广告前的销售额}{本期广告费用总额}\times100\%$$

3. 广告效果比率法

广告效果比率的计算公式如下：

$$广告销售效果比率=\frac{本期销售额增长率}{本期广告费用增长率}×100\%$$

$$广告销售利润效果比率=\frac{本期销售利润增长率}{本期广告费用增长率}×100\%$$

4. 费用利润率、单位费用利润率和单位费用利润增加额法

这是一种综合方法，具体的计算公式为：

$$广告费用利润率=\frac{本期广告费用总额}{本期广告后利润总额}×100\%$$

$$单位广告费用利润率=\frac{本期广告后利润总额}{本期广告费用总额}×100\%$$

$$单位广告费用利润增加率=\frac{本期广告后利润总额-本期广告前利润总额}{本期广告费用总额}×100\%$$

5. 市场占有率法

市场占有率是指某品牌产品在一定时期、一定市场上的销售额占同类产品销售总额的比例。计算公式为：

$$市场占有率=\frac{某品牌产品销售额}{同类产品销售总额}×100\%$$

$$市场占有率提高率=\frac{单位广告费用销售增加额}{同类产品销售总额}×100\%$$

$$市场扩大率=\frac{本期广告后的市场占有率}{本期广告前的市场占有率}×100\%$$

6. 市场占有率与声音占有率

这种方法主要用来评价广告开支是多还是少。声音占有率是指某品牌产品在某种媒体上，在一定时间内的广告费用占同行业同类产品广告费用总额的比例。假如以下公式成立：

$$广告费用占有率=声音占有率=注意占有率=市场占有率$$

换句话说，广告主广告费用占有率产生相应的媒体受众听见声音的占有率，并因此获得他们相应的注意占有率，从而最终决定他们的购买行为。但实际上，该假设并不成立。美国广告专家派克·汉（Peck Hem）研究了几种产品消费的若干年声音占有率与市场占有率之间的关系，发现老产品的这一比例为 1：1，新产品的比例为 1.5：1～2：1。广告有效率等于市场占有率与声音占有率之比。计算公式为：

$$广告有效率=\frac{市场占有率}{声音占有率}×100\%$$

例如，A、B、C 三家公司在某段时间的广告费用、声音占有率、市场占有率的情况如表 11-1 所示。

表 11-1　　　　　　　　　　　　　　A、B、C 三家公司的广告有效率

公司名称	广告开支（万元）	声音占有率（%）	市场占有率（%）	广告有效率（%）
A 公司	200	57.1	40.0	70
B 公司	100	28.6	28.6	100
C 公司	50	14.3	31.4	220

从表 11-1 可知，A 公司花费了整个行业广告开支总额 350 万美元中的 200 万美元，因而其声音占有率为 57.1%，但其市场占有率只有 40%，用声音占有率除市场占有率，得出广告有效率为 70%，这说明 A 公司广告开支不是过多就是分配不合理；B 公司花费了开支总额的 28.6%，并且有 28.6% 的市场占有率，结论是 B 公司的广告有效率为 100%；C 公司只花费了广告费用总额的 14.3%，然而得到 31.4% 的市场占有率，说明该公司的广告效果非常好。

7. 盈亏临界点法

盈亏临界点法的关键是确定平均销售广告费用率，计算公式为：

$$平均销售广告费用率 = \frac{广告费用}{产品销售额} \times 100\%$$

用符号代入推导：

$$L = \frac{X + \Delta X}{C} \qquad 即 \ L \times C = X + \Delta X$$

得出 $\quad \Delta X = LC - X$

式中：X 表示基期广告费用；ΔX 表示报告期广告费用增加额；C 表示报告期产品销售额；L 表示平均销售广告费用率。

如果计算结果 $\Delta X > 0$，说明广告费用使用合理，经济效果好；$\Delta X < 0$，说明广告费用使用不合理，需要调整广告宣传策略，压缩广告预算规模。

8. 广告效果测定指数法

这种方法是假定其他因素对广告产品的销售没有影响，只有广告促销与产品销售有着密切的关系。具体做法如下。

广告刊播以后，广告策划者对部分媒体受众进行调查。调查的问题是：

- 是否看过某则广告？
- 是否购买了广告宣传中的产品？

假定调查结果如表 11-2 所示。

表 11-2　　　　　　　　　　　　　　某则广告调查结果

项目	看过某则广告	未看过某则广告	合计人数
购买广告产品人数	a	b	a+b
未购买广告产品人数	c	d	c+d
合计	a+c	b+d	N

表中，a 为看过广告而购买广告产品的人数；b 为未看过广告而购买广告产品的人数；c 为看过广告而未购买广告产品的人数；d 为未看过广告而又未购买广告产品的人数；n 为被调查的总人数。

从表中 11-2 中可以看出，即使在未看过广告的被调查者中，也有 b/（b+d）的比例购买了广告产品。因此，要从看过广告而购买产品的 a 人中，减去因广告以外影响而购买广告产品的（a+c）×b/（b+d）人，才能得出真正因为广告而唤起购买欲望的购买效果。用这人数除以被调查者总人数，所得的值就是广告效果指数（Advertising Effectiveness Index）。这个指数常用 AEI 来表示。其计算公式为：

$$AEI = \frac{1}{N}[a - (a+c) \times \frac{b}{b+d}] \times 100\%$$

例如，某糖果生产企业为自己的同一系列产品进行过两次电视广告宣传，经过调查，获得以下有关资料（见表 11-3 和表 11-4）。

表 11-3　　　　　　　　　　　　　某糖果产品的第一次广告宣传　　　　　　　　　　　　单位：人

项目	看过电视广告	未看过电视广告	合计
购买广告产品	50	28	78
未购买广告产品	70	92	162
合计	120	120	240

$$AEI_1 = \frac{1}{240}240 \times [50 - (50 + 70) \times \frac{28}{28 + 92}] \times 100\%$$
$$= 9.17\%$$

表 11-4   某糖果产品的第二次广告宣传   单位: 人

项目	看过电视广告	未看过电视广告	合计
购买广告产品	60	18	78
未购买广告产品	55	107	162
合计	115	125	240

$$AEI_2 = \frac{1}{240} \times [60 - (60 + 55) \times \frac{18}{18 + 107}] \times 1\,000\%$$
$$= 18.10\%$$

从两次计算结果可以看出，第一次广告效果指数为 9.17%，第二次广告效果指数为 18.10%，第二次比第一次提高了 8.93 个百分点。如果两次的广告媒体选择、播放时间、广告预算总额相等，那么就说明第二次广告策划明显好于第一次。因此，有必要对第一次广告策划进行策略性调整或修改。

11.3 广告沟通效果测定

广告的沟通效果即广告心理效果测定，目的是了解广告在知晓度、认知和偏好等方面的效果。

11.3.1 广告沟通效果测定的内容

1. 广告知晓度的测定

广告知晓度是指媒体受众通过多种媒体了解某则广告的比率和程度。广告知晓度的计算公式如下：

$$某则广告的知晓度 = \frac{被调查者中知道该广告的人数}{被调查者总人数} \times 100\%$$

当新产品上市时，广告宣传的目的是为了告知媒体受众某品牌产品的存在。当产品处于成长期、成熟期或衰退期时，广告的诉求点则在于产品的功能及特性等方面信息的传输。广告知晓度和了解度正是用于测定不同阶段广告效果的有效指标和内容。

2. 广告回忆状况的测定

对广告回忆状况的测定，是指借助一定的方法评估媒体受众能够复述或复制出其所接触广告内容的一种方法。"回忆"常被用来确定消费者记忆广告的程度。对广告回忆的方法，主要有无辅助回忆和辅助回忆两种。

（1）无辅助回忆。无辅助回忆又称纯粹回忆，是指让媒体受众独自对某些广告进行回忆，调查人员只如实记录回忆情况，不做任何提示。如问："请您想想在过去几周中，有哪些品牌的方便面在电视上做了广告宣传？"

（2）辅助回忆。这种方法是调查人员在调查时，适当地给被调查者某种提示。例如，提示广告的商标、品牌色彩、标题或插图等。如问："您记得最近看过或听过康师傅方便面的任何广告吗？"辅助回忆法询问的项目或内容越具体，获得的信息就越能鉴定媒体受众对广告了解程度的高低。

3. 偏好状况的测定

偏好是经济学研究的重要问题之一。它是指在一些竞争产品中，消费者较固定地购买某品牌产品的心理特征。美国著名经济学家乔治·斯蒂格勒曾说："趣味偏好是在竞争中筛选出来的。不是随意给定的，它们必须面临一个连续竞争的严峻考验。"也就是说，偏好在一定时期内是相对稳定的。通过突出感人的诉求点，培养消费者的品牌偏好，对广告主来说是非常重要的。因为偏好一旦形成，在较长时期内将会产生一系列的重复购买行为。

11.3.2　广告沟通效果测定的方法

广告沟通效果测定根据时间安排的不同可以分为事前测定、事中测定和事后测定。相应地，运用的方法也可以分为 3 种类型。

1. 事前测定

广告作品沟通效果事前测定的方法是：在广告作品尚未正式刊播之前，邀请有关广告专家和消费者团体进行现场观摩，审查广告作品存在的问题，或进行各种试验（在实验室运用各种仪器来测定人们的各种心理活动效应），以对广告作品可能获得的成效进行评价。根据测定的结果，及时调整广告促销策略，修正广告作品，突出广告的诉求点，提高广告的成功率。心理效果事前测定常用的具体方法主要有以下几种。

（1）专家意见综合法

该方法是在广告文案设计完成之后，邀请有关广告专家、心理学家和营销专家进行评价，多方面、多层次地对广告文案及媒体组合方式将会产生的效果做出预测，然后综合所有专家的意见，作为预测效果的基础。运用此法事前要给专家提供一些必要的资料，包括设计的广告方案、广告产品的特点、广告主生产经营活动的现状及背景资料等。专家意见综合法是事前测定中比较简便的一种方法。但要注意所邀请的专家应能代表不同的广告创意趋势，以确保所提供意见的全面性和权威性。

（2）直接测试法

这种方法是把供选择的广告展露给一组消费者，并请他们对这些广告进行评比打分。广告评分标准如表 11-5 所示。这种评比法用于评估消费者对广告的注意力、认知、情绪和行动等方面的强度。虽然这种测定广告实际效果的方法还不够完善，但一则广告如果得分较高，也可说明该广告是可能有效的。

表 11-5　　　　　　　　　　　广告评分表

评分内容	评分
本广告吸引读者注意力的能力如何？ ——————————————————————	（　　）
本广告使读者往下继续阅读的能力如何？ ——————————————————————	（　　）
本广告主要的信息或利益的鲜明度如何？ ——————————————————————	（　　）
本广告特有的诉求效能如何？ ——————————————————————	（　　）
本广告建议激起实际购买行动的强度如何？ ——————————————————————	（　　）

评分标准

差	中等	一般	好	优秀
0	20	40	60	80　　100

注：表中每项得分为 0～20 分。

（3）组群测试法

这种方法是让一组消费者观看或收听一组广告，对时间不加限制，然后要求他们回忆所看到或听到的全部广告以及内容，广告策划者可给予帮助或不给予帮助。他们的回忆水平表明广告的突出性以及信息被了解或记忆的程度。

在组群测试中，必须用完整的广告以便能做出系统的评估。组群测试一次可以测试 5～10 则广告。

在调查中，通常询问的问题主要有以下几个。

- 您对哪几则广告感兴趣？
- 您喜欢哪一则广告？
- 这则广告宣传的是什么？您明白了吗？
- 您觉得广告中的文字和图案是否有需要改进的地方？
- 您看过广告后，给您最深刻的印象是什么？
- 看了广告后，您有没有产生进一步了解广告产品的兴趣，或者有近期购买产品的打算？

（4）仪器测试法

随着科学技术的进步，伴随人类心理效应变化而产生的生理变化测试仪，也在不断地创新与完善。在广告领域，作为一种辅助手段，借助仪器测试广告作品效果的做法也多了起来。

① 视向测验法（Eye camera test）。人们的视线一般总是停留在关心与感兴趣的地方，越关心，越感兴趣，视线驻留时间就越长。视向测验器（Eye camera）是记录媒体受众观看广告文案各部分时的视线顺序以及驻留时间长短的一种仪器。根据测知的视线移动图和各部位注目时间长短的比例，可以预知：a. 广告文案文字字体的易读性如何，从而适当安排文字的排列；b. 视线顺序是否符合广告策划者的意图，有无被人忽视或不留意的部分，如果有，则要进行调整；c. 广告画面中最突出或最吸引人的部分，是否符合设计者的意图，如果不符合，应立即予以调整。

仪器测试法也有以下缺点。视线运动是根据眼球移动的，但不能确保视线运动与眼球移动完全一致。注目时间的长短，并不能完全说明消费者兴趣的大小。如一目了然的事物，被注视的时间自然就短；而令人费解的图文，往往需要被试者花费较多的时间去琢磨。另外，测验费用较高，也是仪器测试法的一大缺点。

② 皮肤测试法。该方法主要利用皮肤反射测验器（galvanic skin reflex）来测量媒体受众的心理感受。运用此法的理论根据是：人在受到诸如兴奋、感动、紧张等情绪起伏的冲击后，人体的出汗情况会随之发生变化，可测定其感受的波动。

皮肤测试法主要用于对电视广告效果的测定，其次是对广播广告的测定。根据测试的结果，大体上可以确知最能激起媒体受众情感起伏的地方，以此检查此处"高潮"是否符合广告策划者的意图。

皮肤测试法也有一定的缺点：每个人的内分泌的情况各不相同，情绪反映也有快有慢，因此必须事先加以测定，再根据实际反映的情况进行修正，工作程序非常烦琐。情绪的波动，内心的冲动，每个人的情况各不相同。引起内心冲动的因素有的来自于音响，有的来自于画面色彩或表演等。情绪的波动，有的可能是积极的，有的则是消极的。因此，必须辅以其他的方法，进行全面的分析，才能得出正确的结果。

③ 瞬间显露测验法。这种方法是利用电源的不断刺激，在短时间内（1/2秒或1/10秒内）呈现并测定广告各要素的注目程度。瞬间显露仪的种类有文度式、振子式、道奇式和哈佛式等，常用的是哈佛式。

这种方法的作用与用途是：测试印刷品广告中各要素的显眼程度；测试各种构图的位置效果，以决定标题、图样、文案、广告主名称的适当位置。利用实验与统计的方法，可将艺术效果计量化，并在某些情况下可区分出艺术效果，以便在二者中有所调整和取舍。例如，标题的功能，一般应是既抢眼又悦目，但悦目应从属于抢眼。在两者不可兼得的情况下，艺术效果应服从广告效果的需要。测试文案的易读程度、品牌的识别程度，以使广告整体设计具有最佳效果，使人一目了然。

④ 记忆鼓测试法。记忆鼓由一个马达，一个可以滚动的纸卷，一个定时装置，以及一个显示窗所构成。测验时，将文案写在纸卷上，开动马达，就可以使纸卷上的字一行一行地由显示窗显露出来。由于有定时装置，因此可以控制每一行文字显露的时间。在广告活动中，记忆鼓测试法专用来研究在一定时间内，人们对广告作品的记忆程度。具体的做法是，被调查者在一定时间内，经由显示窗看完一则广告后，主持测试的人员立即用回想法或再确认法测验被调查者对广告文案的记忆，从而评估出品牌名称、广告主名称、主要文案的易于记忆的程度。

这种测试法所测结果与被测验者的精神状态和记忆力的强弱有直接的关系，因而测试结果会有一定的偏差。

⑤ 瞳孔计测试法。瞳孔受到明亮光线的刺激要缩小，在黑暗中要张大。对感兴趣的事物长时间地凝视，瞳孔也会张大。瞳孔计测试法，就是根据这个道理，用有关设备将瞳孔伸缩情况记录下来，以测定瞳孔伸缩与媒体受众兴趣反应之间的关系。

这种方法多用于电视广告效果的测定。但对所取得的测试结果也不能过分相信，因为瞳孔放大这种生理反应到底掺杂着多少感性和心理方面的因素，是难以确定的。而每个人的情感、心理作用的差异都是无法忽视的。

2. 事中测定

广告沟通效果的事中测定是在广告已开始刊播后进行的。事中测定可以直接了解媒体受众在日常生活中对广告的反应，得出的结论也更加准确可靠。但这种测定结果对进行中的广告宣传的目标与策略，一般很难进行修改，只能对具体方式、方法进行局部的调整和修补。常用的广告效果事中测定法主要有市场实验法和函询法。

（1）市场实验法

先选定一两个试验地区刊播已设计好的广告，然后同时观察试验地区与尚未推出广告的地区，根据媒体受众的反应情况，比较试验区与一般地区之间的差异就可以对广告促销活动的心理效果做出测定。

美国史达氏公司（Starth）与盖洛普·鲁滨逊公司（Gallup&Robinson，G&R）是两家测试广告心理效果的公司。其做法是：先把测试的广告刊登在杂志上；广告登出后，便把杂志分发给消费者中的调查对象；随后公司同这些被调查者接触，并就杂志及其广告问题与之谈话；回忆和认识的测试结果可用来确定广告效果。史达氏公司采用此法时制定了 3 种测试评分的项目，即注意分、领悟和联想分、大部分阅读分，具体含义及计算公式如下。

- 注意分，即声称以前在杂志上看过这则广告的人数在目标读者中所占的百分比。计算公式为：

$$注意分 = \frac{被调查中看过某则广告的人数}{被调查者总人数} \times 100\%$$

- 领悟和联想分，是指能正确地将广告作品与广告主对上号的人数在读者中所占的比例。计算公式如下：

$$领悟和联想分 = \frac{被调查者中能准确叙述广告内容的人数}{被调查者总人数} \times 100\%$$

- 大部分阅读分，即声称读过广告文案一半以上的人数在读者中所占的比例。计算公式为：

$$大部分阅读分 = \frac{被调查者中知晓广告大部分内容的人数}{被调查者总人数} \times 100\%$$

以上 3 种评分结果既可作为测定广告沟通效果的标准，同时也可作为广告主进一步改进广告方案和表现方式的依据。

（2）函询法

这种方法一般采用调查问卷的形式进行。函询法一般要给回函者一定报酬，以鼓励他们积极回函反馈信息。调查问卷通常以不记名的方式，要求调查者将自己的年龄、职业、文化层次、家庭住址、家庭年人均收入等基本情况填在问卷上。调查表中要尽可能详细地列置调查问题，以便对广告的心理效果进行测试。常见的调查问题如下。

- 您看过或听过有关某品牌产品的广告吗？
- 您是通过什么媒体接触到某品牌产品的广告？
- 该广告的主要内容是什么？
- 您认为该广告有特色吗？
- 您认为该广告的构图如何？

- 您认为该广告的缺点是什么？
- 您经常购买什么品牌的产品？

……

3. 事后测定

广告沟通效果的事后测定虽然不能直接对已经完成的广告宣传进行修改或补充，却可以全面、准确地对已做的广告活动的效果进行评估。因此，心理效果事后测定的结论，一方面可以用来衡量本次广告促销活动的业绩；另一方面可以用来评价企业广告策划的得失，积累经验，总结教训，以指导以后的广告策划。

广告沟通效果的事后测定有两层含义：第一，一则广告刊播过程一结束，就立刻对其效果进行测定；第二，一则广告宣传活动结束后过一段时间，再对其心理效果进行测试。通常，效果测试与广告刊播结束之后的时间间隔主要由媒体的性质决定，同时也要考虑目标市场上消费者自身的特点。如果进行测定的时间过早，广告的时间滞后性效果尚没有充分发挥出来，得出的结论就不准确；如果测定的时间过晚，间隔时间太长，广告效果就可能淡化，得出的结论也有可能不准确。

广告沟通效果事后测定常用的方法主要有以下几种。

（1）要点打分法

该方法是请被调查者就已刊播过的广告的重要方面进行打分，各项得分之和就是该广告的实际效果。打分的具体内容如表 11-6 所示。

表 11-6　　　　　　　　　　广告心理效果打分表

打分项目	打分的主要依据	该项满分	实际打分
吸引力	吸引注意力的程度（创意）	20	
认知性	对广告诉求重点的认知程度	20	
说服力	广告引起的兴趣如何	20	
	对广告产品的好感程度	10	
行动力	由广告引起的立即购买行为	20	
	由广告唤起的购买欲望	20	
传播力	由广告文案的创造性引起的传播程度	20	
综合力	广告的媒体效果	20	

（2）雪林（Schwerin）测定法

雪林测定法是美国雪林调查公司（Schwerin Research Co.）根据节目分析法的原理，于1964年发明的测定广告心理效果的一种方法。该测定方法又分为节目效果测定法、广告效果测定法和基本电视广告测验法 3 种。

① 节目效果测定法。即召集一定数量有代表性的观众到剧场，广告策划者说明测验的标准以后，请观众按照个人的意见对进行测验的广告表演节目评分定级。评分的级别通常是：a. 有趣；b. 一般；c. 枯燥无味。这种测验完毕之后，再请观众进一步说明喜欢或讨厌广告节目中的哪一部分，并阐明理由；或者征求观众对广告节目的意见、建议。广告策划者对节目改进的意见进行统计、汇总，以作为今后设计或制作广告节目的重要依据。

② 广告效果测定法。广告效果测定法与节目效果测定法的内容基本相同，是通过邀请具有代表性的观众到剧场或摄影棚，欣赏进行测定的各种广告片。与节目效果测定法的不同之处是：在未看广告片之前，根据入场者持票号码，要求媒体受众选择自己喜欢的商品。这些选择的商品品牌中，既有将在广告片中播放的品牌，也有主要竞争对手的品牌。广告片播放完以后，请观众再一次做出选择，如果此次结果中所测验的广告商品品牌的选择度高，高出部分就是该广告片的心理效果。

测试完成后，通常将媒体受众所选择的商品赠送给他们。如果商品单位价值高，可以赠送给他们其他一些礼品。

③ 基本电视广告测验法。这种测验法的目的在于客观地评价和判断电视广告片的优劣，以及用标准化的程序测验电视广告的效果。基本电视广告测验的项目主要有以下几个方面。

- 趣味反应。利用集体反应测定机，测定媒体受众对每一广告画面感兴趣的程度。
- 回忆程度。运用自由回答法，请媒体受众回忆广告片中的产品品牌、广告主名称、画面内容以及标语、口号等。
- 理解程度。运用自由回答法，了解媒体受众对广告内容的领悟程度。
- 广告作品诊断。运用自由回答法，请媒体受众指出该广告片的特色，并提出修改意见。
- 效果评定。采用问卷的形式，测验本广告片留给媒体受众的一般印象，即广告片的一般心理效果。
- 购买欲望。请媒体受众说出有无购买广告产品的冲动或者欲望。
- 广告片的整体效果。请媒体受众对广告片做整体的评价。

这种测验法的优点是客观、全面，能真正反映媒体受众的心理活动状况，取得的资料可信度高；缺点是操作技术性强，成本费用大，具体推行起来有一定的局限性。

知识拓展 11-1   广告效果测定的几种模式

广告效果测定的模式有多种，如 DAGMAR 模式、莱维奇与斯坦纳的层级效果模式和 AIDAS 模式等。

1. DAGMAR 模式

1961 年，R. H. 科利提出了著名的达格玛模式，即"知名—了解（理解）—信服（好感））—行动"的商业传播四阶段说，达格玛即英文 DDAGMAR 的音译，为"defining advertising goals for measured advertising resultes"的缩写，中文意思是为能够衡量广告效果而确定广告目标。

达格玛模式要求在广告活动开始之前，先测定市场状况，以此作为评价的基准点，在广告活动实施中再定期反复实施同样测定，将所得结果与基准位点进行对比分析，其增减变化即是传播效果，将传播效果与目标进行对比，检查目标计划完成程度。达格玛模式以传播扩散理论为基础，以传播的说服效果为评定的中心，对广告管理和随时监控是非常有用的。

达格玛评价模式在评价传播效果、测定消费者心理变化因素方面非常有效，同时，由于达格玛理论是围绕广告传播目标提出的，因此在实施目标管理上有着明显的优势。但达格玛理论是关于态度尺度的测定，而这种测定需要有较好的心理学素质，要求有高超的同卷设计能力和调查技巧。由于该模式在实际操作中具有极好的可操作性，在广告效果评估中是一种切实可行的测定模式。达格玛不仅是测定广告传播效果的一种模式，而且是一种经营观念，一种测定广告传播效果的有效方法。

2. 莱维奇与斯坦纳的层级效果模式

罗伯特·J. 莱维奇和加里·A. 斯坦纳 1961 年提出的"认知的（从知名到理解）—情绪上的（从喜到偏好）—意欲的（从信服到购买）"的"L&S 模式"。罗伯逊于 1971 年补充修订提出"知名—了解—态度—认为合理—试用—采用"层级模式。

3. AIDAS 模式

这一理论模式又称为广告因果理论或有效广告理论，是由美国广告顾问白德尔提出来的。他认为广告有效是广告有关因素共同作用的结果，而这种作用过程正是通过强有力的刺激，引起消费者注意，激发消费者购买欲望，最终发生购买行为，并从中得到满足的过程，广告的效果在于促使这一过程的顺利完成。

这一模式为：

A 注意（attention）—I 兴趣（interest）—D 欲望（desire）—A 行动（action）—S 满足（satisfaction）

AIDAS 理论中，白德尔认为广告效果是由广告主体、广告活动、广告以外其他影响因素共同作用的结果。

$$广告效果=广告主体*广告活动*其他外界因素影响$$

白德尔提供了一种评价广告效果的思维方式，但是这一模式不适合于实际操作，同时，他的模式对广告效果要素采取了乘法模式，这就意味着广告活动最终效果是来自产品、广告活动以及广告本身之外因素共同协作的结果，任何一部门的不配合都有可能使广告动力付诸东流，只要其中一项为零，广告效果也就为零。

11.4 广告社会效果测定

11.4.1 广告社会效果测定的内容

广告宣传的社会效果是指广告刊播以后对社会某些方面的影响。这种影响既包括正面的影响，也包括负面的影响。这种影响不同于广告的心理效果或经济效果，广告策划者无法用数量指标来衡量这种影响，只能依靠社会公众长期建立起来的价值观念来对它进行评判。

广告社会效果测定

我们认为，广告的社会效果应该体现在以下几个方面。

（1）是否有利于树立正确的价值观念。如在广告中倡导一种积极向上的价值观念，这对广大青少年来说很有教育意义。

（2）是否有利于树立正确的消费观念。正确的消费观念是宏观经济健康发展的思想基础，也是确保正常经济秩序的基础。有一段时间内，我国广告宣传倡导"超前消费"，认为"超前消费"可以刺激国民经济的发展，加快国民经济发展速度。实践证明，"超前消费"只能带来较高的物价水平，扰乱正常的经济秩序。这种导向的广告宣传应该受到社会的谴责。中华民族具有节俭的美德，高储蓄可以为国民经济发展提供充足的资金，因为在宏观经济运行系统中，保持高储蓄能使市场供求处于"买方市场"的态势，为国民经济的健康发展提供良好的外部环境。

（3）是否有利于培育良好的社会风气。如是否有利于重视教育、爱护环境、节约使用资源、遵守公共秩序、遵纪守法等良好风气的培养。

11.4.2 广告社会效果测定的原则

广告策划者在测定广告宣传的社会效果时，应该遵循真实性原则和社会规范原则。

1. 真实性原则

真实性原则，即广告宣传的内容必须客观真实地反映商品的功能与特性，实事求是地向媒体受众传递有关广告产品或企业的信息。

广告传输的信息有单面信息和双面信息之分。单面信息是指只集中告知媒体受众有关广告产品的功能与优点，调动媒体受众的情绪，使他们产生购买欲望。但过分强调单面信息会使媒体受众产生逆反心理，有时甚至会产生怀疑。

双面信息是指在广告中不仅告诉媒体受众产品的优点，而且也告诉他们广告产品存在的缺点或不足。这种广告信息诚实可信，常能赢得消费者好感。前一段时间，电视播放了一则有关微创疗法治疗甲状腺结节的广告，广告不仅谈到了微创疗法的特点、原理和优点，同时也明确地告诉了患者该疗法的不足之处。该广告播出后，效果相当不错。随着消费者的不断成熟，一味地自吹自擂、"王婆卖瓜"式的广告今后会越来越遭到广大消费者的抵制。因此，广告宣传坚持使用双面信息，显然是一种明智之举。

179

2. 社会规范原则

广告策划者在测定某一广告的社会效果时，要以一定的社会规范为评判标准，来衡量广告的社会效果。如以法律规范、社会道德规范、语言规范、行为规范等作为衡量依据。

本章小结

广告效果是指通过广告媒体传播之后所产生的影响，它具有时间的滞后性、效果的积累性、复合性、间接性以及层次性及耗散性6大特征。

广告效果的测定具有重要的意义，主要表现在如下几个方面：广告效果测定是对整个广告活动经验的总结；广告效果测定是广告主进行广告决策的依据；促进企业改进广告的设计与制作；促进整体营销目标与计划的实现；增强企业的广告意识。

在进行广告效果测定时应遵循针对性、可靠性、综合性、经常性和经济性的原则。

广告效果测定的5个基本步骤是：确定问题、收集资料、整理和分析资料、论证和分析结果、撰写测定分析报告。

本章的11.2节、11.3节和11.4节三节，分别介绍了广告经济效果测定、广告心理效果测定和广告社会效果测定的知识。在学习时，读者应该重点掌握广告效果测定的各种方法，并注意将这些理论方法应用到实践中去。

思考题

一、单选题

1. 广告的（　　）是广告活动最佳效果的体现，它集中反映了企业在广告促销活动中的营销业绩。

    A．沟通效果　　　　　B．经济效果　　　　　C．社会效果　　　　　D．心理效果

2. 广告的（　　）是指广告发布后在较短时间内产生的效果。时间通常是一个月、一个季度，最多不超过一年。

    A．即时效果　　　　　B．近期效果　　　　　C．中期效果　　　　　D．长期效果

3. 影响广告效果的因素多种多样，既有可控因素，也有不可控因素。下列诸多因素中广告主可以控制的因素是（　　）。

    A．社会文化　　　　　B．法律法规　　　　　C．经济环境　　　　　D．广告预算

4. 广告效果测定的首要程序是（　　）。

    A．确定问题　　　　　B．收集资料　　　　　C．分析资料　　　　　D．整理资料

5. （　　）是指在广告活动实施期间随时了解受众反应，测试和验证广告策略是否符合实际的活动。

    A．预先测定　　　　　B．事中测定　　　　　C．事先测定　　　　　D．事后测定

二、多选题

1. 广告效果是一个集合的概念，涉及诸多方面。广告效果具有与其他经济活动效果不同的特征，主要表现在（　　）。

    A．时间的滞后性　　　　　　　　　　B．效果的积累性

    C．效果的复合性　　　　　　　　　　D．效果的层次性

    E．效果的耗散性

2．根据广告活动产生效果的时间来划分，可以将广告效果划分为（　　）。
　　A．导入期效果　　　　　　　　　　B．即时效果
　　C．近期效果　　　　　　　　　　　D．长期效果
　　E．成熟期效果
3．关于广告效果的测定，以下说法正确的是（　　）。
　　A．一个品牌销售量的增减，是由多方面因素综合决定的，广告只是其中一个因素
　　B．广告的效果有即时、短期和长期 3 种表现，不可只追求即时效应
　　C．同类产品的广告大战，并不会对彼此的广告效果产生负面的影响
　　D．广告的效果包括促销和延缓产品衰退等多方面的作用，在分析时要具体对待
　　E．要根据广告效果测定目标，选择恰当的测定方法
4．广告经济效益测定的方法有（　　）。
　　A．广告费用比例法　　　　　　　　B．视向测试法
　　C．广告效果比率法　　　　　　　　D．市场占有率法
　　E．瞬间显露测验法
5．广告策划者在测定广告宣传的社会效果时，应该遵循（　　）。
　　A．针对性原则　　　　　　　　　　B．真实性原则
　　C．社会规范原则　　　　　　　　　D．限制性原则
　　E．经常性原则

三、名词解释

1．广告效果　　2．广告的经济效果　　3．广告的沟通效果　　4．声音占有率　　5．广告知晓度

四、简答及论述题

1．广告效果测定的原则是什么？
2．广告效果测定的意义主要有哪些？
3．试论述广告效果测定的程序。
4．试论述广告沟通效果测定的内容。
5．试论述广告社会效果测定的原则。

案例讨论

脑白金的广告和睡眠者效应

　　脑白金的广告曾经被很多的所谓广告业内人士评价为是缺乏创意和美感的广告案例。但有趣的是，当年就靠着这在网上被传为"第一恶俗"的广告，脑白金创下了几十个亿的销售额。土广告打下大市场，不是用偶然性能解释的。我们从传播学的角度对其广告策略进行剖析，会从中得到一些新的启示。

　　凭借自己雄厚的资金，脑白金对受众进行狂轰滥炸，其覆盖率是少有其他广告能够相比的。据统计，春节高峰期脑白金广告在二十多家电视台同时播出，平均每台每天要播出两分钟多，加起来一天大概播出四十分钟，脑白金的销量也在节节上升。从这一层面上来说，脑白金广告是成功的。国外消费行为学家安东尼的研究表明：过多地重复广告信息虽然引起受众的反感，但却不影响受众对信息的记忆以及日后的商品购买行为，这些令人愉快或不愉快的一面将随时间的推移而不复存在，只有广告信息本身牢牢地保持在消费者记忆深处，这就是睡眠者效应。

　　耶鲁学派的研究提出的"睡眠者效应"（Sleeper Effect），即由于时间的间隔使人们容易忘记传播的来源，而只保留了对内容的模糊记忆。显然，此时内容倘若不来源于现实世界、实际生活，就不能感动受

众而容易被遗忘；相反，传播内容真实、有道理，即使人们忘记了其传播来源，同样也能最终改变人们的态度而被大众接受。在信息的实际传播，流动过程中，媒介以传播内容取胜的例子并不少见。与这一短期条件制约效果相对照的是长效"睡眠者效应"。经过一段时间，由广告引发的情感反应会与产品名字发生分离，尽管名字还是被记住了。因此，一则通过不愉快的情绪而使人集中注意力的广告会产生记忆的效果。

观众有可能会认为广告制作者很愚蠢，竟用一种令人生厌的镜头或者令人不快的场景来做广告，可是日子一长，他们记住的将会是产品，而不是令人不快的反应。当你正在津津有味地收看电视剧时，突然插播了一则广告，而且是几个卡通形象的老人在电视里扭来扭去。脑白金送礼广告那可爱的老头和老太太边舞边唱，一次一次地出现在电视的各个频道、毫无美感，甚至有点滑稽。你就在怒气冲冲的情绪状态中记住了这个产品的名字"脑白金"。随着时间一天天过去，记忆渐渐地淡化，留在脑海中的只有产品的印象，而由广告引起的当时不愉快的情绪早已经被忘记了。

还有一项有用的成果是 20 世纪 60 年代晚期由罗伯特·再因茨发现的"反复曝光"效应。如同我们已经知道的，再因茨发现，反复暴露在哪怕没有意义的符号面前，也会让观看到这些符号的人产生熟悉感和愉快的反应。广告公司的心理咨询顾问建议他们的客户说，产品品牌和标识简单的反复曝光，哪怕没有合理的解释和费时费力的辩论，也会使观看它的人产生动摇。许多广告机构测试过这种办法，并发现的确如此。在一场长时间的足球比赛或者网球比赛中反复不断地出现产品名称（当然还有男子气概的图像，阳光下开心的场景等）会产生其效果。当球迷购买啤酒或者网球鞋时看到自己经常看见的名字，他们会自动产生不假思索的反应。美国营销学家米盖尔·L. 雷也认为，某些产品，消费者没有获取其信息的动机或缺少分析产品信息的能力，在这种消费者低参与度的情况下，广告就能超越态度改变而直接诱发购买行为。

在一个购买周期之内广告与目标群体仅仅一次接触，在大多数情况下都很少或根本不会产生效果。既然一次接触通常是无效的，那么有效的媒体策划的中心目标就应该是加强接触频率而不是到达率。在一个品牌购买周期内，或者四周或八周的时期内接触频率超过 3 次时，接触频率的增长以递减的速度继续增加广告效果，但没有下降的证据。重复广告有着双重的作用。

广告重复的积极作用

（1）消费者的购买习惯可以通过不断重复该商标商品的广告逐渐形成，只要该商品的特性能够满足消费者的需求。

（2）在大众不太熟悉商品的场合下，比如一个新产品的出台，频率高的广告不仅强化大众对它的学习过程，而且高频率本身就可能成为该商标的一个优势指标。

（3）对于著名的品牌，广告的重复作用主要是防御性的，即旨在巩固消费大众已经建立了的重复购买习惯即认牌购买。

广告重复的消极作用

（1）过度重复鉴于没有新内容而导致厌倦的产生。

（2）随着重复次数继续增加以至于把认知活动转移到其他的无关信息。其结果难以产生态度改变，甚至导致消极态度。

史玉柱说过一句话，一句比较经典的话："中央电视台的很多广告，漂亮得让人记不住。"我们往往记住了一个广告很漂亮，但往往忘记这个广告是卖什么的？相反地，我们都觉得脑白金的广告很俗，但都知道它是卖什么的。沉浸在艺术美感中的扬扬自得的广告艺术家们，他们是否忽略了基本的商业法则。他们不用对史玉柱顶礼膜拜，但要补上这一课。

根据赛斯·高汀的观点，这也就是现代商业社会的素描——当市场上已经充斥了太多的类似的产品和营销手段时，想要脱颖而出，就要出现像"紫牛"一样的与众不同的东西（注：你见过紫色的牛吗？没有。这就对了。你经常见到黄色、黑白相间的牛，那些普普通通的事物已经不能吸引你的眼睛了。现在，有人说制造了紫色的牛，你肯定会好奇地看上一眼。人就是始终寻找新奇的动物。于是，在产品的市场推广理念里，别出心裁和独树一帜就是重要的思路了）。"因为这个世界已经发生了变化，人们能够选择的越来越多，而用来做选择的时间越来越少。"赛斯认为，企业通过传统广告能够争取到消费者注意力的可能性已经越来越小，唯有把以往用在制作、购买广告的高额成本投资在设计和制造"紫牛产品"上，才能做到与众不同，受到人们的青睐的是紫牛一样的创新和独一无二。

资料来源：中国营销传播网。

问题讨论

1. 脑白金的广告策略是什么？
2. 为什么脑白金的广告广受质疑却可以收到良好的销售效果？

第12章 广告模特与广告音乐

本章导读

　　企业或广告公司经常利用模特推荐或说明产品，以提高产品的身价，增加消费者信任，推动人们仿效性购买。巨大的商业价值使得一些企业不惜一掷千金请来顶级模特为其代言。时下名人模特是消费者讨论的热点话题，也是广告界关注的重点。本章主要介绍广告模特的含义、类型以及广告模特的选择等内容，同时也对广播、电视（电波）广告中经常采用的音乐策略进行了探讨。

知识结构图

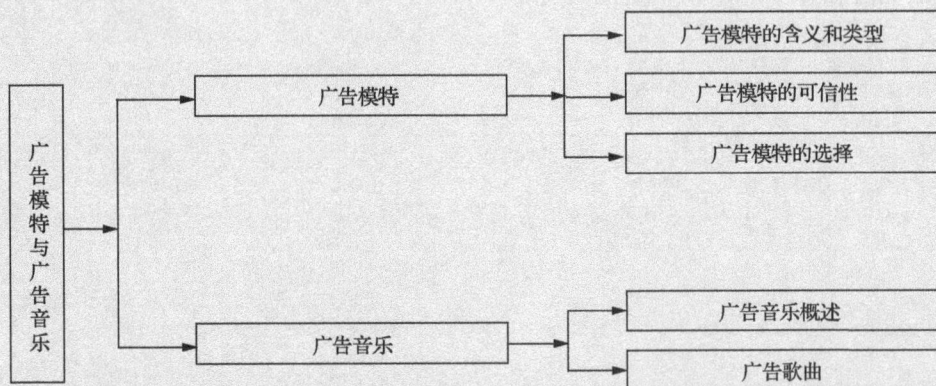

开篇引例

寸土寸金，C罗全身都是宝

作为当今世界足坛最炙手可热的两大球星，C罗和梅西在球场上究竟谁强或许很难得出答案。但在场外，C罗的商业价值却超过了梅西。

C罗代言的产品种类包括饮料、食品、电子产品等，英国《每日邮报》将这些产品巧妙地都用在了C罗的身上。从图12-1中可以清楚地看到这位风流倜傥、英俊潇洒的足坛当红巨星都为哪些产品做了代言。

图12-1　C罗代言的产品一览图

这张图中，C罗头上用的是其代言的清扬洗发香波，嘴里含着的是为日本公司代言的瘦脸神器，右手举的是一个按摩工具，同时这只手还拿着一个代言的实况足球游戏。右边胳膊上有代言的阿联酋航空Logo。

C罗的左手腕戴着代言的泰格豪雅手表，拎着代言的嘉实多润滑油，夹着运动健身营养品，脖子上则挂着代言的一丰田汽车。腰间别着三星智能手机，另外还有一张葡萄牙银行的银行卡，内裤则露出了代言的阿玛尼以及其自创的 CR7 品牌商标。

皇马球星的脚上穿着的是代言的耐克足球鞋，旁边放着代言的肯德基食物以及一瓶烁可力（soccerade）运动饮料。C 罗代言这些产品每年赚到 2 650 万英镑，而他的税后年薪还有 1 500 万英镑，也就是说 C 罗的年收入高达 4 150 万英镑。

看过之后，球迷们只能感叹这位足坛高富帅的身体真可谓是"寸土寸金"！

资料来源：网易体育。

案例分析

名人广告的实质是借势营销。这类广告借助名人强大的影响力来推介产品，提升产品的知名度，从而促进产品的销售，进而实现快速营销的目的。C 罗作为当今世界体坛最炙手可热的明星，是世界上第一个在照片墙（Instagram）上粉丝数过亿的男性，其高超的球技、俊朗的外表以及对胜利极度渴望的积极进取精神，使之成为广告界的宠儿。从 C 罗所代言的产品及天价的广告代言费收入角度来说，"寸土寸金，C 罗全身都是宝"实在是再恰当不过了。

12.1　广告模特

12.1.1　广告模特的含义和类型

1. 广告模特的含义

广告模特是为宣传企业、产品以及品牌而在广告上出现的人物或象征物。

广告模特是企业的信息传递者（communicator）。企业通过模特向消费者传递信息。就是说，企业利用模特的形象、可信性、魅力、类似性等属性来提高广告的说服力，改变消费者对企业或产品的态度，从而形成消费者的友好态度。

广告模特的作用包括：①模特提高了广告的可读性（或可看性、可听性）。②模特能够为企业或其产品带来肯定性的态度转变。③模特的形象特点可与品牌形象联系起来。

传统的观点认为，模特是广告信息的来源，因为其来源具有可信性或魅力，所以有助于增加信息内容的可接受性。但是，最近广告界和学术界又认为模特拥有某些象征性的属性，这些属性通过广告由模特传递给品牌，再通过品牌传递给消费者。

2. 广告模特的类型

广告模特有多种类型，除了人物模特，如名人模特、专家模特、典型消费者模特、企业家模特之外，还有象征物模特，如动物模特、动画模特等。广告模特的类型划分见图 12-2。

广告模特的类型

（1）名人（celebrity）模特

在众多的模特类型中，名人模特应该是最引人注目的。他（她）们一个个身份不凡，或青春靓丽，引领时尚；或演技出众，迷倒众生；或运动天赋不同于常人，重大比赛成绩卓著；又或学有所长，为某一领域之翘楚。不管到底属于哪一类的名人，他们的一言一行都会得到众多粉丝或崇拜者的追捧。很显然，名人模特拥有其他模特难以企及的超高人气。

具体而言，名人广告模特的优点体现在以下几个方面。

① 产品在属性或功能方面与竞争产品类似的时候，企业利用名人模特做广告，可有效借助名人的知名度和独特的形象使自己的产品与竞争产品区别开来。

② 在做服务广告时，向消费者传递服务的内涵是不容易的。这时，可以通过名人模特赋予抽象的服务以具体的形象与特点。

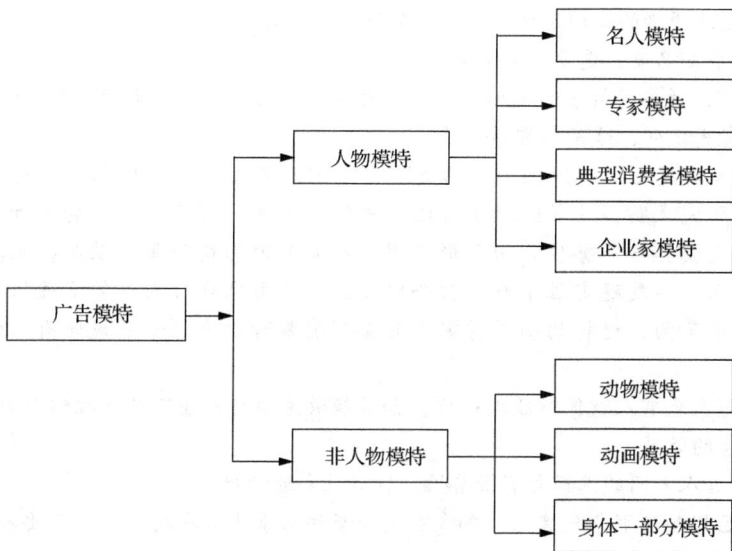

图 12-2　广告模特的类型

③ 品牌在扩张（brand extention）时，始终利用同一名人模特，可以保持原有品牌的形象。

④ 大众媒体广告需要视觉的同一性，在广告各要素中名人是最能引起受众同一感的因素。

但是，我们还需认识到，名人广告是一把双刃剑，有优点也有缺点。其缺点主要有以下几个方面。

① 由于名人的形象过于突出，有可能会降低消费者对广告产品的注意力。

② 对同一个名人，消费者反应（或反响）并不一致。对于特定的名人，无论他的名气有多大、声望有多高，也总有人会不喜欢他，甚至是深感厌恶。最坏的结果是，讨厌该名人的人恰恰是这类产品的消费者或是潜在的消费者，这样就会产生认知不协调的问题。

③ 如果名人模特的形象与所代言的产品不匹配，就会引起消费者的不一致感。例如一位年过六旬的女明星代言了一款新潮的淑女装，显然消费者会认为这是不恰当的。

④ 当名人模特出现负面事件时，就会对所代言的产品形象造成极大的伤害。在选择这些名人模特代言时，一定要注意事先采取措施，防范可能出现的风险。

知识拓展 12-1　如何避免使"名人广告"变成"广告名人"

名人广告除了具有诸多优点外，也存在着一定的不足和风险。其中"名人广告"变为"广告名人"现象就是其中较为常见的一种。为了避免这种情况的出现，企业需要掌握一定的策略。

1. 注重形象代言人与品牌个性的关联性

如果形象代言人不符合品牌的个性，则会造成品牌的稀释。因此，在选择形象代言人时，我们有必要了解代言人与品牌个性之间的关联性。品牌的管理者应该清楚地知道，品牌要迎合哪一类型消费者的喜好，要找什么样的"意见领袖"来做品牌的代言人。只有品牌个性与人物联想对应，才能对品牌产生加法甚至乘法效果，否则，只会对品牌产生副作用，甚至将已有的个性稀释殆尽

2. 考察形象代言人是否"重婚"

在挑选形象代言人时，应该尽量去寻找那些还没有被过度开发的对象。找一个以前没有代言过其他品牌的人，这样就能唤起清晰的感觉，企业就可以利用这种感觉与所宣传的品牌建立联系。而像刘德华，其代言的品牌数不胜数，这样的代言人对企业而言，就失去了独特性，消费者想起这个人，不知道能想起什么产品。在这种情况下，代言的效果就会降低，代言人甚至会引起消费者的反感：你一会儿说这个

好，一会儿说那个好，是不是真的？如果是做过水广告的，再去做酒广告，或者做过药广告，再去做食品广告，可能会引起消费者的心理不适，效果也会适得其反。

3. 不要单纯只看知名度，更要注重美誉度

对很多企业而言，考虑得最多的是形象代言人的名气、人气大小，至于其是否适合为本企业、本品牌做广告，却不在考虑之列，这是非常错误的。

形象代言人的知名度无疑是他们最大的财富，他们的名字就是一块招牌，可以帮助企业省下大量的广告费用。有研究表明：消费者对于自己喜欢的名人所推荐的产品，会更加信任。但是，仅有知名度是不够的，还要具备美誉度。由于形象代言人大多为影视明星、歌星，而其所处的娱乐圈容易出绯闻，这些名人的名气稳定性不好。打个比方说，某形象代言人尽管名气很大，但如果名声不好，吸毒、赌博无所不为，这样的明星肯定不会受到消费者欢迎。如果说他有名的话，也是属于臭名远扬。

其实企业选择形象代言人就像炒股票一样，如果能够选中目前还不是很红但潜力很大的明星，会用最少的费用达到最大的效果。

4. 系列形象代言人之间的选择要有策略性、针对性和连续性

如果企业之前已经用过形象代言人，那么在选择新的形象代言人之前，一定要考虑新旧形象代言人之间的连续性，让人感觉一脉相承。

蓝马啤酒曾经用腾格尔做形象代言人，2004年，蓝马启用新的形象代言人胡兵。我们知道，腾格尔是一位来自内蒙古草原的歌手，其粗犷的外形与激越高昂的歌声，让人体会到的是纵马飞驰、豪情盖天的草原风情。蓝马啤酒通过腾格尔建立的是粗犷豪爽的形象。而胡兵与腾格尔的差别实在太大，胡兵有俊朗的外形与阳光男孩的气质，让人感受到的是健康、明朗的气息。这与蓝马从前建立的形象大不相同，如果蓝马坚持改变形象，那么以前的广告等于全部浪费，并产生负面作用。

5. 掌握形象代言人的风险规避策略

对风险要事先合同约定，事中密切跟踪，事后迅速更换。

目前，"形象代言人出了事怎么办"已经成为一个世界性的难题。在国外为了防范类似风险，一般企业在与明星签约时都有附加条款。例如，约定在明星发生丑闻或诉讼案件时，合同自动终止，或约定企业此时有权停付代言费用甚至要求赔偿。

6. 要确保形象代言人广告的真实性

欧美一些国家均视形象代言人广告为"证言广告"和"明示担保"，消费者可据此担保索赔；美国更要求做广告的形象代言人必须是此产品的直接受益者和使用者，一旦查出不实，就要处以重罚，而且已有好莱坞影星被罚50万美元的事例。

如果按照欧美国家的标准，那么我们所见到的大多数形象代言人广告，恐怕都难逃被罚的下场。目前，明星的假证言广告已经引起了消费者的普遍反感。国家的有关立法限制只是时间问题，因此，企业在拍摄代言人广告时，应该把握分寸，避免引火烧身。

7. 要避免记住了代言人忘记了品牌

代言人毕竟只是品牌宣传的一个工具，广告的重心应该是品牌而不是代言人。还有一些广告，明星在广告里吆喝了一通，消费者只记住了明星，并没有记住广告的具体内容；企业花钱为名人做了广告。这样的广告不应该叫做"名人广告"，而是"广告名人"。

（2）专家（expert）模特

专家是指知道如何找到解决问题方法的人，具有一定的权威性和较高的可信度。特别是消费者在选择价格高昂、技术程度复杂的商品时，专家的主张会直接影响消费者的购买决策。但是，当某一专家的主张与其他专家群体的主张不一致的时候，可能会引起消费者对该产品或该专家的不信任感。

值得我们关注的是，当前我国广告市场上一些虚假专家代言现象屡禁不止，特别是在是中医药领域。这需要消费者尤其是老年消费者明辨是非，谨防上当受骗。

（3）典型消费者（typical consumer）模特

典型消费者模特是指那些对广告产品没有特别知识的普通消费者所充当的模特。利用典型消费者模特做广告的目的，在于通过消费者知觉的类似性（similarity）来提高广告产品的可信度。就是说，利用典型消费者模特时，主要考虑的因素就是这些消费者模特与受众之间的类似性。图 12-3 是海尔所做的一则洗衣机广告，画面中一家三代人幸福祥和，给人的感觉是既温馨又真实。

（4）最高经营者模特

企业家（chief executive officer，首席执行官）模特又称最高经营者模特，是一类较为常见的广告模特。在 20 世纪八九十年代，广告的创意还比较贫乏，很多企业都是由厂长或经理直接出现在广告中介绍产品，广告基本上不会使用诸如明星之类的模特。当前，最高经营者充当模特的情况也不少见，我们比较熟悉的是聚美优品的 CEO 陈欧，如图 12-4 所示。

图 12-3　海尔的洗衣机广告画面　　　　图 12-4　聚美优品 CEO 陈欧为公司代言

企业的最高经营者作为广告模特亲自出现在广告中，有助于利用权威和地位提高产品或企业的可信度。但是，利用企业最高经营者模特做广告时需要注意的是，不要突出最高经营者个人的特点，而要强调企业的理念和产品的质量，从而使消费者的关心度集中在企业或产品上。

阅读资料 12-1　聚美优品陈欧为自己代言 引"80 后"共鸣

2011 年，一则励志视频在微博推出之后迅速蹿红网络，视频的主角并不是明星，而是一位"80 后"的电子商务创业青年才俊。其广告词"为梦想奋斗，活出自己的色彩，做最漂亮的自己。我是陈欧，我为自己代言"语言简短，刻画了一位为未来奋斗的"80 后"形象，引起很多同龄人以及"90 后"、"70 后"甚至"50 后"的共鸣。

据悉，在短短一天时间内该视频已经转发超过 5 000 次，网友回复达 1 400 多条。网友还根据其广告词模板，创造出各种不同的广告体，这也是继凡客之后的又一受网友热捧的话题性广告。

为自己代言聚美团队集体出镜

陈欧没有想到，作为聚美优品创始人自己亲自出镜的一则广告，会如此受网友热捧。虽然是首次拍摄广告，片长也仅 30 秒，陈欧还是拉上了自己的创业伙伴——聚美优品的高管团队，包括戴雨森、刘辉、叶飞、阚洪岩等集体亮相，为网友讲述了一群为梦想和未来奋斗的"80 后"的创业故事。

广告中的一个场景：窗外灯火阑珊，公司里边陈欧与团队成员热火朝天地讨论着工作，让网友感觉非常真实，同时也表现出团队的创业激情。采访陈欧时，他称这个广告是自己与创业伙伴的内心独白，"我只能说，当我们团队看到的时候，都有热泪盈眶的感觉"。

在谈到创业团队时，陈欧表示：为了一起创业，刘辉放弃了在新加坡的高薪和期权，戴雨森从斯坦福退学。"别人没法理解，觉得我们疯了。但我们知道，这样的选择才会每天快乐，因为我们做的是自己，为了梦想而奋斗。只要努力、自信，每个人都可以是自己的代言人"。

被感动的不仅仅是聚美优品的团队，一位网友评论道：看看我身边，诸多知心好友均是"80后"。他们率真的性格、特色的个性、执着的努力和善于思考很对我的脾气，也赢得了我的好感。我很喜欢和这样的人一起努力、创业和旅行。

广告词直达内心引起网友共鸣

此则视频广告词并没有华丽的辞藻，也没有过多强调产品和品牌。视频中说道："我是陈欧，聚美优品创始人。蜗居，裸婚，都让我们撞上了。别担心，奋斗才刚刚开始，'80后'的我们一直在路上。不管压力有多大，也要活出自己的色彩。做最漂亮的自己，相信我们，相信聚美。我是陈欧，我为自己代言。"既道出了当前"80后"年轻人所遇到的困难，也展现了年轻人的理想与憧憬，引起很多"80后""90后"的共鸣。

有网友表示，"看到这个小短片，我有一点小感动。感觉'80后'的我们也许更应该活出自我。也许真的会失败，但人生很短，千万不能让自己后悔。每个人都不是别人的复制品。"

而该则视频也引来了很多行业知名人士的评价。著名的天使投资人、教育人士徐小平表示："每代人都有每代人的困惑，每代人也有每代人的梦想。'80后'的未来，就是中国10年、20年后的希望！"

掀起"聚美体"广告模仿热潮

资深广告人Kevin_blog2010评价此次视频营销是"以个人品牌魅力带动企业品牌，与王石式的软性推广不同，终于有企业家以硬广的方式树立自己价值观，打造自己个人魅力，从而影响促进自己的企业"！

视频广告播出之后，很多网友纷纷套用广告词模板，模仿创造出各种各样的"聚美体"，成为继凡客体之后网友热议的又一话题。

一位"80后"对照自己的经历，编了些自己的"聚美体"：甩人、被甩、都让我遇上了。"80后"的我，最好的年华都在为爱等待……不管梦想多么遥远，也要坚信希望会到来，朋友不多，但知心的有几个。21岁期望的美好生活，要在35岁实现！我是Mini杰，我为自由代言。

世纪佳缘营销副总裁刘惠璞也跟着网友一起玩起了"聚美体"，他在微博上写道：七零后："扩招、下岗、不包分配，都让我们碰上了。'70后'的我们，一直在奔波闯荡……不管六零后多强大，八零后多时尚，也要坚信我们才是现在的脊梁。不会遗忘青春的韶光，皱纹是成熟散射的精芒，我是刘惠璞，我为河马（自己的微博名）代言。"

资料来源：360图书馆。

（5）动物模特

在广告中利用动物模特可以使广告内容富有趣味而引起更多关注。但利用动物模特时要注意的是，由于动物缺乏像人一样的表达能力，因此在广告拍摄过程中需要特殊的装备，并且为预防意外发生，要配备一定数量的备选动物。另外，还需注意的是，消费者可能只记住了动物模特有趣的表现，而忘记或是忽视了对广告产品本身的关注。

（6）动画（animation）模特

除了人物和动物以外，广告中还可以使用动画模特。这些动画模特能体现产品或企业的性质或特点，把产品的特性具体化，如动画模特七喜小子Fido Dido（见图12-5）。

（7）身体一部分模特

有时广告模特只需展示身体的一部分，以强调或者表现产品的特点，如苗条的曲线、柔顺的头发（见图12-6）等。利用身体一部分做模特，不仅可以节省模特费用，而且还能够把身体的一部分突出展示，因而更容易汇聚消费者的视线。但利用身体一部分模特做广告时，应注意不能违反相关规定，如暴露隐私部位等。

图 12-5　可爱的七喜小子 Fido Dido

图 12-6　飘柔洗发水广告

12.1.2　广告模特的可信性

广告模特的可信性（credibility），是指影响广告受众接受广告信息传递者的肯定主张的特性。消费者只有信赖广告模特，模特在广告中的代言才具有说服力。一般而言，起信息源作用的广告模特的可信性表现在以下几个方面。

1. 真实性

真实性（trust worthiness）是指信息接受者对信息传递者的信赖程度。我们可以用友好倾向、接受、心理上的安全、被知觉的肯定等词汇来解释真实性的结果。广告接受者对广告模特真实性的信赖程度越高，就越能够接受模特所代言的企业或产品。

2. 专业性

专业性（expertise）是广告接收者对广告模特的专门技能或者专门知识等特性的知觉。专业性一般与权威、能力等密切相关，消费者对模特专业性的知觉取决于模特所具有的专业特长以及技能、知识和经验。广告模特的专业性越高，就越能够对消费者的消费意向产生影响。

3. 魅力性

魅力性（attractiveness），是指广告受众对广告模特的迷人外表（attractive appearance）与个性（personality）的知觉。广告模特的魅力性可以成为广告受众判断广告产品的一个重要线索。所以大部分企业在选择广告模特时，都会关注模特的魅力性，尤其是在化妆品行业这种情况更为常见。例如我们所熟知的香奈儿 5 号香水广告，长期邀请请世界知名的大牌女星，如奥斯卡影后妮可·基德曼（见图 12-7）等为其代言。模特非凡的魅力，对于塑造香奈儿 5 号香水顶级品牌的形象起到了积极的推动作用。

图 12-7　妮可·基德曼为香奈儿 5 号代言的广告

魅力性在很大程度上取决于消费者的主观判断，所以要正确地把握广告模特的魅力性，还需要调查消费者对广告模特魅力性的认知程度。

4. 类似性

类似性（similarity）是指广告模特与广告产品的潜在使用者之间的类似程度。与广告受众类似的模特在传递信息时，更容易被认可和接受。例如，在油漆广告中，利用普通消费者模特可能比专家模特效果更好。

12.1.3 广告模特的选择

在选择广告模特时，一定要注意模特与产品之间的相关性。如果模特的形象与产品的内在属性不吻合，不仅难以起到树立品牌形象及促进销售的作用，而且还可能适得其反，对企业的产品造成不利的影响。因此，在选择广告模特时一定要谨慎行事。具体来说，以下几点务必要充分考虑。

1. 同一化与内在化

同一化是指广告受众产生的，与广告模特间有类似感觉的过程。通过这种类似性的感觉，消费者很容易就会顺应或支持模特的主张和意见。

2. 名人模特与产品卷入度

利用名人模特可以提高受众对广告或者产品的关注，但是对高卷入产品，如商品房等，名人模特的影响力要大打折扣。而对于低卷入产品，如饮料、洗发水等，利用名人广告模特的效果往往较好。这也很好地解释了为什么可口可乐、百事可乐、宝洁等公司愿意一掷千金请来大明星来做产品代言了。

3. 专家模特与产品特性

对于知识较为复杂、技术壁垒较高的产品，选择专家模特代言是一种较为恰当的选择。此时消费者对专家的信赖就会转化为对产品的信赖，从而愿意购买专家所推荐的产品。

4. 典型消费者模特与产品特性

广告接受者在接触与自己类似的信息源的时候会有亲切的感觉，因而典型消费者信息源具有较强的说服力。利用典型消费者做广告模特的时候，消费者与这些典型消费者之间的类似性容易引起消费者的仿效性购买。当广告产品为洗衣粉、肥皂等日常生活用品时，利用典型消费者模特做广告将会起到较好的广告效果。

5. 外国模特与产品特性

外国模特一般具有以下优势。①强化与用外语来表示的产品或品牌名称之间的联结感。目前在我国，有不少外国品牌是直接用外语来表示的，外国品牌名称与外国模特可以形成一致性。②利用外国模特做广告可以形成比较强烈的冲击效果，异国形象能够加深消费者对产品的记忆。③可以提高产品的国际形象。

但在广告中使用外国模特也存在着一定的弊端。①外国模特的气质和形象往往不适合国内企业或产品。②外国模特的形象过于强烈的时候，会出现阻碍消费者对产品的记忆。③有可能误导消费者，将国内产品视为国外产品。

所以，利用外国模特的时候，要充分考虑企业和广告产品的特性，并通过预先调查与评价，正确把握外国模特特点以及形象。

利用外国模特的时候，也要注意我国广告审查标准。因为一些广告主曾利用外国模特欺骗或误导消费者。我国规定："国内产品，用外国人做模特的，应能够识别为国内产品；国外产品广告，用中国人做模特的，应能够识别为国外产品。"

6. 名人模特与多家代言

当前名人广告出现的最大问题是模特"一女多嫁"的现象比较普遍。一个名人往往会同时代言若干个产品，这时广告受众就会有无所适从的感觉，甚至会怀疑这些明星们见钱眼开，随意代言。例如，如果巩俐只代言美的空调，消费者看到巩俐很容易就会联想到美的。后来随着巩俐代言的产品越来越多，美的空调与巩俐的这种独特联系就不复存在了。代言众多产品后，名人的效应就会降低，甚至会引起目标消费群体识记的混乱和对名人广告的不信任。事实上，选择一个代言产品数量很少的名人，其广告效果可能会优于选择那些有强烈吸引力但已被过度使用的名人，而且还能大大节省广告费用。

阅读资料12-2　盘点刘德华曾经代言过的产品

电子类产品：爱立信手机、金立手机、杰科（DVD播放机）、三星（VCD播放机）、铁达时（手表）、东亚银行（信用卡）、司马表、CYMA表、LG手机……

服饰类产品：贵人鸟服装（运动鞋）、Baleno（班尼路）（休闲服饰）、天蚕衣（Super Warm）（内衣）、罗蒙（西服）、NIKE、阿迪达斯运动鞋……

其他类产品：百事可乐、首乌洗发水、旭日升冰茶、精通天马摩托、雅马哈摩托、SUMTORY（威士忌酒）、奥尼（洗发水）、雪亮（眼镜）、胃康（牙膏）、太阳活力（旅社）、雀巢（咖啡）、道地（茶饮料）和成卫浴、名人（洗发水）……

有研究指出，如果企业制定的是塑造长期品牌形象的战略，最好不要使用那些在其他广告中频繁出现的名人代言，因为选择这些模特不利于维持品牌独特、持久的形象。但对于那些产品生命周期较短，或是仅流行于一时的产品，这些模特还是可以使用的，也能起到一定的短期效果。

阅读资料12-3　有关广告混淆现象的思考

在市场经济飞速发展的今天，消费者不仅通过电视、广播等电波媒体，而且还通过报纸、杂志等印刷媒体不知不觉地接触大量的广告。特别是如今电视广告和杂志广告往往是一组一组地播出和刊载，例如，中央电视台晚间黄金时间播出的广告中有关家电的广告最多，早间新闻后播出的广告中防盗门广告较多。这时，消费者接触的是一组产品广告，因为广告主一般也是以类似的消费者群作为广告对象的。

结果，消费者在一定的时间内接触的广告信息量过多，所以消费者以消极的态度来处理广告信息。加上消费者接触广告时，记住一个品牌信息之前又接触无数的新的品牌信息，消费者无法一一记住广告所传递的信息。早在20多年前，Britt、Adams和Miller（1972）就指出，消费者一天平均能接触的广告量为300~600个，但能记住的广告量却只是其中的很少一部分。

消费者对广告内容的这种很贫弱的记忆，首先与消费者的不注意（inattention）有关。消费者在目前非常"混乱（cluttered）"的媒体环境下，就容易疏忽广告。

另外，大部分产品广告是以单一的内容来表现的，所以类似的广告多，在消费者心目中无法形成独特的形象。结果，消费者有时即使能想起广告，也无法把广告内容与产品或品牌联结起来，甚至在广告与品牌的联结中产生错觉，看的是A广告，但买的是B产品；或看了B广告以后，却买了A产品。这样企业虽然投入大量费用做广告，却可能帮助了竞争企业。在市场竞争激烈的情况下，竞争产品之间的类似品牌名称和广告表现，容易引起消费者对广告与品牌的联结错觉。这种消费者不能把广告与品牌相联结的错觉现象就叫广告混淆（confusion）现象。

虽然如此，目前国内外学术界却很少研究广告混淆现象。特别是我国大部分企业是在缺乏广告理论的情况下采取广告策略的，所以更容易忽视广告混淆现象，从而使企业所做的广告不能取得预期的效果。

12.2 广告音乐

广告音乐在情感表现过程中发挥着重要的作用，它不仅会影响消费者的各种情感及反应，而且还会烘托气氛，刺激消费者的购买欲望。所以，音乐在电视、网络视频和广播广告（统称为电波广告）中被广泛地使用。

12.2.1 广告音乐概述

广告音乐是指媒体传播在广告宣传过程中所使用的音乐。广告音乐既有一般音乐艺术的审美特征，也包含了广告艺术的某些特性。广告音乐的主要功能与作用是在广告宣传过程中作为背景音乐来衬托画面，从而大大丰富了广告艺术的表现力，同时也加强了广告诉求的感染力。

具体来说，广告音乐具有如下作用：①辅助画面和解说词，营造出某种情感气氛。②吸引受众的注意。③强化广告受众对广告信息的记忆。④产生迁移效果，即消费者可能因为对广告音乐的好感而把这种好感迁移到广告或广告产品上，从而对广告产品产生好感或购买欲。⑤给消费者愉悦的感受，具有娱乐观（听）众的作用。

但是，在有关音乐是否影响消费者的信息处理过程的问题上，人们有不同的看法。戈恩（Gorn）基于经典条件反应理论指出，如果广告中的音乐是消费者喜欢的音乐，那么，这些音乐有助于消费者形成肯定态度。另外，明德（Milliman）通过研究在超市里调节背景音乐是否会影响销售额与顾客循环的问题，结果发现，节奏（tempo）快的音乐比节奏慢的音乐更能增加销售额，也更能加快顾客循环的速度。由此得出背景音乐可以影响消费者购物行为的结论。但是帕克（Park）和杨（Young）的研究结果则相反，他们调查在广告中卷入程度（高卷入与低卷入以及情感性的卷入）不同的情况下音乐对消费者品牌态度形成的影响，得出在有背景音乐的情况下，消费者对语言信息的回忆度会下降的结论。

综合这些研究结果可以看出，背景音乐在情感性卷入（affective involvement）程度高而认知性卷入（cognitive involvement）程度低，如宝石、休闲运动服（sports wear）、化妆品、啤酒等产品的广告中是有效的。相反，在认知性卷入程度高的产品如汽车、电子产品、个人计算机（PC）、保险、照相机的广告中，背景音乐并不一定有效。

如果广告制作者已决定在广告中放入音乐，那么是制作适合于广告产品的新音乐，还是使用消费者一般熟悉的音乐或者是消费者非常熟悉的流行音乐呢？如果使用流行音乐，可能会引起消费者更多的注意，但或许会造成消费者过分关注音乐而忽视广告内容的问题。如果在广告中使用尚未广泛流行的音乐，就要充分利用音乐与情感表现的关系。音乐的情感表现特性如表 12-1 所示。

表 12-1　　　　　　　　　　　音乐的情感表现特性

情感表现 / 音乐因素	严肃的	悲伤的	欣赏性的	平稳的	幽默的	幸福的	兴奋的	庄严的	惊讶的
音系	长调	短调	长调	长调	长调	长调	长调	长调	短调
速度	慢	慢	慢	慢	快	快	快	一般速度	慢
音调	低	低	中间程度	中间程度	高	高	中间程度	中间程度	低
音律	一定的	一定的	流水似的	流水似的	流水似的	流水似的	不规则的	一定的	不规则的
合成	合成音	合成音	合成音	合成音	合成音	合成音	非合成音	非合成音	非合成音
音量	中间程度	柔和的	柔和的	柔和的	中间程度	中间程度	大的	大的	变化多样的

资料来源：Brumer Ⅱ, Gordon C., "Music, Mood and Marketing," *Journal of Marketing,* October 1990: 100.

12.2.2 广告歌曲

广告歌曲是广告创作中普遍使用的元素，通过广告歌曲可以有效地唤醒消费者和影响消费者情感。随着电波广告的出现和兴起，广告歌曲已经成为广告创作中普遍采用的一种重要形式。一些广告歌曲广为流传，被奉为经典。比如，1984年江苏盐城无线电厂所做的燕舞收录机广告，时至今日仍让人回味无穷。电视画面中燕舞小子苗海忠又跳又唱，"燕舞、燕舞，一曲歌来一段情"唱红大江南北，燕舞收录机也凭借此广告在国内一炮打响，此后销量连续8年居全国收录机行业首位。

目前还没有一个广泛认同的机制来解释为什么把信息用歌曲唱出来能够帮助人们记忆。概括起来，学者们的观点主要有以下3种。

第一，由于歌曲具有结构特征，旋律的结构可以辅助歌词的学习和记忆。华莱士（Wallace，1991，1994）认为，音乐作为一个框架，决定了每句歌词的长度，设定了被强调的和不被强调的音节，并突出了歌词的某些特定元素，使旋律与歌词紧密配合，让每首歌成为一个连贯的整体。鲁滨（Rubin，1977）也得出一致的结论，认为听者回忆歌曲时，是根据某段特定的旋律填进与之相搭配的词。因此，音乐不仅仅是信息，它也是一个综合的、一体的框架，因此会辅助歌词的学习和记忆。

第二，基尔戈、雅各布森和库迪（Kilgour，Jakobson，and Cuddy，2000）指出，信息以歌曲形式呈现时，向听者输出信息的速度会减慢。也就是说，语言内容被唱出来比说出来发音更慢，这是促进记忆的关键因素。基尔戈、雅各布森和库迪（2000）通过试验证明，当把信息内容唱出来的持续时间被控制到与说出来的持续时间一样时，信息回忆效果一样。这充分表明，唱出来比说出来的速度慢是歌曲容易学习和记忆的关键原因。

第三，舒尔坎德（Schulkind，2009）的研究表明，由于大多数人喜欢听或唱音乐，听到歌曲会反复哼唱，因此这种充分的练习和复述对记忆会起到明显的促进作用。

上述研究结论也受到不少质疑。一些实证研究表明，语言信息被说出来比唱出来更能帮助听者理解和记忆信息内容。因此，关于广告语是说出来好还是唱出来好的争论还将持续下去。

本章小结

广告模特是企业信息的传递者，企业借助模特的形象、可信性、魅力、类似性等属性来提高广告的说服力，改变消费者对企业或产品的态度，达到最终促进产品销售的目的。

广告模特可以分为人物模特和非人物模特两大类。其中人物模特又可分为名人模特、专家模特、典型消费者模特和企业家模特。而非人物模特则可分为动画模特、动物模特和身体一部分模特。名人模特是目前的热点话题，也是我们关注的重点。

音乐是一种传递信息非常强烈的完整的语言。广告音乐会在情感表现过程中发挥重要的作用，它不仅会影响消费者的各种情感及反应，而且还会烘托气氛，刺激消费者的购买欲望。所以音乐在电视、网络视频和广播广告（统称为电波广告）的制作过程中被广泛地使用。

思 考 题

一、单选题

1.（　　　）是指那些对广告产品没有特别知识的普通消费者所充当的模特。

　A．最高经营者模特　　B．典型消费者模特　　　C．动画模特　　　　D．身体一部分模特

2．在动物模特广告中，可以通过暗示动物与产品之间的（　　　）等间接的方式来比较或强调产品特点。

  A．内在属性   B．友好关系   C．类似属性   D．亲密属性

3．（　　　）是指广告模特与广告产品的潜在使用者之间的亲切程度。

  A．魅力性   B．专业性   C．类似性   D．真实性

4．聚美优品 CEO 陈欧为自己的公司代言，在这里陈欧属于（　　　）。

  A．典型消费者模特 B．最高经营者模特 C．动画模特 D．身体一部分模特

5．我国国家工商行政管理局颁布的《广告审查标准》第二章第十八条规定："（　　　）的使用不得裸露肩以下、膝以上 15 厘米的部位（泳装模特不在此限）。"

  A．儿童模特   B．老人模特   C．妇女模特   D．少年模特

二、多选题

1．非人物广告模特包括（　　　）。

  A．动物模特   B．最高经营者模特

  C．动画模特   D．身体一部分模特

  E．典型消费者模特

2．人物广告模特包括（　　　）。

  A．名人模特   B．专家模特

  C．身体一部分模特   D．典型消费者模特

  E．企业家模特

3．利用普通消费者模特的表现方式有（　　　）。

  A．推荐式（testimonial）广告表现方法 B．权威式表现方法

  C．类似消费者广告表现方法   D．祈求式表现方法

  E．生活片段（slice of life）广告表现方法

4．以下有关名人广告模特的描述正确的是（　　　）。

  A．品牌在扩张时，始终利用同一名人模特，可以保持原有品牌的形象

  B．在众多的模特类型中，名人模特应该是最引人注目的

  C．通过名人模特很难为抽象的服务赋予具体的形象与特点

  D．如果名人模特的形象与所代言的产品不匹配，也不会引起消费者的不一致感

  E．当名人模特出现负面事件时，就会对所代言的产品形象造成极大的伤害

5．广告音乐的作用主要有（　　　）。

  A．营造气氛   B．引起受众注意

  C．加强受众对广告信息的注意   D．产生迁移效果

  E．娱乐观（听）众

三、名词解释

1．广告模特 2．典型消费者模特 3．动画模特 4．最高经营者模特 5．广告音乐

四、简答及论述题

1．广告模特的作用主要有哪些？

2．动画模特的表现方式主要有哪几种？

3．外国模特具有哪些优势？

4．试论述名人模特的优缺点。

5．试论述广告音乐的作用。

案例讨论

郎平代言郎酒红花郎

2016 年 9 月 2 日，郎平代言郎酒红花郎新闻发布会在北京举行，中国女排主教练郎平和郎酒集团现场签署代言协议，即日起，郎平代言郎酒红花郎——"喝郎酒，打胜仗，神采飞扬中国郎。"

在刚刚结束的里约奥运会上，郎平带领的中国女排不畏强手，时隔 12 年再夺奥运金牌。郎平在中国排坛拼搏 30 多年，创造、传承、发扬令国人振奋的中国女排精神。这次牵手郎酒红花郎，是郎平里约奥运会带领中国女排夺冠归来慎重考虑之后，签署的首份品牌代言协议。郎平表示，郎酒集团"神采飞扬•中国郎"的品牌主张，以及郎酒红花郎蕴含的务实专注、精耕细作、追求极致的工匠精神和品质保障，高度契合她本人的人生态度和中国女排精神，"大家是走在一个道上的人"。

基于郎平和郎酒双方的共识，郎平代言郎酒红花郎分为两个层次。首先是代言郎酒的品牌主张，代言核心内容是："喝郎酒，打胜仗，神采飞扬中国郎。"其次是代言郎酒集团核心产品红花郎酒，代言核心内容是："你欢呼的每一分，背后都有一百分的努力！红花郎，打胜仗；铁榔头，扬国威。我爱郎酒，我爱红花郎。"

郎酒集团副总裁、新闻发言人李明政表示，邀请郎平代言郎酒红花郎，意在将郎酒企业和品牌的发展，融入时代发展的大潮。签约仪式后，郎平表示她很荣幸有机会代言郎酒，希望她和郎酒携手一道，同心协力从辉煌走向下一个辉煌。郎酒股份有限公司总经理付饶表态，郎酒对郎平教练充满了无限敬意，郎酒一定抓住郎平教练代言的契机，踏实追求每一分，极致追求高品质，不放过每个细节的执着追求，在扎扎实实的努力中集聚胜利力量。

据介绍，郎酒红花郎的郎平代言广告正在紧张地拍摄制作中，将以最快速度登陆中央电视台一套黄金时段与全国电视观众见面，还将在全国范围内以不同传播形式大面积、高密度推广，让郎平重塑的新时期女排精神激励郎酒团队，进一步激活郎酒市场。

资料来源：新浪网。

问题讨论

1. 有人说"郎平代言郎酒"是中国女排精神价值论与商业价值融合的典范之作，你同意吗？请说出你的观点。

2. 挑选体育名人代言广告应注意哪些问题？有何风险？

第13章 网络广告

本章导读

　　互联网的兴起与迅猛发展，为广告业提供了一种全新的媒介和发展机遇。网络已经不仅仅是一个无限广阔的信息载体，对许多人来讲，它甚至已成为一种生存方式，一个与现实世界并存的"虚拟世界"。本章主要讲述网络广告的概念、分类与特点、网络广告的策划、网络广告的预算与效果评估以及我国网络广告现状与发展趋势等内容。

知识结构图

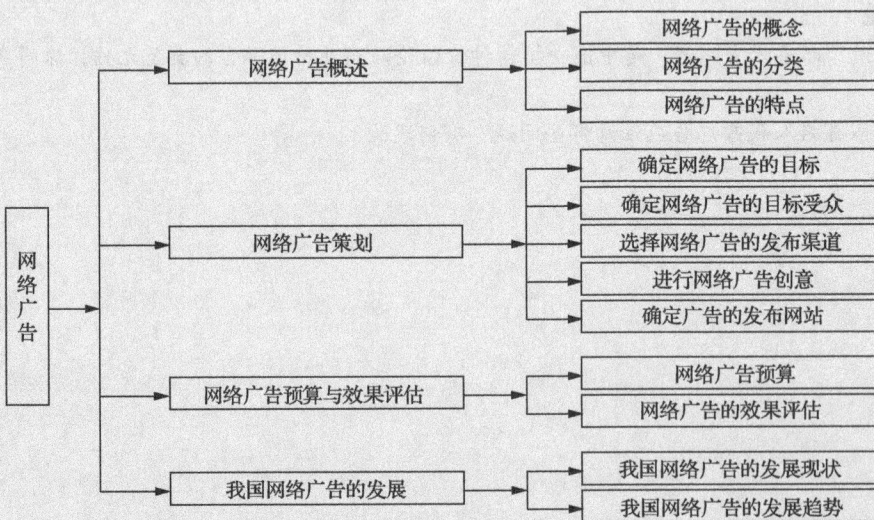

开篇引例

穿越故宫来看你

2016 年 7 月，一个《穿越故宫来看你》的 H5 页面在微信朋友圈中传播开来。页面中一个萌萌的皇帝形象吸引了不少网友，唱着 RAP，配合着又蹦又跳舞蹈不停地进行自拍、刷朋友圈、QQ 互动等，如图 13-1 所示。

图 13-1 《穿越故宫来看你》广告截图

该页面是故宫创新大赛一幅"宣传广告"，目的是让更多有创意人的参与大赛，通过文化创新扩大故宫在新时代的影响力。故宫，作为我国历史悠久的皇家宫殿，移动互联网时代一改"迟暮老者"的公众形象，展现出逆生长的"萌"，更加适合了年轻人的"口味"。

随着移动互联网的发展，微信、微博、APP 等新媒体的广泛使用，故宫成立了自己的文创团队，用移动互联网思维，开发适合互联网+时代的传播方式。除了《穿越故宫来看你》这样富有创意的 H5 页面宣传方式外，还有微信、微博、APP 等众多方式。充分利用移动工具、移动广告的优势，来打造故宫别具一格的"魅力"。

如微信公众平台"故宫淘宝"上一篇名为"雍正：感觉自己萌萌哒"的文章，成为第一篇阅读量 10万+的爆款文章。

官方微博"故宫博物院"拥有 770 多万粉丝。2017 年 7 月 1 日发布的一条"你好，七月"的微博，被转发了一万多次。高转发量的原因是配图——一只站在紫禁城宫灯上的喜鹊，却被微博网友们称为"穿校服的披发少女"。与此同时，与"故宫出品"有关的系列 APP 也大受欢迎。

多种形式的移动广告给故宫的文创产品带来了巨大的收益。据统计，2016 年，故宫博物院研发的文创产品已经超过 9 000 件，各种渠道的销售收入总额突破 10 亿元。2017 年，故宫博物院出品了 9 170 种文创产品、上百个系列，收益可观。

然而，在故宫官方看来，移动互联网最大的作用不是带来了多少经济效益，而是弥补博物院服务能力不强的劣势，让更多的年轻人通过文物感受到了中国传统文化的博大精深，创造了更大的社会收益。

案例分析

故宫借助移动互联网、移动广告重新焕发了"新颜"，并在继续创新的道路上大踏步前进。

移动广告是移动互联网广告的简称，简单理解就是移动端的网络广告。其学术定义是指在移动设备（手机、PSP、平板电脑）上某个移动应用（如微信、移动 APP、手机 QQ 等）或某移动网页（如微网站、微商城、微店）中所展示的广告。较简单的有图片、文字、链接等形式的广告，复杂的有 HTML5、视频等形式。

资料来源：刘海燕，陆亚文. 移动营销. 北京：人民邮电出版社. 2018：188.

13.1　网络广告概述

网络广告诞生于美国，1994年10月14日，美国著名的Wired（连线）杂志推出了网络版的Hotwired，其主页上开始有AT&T等14个客户的广告横幅。这是广告史上里程碑式的一个标志，同时也让网络开发商与服务商看到了巨大的商机。继Wired之后，许多媒体如美国有线电视网CNN、《华尔街日报》等，也都纷纷上网并设立自己的网站，将自己的资料搬上网络。他们在网络媒体上刊登信息、服务网浏览的同时，也经营广告。自此以后，网络广告作为一种新型的营销手段逐渐成为网络媒体与广告界的热点，成为电子商务及全球互联网市场的重要组成部分。

13.1.1　网络广告的概念

网络广告是广告的一种形式，英语一般叫作Net AD（Internet Advertising）或Web AD，是基于计算机、网络通信和多媒体技术，以双向互动的方式将广告主的信息通过网络媒体传递给目标消费者的一种双向营销传播活动。

网络广告是广告业务在计算机网络中的新的拓展，也是网络营销领域率先开发的营销技术之一。与传统广告形式相比，网络广告以数字代码为载体，采用先进的电子多媒体技术设计制作，通过互联网广泛传播，因而具有良好的交互功能。

13.1.2　网络广告的分类

网络广告的分类方法有很多种。如网络广告按照其表现形式，可以分为图形广告（包括按钮广告、旗帜广告、手机广告等）、关键词广告、文字链接广告、富媒体广告、电子邮件广告、网络视频广告、移动广告等；网络广告按照其活动程度，可以分为静态广告、动态广告、交互式广告等；网络广告按照其受众分类，可以分为分类广告、定向广告、窄告广告等。

网络广告的类型

下面就对各种主要的网络广告形式进行介绍。

（1）按钮广告（Button ads）。按钮广告通常是一个链接着公司的主页或站点的公司标志（Logo），一般面积较小（见图13-2）。按钮广告的不足在于其被动性和有限性，它要求浏览者主动点选，之后才能了解到有关企业或产品的更为详尽的信息。

（2）旗帜广告（Banner ads）。旗帜广告是常见的网络广告形式，又名"横幅广告"，是互联网最为传统的广告形式。网络媒体在自己网站的页面（page）中分割出2厘米×3厘米、3厘米×16厘米或2厘米×20厘米的一个画面（视各媒体的版面规划而定）发布广告，因其像一面旗帜，故称为旗帜广告。旗帜广告允许客户用极简练的语言、图片介绍企业的产品或宣传企业形象（见图13-3）。

图13-2　当当网上的按钮广告

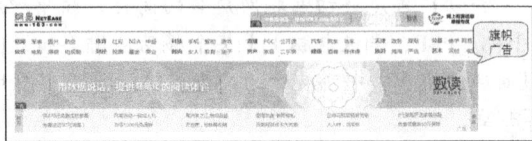

图13-3　旗帜广告

旗帜广告分为非链接型和链接型两种。非链接型旗帜广告不与广告主的主页或网站相接；链接型旗帜广告与广告主的主页或网站相链接，浏览者可以点选，进而看到广告主想要传递的更详细信息。为了吸引更多的浏览者注意并点选，旗帜广告通常利用多种多样的艺术形式进行处理，如做成动画跳动效果，或做成霓虹灯的闪烁效果等。

（3）文字链接广告（Text link ads）。文字链接广告以一个词组或一行文字的形式出现，点击后可以进入相应的广告页面。文字链接广告的安排较为灵活，它可以出现在页面的任何位置，可以竖排也可以横排。这是一种对浏览者干扰最少的网络广告形式，但对用户的吸引力有限。

（4）浮动式广告（Floting ads）。浮动式广告画面可大可小，它会在整个屏幕里有规律浮动，同时会闪烁出一些好看的颜色，具有干扰度低、吸引力强的特点（见图13-4）。

（5）弹出窗口式广告（Pop-up ads）。弹出窗口式广告是指打开网站后自动弹出的广告，该广告具有一定的强迫性，无论用户点击与否，广告都会出现在用户的面前。弹出窗口式广告被广泛应用于品牌宣传、产品促销、招生或咨询等活动。但需要注意的是，由于弹窗广告大都具有强制性，网络用户对此都很厌恶，一般会主动下载插件屏蔽该类广告。

（6）网络视频广告（Internet video ads）。网络视频广告是采用先进数码技术将传统的视频广告融入网络中，实现在线播放。视频广告与Flash结合播放，具有良好的影音品质。CNNIC最新数据显示，2016年网络视频广告收入规模达271.7亿元，原生视频广告规模为29.5亿元。

（7）对联式广告（Couplet ads）。对联式广告是较为常见的一种网络广告形式，这种广告分列在网页的两侧，呈对称状，以夹带的方式呈现广告表现，视觉冲击力强（见图13-5）。

图13-4 浮动式广告　　　　　　图13-5 对联式广告

（8）主页广告（Homepage ads）。主页广告是指企业将所要发布的信息内容分门别类制作成主页，置放在网络服务商的站点或企业自己建立的站点上。主页广告可以详细地介绍企业的相关信息，如发展规划、主要产品与技术、产品订单、售后服务、战略联盟、年度经营报告、主要经营业绩、联系办法等，从而让用户全面地了解企业及企业的产品和服务。

（9）分类广告（Classified ads）。分类信息是Web 2.0的衍生物，是新一代互联网应用模式。分类广告又被称为主动广告，它不同于我们日常在电视、报刊上所看到的广告，分类广告不主动强加给受众。如58同城网上有众多的分类广告，大都与老百姓的生活密切相关，如出租、出售、家政、搬迁、招聘、二手货买卖等商品信息（见图13-6）。

（10）定向广告（Target ads）。定向广告是指网络服务商利用网络追踪技术（如Cookies）搜集整理用户信息，按年龄、性别、职业、爱好、收入、地域分类储存用户的IP地址，然后利用网络广告发布技术，向不同类别的用户发送内容不同的广告，从而达到精准投放的目的。

此外，网络广告的形式还有以下几种。

电子邮件广告（E-mail）。广告形式以旗帜广告为主，广告体现在拥有免费电子邮件服务的网站上，广告会出现在个人邮箱的主页上（见图13-7）。

图 13-6　58 同城网的分类广告页面　　　　　　　　图 13-7　电子邮件广告

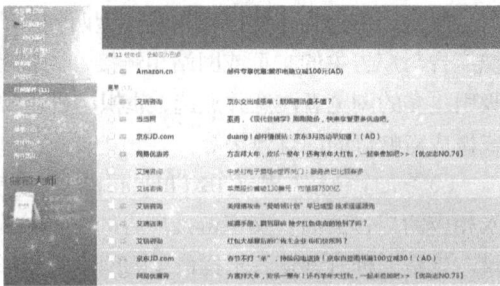

邮件列表广告（Direct Marketing ads）。又名"直邮广告"，利用网站电子刊物服务中的电子邮件列表，将广告加在每天读者所订阅的刊物中发放给相应的邮箱所属人。广告形式多样化，包括旗帜、按钮及文字广告等。

墙纸广告（Wallpaper ads）。把广告主所要表现的广告内容体现在墙纸上，并安排放在具有墙纸内容的网站上，以供感兴趣的人进行下载。

赞助式广告（Sponsorships ads）。分为 3 种赞助形式：内容赞助、节目赞助、节日赞助。赞助式广告形式多样，广告主可根据自己所感兴趣的网站内容或网站节目进行赞助。

竞赛和推广广告（Contests & Promotions Ads）。广告主可以与网站合办他们感兴趣的网上竞赛或网上推广活动。

关键字广告（Keyword ads）。关键字广告是充分利用搜索引擎资源开展网络营销的一种手段，属于按点击次数收费的网络广告类型。关键字广告有两种基本形式。一是关键字搜索结果页面上方的广告横幅可以由客户买断。这种广告针对性强，品牌效应好，点击率高。二是在关键字搜索结果的网站中，客户根据需要购买相应的排名，以提高自己网站被点击的概率。关键字广告如图 13-8 所示。

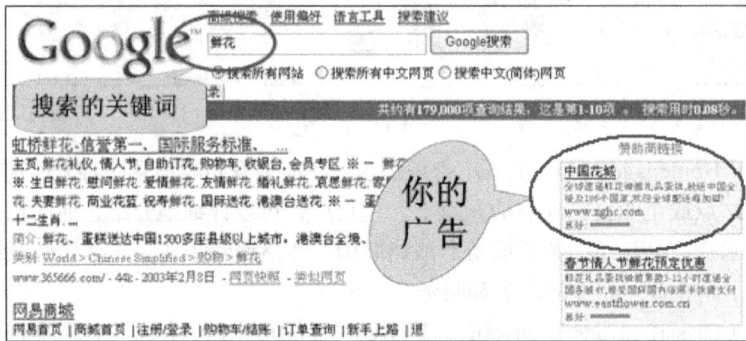

图 13-8　关键字广告

我国网络广告的表现方式除了上文所述外，还有不少创新的形式。因传统网络广告的形式呆板，无法吸引网民的注意，因而新型网络广告便不断应运而生。如网上流媒体广告、网上声音广告、QQ 上线弹出广告、QQ 对话框网幅广告等，在文字、图片、音频乃至视频上的表现形式各具特色，已经表现出高度的生动性和多样性。

如今，诸如流媒体（streaming media，流媒体是一种使音频、视频和其他多媒体元素在 Internet 及无线网络上以实时的、无须下载等待的方式进行播放的技术）、VRML（Virtual Reality Modeling Language，即虚拟现实建模语言）等网络视频技术的发展，为网络广告技术的发展提供了技术上的保障。随着互联网技术的发展及宽带技术水平的提高，网络广告的表现形式也将越来越丰富。

13.1.3　网络广告的特点

网络广告是 Internet 问世以来广告业务在计算机领域新的拓展，随着互联网的迅猛发展，网络广告已成为企业不可或缺的重要广告形式。它兼具传统广告的优点，又有自身一些特有的优势。具体而言，网络广告具有以下鲜明特点。

1. 实时性与交互性

网络广告一个突出优点是能按照需要及时变更广告内容，包括改错。而对于在传统媒体上发布的广告而言，一旦广告播（刊）出，广告就很难再变。例如，某促销商品价格发生了变化，在互联网上更改广告信息可能瞬间就能完成，并且更改成本可以忽略不计，这是传统广告无法比拟的。网络广告实时性的特点可以帮助企业做到广告变化与经营决策变化的同步性，从而有助于提升企业经营决策的灵活性。

网络广告是一种交互式的广告，查询起来非常方便。网络广告的载体基本上是多媒体、超文本格式文件，只要受众对某种产品感兴趣，仅需轻按鼠标就能由一般受众感兴趣的问题，一步一步深入到更多、更详细、更生动的信息，从而使消费者亲身"体验"产品、服务与品牌。

2. 广泛性

网络广告的广泛性表现在以下几个方面。（1）传播范围广泛。网络广告通过 Internet，可以将广告内容传播到网络所能覆盖到的任何地方，传播范围极为广泛。（2）内容详尽。传统广告由于受媒体的时间和版面的限制，其内容也必然受限；而网络广告则不存在上述问题，广告主可根据需要将广告做得十分详尽，以便广告受众进一步了解相关信息。（3）形式多样。网络广告的表现形式包括动态影像、文字、声音、图像、表格、动画、三维空间、虚拟现实等，它们可以根据广告创意需要进行任意的组合创作，从而有助于最大限度地调动各种艺术表现手段，制作出形式多样、生动活泼且能够激发消费者购买欲望的广告。

3. 易统计性和可评估性

运用传统媒体发布广告，评估广告效果比较困难，因为很难准确去统计受众信息。而网络广告则可通过权威公正的访客流量统计系统，精确统计出每个客户的广告被多少个用户看过，以及这些用户浏览这些广告的时间分布、地理分布等，从而有助于广告主和广告商正确评估广告效果，审定广告投放策略。

4. 重复性和检索性

网络广告可以将文字、声音、画面完美地结合之后供用户主动检索，重复观看。

5. 视听效果的综合性

随着多媒体技术、网络技术及编程技术的提高，网络广告可以集文字、动画、全真图像、声音、三维空间、虚拟现实等为一体，创造出身临其境的感觉。既满足浏览者收集信息的需要，又提供了视觉、听觉的享受，增加了广告的吸引力。

6. 经济性

目前，在互联网上发布广告相对传统媒体而言便宜得多，相对于电台、电视、报刊、户外等媒体动辄成千上万元的广告费，网络广告则具有极高的经济性。

7. 广告发布方式的多样性

传统广告发布主要是通过广告代理制实现的，即由广告主委托广告公司实施广告计划，广告媒介通过广告公司来承揽广告业务，广告公司同时作为广告客户的代理人和广告媒体的代理人提供双向服务。而在网络上发布广告对广告主来说有更大的自主权，既可以自行发布，又可以通过广告代理商发布。

当然，与其他所有事物一样，网络广告也具有两面性。一方面它具有传统媒体所无法比拟的优势，另一方面也存在诸如强迫性广告过多、垃圾广告大量存在、监管困难等一系列令人担忧的问题。这些问题不仅破坏和影响了正常的市场秩序，还严重阻碍和制约了网络广告的进一步发展。

13.2　网络广告策划

网络广告策划是根据互联网的特征及网络人群的特征，从全局角度所展开的一种运筹和规划。其在本质上仍然属于广告策划的一种，因此，在实施过程中的环节与传统广告有很多相同的地方，如确定网络广告目标、确定网络广告目标受众、选择网络广告发布渠道、进行网络广告创意以及确定网络媒体发布网站等。

13.2.1　确定网络广告的目标

确定网络广告目标的目的是通过信息沟通使消费者产生对品牌的认识、情感、态度和行为的变化，从而实现企业的营销目标。在公司的不同发展时期有不同的广告目标，例如说是形象广告还是产品广告。对于产品广告，在产品的不同发展阶段，广告的目标可分为提供信息、说服购买和提醒使用等。

网络广告的目标主要有提高访问量、树立品牌意识和销售产品 3 个方面。其本质与传统广告目标并无不同，这里不再赘述。

13.2.2　确定网络广告的目标受众

目标受众（target audience）是指传播活动中特定媒介渠道或媒介内容的诉求对象。目标受众决定着传播渠道、传播活动形式以及营销策略，同时又为传播内容提供方向和依据。由于网络消费者的年龄、社会阶层、收入水平、兴趣爱好、受教育程度、上网习惯等各不相同，只有广告的目标受众明确，才能科学、有效地选择网络广告发布渠道，从而使广告真正做到有的放矢。

13.2.3　选择网络广告的发布渠道

企业发布网络广告的途径有很多种，广告主可根据自身的需求，本着广告效应最大化的原则从中选择一种或几种。

1. 建立主页

网站主页是企业树立良好形象以及宣传产品的重要平台。在当今的网络世界，一个企业的主页地址就像企业的名称和商标一样，是企业独有的身份标识，也是企业最为最要的资产之一。

2. 搜索引擎网站或内容网站

在互联网上有一些专门的用以查询检索服务的网络服务商的站点，如 Yahoo、Excite 等。这些站点就如同电话黄页一样，按类别划分便于用户进行站点的查询。在其页面上，都会留出一定的位置给企业做广告。比如在 Excite 上，网络用户在 Search 一栏中填入关键字 automobile（汽车），Excite 页面的中上部就会出现某汽车公司的广告图标。

广告主也可以选择网络内容服务商（ICP）与之合作。如搜狐、网易、新浪、凤凰网等，它们提供了大量的互联网用户感兴趣并需要的免费信息服务，包括新闻、评论、生活、财经等内容，因此，这些网站的访问量非常大，是网上最引人注目的站点。目前，这样的网站是网络广告发布的主要阵地，并且发布广告的形式多种多样。

3. 专类销售网

这是一种专类产品直接在互联网上进行销售的方式，现在有越来越多的这样的网络出现。以汽车之家网站为例，消费者只要在一张表中填上自己所需汽车的类型、价位、制造者、型号等信息，然后轻轻按一下 Search（搜索）键，计算机屏幕上就会马上出现完全满足你所需的汽车的各种细节，当然还包括何处可以购买到此种汽车的信息（见图 13-9）。

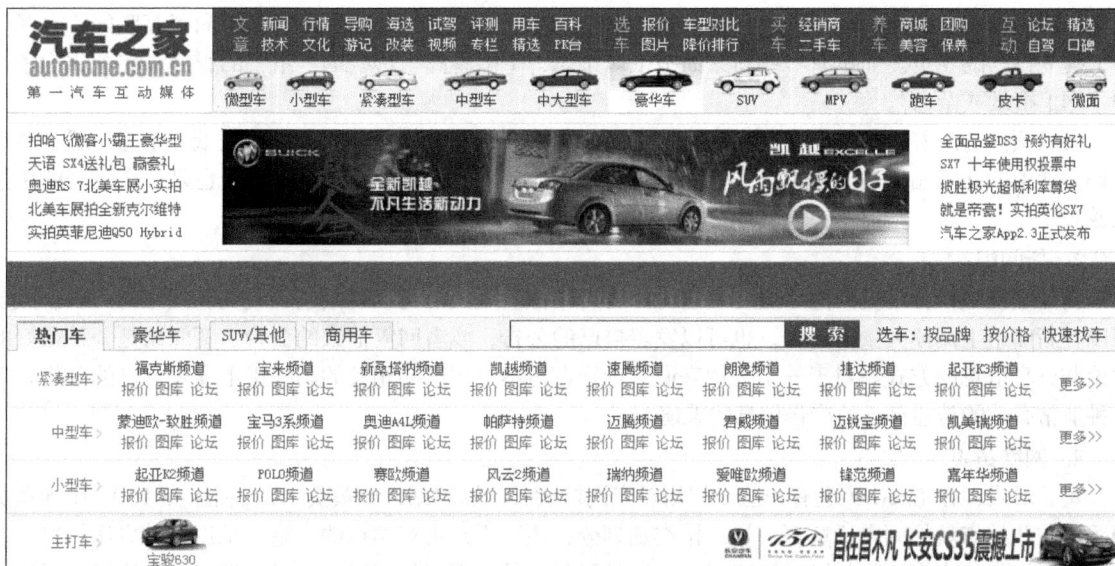

图 13-9　汽车之家网站主页

　另外，消费者考虑购买汽车时，很有可能首先通过此类网站进行查询，所以，对于汽车代理商和销售商来说，这是一种很有效的网络广告方式。汽车商只要在网上注册，那么他所销售的汽车细节就进入了网络的数据库中，也就很有可能被消费者查询到。与汽车销售网类似，其他类别产品的代理商和销售商也可以连入相应的销售网络，从而无须付出太大的代价，就可以将公司的产品及时地呈现在世界各地的用户面前。

4. 免费的网络服务

　在互联网上有许多免费的服务，很多用户都喜欢使用。由于互联网上广告内容繁多，即使公司建有自己的主页，用户往往也要通过大量的搜索查询工作才能看到广告的内容。而这些免费的网络服务就不同，它能帮助公司将广告主动送至使用该免费 E-mail 服务，又想查询此方面内容的用户手中。具体说来此种方式有以下诸多特点。

　（1）主动性强。所有的使用者都可以按照自己的喜好和兴趣选择订阅一些免费信息。一旦你选择订阅了有关的信息，就可以定期收到所订阅的信息。当然，其中包含着广告的内容。不过用户既可以随时增加订阅，也可以随时修改或停止订阅信息内容。

　（2）易于统计。每一个用户在第一次使用免费 E-mail 时，必须要详细地填写一张用户档案（Member Profile）。这就使得提供免费 E-mail 的服务商能详细地知道使用者的具体情况，若有公司利用免费 E-mail 做广告，免费 E-mail 服务商就会每月给你一份调查报告，告诉你在这个月中有多少用户看了你的广告，又有多少用户进一步了解了广告的内容（即按了广告的图标）。在每月报告中，免费 E-mail 服务商还会提供含有对你的产品或服务感兴趣的用户的具体情况的统计资料。

　（3）针对性强。随着免费 E-mail 会员的进一步增加，广告主还可以根据使用者的特性（地域、年龄、性别、家庭收入、职业、受教育水平、兴趣爱好、婚姻状况等），有针对性地发布自己的广告。

5. 行业名录

　一些网络服务提供者（ISP）、政府机构或行业协会会将一些行业信息融入它们的主页中。例如，香港商业发展委员会（Hong Kong Trade Development Council）的主页中就有汽车代理商、汽车配件商的名录。用户只要感兴趣，就可以直接通过链接，进入相应行业代理商或者配件商的主页。

6. 网上报纸或杂志

　在互联网日益发展的今天，新闻界也不落人后，一些世界著名的报纸和杂志，如美国的《华尔街日报》《商业周刊》，国内的如《人民日报》《文汇报》《中国日报》等，纷纷将触角伸向了互联网，在互联网上建立自己的主页。而更有一些新兴的报纸与杂志，干脆脱离了传统的"纸"的媒体，完全成为了一种"网上报纸或杂志"。

可以预计，随着计算机的普及与网络的发展，网上报纸与杂志将如同今天的报纸与杂志一般，成为人们生活中的必需品。对于注重广告宣传的公司，在这些网上杂志或报纸上做广告也是一个较好的传播渠道。

7. 新闻组

新闻组也是一种常见的网络服务，它与公告牌相似。人人都可以订阅它，成为新闻组的一员。成员可以在新闻组上阅读大量的公告，也可以发表自己的公告，或者回复他人的公告。新闻组是一种很好的讨论与分享信息的方式。对于一个公司来说，选择在与本公司产品相关的新闻组上发表自己的公告将是一种非常有效的传播自己的广告信息的渠道。

8. 网络黄页

黄页形式：在 Internet 上有一些专门用以查询检索服务的网站，如黄页 88（见图 13-10）、中国黄页网等。这些站点就如同电话黄页一样，按类别划分，便于用户进行站点的查询。采用这种方法的好处，一是针对性强，查询过程都以关键字区分；二是醒目，处于页面的明显处，易于被查询者注意，是用户浏览的首选。

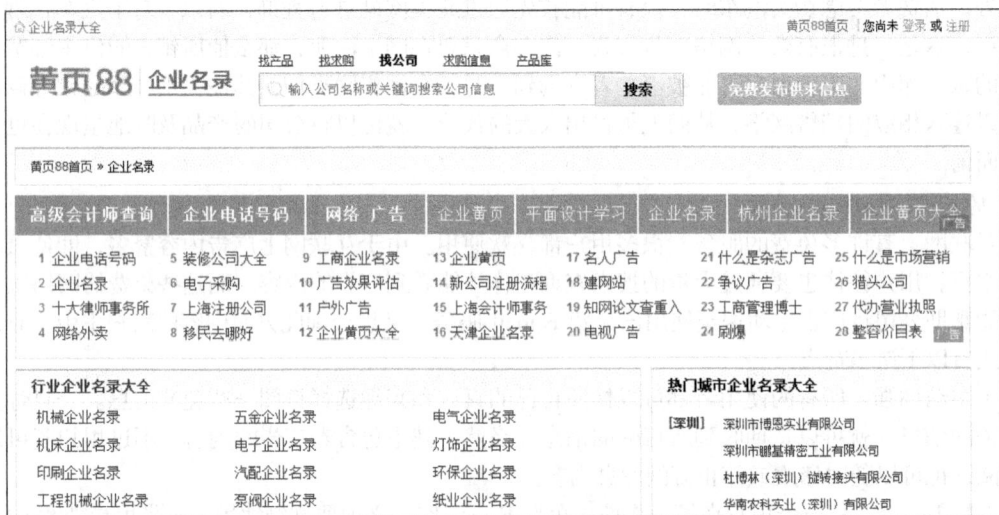

图 13-10　黄页 88 首页

13.2.4　进行网络广告创意

创意是广告的灵魂，网络广告当然也不例外。网络广告的创意包括以下两个方面：一是内容、形式、视觉表现和广告诉求的创意；二是技术上的创意。在进行网络广告创意时，要遵循独创性、简洁性、变化性、及时性和时效性的原则。网络广告的创意策略和诉求方法与传统广告相似，鉴于本书第 7 章已对相关内容做过详细阐述，在此不再赘述。

13.2.5　确定广告的发布网站

确定广告发布的网站需要从多个方面来综合考虑，包括网站用户与广告目标受众的一致性、网站流量的大小、网站广告计价的合理性、网站的功能、网站的技术力量、网站的信誉以及网站的管理水平等。

13.3 网络广告预算与效果评估

13.3.1 网络广告预算

广告投入是一项商业活动。对广告活动费用开支计划的设计、安排及分配就是广告预算，它规定了计划期内广告活动所需的金额以及在各项工作上的分配。对广告主来说，广告预算的目标就是要力求以最低成本获得最佳的广告效果。

目前常用的网络广告预算的编制方法主要有以下几种。

（1）期望行动制。这种原则或预算方法是以购买者的实际购买行动为参照来确定广告费用。一般做法是，先预期一个可能的购买量的范围，再乘以每一单位购买行动的广告费，取其平均值就得到广告预算结果。预期的购买人数一般参照同类商品以往年份的统计数字，每一单位的广告费用可根据商品及企业的目标来定。这种做法尤其适合于农产品、大众消费品、家用电器等这些有较稳定购买量的商品，能较容易得到接近客观的购买数字。

（2）产品跟踪制。这种预算方法通常只确定每一单位商品用多少广告费，再根据实际成交量来确定预算费用。常常使用的是以往的数据，具有时滞性。但好处是便于操作，具有一定的客观性。

（3）阶段费用制。这是广告预算中最常用的方法之一，就是根据企业营销计划要达到的阶段性目标来制订广告预算。这种方法能够根据变化的市场环境和产品生命周期的广告要求，及时调整广告费用投入，因而被普遍采用。

（4）参照对手制。这种预算方法主要是参照竞争对手的广告投入情况来制订广告预算，具有较强的针对性，而且也较为灵活。

（5）市场风向制。这种广告预算方法是依据商业环境的变化而制订预算计划的，在商业环境恶化时，一般采取加大广告力度、加大预算的投入等方法，这有助于乘机扩大市场。但这时打开市场往往要有较大的预算力度，并且效果要在商业环境改善后才能有所实现。在市场繁荣、产品销售好时，广告预算则可以适当减少。

（6）比例提成制。这种预算方法是根据销售比例或赢利比例来制订广告预算。按销售额计算的方法是确定一定的销售额基数，然后根据一定的广告投入比率计算出广告预算。这种方法简便易行，制订预算的过程也不复杂，有一定的科学性。

阅读资料 13-1　网络广告的收费模式

1. 每千人印象成本（cost per impressions，CPM）

在传统媒体的广告业中，通常以每千人成本作为确定该媒体广告价格的基础。由于 Internet 上的网站可以精确地统计其页面的访问次数，因此网络广告按访问人次收费是一种不错的方法，所以网络广告沿用了传统媒体广告的做法，一般采用以广告网页被1000次浏览为基准计价单位的收费模式。

2. 每千次点击成本（cost per thousand clicked-throughs，CPC）

以网页上的广告被点击并链接到相关网站或详细内容页面 1 000 次为基准的网络广告收费模式。例如，广告主购买了 10 个 CPC，意味着其投放的广告可被点击 10 000 次。虽然 CPC 的费用比 CPM 的费用高出很多，但广告主往往更倾向于选择 CPC 这种付费方式。因为这种付费真实反映了受众确实看到了广告，并且进入了广告主的网站或页面。CPC 也是目前国际上流行的广告收费模式。

3. 每行动成本（cost per action，CPA）

按广告投放实际效果，即按回应的有效问卷或订单来计费，而不限广告投放量。CPA 的计价方式对于网站而言有一定的风险，但若广告投放成功，其收益也比 CPM 的计价方式要大得多。

4. 单次购买成本（cost per purchase，CPP）

这是广告主为防范广告费用风险而采用的一种收费模式，也称销售提成收费模式，即广告主在广告带来产品的销售后，按销售数量付给广告网站较一般广告价格更高的费用。

5. 按业绩付费（pay-for-performance，PFP）

按业绩付费是从 CPM 转变而来的一种收费模式。基于业绩的定价计费标准有点击次数、销售业绩和导航情况等。

13.3.2 网络广告的效果评估

网络媒体具有较强的机动性和可调整性，一旦网络广告效果不佳，就应该进行调整，如更换旗帜、调整曝光次数、修正网页内容等，一般检测期为一周或 10 万次曝光。

对网络广告效果的评估，较准确的评价指标是曝光次数（impression）及广告点击率（Click Through Rate，简称 CTR）。曝光次数是指有广告的页面被访问的次数，即广告管理软件的计数器上所统计的数字。点击率是指访客点击广告的次数占广告曝光次数的比率。

评估广告效果还要考虑事先设定的广告目的和目标，不同的目的将导致不同的结果。比如，当广告的目的是建立品牌形象时，点击率并不是主要的评价指标，优质的、有效的曝光次数才是评估的重点。

为了获得公正的网络广告效果评价，除了运用网站自身的广告管理软件和稽核工具外，还应使用第三方认证机构。许多传统的大广告主，如宝洁、英特尔、微软等，都愿意在经公正的数字稽核下，支付比传统媒体更高的价格来刊登网络广告。

13.4 我国网络广告的发展

伴随着经济的高速发展、互联网的不断普及，我国的网络广告市场也经历了从无到有、由小到大、迅速发展的过程。网络已经成为我国最为重要的媒体之一，以网络为依托的网络广告的迅猛发展是挡不住的潮流。下面就从现状和趋势两个方面对我国网络广告的发展进行简要的介绍。

13.4.1 我国网络广告的发展现状

1997 年，英特尔一幅旗帜广告发布在比特网（Chinabyte）的网站上，这是中国第一个商业性的网络广告。1999 年，北京三元牛奶在网易上发布网络广告，开创了中国传统企业利用网络进行广告宣传的先河。时至今日，我国的网络广告市场发生了翻天覆地的变化。根据艾瑞咨询发布的最新数据，2016 年中国网络广告市场规模达到 2 902.7 亿元，同比增长 32.9%。在网络广告市场整体进入成熟稳定阶段之后，市场仍然呈现出一些新的发展态势。各个网络媒体细分领域表现各异，一些传统领域呈现出成熟态势下的增速放缓，一些领域在新的广告技术与广告形式共同驱动下，迸发出强劲的增长势头。与此同时，品牌广告主预算进一步向数字媒体倾斜，这些均推动网络广告市场规模达到新的高度。

根据艾瑞咨询发布的最新数据，2016 年中国网络广告收入逼近 3 000 亿元，在 5 大媒体广告收入中的占比已达到 68%；同期电视广告收入 1 049.9 亿元，在五大媒体广告收入中的占比接近四分之一。受网民人数增长、数字媒体使用时长增长、网络视听业务快速增长等因素推动，未来几年，报纸、杂志、电视广告收入将继续下滑，而网络广告收入还将保持较快速度增长。

图 13-11 显示了我国网络广告市场规模高速增长的轨迹。

艾瑞咨询发布的数据显示，2016 年移动广告市场规模达到 1 750 亿元，同比增长率达 75.4%，依然保持高速增长。移动广告的整体市场增速远远高于网络广告市场增速。预计到 2019 年，中国移动广告市场规模将接近 5 000 亿元，随着用户使用习惯的转移，未来几年移动广告在整体网络广告中的占比将持续增大，预计 2019 年该占比将接近 80%，如图 13-12 所示。

广告收入（亿元）

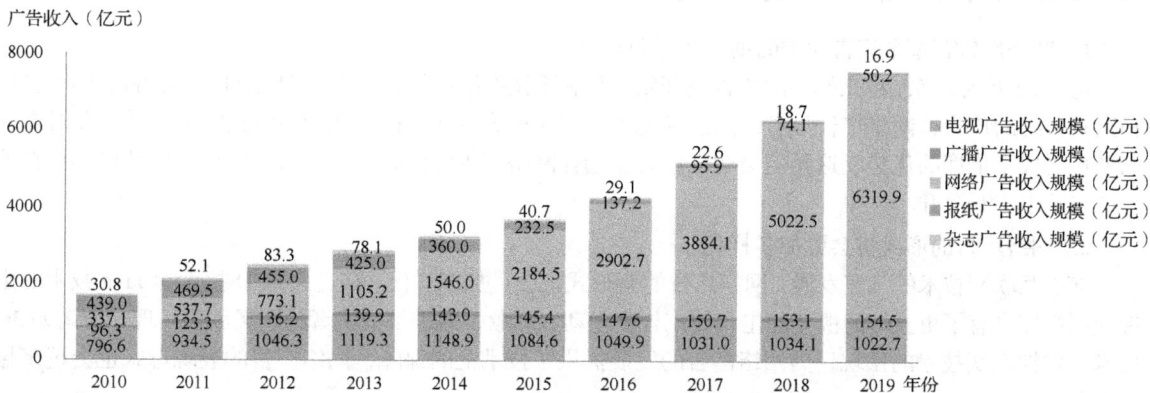

图 13-11　2010—2019 年中国五大媒体广告收入规模及预测

资料来源：艾瑞网。

　　艾瑞分析认为，用户注意力的转移为移动广告市场创造了巨大的发展空间，用户使用时长不断增长，移动媒体的多样化使得移动广告市场进入了新的发展阶段。基于大数据积累，结合用户属性、地理位置等指标而升级的精准化投放技术，不断提高移动广告的投放效率；同时基于用户观看内容而生的原生广告形式兴起，降低了广告对于用户体验的影响，进一步拓展了广告形式和广告位资源。移动广告技术的不断迭代带来了移动广告市场规模的持续高速增长。

　　除此之外，根据艾瑞咨询的研究，近年来我国网络广告在细分领域市场出现了较大的结构性变化，一直保持领先地位的搜索广告由于政策与负面事件影响，份额出现了较大程度的下滑，2016 年首次跌破30%，与上一年同期相比，份额下降近 5 个百分点；2016 年电商广告占比 30.0%，与上一年同期相比，份额具有大幅度上升，2016 年电商广告的整体份额也首次超越搜索广告，升至首位。此外，自 2016 年起，信息流广告在整体结构中单独核算，以社交、新闻、视频等为主要载体的信息流广告在 2016 年的市场份额达到 11.2%，增速明显。

2012—2019年中国网络广告和移动广告市场规模及预测

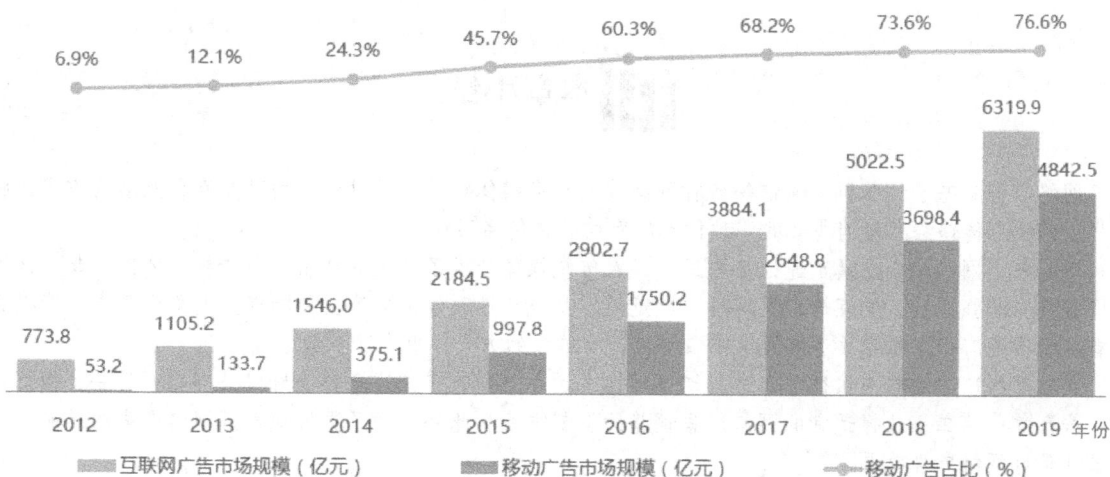

图 13-12　2012—2019 年中国网络广告和移动广告市场规模及预测

资料来源：艾瑞网。

13.4.2　我国网络广告的发展趋势

1. 网络广告在整个广告业中的地位将不断提升

进入 21 世纪以来，越来越多的广告主开始青睐和重视网络广告，网络广告也因此彰显出勃勃的生机。相比较传统的广告，网络广告具有传播技术先进、表现形式灵活多样、便于检索且能够与受众即时互动以及广告成本低廉的优势，这无疑会增强广告主选择网络广告的信心与决心，网络广告的地位必将在整个广告业中不断提升。

2. 网络广告的形式将会更加多样化

随着互联网技术的飞速发展，网络广告的新形式也会更加多样化。在过去，3D 技术和 Java 技术的出现使网络广告有了更立体的视觉冲击，使广告更生动、形象，促进了消费者的购买欲望。现在，诸如 5G 技术、虚拟现实技术的出现，为网络广告的发展提供了技术上的保障，网络广告的表现形式也会越来越丰富多彩。

3. 网络广告将与传统广告整合传播

将电视广告和网络视频广告相融合，即将网络视频广告作为电视广告的一部分，一前一后互为补充，寻求最佳的传播效果，也是未来网络广告的发展趋势之一。IT、汽车、消费电子等产业正在将更多经费投放到网络广告中，并与其他广告形式整合传播，形成了良好的联动效果。

4. 网络广告计价和效果评价将更加合理

随着互联网运作市场的不断成熟，目前网络广告中存在的一些问题将得到有效解决。尤其是技术方面的进步，将使得广告效果测定更加科学，因而今后网络广告计价和效果评价将逐步趋于合理。

5. 网络广告市场监管将更加规范化

鉴于网络广告的迅猛发展以及由此带来的诸多法律纠纷，加大对网络广告市场的监管力度势在必行。对于目前网络广告中存在的一些问题，国家将会建立健全规范的网络广告法律体系来加以解决。另外，从网络广告经营单位的角度来考虑，为了自身的发展，这些企业的网络广告经营行为也必须更加自觉、规范。

总之，作为一种全新的广告形式，在我国经济发展强劲、市场需求多样化、互联网络迅猛发展、国家监管体制不断完善的背景下，网络广告相对于传统广告的优势将进一步得到体现，越来越多的广告商会接受和选择网络广告，越来越多的消费者会将浏览网络广告作为获得商品信息、进行商品购买决策的重要选择。

ᴵᴵᴵ 本章小结

网络广告是基于计算机、通信等多种网络技术和多媒体技术，通过一定的可交互和互动的方式，将广告主的信息传递给目标消费者的一种付费的双向营销传播活动。

近年来，网络广告发展迅速，后来居上，对传统媒体产生了强大的冲击。与传统媒体比较起来，网络广告具有非强迫性、交互性、实时性、广泛性、易统计性和经济性等主要特征。网络广告在收费模式上有别于传统广告，而且收费模式比较多样化，有单一的方式，也有混合的方式。

实施网络广告战略应该循序渐进，切不可操之过急，同时应该注意解决好以下问题：第一，做好网络广告预算；第二，选择适宜的网络广告预算的编制方法。此外，为了更好地发挥网络广告的功能，还应该评估好网络广告效果。

作为一种全新的广告形式，在我国经济发展强劲、市场需求多样化、互联网络迅猛发展、国家监管体制不断完善的背景下，网络广告相对于传统广告的优势将进一步得到体现，越来越多的广告商会接受和选择网络广告。可以预期，今后网络广告将在我国得到更加迅猛的发展。

思考题

一、单选题

1. 网络广告 1994 年诞生于（　　　）。
    A．中国　　　　　　　　B．日本　　　　　　　　C．英国　　　　　　　　D．美国

2.（　　　）是常见的网络广告形式，又名"横幅广告"，是互联网最为传统的广告形式。
    A．按钮广告　　　　　B．分类广告　　　　　　C．旗帜广告　　　　　D．视频广告

3.（　　　）可以将文字、声音、画面完美地结合之后供用户主动检索，重复观看。
    A．杂志广告　　　　　B．网络广告　　　　　　C．电视广告　　　　　D．报纸广告

4. 网络广告策划的第一个阶段是（　　　）。
    A．设计制作阶段　　　B．测试评估阶段　　　　C．筹备阶段　　　　　D．实施阶段

5. 根据统计，上网用户在一个网络广告版面上的注意力和耐心不会超过（　　　）。因此，一定要在短时间内吸引人潮进入目标网页，建立良好的品牌形象。
    A．3 秒　　　　　　　B．5 秒　　　　　　　　C．10 秒　　　　　　　D．15 秒

二、多选题

1. 网络广告的主要特点有（　　　）。
    A．非强迫性　　　　　　　　　　　　　B．实时性与交互性
    C．广泛性　　　　　　　　　　　　　　D．易统计性和可评估性
    E．视听效果的综合性

2. 赞助式广告（Sponsorships）的赞助形式可以分为（　　　）。
    A．形式赞助　　　　　　　　　　　　　B．内容赞助
    C．节目赞助　　　　　　　　　　　　　D．体育赞助
    E．节日赞助

3. 企业发布网络广告的途径主要有（　　　）。
    A．建立主页　　　　　　　　　　　　　B．专类销售网
    C．大众媒体　　　　　　　　　　　　　D．搜索引擎网站或内容网站
    E．行业名录

4. 下列属于网络广告的收费模式的是（　　　）。
    A．每千人印象成本　　　　　　　　　　B．每千次点击成本
    C．每行动成本　　　　　　　　　　　　D．单次购买成本
    E．按成本付费

5. 以下有关网络广告的描述正确的有（　　　）。
    A．网络广告已经完全取代了传统的广告
    B．网络广告弊端太多，不应该大力发展
    C．近年来，网络广告发展迅速，后来居上，对传统媒体产生了强大的冲击
    D．用户注意力的转移为移动广告市场发展创造了巨大的发展空间
    E．网络媒体具有较强的机动性和可调整性，一旦网络广告效果不佳，就应该进行调整

三、名词解释

1. 网络广告　　2. 弹出窗口式广告　　3. 邮件列表广告　　4. 定向广告　　5. 网络广告预算

四、简答及论述题

1. 网络广告的特点主要有哪些？

2．如何开展网络广告策划？

3．网络广告预算的编制方法主要有哪几种？

4．试论述我国网络广告的现状。

5．试论述我国网络广告未来发展的趋势。

案例讨论

十大"逼疯"用户的网络广告

资料显示，网络弹窗已基本涵盖包括网站、网页游戏及播放器在内的绝大部分互联网产品，成为网上信息传播和广告推广的重要方式。梳理一下可以发现，除了网络弹窗之外，视频广告、垃圾邮件之类的网络广告在日常生活中可以说是屡见不鲜。每个人在生活中，或多或少都会与它们中的一些打过交道，并有可能因为这些广告而产生过困扰。接下来媒体列举了十种堪称"逼疯用户"的网络广告营销方式。

1．弹窗广告

由于网络弹窗具有强制性，网民只能被动接受，因此这种形式被很多网络公司普遍利用，有日益泛滥之势。

据不完全统计，中国网民常用软件中，有弹窗广告行为的软件达 1 221 个，其中每天弹出广告数量超过 1 000 次的软件近 500 个。特别是手机 APP 上也出现越来越多的弹窗。从这一点来说，网络弹窗这种广告方式确实堪称"逼疯"用户的第一杀手。

2．垃圾邮件

网民每周收到的垃圾邮件比非垃圾邮件还要多，这在一定程度上给网民造成巨大麻烦，也让这种广告模式变得"极其疯狂"。

随着电子邮件使用的越来越普及，电子邮件广告现在已成为使用较广的网络广告形式。电子邮件广告具有针对性强、费用低廉、简单快捷、反应迅速、覆盖率高的特点，且广告内容不受限制。但那些未经同意发送的垃圾广告邮件很容易引起用户的反感。调查结果显示，网民平均每周收到 6.5 封电子邮件（不包括垃圾邮件），而收到垃圾邮件 6.9 封。

3．视频广告

用户在急着要看一个视频时，需要等待 60 秒，这已经算是好的了，90 秒、120 秒这样"任性"的也有。啊？视频缓冲失败了？对不起，您需要再看 120 秒的广告！

4．伪装类广告

在网页中，这种广告一般会出现在两个位置：位于页头下方的条幅和页面右边的公示栏，通常会伪装成利率计算器、问卷调查或者与网页内容匹配的相关链接，诱使用户点击或参与互动。这种情况下，用户发现自己"受骗"时的抓狂自然不言而喻。

5．引诱类广告

网页上突然出现动画的广告，乍看之下很吸引人，因为这些广告常常是页面中唯一运动的元素。但这些广告也常常是低质量的，可能降低网站的可信度。用户如果频频遭遇这样的动画"冲击"，想不被逼疯也难。

6．植入广告

《变形金刚》系列电影令全球观众真切地体会到了植入广告的威力。其实，植入广告在网络中无处不在，只要你仔细去寻找，就会发现新闻报道中、视频小短片中到处都是。植入广告，是指把产品及其服务具有代表性的视听品牌符号融入影视或舞台产品中的一种广告方式，给观众留下印象，以达到营销目的。据统计，在热映的《变4》中，植入广告的企业就达到了近20家，比前一部多出 3 倍。

7. 覆盖类广告

这种半页广告位于页面内容的上部，打开后常常覆盖了内容，并要求访问者自己关闭。这种广告模式让用户的正常浏览遭到了干扰，被逼疯的感觉也是时常萦绕心间。

8. 代购类刷屏广告

移动互联网时代，伴随着微信的普及，许多人的朋友圈成为广告的"重灾区"。原本为分享生活点滴、了解朋友动态的设计，如今却沦为了批发、代购的"杀熟"平台，让人们心烦不已。

9. 推广类广告

想在搜索引擎上查点资料，可搜索的结果却全是广告，真正有用的内容没几个，这样的感觉对许多用户来说并不陌生，与之相伴的无奈与抓狂自然也不需多言。

10. 手机推送广告

许多人的手机平日里响个不停，看似是事务繁忙，但其实却是被手机中安装的各种工具、APP 发送的推送通知所骚扰。一解锁手机屏幕，看到满屏的推送通知，"被逼疯"的无奈立刻涌上了心头。

资料来源：IT 之家。

问题讨论

我国当前网络广告存在的问题主要有哪些？这些问题该如何解决？

第14章 广告管制

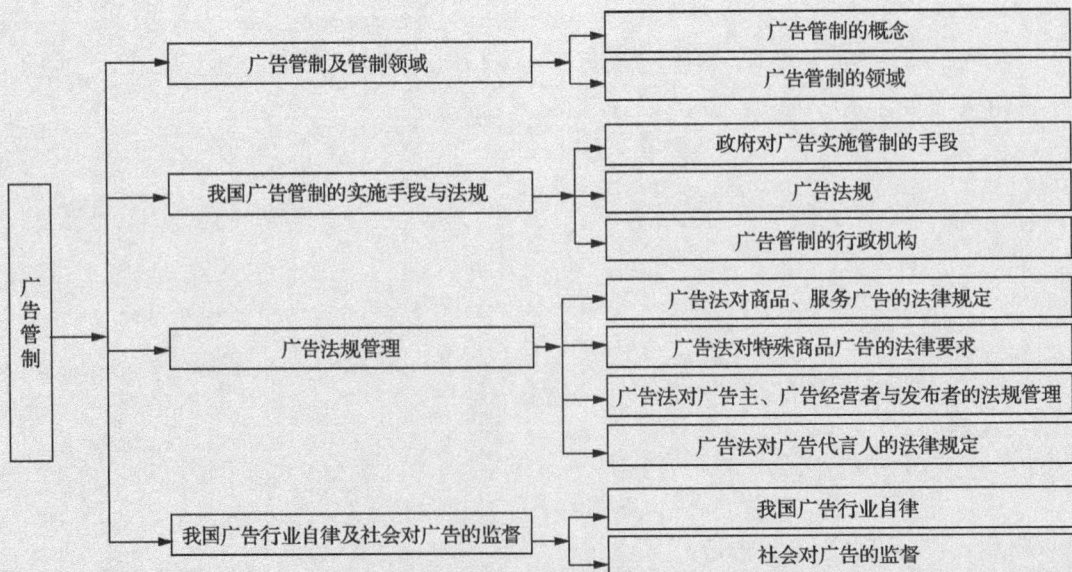

本章导读

广告活动和其他经济活动一样，要受到一定的约束、限制和控制。广告管制规定了广告活动过程中必须遵守的行为规范、义务和权利，这对于广告业的健康发展具有重大的意义。本章主要介绍广告管制及管制领域、我国广告管制的实施手段与法规、广告法规管理以及我国广告行业自律及社会对广告的监督等。

知识结构图

```
                                              ┌─ 广告管制的概念
                         ┌─ 广告管制及管制领域 ─┤
                         │                    └─ 广告管制的领域
                         │
                         │                          ┌─ 政府对广告实施管制的手段
                         │  我国广告管制的实施手段与法规 ─┼─ 广告法规
                         │                          └─ 广告管制的行政机构
                         │
        广告管制 ─────────┤                    ┌─ 广告法对商品、服务广告的法律规定
                         │                    │
                         │    广告法规管理 ─────┼─ 广告法对特殊商品广告的法律要求
                         │                    │
                         │                    ├─ 广告法对广告主、广告经营者与发布者的法规管理
                         │                    │
                         │                    └─ 广告法对广告代言人的法律规定
                         │
                         │  我国广告行业自律及社会对广告的监督 ─┬─ 我国广告行业自律
                         └─                               └─ 社会对广告的监督
```

雕牌天然皂粉广告引争议

"你泡了吗？泡了。你漂了吗？漂了。"雕牌天然皂粉的这一广告播出后，引发了许多消费者的不满。有人认为这则广告打了色情广告的擦边球，让人联想到的内容很不健康。面对这种舆论压力，纳爱斯集团市场部不得不撤下这个饱受非议的广告，并用新的产品形象广告来代替它。

图 14-1　雕牌天然皂粉之泡泡漂漂晾晾篇

很显然，这则广告被撤下，纳爱斯认为自己比较冤枉，这则广告是按照洗衣服先浸泡再漂洗的有效程序进行创意的，广告只是想告诉消费者如何使用本产品才能达到最好的效果，并没有可供人联想的含义。在纳爱斯做出解释的同时，也有一些学者刊文对纳爱斯表示声援，认为这是"小题大做"，是一些人的想象力太过丰富。有学者从汉字的字形、字义方面为纳爱斯的广告进行辩解，甚至有人怀疑这是竞争对手的阴谋。

但是，纳爱斯的这则广告毕竟是引起了消费者的不满，自 2003 年 9 月广告制作播出后，就有消费者反映该广告有负面影响。不少消费者指责纳爱斯集团通过哗众取宠的方式引起人们的注意。在这种情况下，纳爱斯最终不得不停播该广告并用新广告来替代。

案例分析

纳爱斯的这则电视广告之所以备受争议，是因为广告中的一些语言暗含色情的意味。虽然从严格的意义上来说，广告并未违法，但毕竟引发了消费者的不满，纳爱斯及时停播该广告也是明智之举。该案例告诉我们，在创意、发布广告时，除了要遵守国家的相关法律、法规之外，还要考虑行业自律和消费者的监督。广告不仅不能违法，还要考虑到社会文化因素和消费者的解读与感受。

14.1 广告管制及管制领域

14.1.1 广告管制的概念

广告管制是工商行政管理机构通过广告行业协会和社会监督组织，依照一定的广告管理法律、法规和有关政策规定，对广告行业和广告活动实施的监督、检查、控制和指导，以达到保护合法经营，取缔非法经营，查处违法广告，维护广告行业正常运行的目的。

人们对于广告管制的认识主要有两种不同的观点：广告自由论和广告管制论。

持有广告自由论观点的人认为，广告法规是市场经济活动的基础——经营自由的必要条件。因为，广告作为一种经济行为和表现行为，具有二重性，特别是作为表现行为的广告需要保障自由。实际上，广告是通过大众媒体向消费者传递信息的沟通活动，同时也是伴随高度创作努力的创意活动。所以，需要保障广告一定的自由。另外，广告媒体特别是报社和电视台、电台的主要收入来源就是广告，所以对广告过多地干预，就是对媒体的干预。

持有广告管制论观点的人则认为，广告活动本质上是商业活动，是追求利润的一种工具。所以，广告活动与一般的创作活动或表现行为有根本的区别。随着经济的发展，广告的影响也在增大，在这种情况下，决不能忽视广告对社会的责任。因此，对广告的管制是不可避免的。也就是说，广告法规不仅要保障企业之间的公平竞争，也需要保护消费者的权益。

14.1.2 广告管制的领域

由于不同国家在经济与社会发展方面存在着较大的差异性，因此，广告管制的方式或领域也是不同的。但一般来说，广告管制的最终目的都是保护消费者权益。

广告管制的领域包括以下 4 个方面（见图 14-2）。

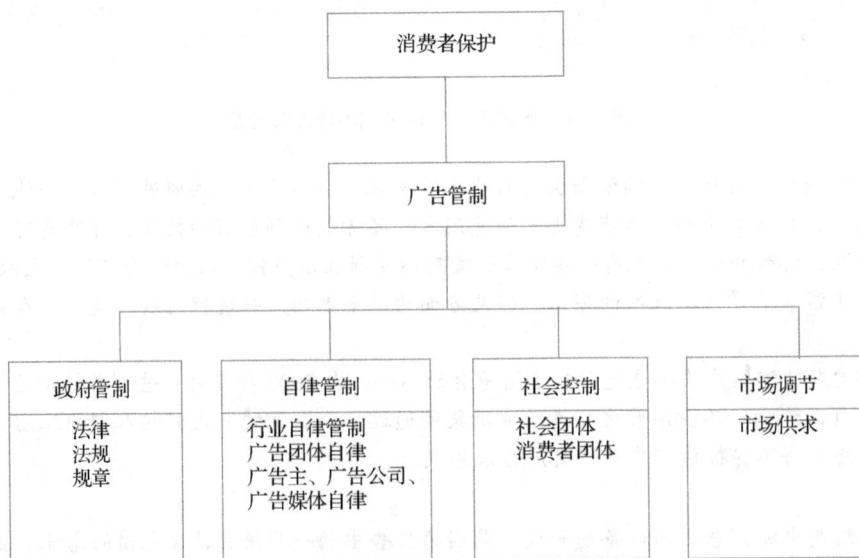

图 14-2 广告管制的领域

1. 政府管制

政府管制也叫他律管制，包括法律管制和行政管制。法律管制包括各种法律、法规、规章。行政管制是以行政手段对广告活动所进行的管理、监督、审查等。

2. 自律管制

自律管制包括行业自律管制，广告团体管制，广告主、广告公司、广告媒体的自律管制。

3. 社会控制

社会控制包括市民团体或消费者团体对广告活动的监督。

4. 市场调节

市场调节是以广告市场的供需情况来调节广告活动。

14.2　我国广告管制的实施手段与法规

14.2.1　政府对广告实施管制的手段

1. 制定和颁布广告法规

政府对广告实施管制，首先要根据广告活动的特点和社会公共利益的要求，制定和颁布广告法规，使广告活动有法可依、有规可循，这是广告管制的首要任务。

广告管制是广告发展的必然要求，所以广告管制的发展程度与广告发展水平紧密联系在一起。中华人民共和国成立以后，百废待兴，广告业赢得了良好的发展契机，在当时经济基础较好的上海、重庆、天津、西安等城市，均先后发布了地方性的广告管制法规。

根据广告业恢复和发展的需要，1982 年，国务院颁布了我国第一部全国性广告法规《广告管制暂行条例》。后来，国务院于 1987 年发布了《广告管制条例》，使广告管制法制建设又进了一步。进入 20 世纪 90 年代，我国经济建设又进入了一个新的快速发展时期，广告更是发展迅速，需要将广告法规地位提高，并且将有关内容更进一步完善。在这种发展形势下，全国人民代表大会常务委员会（以下简称"全国人大常委会"）于 1994 年 10 月 27 日审议通过了《中华人民共和国广告法》（简称《广告法》），自 1995 年 2 月 1 日起正式施行，使我国广告法规建设又进入了一个新的阶段。

2. 建立专门的广告管制机构

有了广告法规，还必须组建专门的广告管制机构负责对广告活动进行管理和监督。虽然广告活动是集信息传播活动、经济活动、社会活动、文化活动于一身的综合性活动，但是其最终目的还是为经济发展服务，因此，广告管制属于工商管理的范畴。1982 年，颁布的《广告管制暂行条例》就从法律上规定，由各级工商行政管理部门代表政府对广告进行管理。《广告法》第一章第六条规定，"县级以上人民政府工商行政管理部门是广告监督管理机关"，为广告管制机关确定了法律地位。

3. 对违法广告行为进行查处

广告管制机关的任务虽然有多个方面，但是，最重要的是要对违法广告行为进行查处，以维护广告正常秩序，使广告业健康发展。所以，广告管制机关要根据广告法规赋予的权力，监督社会的广告活动，对出现的违法广告行为，按照广告法规和其他相关法规的规定予以处理。只有经常不断地对违法广告行为进行查处，才能净化广告运行环境。

查处违法广告行为，是保护消费者和社会公众利益的重要手段，同时，也是预防违法广告行为的发生、保护合法广告行为的重要措施，尤其要把查处虚假广告和违法经营广告作为重点。

14.2.2　广告法规

1. 广告法规包括的范围

广告法规是广告管制机关行使监督职能，对广告宣传、广告经营、广告发布等涉及广告的活动和行为实施管制的法律法规。广告法规规定所有从事广告活动的当事人，哪些行为是必须的，哪些行为是许可的，哪些行为是禁止的。它是广告管制机关依法管理、依法办事的依据，也是广告主、广告经营者和广告发布者从事合法广告活动的法律保障。

广告法规不是单指某一个具体的法律，而是所有有关约束广告行为的法律规范的集合。它包括以下几个方面。

（1）宪法。宪法是国家的根本大法，具有最高的法律地位和法律效力，是制定其他法律、法规的依据，也是司法、执法的依据。公民、组织和政府的一切行为都必须符合宪法的要求，广告行为和广告管制也不例外。

（2）法律。法律是国家最高权力机关根据立法程序制定和颁布的规范性文件。在我国是专指全国人民代表大会以及全国人大常委会制定和颁布的规范性文件。例如，刑法、合同法、商标法、广告法等。法律是仅次于宪法的规范性文件。《中华人民共和国广告法》是专门规范广告行为的法律。此外，与广告管制相关的法律有：《中华人民共和国民法通则》《中华人民共和国消费者权益保护法》《中华人民共和国产品质量法》《中华人民共和国食品卫生法》《中华人民共和国反不正当竞争法》《中华人民共和国经济合同法》《中华人民共和国商标法》《中华人民共和国烟草专卖法》《中华人民共和国未成年人保护法》《中华人民共和国环境保护法》等。

（3）行政法规。行政法规是国家行政管理机关为执行法律和履行职能，在其职权范围内，根据宪法和法律赋予的权限，所制定和颁布的规范性文件。在我国，国务院是制定和颁布行政法规的最高权力机关，有权根据宪法和法律，规定行政措施，制定行政法规，颁布决定和命令。1982年的《广告管理暂行条例》和1987年的《广告管理条例》都是国务院制定和颁布的行政法规，此外还有《烟草专卖法实施条例》等。

（4）行政规章。行政规章是指国家工商行政管理局会同有关部、委、办、局联合制定的部门规章。这些行政规章数量众多，涉及多个领域，且每年都会有新的内容颁布和实施。如仅在医药行业就有《药品广告审查办法》《医疗器械广告审查办法》《药品广告管制办法》《医疗器械广告管制办法》《医疗广告管制办法》等多个行政规章。

2.《中华人民共和国广告法》（2015）的基本内容

新版《广告法》共分六章七十五条。分别从总则、广告内容准则、行为规范、监督管理、法律责任、附则6个方面做了规定。

"总则"一章阐述了制定《广告法》的目的，界定了广告活动、广告主、广告经营者、广告发布者、广告代言人等基本概念，把真实、合法、诚实、守信、不得欺骗和误导消费者等作为从事广告活动的根本原则，并规定县级以上政府工商行政管理部门是广告管制机关。

"广告准则"一章则对广告内容和广告表现形式做了详细的规定，并对医疗、药品、医疗器械、保健食品、农药、兽药、烟草、酒类等特殊广告的发布做出了明确的规定。

2015年版《广告法》新亮点

"广告行为规范"一章对所有从事广告活动的当事人的资格、条件和必须遵守的义务做了详细的规定，并对需要禁止的广告活动做了界定。

"监督管理"一章对医疗、药品、医疗器械、农药、兽药和保健食品广告，以及法律、行政法规规定应当进行审查的其他广告做了规定，并规定了工商行政管理部门履行广告监督管理的职责和职权。

"法律责任"一章对广告的各种违法行为进行了界定,并给出了相应的处罚规定。

"附则"部分指出,国家鼓励、支持开展公益广告宣传活动,传播社会主义核心价值观,倡导文明风尚。

14.2.3 广告管制的行政机构

根据 2015 年全国人大常委会修订后的《中华人民共和国广告法》第六条规定,国务院工商行政管理部门主管全国的广告监督管理工作,国务院有关部门在各自的职责范围内负责广告管理相关工作。

县级以上地方工商行政管理部门主管本行政区域的广告监督管理工作,县级以上地方人民政府有关部门在各自的职责范围内负责广告管理相关工作。

广告管制机关由国家工商行政管理总局,省、自治区、直辖市工商行政管理局,地区、市工商行政管理局,县工商行政管理局组成了一个网络,按照分级管理和属地原则对广告活动实施监督和管理。

所谓分级管理,就是按照广告活动的性质和设计的范围,由不同级别的工商管理部门实施管理。例如,对涉及国际、国家级的广告活动,如在我国境内举办的国际性运动会等的广告活动,需由国家工商行政管理部门监督管理或授权给有关省市工商行政管理部门监督管理;对一般性广告活动,则由所在地的工商行政管理部门监督管理。

所谓属地原则,即由广告发布地区的工商行政管理部门负责对当地的广告活动实施监督管理。如果发生违法广告行为,不论其广告主、广告经营者、广告发布者具体隶属关系在哪里,均由广告发布地的工商行政管理部门负责查处。

14.3 广告法规管理

自 2015 年 9 月 1 日起,修订后的《中华人民共和国广告法》(以下简称《广告法》)开始正式实施。修订后的广告法有较大变化,下面就对修订后广告法的主要法律规定进行简要的介绍。

14.3.1 广告法对商品、服务广告的法律规定

1. 广告不得含有的情形

《广告法》第九条规定,广告不得有下列情形:

(一)使用或者变相使用中华人民共和国的国旗、国歌、国徽,军旗、军歌、军徽;

(二)使用或者变相使用国家机关、国家机关工作人员的名义或者形象;

(三)使用"国家级""最高级""最佳"等用语;

(四)损害国家的尊严或者利益,泄露国家秘密;

(五)妨碍社会安定,损害社会公共利益;

(六)危害人身、财产安全,泄露个人隐私;

(七)妨碍社会公共秩序或者违背社会良好风尚;

(八)含有淫秽、色情、赌博、迷信、恐怖、暴力的内容;

(九)含有民族、种族、宗教、性别歧视的内容;

(十)妨碍环境、自然资源或者文化遗产保护;

(十一)法律、行政法规规定禁止的其他情形。

2. 有关保护消费者合法权益的规定

为防止广告经营者利用广告对消费者进行欺骗和误导，切实保护消费者的合法权益，广告法规对商品性能、产地、用途、质量、价格、生产者、有效期限的承诺，或服务的内容、形式等都做了明确的规定。

《广告法》第二十八条规定，广告以虚假或者引人误解的内容欺骗、误导消费者的，构成虚假广告。

广告有下列情形之一的，为虚假广告：

（一）商品或者服务不存在的；

（二）商品的性能、功能、产地、用途、质量、规格、成分、价格、生产者、有效期限、销售状况、曾获荣誉等信息，或者服务的内容、提供者、形式、质量、价格、销售状况、曾获荣誉等信息，以及与商品或者服务有关的允诺等信息与实际情况不符，对购买行为有实质性影响的；

（三）使用虚构、伪造或者无法验证的科研成果、统计资料、调查结果、文摘、引用语等信息作证明材料的；

（四）虚构使用商品或者接受服务的效果的；

（五）以虚假或者引人误解的内容欺骗、误导消费者的其他情形。

3. 关于公平竞争的规定

《广告法》第十三条规定，广告不得贬低其他生产经营者的商品或者服务。

4. 有关广告可识别性的规定

《广告法》第十四条规定，广告应当具有可识别性，能够使消费者辨明其为广告。

大众传播媒介不得以新闻报道形式变相发布广告。通过大众传播媒介发布的广告应当显著标明"广告"，与其他非广告信息相区别，不得使消费者产生误解。

14.3.2 广告法对特殊商品广告的法律要求

《广告法》对涉及国计民生的某些特殊商品，如药品、医疗器械、农药、房地产、烟草、食品和化妆品等的广告进行了进一步的专门规定，具体内容如下。

《广告法》第十五条规定：麻醉药品、精神药品、医疗用毒性药品、放射性药品等特殊药品，药品类易制毒化学品，以及戒毒治疗的药品、医疗器械和治疗方法，不得作广告。

前款规定以外的处方药，只能在国务院卫生行政部门和国务院药品监督管理部门共同指定的医学、药学专业刊物上作广告。

《广告法》第十六条规定，医疗、药品、医疗器械广告不得含有下列内容：

（一）表示功效、安全性的断言或者保证；

（二）说明治愈率或者有效率；

（三）与其他药品、医疗器械的功效和安全性或者其他医疗机构比较；

（四）利用广告代言人作推荐、证明；

（五）法律、行政法规规定禁止的其他内容。

药品广告的内容不得与国务院药品监督管理部门批准的说明书不一致，并应当显著标明禁忌、不良反应。处方药广告应当显著标明"本广告仅供医学药学专业人士阅读"，非处方药广告应当显著标明"请按药品说明书或者在药师指导下购买和使用"。

推荐给个人自用的医疗器械的广告，应当显著标明"请仔细阅读产品说明书或者在医务人员的指导下购买和使用"。医疗器械产品注册证明文件中有禁忌内容、注意事项的，广告中应当显著标明"禁忌内容或者注意事项详见说明书"。

《广告法》第十七条规定，除医疗、药品、医疗器械广告外，禁止其他任何广告涉及疾病治疗功能，并不得使用医疗用语或者易使推销的商品与药品、医疗器械相混淆的用语。

《广告法》第十八条规定，保健食品广告不得含有下列内容：

（一）表示功效、安全性的断言或者保证；

（二）涉及疾病预防、治疗功能；

（三）声称或者暗示广告商品为保障健康所必需；

（四）与药品、其他保健食品进行比较；

（五）利用广告代言人作推荐、证明；

（六）法律、行政法规规定禁止的其他内容。

保健食品广告应当显著标明"本品不能代替药物"。

《广告法》第十九条规定，广播电台、电视台、报刊音像出版单位、互联网信息服务提供者不得以介绍健康、养生知识等形式变相发布医疗、药品、医疗器械、保健食品广告。

《广告法》第二十条规定，禁止在大众传播媒介或者公共场所发布声称全部或者部分替代母乳的婴儿乳制品、饮料和其他食品广告。

《广告法》第二十一条规定，农药、兽药、饲料和饲料添加剂广告不得含有下列内容：

（一）表示功效、安全性的断言或者保证；

（二）利用科研单位、学术机构、技术推广机构、行业协会或者专业人士、用户的名义或者形象作推荐、证明；

（三）说明有效率；

（四）违反安全使用规程的文字、语言或者画面；

（五）法律、行政法规规定禁止的其他内容。

《广告法》第二十二条规定，禁止在大众传播媒介或者公共场所、公共交通工具、户外发布烟草广告。禁止向未成年人发送任何形式的烟草广告。

禁止利用其他商品或者服务的广告、公益广告，宣传烟草制品名称、商标、包装、装潢以及类似内容。

烟草制品生产者或者销售者发布的迁址、更名、招聘等启事中，不得含有烟草制品名称、商标、包装、装潢以及类似内容。

《广告法》第二十三条规定，酒类广告不得含有下列内容：

（一）诱导、怂恿饮酒或者宣传无节制饮酒；

（二）出现饮酒的动作；

（三）表现驾驶车、船、飞机等活动；

（四）明示或者暗示饮酒有消除紧张和焦虑、增加体力等功效。

《广告法》第二十四条规定，教育、培训广告不得含有下列内容：

（一）对升学、通过考试、获得学位学历或者合格证书，或者对教育、培训的效果作出明示或者暗示的保证性承诺；

（二）明示或者暗示有相关考试机构或者其工作人员、考试命题人员参与教育、培训；

（三）利用科研单位、学术机构、教育机构、行业协会、专业人士、受益者的名义或者形象作推荐、证明。

《广告法》第二十五条规定，招商等有投资回报预期的商品或者服务广告，应当对可能存在的风险以及风险责任承担有合理提示或者警示，并不得含有下列内容：

（一）对未来效果、收益或者与其相关的情况作出保证性承诺，明示或者暗示保本、无风险或者保收益等。国家另有规定的除外；

（二）利用学术机构、行业协会、专业人士、受益者的名义或者形象作推荐、证明。

《广告法》第二十六条规定，房地产广告，房源信息应当真实，面积应当表明为建筑面积或者套内建筑面积，并不得含有下列内容：

（一）升值或者投资回报的承诺；

（二）以项目到达某一具体参照物的所需时间表示项目位置；

（三）违反国家有关价格管理的规定；

（四）对规划或者建设中的交通、商业、文化教育设施以及其他市政条件作误导宣传。

《广告法》第二十七条规定，农作物种子、林木种子、草种子、种畜禽、水产苗种和种养殖广告关于品种名称、生产性能、生长量或者产量、品质、抗性、特殊使用价值、经济价值、适宜种植或者养殖的范围和条件等方面的表述应当真实、清楚、明白，并不得含有下列内容：

（一）作科学上无法验证的断言；

（二）表示功效的断言或者保证；

（三）对经济效益进行分析、预测或者作保证性承诺；

（四）利用科研单位、学术机构、技术推广机构、行业协会或者专业人士、用户的名义或者形象作推荐、证明。

14.3.3　广告法对广告主、广告经营者与发布者的法规管理

《广告法》第二条规定，在中华人民共和国境内，商品经营者或者服务提供者通过一定媒介和形式直接或者间接地介绍自己所推销的商品或者服务的商业广告活动，适用本法。

本法所称广告主，是指为推销商品或者服务，自行或者委托他人设计、制作、发布广告的自然人、法人或者其他组织。

本法所称广告经营者，是指接受委托提供广告设计、制作、代理服务的自然人、法人或者其他组织。

本法所称广告发布者，是指为广告主或者广告主委托的广告经营者发布广告的自然人、法人或者其他组织。

《广告法》第四条规定，广告不得含有虚假或者引人误解的内容，不得欺骗、误导消费者。

广告主应当对广告内容的真实性负责。

《广告法》第五条规定，广告主、广告经营者、广告发布者从事广告活动，应当遵守法律、法规，诚实信用，公平竞争。

《广告法》第三十一条规定，广告主、广告经营者、广告发布者不得在广告活动中进行任何形式的不正当竞争。

《广告法》第三十二条规定，广告主委托设计、制作、发布广告，应当委托具有合法经营资格的广告经营者、广告发布者。

《广告法》第三十三条规定，广告主或者广告经营者在广告中使用他人名义或者形象的，应当事先取得其书面同意；使用无民事行为能力人、限制民事行为能力人的名义或者形象的，应当事先取得其监护人的书面同意。

《广告法》第三十四条规定，广告经营者、广告发布者应当按照国家有关规定，建立、健全广告业务的承接登记、审核、档案管理制度。

广告经营者、广告发布者依据法律、行政法规查验有关证明文件，核对广告内容。对内容不符或者证明文件不全的广告，广告经营者不得提供设计、制作、代理服务，广告发布者不得发布。

《广告法》第三十五条规定，广告经营者、广告发布者应当公布其收费标准和收费办法。

《广告法》第三十六条规定，广告发布者向广告主、广告经营者提供的覆盖率、收视率、点击率、发行量等资料应当真实。

14.3.4 广告法对广告代言人的法律规定

《广告法》第二条规定，本法所称广告代言人，是指广告主以外的，在广告中以自己的名义或者形象对商品、服务作推荐、证明的自然人、法人或者其他组织。

《广告法》第三十八条规定，广告代言人在广告中对商品、服务作推荐、证明，应当依据事实，符合本法和有关法律、行政法规规定，并不得为其未使用过的商品或者未接受过的服务作推荐、证明。

不得利用不满十周岁的未成年人作为广告代言人。

对在虚假广告中作推荐、证明受到行政处罚未满三年的自然人、法人或者其他组织，不得利用其作为广告代言人。

14.4 我国广告行业自律及社会对广告的监督

14.4.1 我国广告行业自律

1. 广告行业自律的性质与特点

广告行业自律是指广告业者通过章程、准则、规范等进行自我约束和管理，使自己的行为更符合国家法律、社会道德和职业道德要求的一种制度。广告行业自律主要通过建立、实施广告行业规范来实现，行业规范的贯彻落实主要依靠行业自律组织进行。

广告行业规范是指广告行业组织、广告经营者和广告主履行已有的约束本行业或企业从事广告活动的广告公约和各种规章，隶属于广告职业道德范畴。

广告行业自律和行业规范作为广告业者遵守的规则，主要有以下特点。

（1）自愿性。遵守行业规范，践行行业规范，自律，是广告活动参与者完全自愿的行为，没有任何组织或个人的强制。他们一般是在自愿的基础上组成行业组织，制定组织章程和共同遵守的行为准则，目的是通过维护行业整体的利益来维护各自的利益。因此，行业自律主要是依靠参加者的信念及社会和行业同仁的舆论监督作用来实现。违反者，也主要依靠舆论的谴责予以惩戒。

（2）广泛性。广告业自律调整的范围比法律、法规调整的范围更加广泛。广告活动涉及面广且不断发展变化，广告法律、法规不可能把广告活动的方方面面都规定得十分具体。而行业规范可以做到这些，不仅在法律规范的范围内，而且在法律没有规范的地方也能发挥其自我约束的作用。因而，广告行业自律是限制广告法规所不能约束的某些行为的思想和道德武器。

（3）灵活性。广告法律、法规的制定、修改和废止要经过严格的法定程序，而规范等自律规章只要经过大多数参加人同意，即可进行修改、补充。

2. 我国广告行业组织与行业自律

（1）建立行业协会。行业自律首先要成立行业组织，通常都是以建立行业协会的形式出现。有了行业协会，才能开展活动，行业自律也才能从组织上得到落实。我国广告界，自1983年12月就成立了"中国广告协会"，接受国家工商行政管理部门的指导。这其中包括了客户委员会、广告公司委员会、报纸委员会、电视委员会、广播委员会、公交委员会、铁路委员会、学术委员会等专业委员会，在各地还设有地方广告协会。

中国广告协会的职能是：

在国家工商行政管理部门的领导下，承担着抓自律、促发展，指导、协调、服务、监督的基本职能。

中国广告协会的主要任务是：

制定行业自律规定，规范经营行为，开展争创文明先进单位活动，促进广告市场健康有序地发展。

开展企业资质评审活动，扶植优势企业发展，促进产业结构的优化调整。

抓好行业培训工作，确保从业人员的上岗资质，努力提高从业人员的业务素质，与教育部门联合共同进行广告专业大专班、本科班、研究生班的招生教学工作。

加强广告学术理论研究，积极开展中外广告学术理论交流，促进和引导中国广告思想理论的发展。

开展国际交流与合作，与世界各国广告协会建立联系，代表中国广告界参加世界广告组织和活动，组织中国广告界参加国际性的广告赛事。

开展广告发布前的咨询工作，为广告主、广告公司、媒介广告部提供法律援助。

开发信息资源，建立信息网络，为行业提供信息服务。

举办好中国广告节等会展活动，评选创意制作精良、广告效果好的优秀广告作品，推举新人，树立广告界的良好形象，促进广告业的发展。

积极参与广告业的立法立规工作，向政府有关部门反映会员单位的意见和要求，并提出合理建议。

办好现代广告杂志，及时传递行业管理信息，发布行业统计数据，促进广告思想理论的发展和经营秩序的规范。

此外，在外经贸界，有"中国对外经济贸易广告协会"。这些行业协会都制定了协会章程，其中，行业自律是最重要的内容。

（2）广告行业自律。行业自律必须要由成员共同制定自律规章，作为本行业协会成员共同遵守的规范，并对整个行业形成一种行业指引，使整个行业都能够按照自律规章办事。

中国广告协会先后制定和通过了《广告行业自律规则》《广告行业岗位职务规范》（试行）、《广告活动道德规范》《广告宣传文明自律规则》《广告公平竞争自律守则》等自律规章。

14.4.2 社会对广告的监督

1. 社会监督的必要性

首先，社会监督是广告监管依靠社会和消费者主动参与的重要手段。

由于广告的特殊性，广告监管已经并非只是关系广告行业的事，而是关系到全社会公共利益的大事，要求社会和公众共同关心和参与，社会监督就是社会和公众主动参与的重要手段。

其次，社会监督是广告监管公开化、透明化的具体体现。

社会参与广告监管，对违法广告行为进行揭露，让全社会都认识到广告管制的重要性。社会各个层面都来关心广告，使广告管制公开化、透明化，不仅不会影响到国家对广告的管理，反而对广告的管理是一种促进和帮助。

2. 社会监督的主要途径

社会对广告进行监督的途径主要有以下 3 个方面。

（1）新闻媒体的舆论监督

对违法广告行为，通过新闻媒体的报道和揭露，使之公之于众，一方面可以为广告管制机关提供线索；另一方面，也可以使消费者了解真相，避免上当受骗；此外，也使这些违法广告行为的制造者感受到舆论压力，从而能迅速采取措施，改正错误。目前，国内已有新闻媒体计划开设"虚假违法广告曝光台"，此一举措无疑会有力打击虚假违法广告的嚣张气焰。

（2）社会团体的积极参与

对于违法广告行为的监督，一些社会团体的积极参与是必不可少的。因为这些社会团体成立的宗旨就是关注社会公众利益，保护公民的合法权益不被侵犯。在我国，对损害消费者利益的违法广告行为，消费者协会应义不容辞地给予消费者以关心和帮助；对损害到妇女和儿童合法权益的违法广告行为，妇联的参与是理所当然的；此外，残疾人联合会关注损害残疾人利益的违法广告行为；宗教界联合会关注损害宗教界合法权益的违法广告行为等，都是合理而且正当的社会监督行为。

阅读资料14-1 中国消费者协会

　　中国消费者协会是于1984年12月经国务院批准成立的、对商品和服务进行社会监督和以保护消费者合法权益为宗旨的全国性社会团体。其经费由政府资助和社会赞助。

　　中国消费者协会的宗旨是，对商品和服务进行社会监督，保护消费者的合法权益，引导广大消费者合理、科学消费，促进社会主义市场经济健康发展。

　　法定职能

　　根据《中华人民共和国消费者权益保护法》，中国消费者协会及其指导下的各级协会履行以下7项职能：

1. 向消费者提供消费信息和咨询服务；
2. 参与有关行政部门对商品和服务的监督、检查；
3. 就有关消费者合法权益的问题，向有关行政部门反映、查询，提出建议；
4. 受理消费者的投诉，并对投诉事项进行调查、调解；
5. 投诉事项涉及商品和服务质量问题的，可以提请鉴定部门鉴定，鉴定部门应当告知鉴定结论；
6. 就损害消费者合法权益的行为，支持受损害的消费者提起诉讼；
7. 对损害消费者合法权益的行为，通过大众传播媒介予以揭露、批评。

　　组织机构

　　中国消费者协会的组织机构是理事会。理事由各政府有关部门，人民团体，新闻媒体，各省、自治区、直辖市及计划单列市消费者协会（委员会，下同）以及各有关方面的消费者代表协商推举产生。理事会全体会议每年召开一次。闭会期间，由常务理事会行使理事会职权。协会的日常工作由常设办事机构承担，秘书长、副秘书长专职管理，并向会长负责。

（3）公民举报投诉

　　每个公民都有责任和义务对违反法律的行为进行揭露。同时，在公民个人的合法权益受到不法侵犯时，可以向政府主管部门反映和投诉，也可以通过法律途径提起法律诉讼。当公民发现某一广告行为违反法律法规或侵犯了自己的合法权益的时候，可以向广告管制机关举报和投诉，或者向司法机关提起法律诉讼，以保障社会公共利益和自己的合法权益不被侵犯。

本章小结

　　广告管制的最终目的是保护消费者的权益，其管制领域主要包括政府管制、自律管制、社会控制和市场调节4个方面。根据《广告法》规定，县级以上政府工商行政管理部门是法定的广告管制机关，负责对所有广告活动实施监督和管理。

　　我国广告行政管制的主要内容有：对从事广告经营和广告发布活动的管制，对广告主的管制和广告审查制度。不过，行政管制仅是维护广告秩序、保护消费者权益的一种手段，此外，社会对广告的监督也是十分必要的。

　　我国的广告管制目前还存在着诸多问题，违法广告现象层出不穷，这里既有法制不健全、相关主管部门监管不力等问题，同时还和广告发布者、公告公司、媒介等缺乏自律有关。

思考题

一、单选题

1. 全国人大常委会于 1994 年 10 月 27 日审议通过了《中华人民共和国广告法》（简称《广告法》），从（ ）起正式施行，使我国广告法规建设又进入了一个新的阶段。

    A. 1994 年 12 月 1 日   B. 1995 年 1 月 1 日

    C. 1995 年 2 月 1 日   D. 1995 年 3 月 1 日

2. 根据《广告法》的规定，县级以上政府的（ ）是法定的广告管制机关，负责对所有广告活动实施监督和管理。

    A. 工商行政管理部门   B. 公安局

    C. 检察院   D. 城管大队

3.《广告法》规定："利用广播、电影、电视、报纸、期刊以及其他媒体发布（ ）等商品的广告和法律、行政法规规定应当进行审查的其他广告，必须在发布前依照有关法律、行政法规由有关行政主管部门对广告内容进行审查；未经审查，不得发布。"

    A. 化肥、种子、农药、兽药   B. 保健品、医疗器械、情趣用品、酒精

    C. 农业机械、化肥、农药、种子   D. 药品、医疗器械、农药、兽药

4. 创建于 1938 年的（ ），是目前最大和最权威的国际广告组织，总部设在美国纽约。

    A. 国际广告学会   B. 中国广告协会   C. 广告经理人协会   D. 国际广告协会

5.（ ）于 1907 年颁布的《广告法》，是世界广告发展史上最早的比较完整的广告法。

    A. 美国   B. 英国   C. 德国   D. 日本

二、多选题

1. 广告的自律管制包括（ ）。

    A. 行业自律管制   B. 广告团体自律

    C. 广告媒体自律   D. 广告公司自律

    E. 广告主自律

2. 政府对广告的管制主要包括（ ）。

    A. 法律   B. 法规

    C. 政策   D. 规章

    E. 公告

3. 2015 年新版《中华人民共和国广告法》共分六章七十五条。分别从总则、广告内容准则（ ）附则 6 个方面做了规定。

    A. 法律责任   B. 行为准则

    C. 行为规范   D. 法律义务

    E. 监督管理

4.《广告法》中"广告活动"一章对所有从事广告活动的当事人的（ ）做了详细的规定，并对需要禁止的广告活动做了界定。

    A. 资格   B. 年龄

    C. 性别   D. 条件

    E. 必须遵守的义务

5. 广告行业自律和行业规范作为广告业者遵守的规则，主要有以下特点（ ）。

    A. 自愿性   B. 广泛性

    C. 灵活性   D. 强制性

    E. 妥协性

三、名词解释

1．广告管制　　2．广告法规　　3．广告经营者　　4．行业自律　　5．中国消费者协会

四、简答及论述题

1．政府对广告实施管制的手段主要有哪些?

2．新版《广告法》对医疗、药品、医疗器械广告有何具体规定?

3．试论述新版《广告法》对广告代言人的法律规定。

4．试论述社会对广告监督的必要性。

5．试论述社会对广告实施监督的主要途径。

案例讨论

微信发布三篇文章换来百万罚单

基本案情

烟草危害是我国面临的最突出的公共卫生问题之一。为全面推进烟草控制工作，保护公众健康，我国先后出台多部控烟法律法规及相关政策。2015 年施行新《广告法》明确规定"禁止向未成年人发送任何形式的烟草广告"，并禁止在大众传播媒介、公共场所、公共交通工具、户外发布烟草广告，禁止变相发布烟草广告。2016 年 9 月施行的《互联网广告管理暂行办法》进一步明确全面禁止利用互联网络发布烟草广告。

北京市工商局朝阳分局强化对烟草广告的日常监测和监管，根据烟草广告由"实"（实体店面、传统介质发布）向"虚"（互联网、新媒体发布）转移的动向，成立了以广告科、稽查大队为主要组成部门的互联网烟草广告监管专项机构。

北京市工商局朝阳分局互联网烟草广告监管专项机构在开展日常监测时发现，菲利普莫里斯（中国）企业管理有限公司（以下称当事人）涉嫌利用微信公众平台发布烟草广告，办案机构随即根据此线索立案调查。

经查，当事人于 2015 年 4 月 27 日在微信公众平台申请注册名为"万迷聚乐部"的公众号。该公众号于 2015 年 8 月 19 日发布"世界上你最爱的十款卷烟大排名""No.1 品牌名称：万宝路。所属公司：菲莫国际公司。特征：极高的品质和勇于冒险的自由精神""看来全球的烟民中很多是万迷，Mr.万很高兴自己朋友遍布全世界"等内容，同时配有万宝路香烟烟盒图片；于 2015 年 11 月 20 日发布"大牌驾到!原来他也是万迷""金装万宝路是社交界的宠儿，在一些社交场合经常会见到金万身影的存在，这也正是权志龙需要经常经历的场合，而金装万宝路柔顺的口感又契合了他那认真谦逊的性格""完全诠释了金万在万宝路中所代表的卓越领导风范"等内容，同时配有权志龙兜揣万宝路烟盒的图片；于 2016 年 5 月 5 日通过该公众号发布"在这些刺激和快感面前，男人永远是个孩子""Mr.万的最爱，当然是那部红万涂装的雅马哈，经典面前还是经典"等内容，同时配有印有万宝路商标的雅马哈摩托车及由万宝路香烟烟盒拼成的哈雷摩托车的图片。

朝阳工商分局执法人员在调查工作中调取了以下证据材料。

1．微信公众平台中账号情况的页面截图，腾讯公司的调查函回函（证明烟草广告的发布主体）。

2．方圆公证处出具的公证书、微信公众号"万迷聚乐部"中三期烟草广告内容的截图（证明烟草广告的存在及发布媒介）。

3．当事人提交的一份说明函及三份附件（关于三期烟草广告内容来源的说明，证明当事人存在发布烟草广告的行为）。

定性处罚

当事人通过微信公众平台发布含有烟草广告的行为，违反了《互联网广告管理暂行办法》第五条第

二款"禁止利用互联网发布处方药和烟草的广告"的规定。办案机构依据《互联网广告管理暂行办法》第二十一条转致《中华人民共和国广告法》第五十七条第（四）项进行查处。鉴于当事人在不到一年的时间内多次发布法律明确禁止的烟草广告，符合从重处罚情形，最终朝阳工商分局对其做出罚款 100 万元的处罚决定。

资料来源：搜狐财经。

问题讨论

互联网自媒体的极大丰富，加剧了企业和消费者之间的信息不对称，这给广告监管带来了极大的挑战。结合本案例，请您谈谈如何有效遏制自媒体违法广告。

第 15 章　广告与社会

本章导读

　　当今社会，消费者的价值观和生活方式越来越多元化。消费者对物质享受的追求、对提高生活品质的渴望以及对改善环境的意愿比任何时候都要强烈。与此同时，消费者对广告的伦理性、对广告的社会作用的关注日益增加。广告作为一个产业，与经济和社会的发展有着不可分割的关系。本章主要介绍广告对经济、社会与文化的影响，广告对老年消费者的影响，广告对儿童消费者的影响以及广告对女性消费者的影响等知识。通过本章学习，我们可以进一步加深对广告与社会之间关系的认识，了解不同消费群体对广告的理解与认知。

知识结构图

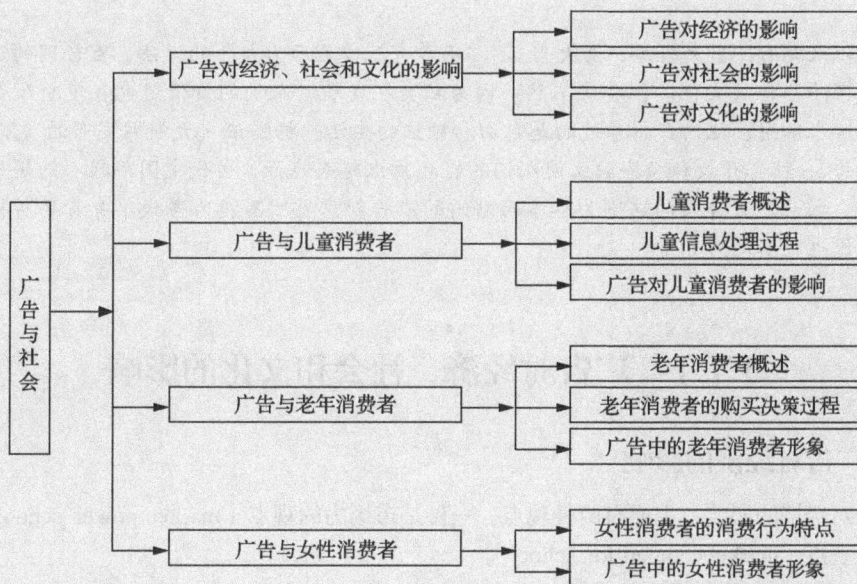

百合网婚恋广告：单身就是不孝

2014年春节百合网推出婚恋广告。该广告中，一位未婚女性在各种场合被外婆追问：结婚了吗？得到否定的答案后外婆便叹气。后来，女孩为了满足病重的外婆希望自己早日成家的愿望，于是她穿着婚纱，拉着一位面目模糊的男性，在外婆的病床前结了婚。最后广告配上"因为爱，不等待"的画外音。

图15-1　百合网婚恋广告视频截图

此广告一推出便遭到了批评，并且微博上还发起了"万人抵制百合网"的活动。虽然是主打温情牌，但"单身就是一种不孝"的价值观在当今时代并不被人接受。甚至有人表示，这是一种道德绑架。

资料来源：搜狐网。

案例分析

我国自古以来就有"男大当婚，女大当嫁""不孝有三，无后为大"的说法，百合网的这则婚恋广告创意看似契合了中华传统文化，但其实不然。因为社会在发展，人们的价值观也在不断改变。年轻的一代和祖辈们的追求不同，他们更愿意过的是自由和独立的生活。据腾讯·大浙网发布的《2017年中国人婚恋观调查报告》，社会开放和经济独立使人们的自我意识越来越强，当代中国年轻人的婚姻观念已发生了巨大的改变。因此，百合网的这则为尽孝而结婚的广告创意显然不能为当代单身青年所接受。因此广告引起广泛争议也就不足为奇了。

15.1　广告对经济、社会和文化的影响

15.1.1　广告对经济的影响

关于广告对经济的影响，主要有两种观点。一种是市场力的观点（market power school），另一种是市场竞争力的观点（market competition school）。

从市场力的观点来看，广告作为劝说性沟通手段，降低了消费者对价格的关注。这种观点认为，广告强调的是价格以外的产品的属性或特点，形成与竞争产品的差异，从而引起消费者对产品的忠诚（loyalty），进而降低消费者对价格的敏感程度。

相反，从市场竞争力的观点来看，广告向消费者提供有关价格方面的信息，这促使企业之间的竞争，从而降低产品价格，消除垄断支配的机会。

到底该如何评价上述两个看似相互矛盾的观点？我们可以从肯定和否定两个角度来辩证考虑。

从肯定的角度来看，广告向消费者提供有助于合理购买决策的有效信息，即广告向消费者提供产品或服务的信息。因而我们可以说，广告是连接生产者和消费者的桥梁。有了广告，消费者才能比较容易地获得有助于产品购买决策的信息，这将有助于消费者行使产品知情权。同时，由于广告诱导消费者积极消费，进而创造了大量的需求，给生产者带来规模经济效应，商家因此可以降低商品售价，消费者可以从中受益。此外，广告还有助于促进企业积极开发新产品以迎合消费者新的需求。

从另一个角度来看，广告对经济的负面影响也不容忽视。首先，广告以劝说的方式诱导受众对其产品产生偏好，从而降低消费者对价格的敏感程度。并且广告费用包含在商品售价中，消费者要为广告费买单。其次，实力强大的企业往往占据了强势媒体的广告发布机会，大企业因此可以向消费者广泛宣传产品。而大部分中小企业因无力承担强势媒体昂贵的广告费用，导致它们向消费者传达广告信息的声音非常微弱。这使得中小企业更加难以与大企业展开公平竞争。

15.1.2　广告对社会的影响

通常，人们在谈论广告的影响时，总是喜欢从经济的角度来考虑。其实，广告对社会的影响也是非常广泛而深远的。广告能够影响受众的情感、态度和信念，进而影响消费者的购买行为或生活方式。

但是，广告对社会也会有负面的影响，大体有以下几个方面。①广告误导消费者盲目地追求物质消费。莫里森（Morison）就曾指出："广告触发人们的物质主义，从而使昨天的奢侈品变成今天的必需品。"②部分广告以虚伪、夸张的方式欺骗消费者，而这些不道德的广告会降低整个社会的伦理或道德水平。

15.1.3　广告对文化的影响

广告的主要功能之一就是向消费者传达信息。处于不同文化背景之中的消费者接受广告信息的方式是不同的。关于广告与文化之间关系的观点，概括起来，大致有以下4种（见表15-1）。

表15-1　　　　　　　　　　　　　　广告与文化的相互作用类型

广告影响文化 ＼ 文化影响广告	是	不是
是	相互作用型	文化创造型
不是	文化反映型	相互独立型

在以上4种观点中，广告影响文化、文化影响广告的相互作用型更易为人们所接受。本书也基本赞同广告与文化相互作用的观点。罗伯特·佩尔弗雷（Robert Pelfrey）曾经说过"艺术创造文化，文化创造艺术"，借用这种表述，我们可以把广告与文化的关系描述为：广告创造文化，文化也创造广告。

15.2 广告与儿童消费者

15.2.1 儿童消费者概述

实行改革开放政策以来，我国经济迅猛发展，居民的家庭生活条件也大为改善，越来越多的父母有能力让孩子在物质层面过上更好的生活。加上不少父母小时候的生活条件较为艰苦，童年时代物质匮乏的经历让他们往往存在着一种补偿的心理，所以常会倾尽全力让孩子消费更好的商品。从内地父母买断香港奶粉的事件中，我们能够感受到儿童消费市场的巨大潜力。

如何界定儿童消费者在目前还没有明确的标准。不过一般以 Piaget（皮亚杰）的儿童成长阶段以及 DDB Needham Chicago（芝加哥恒美广告公司）的学龄儿童理论来划分（见表 15-2）。从消费者年龄阶段来看，儿童消费者一般指 12 周岁以下的消费者。

表 15-2 儿童发展阶段

皮亚杰	芝加哥恒美广告公司	中国
0～2 岁：感觉运动期	0～5 岁：幼儿期与学龄前期	0～2 岁：婴儿期
3～7 岁：前操作期（preoperational）	6～12 岁：学龄期（school age）	3～6 岁：学龄前幼儿期
8～12 岁：具体操作期	10～14 岁：少年少女期（Teens）	6～12 岁：小学期
12 岁以后：形式操作期	14 岁以后：青春期（Youth）	13 岁以后：初中期

很多企业之所以把目光集中在儿童消费市场，主要基于以下几点原因。首先，儿童市场发展迅速，儿童实际消费的产品和服务越来越多；其次，在儿童时期所形成的一些消费习惯很难改掉，很多孩子长大成人以后仍然按原来的消费习惯生活。比如，小时候形成的对某一食品的味道的偏爱恐怕一辈子都不会变。所以，儿童消费者既是当前的消费者，也是未来的消费者。另外，儿童又会影响父母的购买决策。精明的商家正是看准了这一点，把很大一部分注意力及营销费用投入到儿童市场上，才出现了如此多的儿童商品广告。

15.2.2 儿童信息处理过程

儿童信息处理过程可分为认识、注意、记忆、评价 4 个阶段。

第一阶段是认识（awareness）阶段，在这一阶段，大部分儿童分不清电视广告与实际情况。一些研究表明，6 岁以下的儿童不仅分不清广告内容与实际内容，而且也分不清节目内容与广告内容。所以，在电视广告与电视节目类似的时候，儿童就不能区别开来。

第二阶段是注意阶段（attention），在一般情况下，儿童随着年龄的增加，对电视广告的兴趣会下降。因为，3～5 岁的儿童比 5～8 岁的儿童更注意视觉上、听觉上的信息。就是说年龄较小的儿童以更加直观的、视觉的因素来收听广告，而理论或抽象的思维影响不大。

第三阶段是记忆（memory）阶段，这一阶段，儿童能记忆有独创性的广告内容。从年龄来看，8 岁以前儿童听觉记忆力强，9 岁以上儿童视觉记忆力强，另外，10～12 岁的儿童能有逻辑性地记忆电视上所看到的内容。

第四阶段是评价（evaluation）阶段，在这一阶段，儿童开始评价广告内容的真假或有用性。随着年龄的增加，儿童的判断能力在不断增强，从而开始认识到广告内容中有一定的虚假或夸张的内容。因而让儿童感觉到对广告的信任和逻辑判断之间存在着一定程度的某种冲突。如果对广告的信任感压倒逻辑性认识，这种冲突就不会对儿童造成什么影响，儿童依然会请求家长购买广告产品。

15.2.3　广告对儿童消费者的影响

由于儿童消费者还没有形成完整的、正确的价值观，他们对广告缺乏必要的判断能力，因此，儿童消费者很容易受到广告的负面影响。美国 ACT（Action for Children's TV）通过对儿童广告进行调查以后，提出了广告对儿童有负面影响的结论。这些结论为：①广告是引起儿童与父母之间冲突的主要原因；②在儿童节目中出现的很多广告带有虚假或欺骗性；③从食品营养学的角度来看，不少食品广告不符合要求。还有一些研究者指出，广告给心理上不成熟的儿童带来物质主义价值，甚至有些性诉求广告影响儿童身心的健康发展。另外，儿童消费者会无批判地接受外国的生活方式。

阅读资料15-1　电视商业广告对儿童的影响

电视是一种具有极强影响力的大众媒体，而电视广告又是其重要的组成部分。电视广告被称为一门视听兼容的综合艺术，既有生动的图像、绚丽的色彩和朗朗上口的广告词，又有经典的对白解说、美妙的音乐，再加上一些剪辑的技巧，形成了电视广告的独特魅力。而这些魅力往往符合儿童心理，使儿童成为广告的主要受众。

然而一些商业广告却对儿童造成了许多负面影响。

（1）对儿童认知的误导

商业广告以追逐利润为终极目标，在广告词的设计方面也以吸引儿童为首要因素，所以我们经常会在视频广告上听到这样的广告词"妈妈，我要喝""今天你喝了么"……这样的广告词给儿童灌输了消费和攀比心理。许多广告以这样的方式告诉儿童，想要获得快乐就要去购买广告中所介绍的产品，使儿童形成消费主义至上的价值观念。

（2）对儿童语言的误导

儿童在社会化进程中，环境和教育起着重要的作用。儿童正处于身心迅速发展的时期，思维方式简单，缺乏判断力，特别容易受到影响和暗示。而商业广告正是抓住了儿童这一时期的特点，采用朗朗上口的广告语来吸引儿童的注意。孩童时期是学习语言的重要阶段，而现在的许多广告都在不断地篡改成语，这些对于儿童在学习语言方面有很大程度的误导，如某消炎药的广告词"快治人口"、热水器广告词"随心所浴"等。不仅如此，许多商业广告为追求效果，使用一些模糊、夸大甚至是低俗的词汇，这些都会对儿童造成不良的影响。

（3）误导儿童早熟

儿童正处于身心发展的阶段，他们应该享受他们这个年龄应该享受的。但是许多广告粗制滥造，有意无意地诱导儿童的早熟行为。儿童时期应该是享受快乐、健康成长的时期，过多地接触广告使许多儿童过早地进入消费、家、社会等角色，从而导致儿童的早熟。

资料来源：新浪博客。

此前的研究表明，受儿童认知能力的影响，电视广告对儿童的影响要超过广播广告和报纸杂志广告。如今，随着网络时代的来临，很多儿童早早地就接触到了网络，可以预见，网络广告尤其是移动端的网络广告将会对儿童消费者产生越来越大的影响。

15.3　广告与老年消费者

15.3.1　老年消费者概述

当前，我国已经进入老龄化社会（见图15-2）。据统计，2015 年我国 60 岁及以上人口达到 2.22 亿，占总人口的 16.15%。预计到 2020 年，老年人口将达到 2.48 亿人，老龄化水平将达到 17.17%，其中 80 岁以上老年人将达到 3 067 万人；2025 年，60 岁以上人口将达到 3 亿人，我国因此将成为超老年型国家。随着老龄人口的不断增加，这些庞大的老年消费者组成了一个被学术界称为 "银色市场"（silver market）的巨大消费市场。由于老年人的生活水平、兴趣、爱好、生活方式的特殊性，银色市场具有其独特的特点。

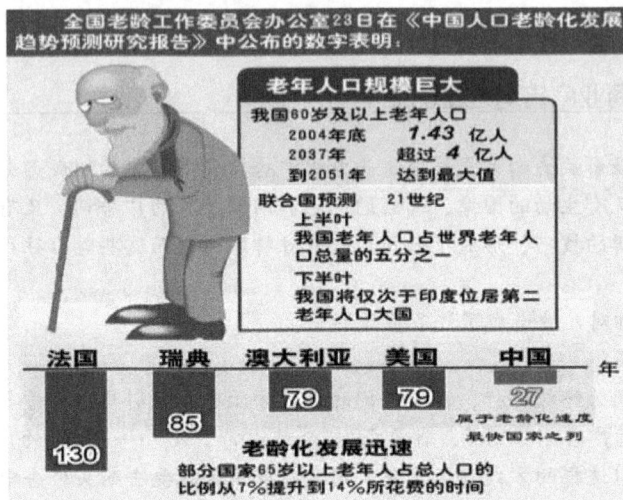

老年人与广告

图 15-2　我国老龄化社会已经来临

与一般消费者不同，老年消费者的特点非常鲜明。一是随着年龄的增加，老年人体力或精神上的活动减退，从而在信息处理方面与其他消费者相比具有不同的特点；二是老年人重新参与社会活动，从而在新的外部环境或心理因素下引起新的生活方式和价值观的变化。

15.3.2　老年消费者的购买决策过程

消费者购买决策过程一般包括认识问题、搜寻信息、购买方案评价、购买行为、购买后评价 5 个阶段，老年消费者当然也不例外。下面就做一下具体介绍。

1. 认识问题阶段

消费者的需求是在实际状况与期望状况不一致时产生的。对老年消费者来说，实际经济状况与家庭养老能力影响其对产品的需求。老年人购买产品的一个主要理由是晚年生活得健康、丰富、舒适，这是他们最为关注的消费领域。传统的观点认为，老年人一般消费较为谨慎，最热衷购买的是与健康相关的医药保健品。但中国大妈横扫全球黄金市场的消费 "壮举"，不得不让我们对老年人的消费能力和消费观念刮目相看。

2. 搜寻信息阶段

消费者在做出购买决策的过程中，首先要认识产品，搜寻相关信息。搜寻信息有两种，一是搜寻记忆里的经验或者知识的内部搜寻，二是通过访问商店、打听周围人、收看广告等方式搜寻外部信息的外部搜寻。从搜寻信息角度来看，老年消费者具有以下特点。首先，老年消费者生活经验丰富，对市场上不少老牌产品较为熟悉，但是对新产品相对较为陌生。其次，老年消费者在处理信息过程中学习或回忆的效率比较低，所以在内部搜寻信息方面与一般消费者有所不同。最后，老年消费者在外部信息搜寻过程中主要搜寻来自电视、广播、报纸等媒体和周围人（家属、亲戚等）的信息，而非来自对当今第一媒体——网络媒体。

3. 购买方案评价

研究表明，老年消费者进行购买方案评价时主要是依靠个人的经验和先前的知识。如果这些条件都不具备，往往会依据广告信息和周围人的意见来做出决策。其中，价格和购买的便利性是老年消费者评价购买方案的两个重要因素。

4. 购买行为阶段

购买行为阶段的主要任务是选取购买场所并进行购买。由于老年消费者身体机能下降，活动空间受限，加上大都对网络购物不是很熟悉，所以，普遍选择附近的购买场所就近购买。

5. 购买后评价阶段

购买后评价是指消费者购买产品以后，评价消费过程以及消费结果的行为。老年消费者的购后评价，往往会受到体力以及心理活动能力衰退的影响。一些研究表明，对购买行为不满意的老年人，常把这种不满意归因于自己和购买场所，而不是积极向有关部门进行投诉或是向周围人公开倾诉。

拓展阅读 15-1

传统理论对于老年消费者的研究通常基于如下假设：老年人习惯性消费既是几十年生活惯性的继续，又是对新生活方式较少了解和难以接受的反映。人到老年以后，其行为表现往往是：怀旧和沿袭旧俗的心态大于对新事物的学习和接受。其生理和心理基础在于：老年人学习能力和适应能力下降，而几十年生活方式的积累所形成的个人意识中的丰厚沉淀构成了新事物难以冲破的思维屏障。

15.3.3　广告中的老年消费者形象

国外的一些研究结果表明，老年人对一些广告中所描述的该群体的形象表示不满。因为，这些广告往往把老年人表现为听力不太好、爱管闲事、保守、喜欢过时产品的消费者，甚至还表现为把安眠药视为必需品的痛苦的消费者。其实，老年人人生经验非常丰富，他们愿意成为年轻一代的好榜样。很多老年人办事认真，心态积极，不依赖于家属，愿意自立地度过晚年。所以，我们在针对老年消费者做广告时，必须要把握老年消费者的需求或愿望，注意老年人的新的形象，以免引起他们的误会和不满。

15.4　广告与女性消费者

15.4.1　女性消费者的消费行为特点

女性往往能给她所经过的环境涂上一笔浓重的性别色彩。只要是存在生活商品消费者的环境，总是难以摆脱女性的影响力。放眼周围，不管是商场摆放的琳琅满目的商品，还是各个媒体集中轰炸的信息，体现在商业操作中的女性意识无处不在。所以，女性就成为商业操作过程中被关注的焦点。

随着社会与经济的发展，女性的社会地位和职业化程度不断提高。而且女性消费者还有自己独特的消费行为特点。据中国人民大学舆论研究所[1]以及华坤女性生活调查中心张明明的调研[2]，近年来我国城市女性消费者有以下消费行为特点。

（1）影响女性消费者选择消费或接受服务的外部因素，以亲朋好友的口碑和推荐为最，广告的作用

---

① 喻国明：城市女性消费模式调查报告，载于《现代广告》2000年第1期，第16页。
② 张明明：我国城市女性消费特征研究。

仅占 16.4%。调查表明，女性消费者选择消费或服务时，营业员或导购员的推销作用最小，只能影响 5.7% 的女性消费者；广告的作用居中，影响 18.4% 的女性消费者；相对而言，家人和亲朋好友的口碑和推荐最为有效，31.1% 的女性消费者在选择消费或接受服务时受到亲朋好友的强烈影响。

（2）绝大多数女性消费者的消费计划不强，易受诱惑而发生随机性消费行为。调查表明，近 3/4 的我国女性属于花钱粗放型的消费者，其中 13.7% 的消费者属于"花钱很不仔细"的消费者，57.1% 的女性消费者属于"花钱不太仔细"的消费者。这种调查结果表明，大部分女性消费者购买产品的时候更重视感性或情感。

（3）女性消费者重视品牌和外形款式，这是一种女性消费的倾向。调查结果显示：26.6% 的女性消费者"几乎总是愿意多花点钱买自己喜欢的那种商品"，54.3% 的女性消费者表示"大多数情况下愿意多花点钱买自己喜欢的那种商品"。

（4）张扬个性的含蓄型炫耀，构成了我国城市女性消费者的基本消费动机。调查表明，大多数女性消费者排在第一位的消费动机是对个性化的追求。73.4% 的女性表示，自己在买东西时"每次都会"（25.5%）或"经常会"（47.9%）考虑"所购买的东西是否可以显示出自己与众不同的品位"；其次是出于一种含蓄型的炫耀——54.8% 的女性表示自己在买东西时"每次都会"（12.3%）或"经常会"（42.5%）考虑"所买的东西是否让人看了会称赞或羡慕自己"。

（5）女性消费结构逐步向发展型、享受型转变。

随着收入水平提高，整体消费环境不断改善，城市女性的消费理念发生改变，更加注重生活质量，乐意享受生活。食品不再仅仅是为了填饱肚子、消除饥饿，而更多的是为了吃好、满足"口福"；住房不再仅仅是为了遮风避雨，而更多的是为了住得舒适、有投资潜力；服装也不再仅仅是为了遮体保暖，而更多的是为了追求时尚美丽和展示个人魅力。历年调查显示，服装服饰连续 5 年稳居女性个人最大一笔开支榜首，所占比例平均为 22.2%。除此之外，珠宝首饰、美容美发美体、化妆品等消费在个人最大一笔开支中占有较高比例。这说明"爱美是女人的天性"，"美丽消费"在改变女性自身形象的同时，也给她们带来了自信，增添了身心愉悦。

同时，信息消费也受到城市女性的青睐。在个人最大一笔开支中，手机分别于 2011 年、2012 年排第 4 位；计算机、照相机、MP5 等数码产品在 2009 年排第 2 位。在当今信息时代，女性也希望通过电子产品浏览网页，观看电影，或者下载音乐，从而获取更多的信息。

随着城市生活节奏不断加快，生存压力不断加大，旅游也正成为城市女性及其家庭休闲放松、陶冶情操的重要方式。

同时，城市女性比以往更加注重自身的内涵修养，希望通过参加各类培训提高个人工作能力和综合素质，寻求更大的职业发展空间；也希望通过学习家庭教育知识，提高教育子女和家庭科学管理水平。

（6）网络购物逐渐成为女性最主要的消费方式。

调查显示，2008 年只有 29.0% 的女性通过网络购物实现消费，但 2011 年增加到 76.6%，2012 年继续增加到 84.6%。可以看出，2012 年网络购物比例比 2008 年上升 55.6 个百分点。毫无疑问，网络购物已成为城市女性最主要的消费方式。

15.4.2　广告中的女性消费者形象

传统社会中的女性形象是家庭主妇，而今天，女性作为消费者的地位也在各个方面发生了变化，社会各方面的变化改变了女性消费者在家庭中的位置和社会的地位，女性已经不再是他人购买商品的代理人。另外，伴随女性社会职业化的提高，女性消费也逐步个性化。与这样的社会方式相适应，以女性为主体的广告逐步增多。美国某一广告制作人指出，除了卫生用品、化妆品等几种特殊商品外，不应过分强调性别差异。因此，未来的广告更需要树立女性的新形象。

但是，以现代的开放的形象代替对传统女性的形象时可能会引发许多问题，由于 20 岁至 60 岁各年龄段的女性形象是多样的，因此，表现各年龄段女性形象的广告当然更有效。另外，女性形象到底迎合哪些商品、哪些品牌、哪些消费者层，这些都要具体分析。因此，在广告中选择男女哪一方，以及选择哪种形象等问题是广告主较棘手的问题。在广告中选择女性形象时，塑造传统女性的形象还是塑造现代女性的形象？这些都取决于目标市场特点、广告目标等因素的影响。但是，有一点必须肯定，在广告里把女性表现为被动的、男权框架之下的性对象的形象，那就是时代的错误表现。特别是，一个女性被贬抑的世界不是一个完美的世界。无论其物质文明多么发达，它在精神层面也存在着重大缺陷。社会中的两性不平等发展，无论对于女性、男性，还是他们所处的世界，都不能说是完全健康的发展。媒介广告作为强有力的手段，对于彰显女性独立人格与尊严、创造能力、多元化的发展状况，负有重要责任。

本章小结

有关广告对经济、社会及文化的影响可谓众说纷纭。我们应该从正反两个方面均衡地考虑广告的影响，才能有助于真正地理解广告的功能。

广告对儿童消费者有着较大的影响。美国国际广告协会主张企业具有销售产品的权利，并强调儿童广告至少在 5 个方面发挥着重要的作用。但持反对意见的美国 CAT 协会则认为广告对儿童有着负面的影响。

近年来，我国老年消费者人数不断增加，如今我国已经进入了老龄化社会，因此，研究广告对老年消费者的影响具有非常重要的意义。在本章中，我们主要论述了老年消费者的界定、老年消费者的行为等内容。

本章最后一节我们重点论述了广告对女性消费者的影响，并就广告中的女性消费者形象进行了介绍和分析。

思考题

一、单选题

1．相比较男性消费者，女性消费者更加（   ）。

A．知性　　　　　B．任性　　　　　C．理性　　　　　D．感性

2．影响女性消费者选择消费或接受服务的外部因素中，以（   ）为最。

A．亲朋好友的口碑和推荐　　　　B．广告

C．自主搜寻信息　　　　　　　　D．参加产品宣讲会

3．美国 ACT（Action for Children's TV）通过对儿童广告进行调查，提出了广告对儿童有（   ）影响的结论。

A．正面　　　　　B．负面　　　　　C．中性　　　　　D．不确定

4．随着老龄人口的增加，这些老年消费者将形成新的消费者层，我们称为（   ）。

A．银色市场　　　B．灰色市场　　　C．黑色市场　　　D．金色市场

5．"买房子，送老婆"的广告语，是对女性消费者的（   ）。

A．赞扬　　　　　B．批评　　　　　C．性别歧视　　　D．重视

二、多选题

1. 广告对消费者的积极影响主要表现在（　　　）。
   A. 广告教育消费者　　　　　　　B. 广告向消费者提供知晓权
   C. 广告倡导物质享受主义　　　　D. 广告倡导超前消费
   E. 广告误导消费者

2. 根据皮亚杰的观点，儿童的发展阶段包括（　　　）。
   A. 感觉运动期　　　　　　　　　B. 前期操作期
   C. 少年少女期　　　　　　　　　D. 具体操作期
   E. 形式操作期

3. 广告与文化之间关系的观点，概括起来，大致有以下几种（　　　）。
   A. 广告影响文化，但文化不影响广告的文化创造型
   B. 文化与广告相互影响的独立型
   C. 文化影响广告，但广告不影响文化的文化反映型
   D. 广告不影响文化，文化也不影响广告的相互独立型
   E. 广告影响文化，文化影响广告的相互作用型

4. 美国 ACT（Action for Children's TV）通过对儿童广告进行调查以后，提出了以下研究结论（　　　）。
   A. 广告是引起儿童与父母之间冲突的主要原因
   B. 广告对增进儿童与父母之间的感情具有积极的促进作用
   C. 在儿童节目中出现的很多广告带有虚假或欺骗性
   D. 儿童广告的真实性要远超过其他类型的广告
   E. 从食品营养学的角度来看，不少食品广告不符合要求

5. 儿童信息处理过程可分为（　　　）4 个阶段。
   A. 认识　　　　　　　　　　　　B. 注意
   C. 记忆　　　　　　　　　　　　D. 遗忘
   E. 评价

三、简答及论述题

1. 学术界有关广告对经济的影响的观点有哪些？
2. 广告对社会有哪些负面的影响？
3. 老年消费者的购买决策过程分为哪几个阶段？
4. 试论述我国城市女性消费者的消费行为特点。
5. 试论述广告中的女性形象。

案例讨论

中国儿童电视广告态度

打开电视，各种各样的儿童电视广告跃然眼前，它们或以儿童为目标受众，或以儿童形象演示，或以直接或隐含的方式对儿童介绍各种各样的企业或产品，其中主要涉及食品、饮料、玩具、日常生活用品、益智增高类保健品、文具、企业形象广告。面对这样一个客观存在的、如此巨大的、充满了诱惑的信息冲击，儿童不可能不对儿童电视广告产生一定的认知、情感和行动意向，并受到儿童电视广告的多方面影响。

企业之所以会有意无意地对儿童施加广告影响，一方面因为儿童是未来的有较大购买能力的消费者。儿

童作为消费社会的一分子，其消费行为不是某一天从天而降的，而是一个逐渐学习的过程。现在6～12岁的儿童在未来的5～10年后，会逐步成长为具有较大消费能力的成年人，他们在儿童时期形成的对某些产品、劳务、商标、品牌、企业等的态度会潜移默化地影响到他们成年后的消费心理。另一方面，儿童本身就是一个强大的消费群体。随着儿童年龄的增加、中国人生活水平的普遍提高，儿童手里有了越来越多可供自由支配的零花钱，直接购买行为逐渐增加。同时，中国家庭中有越来越多的大额消费与孩子有关，比如购买乐器、课余教育培训支出、旅游、汽车，甚至投资房产……儿童对家庭购买决策的影响力也越来越大。

在企业对儿童施加广告影响的过程中，电视被看作最佳的传播途径。这是因为儿童时期阅读能力有限，对纸媒热情不够，而对电视表现出巨大热情。同时因为电视在广告信息传播方面的独特优势，很容易唤起儿童对广告产品的兴趣和好感，激起潜在的消费欲望，并进而牢牢记住商品名称和品牌，促成儿童直接购买或儿童向父母提出购买要求。

1. 儿童怎样理解儿童电视广告

儿童对儿童电视广告的认知大致包括对儿童电视广告销售意图的理解度、对儿童电视广告的信任度、经由儿童电视广告对企业名称的记忆度、对儿童电视广告与产品的关联认知度、对儿童电视广告与企业的关联认知度这5个方面。

儿童对儿童电视广告销售意图的理解是对广告本质的认知。8～9岁以下的儿童对儿童电视广告的娱乐、教育功能有很好的理解，但不能很好理解其中隐含的销售意图。比如有的儿童说"儿童电视广告是为了好玩"，有的儿童说"是教育我们的"，有的儿童说"是教给我们知识的"，五花八门。但8～9岁以上的儿童对儿童电视广告的销售意图的理解突飞猛进，绝大多数儿童认识到电视广告"是介绍产品"或者"推销产品"的。12岁时，儿童已经能够完全理解儿童电视广告的推销意图。

儿童相信儿童电视广告所传递的信息吗？研究发现，6～12岁的儿童对儿童电视广告的信任度都不太高，多数倾向于半信半疑，并且没有年龄上的差异性。现在的儿童获得信息的渠道多，见多识广，不轻易盲从，因而对事对物有一定的主见。同时由于电视广告信息良莠不齐，真伪难辨，一些家长也有意识地从小教育自己的孩子抗拒广告的影响，甚至有些矫枉过正地教育自己的孩子："广告是假的""广告是骗你的"。久而久之，儿童渐渐增加了辨别信息真伪的能力，在没有绝对把握的情况下，不会轻易相信。另外，社会生活日益复杂，父母也会比较注意教育自己的孩子不轻易相信任何外来信息。所以儿童对儿童电视广告信息不太信任，应该是社会生活状态的一种反映。

儿童的记忆力不好，研究发现，被调查的6岁左右的儿童中有一半的人不能记住任何企业（或品牌）名称，只有一半的人能够记住一个；而记住两三个企业（或品牌）名称的儿童则相对较少。7岁以后的儿童对电视广告中企业（或品牌）名称的记忆度逐步提高，绝大多数11～12岁的儿童记住三个左右。在对儿童记住的广告信息进行探究时，我们发现他们对朗朗上口的儿歌，对高露洁草本美白牙膏广告中的海狸先生、光明牛奶广告中的光明奶、酷儿饮料广告中的酷儿、海尔广告中的海尔兄弟卡通形象记忆深刻。但是儿童对企业名称与品牌名称易混淆不清，他们把自己熟悉、喜欢的品牌产品当作是那个叫"品牌"的企业生产的。比如，他们以为酷儿饮料就是那个叫"酷儿"的企业生产的，米奇书包就是那个叫"米奇"的企业生产的。

儿童看过儿童电视广告后，会将儿童电视广告的优劣与广告产品、广告企业的优劣关联起来吗？研究发现，不同年龄的儿童对儿童电视广告与产品、企业的关联度的认知表现出大体一致的特征，即在6～7岁时，大多数的儿童趋向于一致性地评定：广告做得好，产品和企业就好；而7岁以后，大多数的儿童则认为，儿童电视广告做得好，产品和企业不一定好；7～12岁的儿童差别性不大。

在我国，小学低年级儿童功课负担小一些，看电视的时间会相对多一些，所以无意接触到的儿童电视广告也就多一些。儿童电视广告画面生动形象、色彩绚丽美观、音乐跳跃动荡、语言朗朗上口、形象活泼可爱，正好符合低年级儿童好动、注意力易变、好奇心强的特点。低年级儿童更容易被外界信息说服和左右，因此他们对儿童电视广告的信息更加信任。由于低年级儿童的记忆主要为形象化的记忆，他们对画面和广告形象等具象的内容记忆能力强一些，但对广告企业、产品名称等抽象的内容记忆能力相对弱一些，所以从广告中记住的企业名称要少一些。

小学高年级儿童有课业任务，看电视的时间较少，所以无意接触到的儿童电视广告也就少。由于高年级儿童理性思维发展很快，逻辑思维能力大幅度提高，因此高年级儿童对儿童电视广告销售意图的理解度更高。由于他们更多地认识到了广告主的促销动机和目的，而又不能对这种促销动机与目的加以正确对待，对广告的逆反心理增加，所以会越来越不喜欢和不信任儿童电视广告。同时高年级儿童的判断更趋于辩证、中性，因此他们认为儿童电视广告做得好，产品、企业并不一定好。但他们对广告企业、产品名称等抽象内容的记忆能力相对提高，所以从广告中记住的企业名称大多能达到三个或以上。

2. 儿童喜欢什么样的儿童电视广告

研究发现，6～12岁的儿童对儿童电视广告的喜好度略高，随着年龄增加，喜好度呈现逐渐下降的趋势。性别因素在儿童对儿童电视广告情感上影响显著，总体来看，女童比男童更喜欢儿童电视广告，主要是女童容易为电视广告中的情感诉求所打动。看电视多的儿童对儿童电视广告的喜好度更高一些；对儿童电视广告销售意图理解度越高的儿童，越不喜欢看儿童电视广告；对儿童电视广告信任度高的儿童，更喜欢儿童电视广告。喜欢儿童电视广告的儿童，看过儿童电视广告后自己会去购物或者要求家人为自己购物的可能性更大。

儿童最喜欢的儿童电视广告形象依次是：卡通、动物、儿童、大人。其中，卡通形象演示的儿童电视广告排名第一，并且喜欢的程度要大大高于其他广告形象。儿童尤其是男童喜欢看卡通片，是因为卡通形象夸张、滑稽、生动，卡通片内容动感、幽默、跳跃性强。这种喜好延展到他们对于儿童电视广告形象和内容的喜好上。

儿童最喜欢的儿童电视广告元素依次是：故事情节、画面、人物、音乐、语言、产品和其他。其中，最吸引儿童注意力的是故事情节。同时，女童对儿童电视广告中的内容，比如零食、家庭日常生活用品（如洗发精、牙膏、洗衣粉等）、饮料更为关注一些，表现出更多的兴趣。而男童对儿童电视广告中的形式，比如滑稽可爱的卡通形象、幽默搞笑的故事情节，表现出更多的兴趣。虽然大量的研究证实6～12岁的儿童100%能够正确区分电视节目与电视广告，但是在现实中儿童更愿意把儿童电视广告当作一个短小的电视节目来看，所以卡通形象演示的、故事情节生动幽默的儿童电视广告能像卡通片一样，紧紧抓住儿童的眼球，吸引起他们的注意。

3. 儿童受儿童电视广告的影响有多大

儿童电视广告对6～12岁的儿童的影响力到底有多大？会在儿童看过儿童电视广告后的自主购物行为倾向性和要求购物行为趋向性上表现出来。

研究发现，儿童购物行为趋向性明显受到儿童电视广告的影响，看电视广告越多的儿童这种影响力越大，只不过儿童电视广告宣传应该在法律和管理规定允许的范围内。

儿童的消费能力虽然随着社会经济的发展而增强，但在一定时期内是比较固定的。儿童自主购物和要求购物之间是一个此涨彼消的关系，因此，儿童电视广告的作用在一定时间内也是有限的。

研究表明，增加儿童电视广告的可信度，通过夸张滑稽、生动幽默、跳跃性的广告形象与广告表现使儿童喜欢上儿童电视广告，就会提高儿童对儿童电视广告的行为趋向性。

资料来源：媒中媒，作者：徐红。

问题讨论

1. 儿童的消费心理是如何形成的？
2. 试分析广告对儿童的负面影响。

第 16 章　国际广告

本章导读

　　国际广告是国际市场营销活动中最重要的促销手段之一。与国内广告相比，国际广告要受到诸多迥异于本土的政治、经济、人口、法律、社会文化、科学技术发展水平等因素的影响和制约，因而策划和实施起来更加复杂，也更具挑战性。本章主要介绍国际广告的基本概念、特点和作用，国际广告的创意策略，国际广告的媒体选择以及国际广告跨文化管理等内容。通过本章的学习，读者能够掌握国际广告的基本概念及基本创意策略，了解国际广告面临的文化风险及规避风险的基本措施。

知识结构图

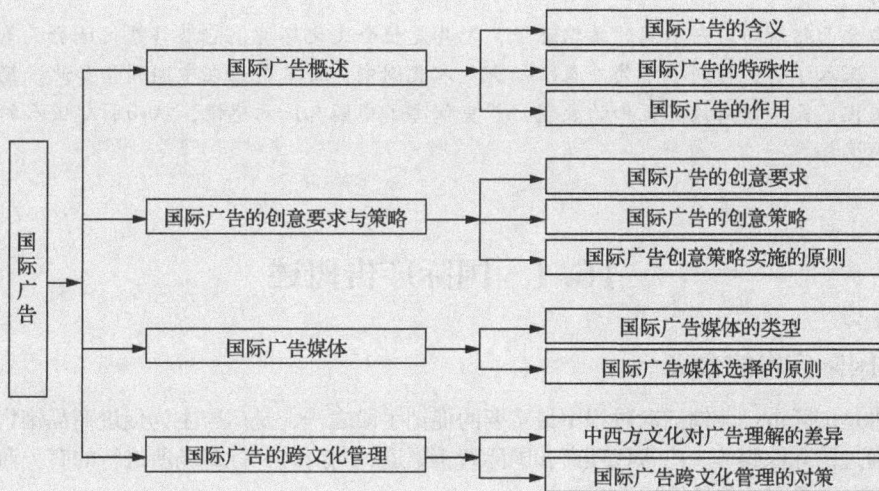

开篇引例

丰田汽车广告风波

2003 年 11 月，两则丰田公司汽车广告在网络上引起不小的波澜。其一为刊登在《汽车之友》第 12 期杂志上的"丰田霸道"广告：一辆霸道汽车停在两只石狮子的前面，一只石狮子抬起右爪做敬礼状，另一只石狮子向下俯首，背景为高楼大厦，配图广告语为"霸道，你不得不尊敬"。其二为"丰田陆地巡洋舰"广告：该汽车在雪山高原上以钢索拖拉一辆绿色国产大卡车，拍摄地址在可可西里。

广告刊登后，引起了无数国人的愤怒。很多网友认为，石狮子有象征中国的意味，"丰田霸道"广告却让它们向一辆日本品牌的汽车"敬礼""鞠躬"。"考虑到卢沟桥、石狮子、抗日三者之间的关系，更加让人愤恨"。对于拖拽卡车的"丰田陆地巡洋舰"广告，很多人则认为，广告图中的卡车系"国产东风汽车，绿色的东风卡车与我国的军车非常相像"。

为此，众多网友在新浪汽车频道、tom 以及 xcar 等专业网站发表言论，认为丰田公司的两则广告侮辱了中国人的感情，伤害了国人的自尊，更有网友发出言语过激的评论。

网友的声音迅速扩大，仅新浪网上关于此事的网友评论就达到了 3 000 多条，网友的关注程度远远超过了其他汽车新闻。其中，大多数网友把抨击的矛头指向了丰田公司、广告制作公司和刊登广告的杂志，要求他们赔礼道歉。一位网友甚至还模仿"霸道"广告制作了一幅图画，画面上狮子把霸道车按在了爪子之下。

媒体也迅速跟进报道此事，2003 年 12 月 3 日，国内最具影响力的媒体——新华社对"问题广告"进行了报道，随后，国内的许多媒体都不同程度地对此事进行了追踪。而在日本颇有影响的报纸——《朝日新闻》也报道了此事，并带动了其他日本媒体的关注。

工商局也对这两则广告表示关注，并要求投放、刊登广告的杂志社提交了书面材料。

各方的强烈反应，让丰田公司、广告制作公司和刊登广告的杂志也认识到了问题的严重性，用各种途径开始道歉。

资料来源：作者根据网络相关资料撰写。

案例分析

国际广告要面临着与国内不同的特殊环境，尤其是社会文化环境，它潜移默化地影响着东道国的广告受众，除非深入了解，否则很难为外人所知晓。本案例中，日本企业在中国刊登如此张扬的广告，是一种对中国文化、民族情感极其无知的表现，严重伤害了中国人民的感情，从而引起国人的反感，甚至引起了全民的愤怒。

16.1 国际广告概述

16.1.1 国际广告的含义

国际广告是国际市场营销活动过程中最重要的促销手段之一，是广告主为促进商品销售，主要以付费的方式，通过国际性媒体、广告代理商和国际营销渠道，对海外目标市场所进行的有关商品、服务或企业形象的双向或单向的信息传播活动。

国际广告的宣传途径主要有两类：一是在国外媒体上直接刊登广告，如我国广告主在美国《纽约时报》或英国 BBC 电台发布广告；二是广告主的驻外机构在当地市场上进行广告宣传，如三星电子（中国）有限公司在我国中央电视台发布手机广告等。

16.1.2　国际广告的特殊性

对照本书第 1 章中有关广告的定义，我们不难看出，国际广告和国内广告的手段和最终目的是一样的，都是一种有计划的营销传播活动，都是为了促进商品的最终交换，但我们不能因此认为国际广告与国内广告就没有区别。事实上，由于不同的国家在社会制度、消费水平结构、风俗习惯、宗教信仰、自然环境以及由此形成的价值观和消费理念等方面都存在着极大的差异，因而国际广告也具有不同于一般国内广告的特殊性。

国际广告的特殊性

1. 经济环境的特殊性

经济环境是影响广告活动的最为重要的因素之一，可以进一步分为宏观和微观两个层面。宏观经济环境主要指一国或地区经济发展的阶段和发展水平、经济制度与市场体系、收入水平、财政预算、贸易与国际收支状况等。宏观经济的发展和繁荣显然能够为企业的发展提供有利条件，而经济萧条和衰退也无疑会给所有经济组织带来生存的困难。微观经济环境主要是指组织所在地区或所需服务地区消费者的收入水平、消费偏好、储蓄情况、就业程度等因素，这些因素直接决定着市场规模的大小。

因此，当一个国家或地区经济繁荣、人民生活富足时，就必然会对知名品牌和高档产品有着更多的需求。广告的宣传策略也应该是突出品牌形象，强调产品的高贵品质。而在经济水平发展程度较低、人民生活较为困难的国家和地区，价廉物美的商品更受欢迎。企业在进行广告宣传时要充分考虑到这一点，广告的诉求点应重点强调产品的经久耐用和物美价廉方面。

2. 社会文化环境的特殊性

社会文化环境包括一个国家或地区的居民特定的受教育程度、价值观念、行为方式、伦理道德规范、审美观念、宗教信仰及风俗习惯等内容。社会文化影响和制约着人们的消费观念、购买行为和生活方式。具体表现在：宗教信仰和风俗习惯会禁止或抵制某些活动的进行；价值观念会影响居民对组织目标、组织活动以及组织存在的态度；审美观念则会影响人们对组织活动内容、活动方式以及活动成果的态度等。

任何人都在一定的社会文化环境中生活，是存在于特定社会文化环境中的个体，其认识事物的方式、行为准则和价值观等都会异于生活在其他社会文化环境中的人们。例如，由于价值观念不同，不同国家的消费者对周围事物的是非、善恶和重要性的评价也不同。同一种款式的商品，某些国家的消费者认为是美的，而其他国家的消费者也许认为是丑的；同一种色彩的商品，低收入国家的消费者可能十分喜爱，但发达国家的消费者却可能很少问津；同一种消费行为，在这方土地上是习以为常的，在另一方土地上则可能被认为是不可思议的。再如，民风习俗、礼仪交往等方面的差异，往往影响到广告活动的内容与形式。

因此，在开展国际广告活动时，广告主必须要全面了解、认真分析东道国的社会文化环境，以利于准确把握消费者的需求、欲望和购买行为，做出正确的广告决策。除了在开篇引例中提到的丰田霸道汽车广告风波外，日本立邦漆在华的一则广告也曾引起过轩然大波。这足以让从事国际广告宣传活动的广告主、广告策划机构和广告媒体引以为戒。

阅读资料 16-1　立邦漆盘龙广告惹争议

一个中国古典式样的亭子，两根立柱上分别盘旋了一条金龙，左边一条龙和立柱颜色显得比较暗淡，但抓得却很稳，盘旋向上；而右侧那条龙和柱子颜色却很光亮，可是这条龙却从柱子上滑了下来。这是2004 年 9 月的《国际广告》杂志上刊登的一则名叫"龙篇"的立邦漆广告作品。这则广告的创意者显然是用广告来形容柱子刷过立邦漆后变得奇滑无比，以至于金龙从柱子上"滑"下来。

然而，就是这则广告在互联网上掀起轩然大波，针对该广告创意的批评声不断。在众多网站上，关于这则广告创意的评价在不少 BBS 中都成了"热贴"。大多数网友认为这则广告创意戏弄了中华民族的图腾，难以接受。有的表示："乍一看还觉得挺有意思，可仔细一想就觉得别扭了。龙是中国的象征，怎么能遭到这样的戏弄！"“我们中华民族的象征——神圣威武不可侵犯的中国龙！中国龙在这里扮演了一个小丑，一个不光彩、受欺负的角色！龙本身就有飞天的神力！不是靠盘紧柱子才昂首挺胸的！"有的则直言："发布广告者别有用心，且恶劣程度比'霸道广告'有过之无不及。"……

3. 政治法律环境的特殊性

政治法律环境指一个国家或地区的政治制度，政治形势，政府的方针、政策及国家制定和颁布的各种法律、法规等，上述因素都会对国际广告活动产生重大的影响。例如，一些国家严禁刊播比较广告，认为比较广告有可能会损害公平竞争。而有些国家则对此没有限制，如我们所熟悉的百事可乐与可口可乐经常发布针对竞争对手的比较广告，不仅可以直截了当地指出对手的不足，甚至可以尽情地挪揄和讽刺。

在比较广告方面，百事可乐与可口可乐的万圣节之战堪称经典，如图 16-1 所示。比利时一家广告代理商让百事可乐在万圣节换装，打扮成披着"可口可乐披风"的超人，并搭配文案"We wish you a scary Halloween!"（祝你有一个恐怖的万圣节）。不过仔细一看就会发现，披风上写的并不是 Coca Cola 而是 Cola Coca！百事可乐这张海报文案的潜台词就是，穿上可口可乐披风，就可以在万圣节出来吓人了。无疑是在暗讽老对手。

图 16-1　可口和百事的广告大战

可口可乐对此快速回应，使用了同样的画面，将文案更改为："Everybody wants to be a hero"（每个人都希望成为英雄）。而可口可乐对此的回应可谓是兼具创意和幽默，表示只要穿上可口可乐披风就能成为大英雄。使用对手同样的海报画面，只是稍许改了一句文案，就让百事可乐自食其果。

4. 科学技术环境的特殊性

科学技术是社会生产力的表现，是企业把资源转化为符合人们需要的物品的基本手段。科学技术的进步，使得广告行业也随之发生巨大的改变。如网络媒体的异军突起对传统媒介产生了巨大冲击，广告传播手段也因此更加丰富和更具选择性。但由于不同国家和地区在科学技术方面存在的客观差异，使得国际广告在广告创意、制作和发布方面也面临着不同的困难和制约。如一些国家媒介技术落后，企业开展国际广告活动就会大受影响，表现为一些先进的传播手段无法使用，广告的宣传效果因此大受影响。

16.1.3　国际广告的作用

1. 树立产品形象，推广国际品牌

由于地域上的差异，一个在本国家喻户晓的知名品牌在其他国家和地区可能是籍籍无名，甚至是海外消费者闻所未闻的。企业可以通过新闻媒体对产品进行介绍和宣传，但宣传形式本身具有一定的局限性，如宣传范围有限、展现形式单一、内容难以完全控制等。而国际广告所具有的传播范围广、信息传播速度快、展现形式多样等优势，可以有效帮助企业顺利进入国际目标市场。例如，20 世纪 80 年代当我国消费者还保持着品茶、购茶的传统时，雀巢速溶咖啡以一句"味道好极了"的广告语唤醒了国内民众新的味觉阈限，朴实无华的广告诉求一下子拉近了国际大牌与中国消费者的距离。雀巢咖啡在中国的广告设计如图 16-2 所示。

图 16-2　雀巢咖啡在中国的广告设计

2. 反映和引导市场需求

国际广告既是国际营销活动中对国际市场需求有灵敏反应的"风向标"，又是引导市场需求走向的"领航者"。国际广告的设计能充分体现市场需求的特点，能迅速、有效地反映市场需求；同时国际广告又能够发掘市场潜在需求，倡导一种新的消费理念，引导消费者的购买动机。

阅读资料 16-2　海尔洗衣机日本走红

日本家电市场是一个饱和的市场，竞争异常激烈。欧美的西门子、惠尔浦，韩国三星、LG 等众多名牌家电在日本市场打拼 10 余年，也闯不出令人满意的成绩。认识到市场是千变万化的，顾客的需求也是各有差异，海尔集团凭着"创造市场"的信念，对日本市场进行了深入的调查。经过仔细研究后发现，在日本，单身族占到了相当大的比例，大约有 1 300 万人。单身族用户拥有的洗衣机容量一般为 4～6kg，但这么大的容量往往得不到充分利用。经市场调查后，海尔用了半年时间，成功开发出 2.3kg 容量洗衣机——"个人洗衣间"，并于 2002 年 11 月 1 日推向日本市场。产品备有白色、粉红、蓝色 3 种颜色，完全是按日本消费者的偏好设计的。"个人洗衣间"不仅深受日本单身消费者的青睐，还成为很多普通家庭和医院购买洗衣机的首选。在"个人洗衣间"迅速走红日本的同时，海尔又通过大量的市场调查、细分市场，迅速推出了专为日本消费者设计的全自动洗衣机、专为中老年消费者设计的洗衣机，个性化的设计及满足当地化洗衣需求的差异化性能特征受到了挑剔的日本消费者的青睐，各系列海尔洗衣机在日本市场上全面开花。

资料来源：闫国庆. 国际市场营销学. 北京：清华大学出版社，2011：178-179.

3. 促进国际间文化交流，提升东道国企业竞争意识

国际广告应以了解不同国家文化差异为前提，尊重别国人民的习俗，才能达到一定的广告效果。广告作为一门艺术，具有美或情感的表现力、感染力，比其他沟通方式更能表现国际产品或企业的价值，从而以其特有的文化内涵赢得国外消费者的兴趣和爱好。此外，有些国际广告通过公关广告、情感广告来联络民族情感，加强与东道国人民的友谊，为进一步经济合作奠定基础。当然，国外产品和广告的进

入，对东道国民族工业会带来一定的压力。但东道国企业为了生存和发展，必须参与国际竞争，提高竞争能力，这在客观上也提升了东道国企业的国际竞争意识。

16.2 国际广告的创意要求与策略

16.2.1 国际广告的创意要求

1. 国际广告必须考虑东道国的经济环境

广告主在进行国际广告策划时，必须首先分析东道国的人口规模、国家的经济类型，以及由此形成的市场需求、市场潜力、收入分配等经济状况，并以此确定广告活动的基本思路和方针。

2. 国际广告必须适应东道国的语言文化

开展国际广告活动，必须要了解东道国的文化背景。因文化不同而带来的消费差异是国际广告必须要正视的问题，而在各国文化元素里，语言文化是最直接的体现。能否正确地"用东道国人乐于接受的语言说话"是国际广告成功与否的关键。例如，七喜，原名"SEVEN-UP"，进入中国市场时，译者用"喜"代替"起"，迎合了中国人讲究吉利的心理。百事可乐（PEPSI）则以意译为重，以至于现在中国人经常相互庆祝"百事都可乐"。雪碧（SPRITE）直接翻译过来就是"妖精"，而音译成"雪碧"给人以清凉之感。化妆品"REVLON"在中国译为"露华浓"，给人高雅、艳丽的感觉，迎合了女子浪漫诗情的口味。

3. 国际广告必须尊重东道国的宗教信仰

不同国家和民族的宗教信仰不尽相同，因此会有不同的禁忌。1988年，索尼公司为了在泰国推销收录机产品，利用佛祖释迦牟尼做了一则电视广告。电视广告中出现的画面是，索尼收录机播放出优美的音乐，佛祖失去定心为音乐所诱惑，随着音乐有节奏地摆动，最后睁开了慧眼。没想到佛教在泰国民众心中有很大的影响力，这则广告被认为是对泰国人的极大不尊敬。在全国一片愤怒声中，泰国当局向日本政府提出了强烈抗议。索尼公司这才恍然大悟，立即停止播放这则广告，并向泰国人民公开道歉。

4. 国际广告应遵守各国对广告的管制

虽然国际广告是在母国广告中延伸出来的，但由于其广告受众及传播环境为东道国，因此必须严格遵守东道国对广告的管制，包括广告内容、时间、传播范围等。这将直接影响到国际广告的传播效果以及广告成本。

16.2.2 国际广告的创意策略

根据消费者购买行为的差异，可以将国际广告创意策略主要划分为3种，即标准化策略、本土化策略以及全球性策划和本土化执行相结合的策略。若不同国家和地区消费者的购买行为习惯相似或差异性较小，一般宜采用标准化策略；反之，如果差异较大则适合采用本土化策略。为了综合各种创意策略的优点，当前，越来越多的企业采用了全球性策划和本土化执行相结合的策略。

1. 标准化策略

在全球经济一体化浪潮的冲击下，最大限度地满足全球消费者需求、提升企业的国际统一形象、降低企业广告成本、扩大利润空间，是国际企业最终追求的目标。经过国际广告界多年的摸索与实践，广告界的一些专家与学者提出了国际广告标准化策略。其具体含义为：国际企业在不同的国家和地区，采用相同的广告策略、广告信息和创意以及尽可能相同的媒介进行广告宣传。

这种策略的着眼点是全球消费者有着共通的语言和追求，如对美丽、亲情、健康的追求，对家庭团圆、幸福祥和的期盼，对美好爱情、友情的憧憬等。因此，广告可以完全基于上述共性，而不必考虑国别的差异。采用标准化广告创意策略具有以下优点。

（1）使国际企业的整体目标保持一致，以统一的形象传递给各个目标国，能够保持企业形象的整体性，易于消费者记忆，从而增强消费者对企业及产品的印象。美国著名的英特尔芯片公司在国际市场上几十年来一直采用标准化的广告策略，始终以统一的企业和产品形象出现。因此，无论在哪个国家，消费者都能很清楚地感受到英特尔公司所要传递的品牌理念。

（2）有利于实现规模化经营。实施广告标准化的前提是产品的标准化，即在全球市场上生产与销售同样的产品。因此无须再针对不同的消费群体设计不同的产品、建立不同的生产线，以及采取不同的分销手段，从而可以有效地实施规模化经营。

（3）可以降低企业广告促销活动的成本。标准化广告创意策略采用了统一的标准，无须再花费大量的人力、财力、物力进行多种不同广告的美术设计、文字撰写、排版、印刷、制片等，因而大大节省了广告的成本。

尽管实行标准化广告创意策略有上述诸多优势，但这是需要前提条件的。即上文所说的"全球消费者有着共通的语言和追求"。然而，现实中的海内外市场，以及海外不同市场上的目标消费者之间的差异是客观存在的，所以标准化广告创意策略并不是都能适用的。

2. 本土化策略

国际广告创意的本土化策略是指鉴于不同国家和地区目标市场的实际差异，国际企业需要确定不同的广告目标，设计不同的广告主题，以及向广告受众传递不同内容的广告信息。国际广告创意本土化策略承认不同国家和地区消费者需求的差异性，因此在设计广告时注意尊重东道国的文化并结合消费者的价值观，力争做到"入乡随俗"。本土化策略主要体现在品牌名称的本土化、广告语言的本土化、广告形象的本土化、广告代言人的本土化和广告创意的本土化等诸多方面。显然，本土化策略能够适应不同目标市场文化的差异和消费需求，使消费者更易于接受，因而在标准化策略运用中遇到文化尴尬时可以用本土化策略化解。

（1）品牌名称的本土化

俗话说"名不正则言不顺，言不顺则事不成"，可见给产品起一个合适的名字是多么重要的事情。但由于语言文化上的差异，一些国外品牌如果简单按照字面含义或是发音直译则往往会水土不服，甚至让人啼笑皆非。

下面以宝马 BMW 为例来说明外来品牌名称翻译的重要性。"BMW"的德文全称是"Bayerische Motoren Werke AG"，意思为"巴伐利亚发动机制造厂股份有限公司"，英文意思是熟悉的"Brvarian Motor Works"，简称"BMW"。然而就中国消费者而言，这样的字母缩写并不能引起共鸣，但翻译成宝马之后就大不一样了。中国历史上有"胯下有良驹，良将得宝马"的典故，将"BMW"翻译成宝马，既贴切汽车的功能，又体现出了汽车的品质，不愧是本土化名称的杰作。

另一个将品牌名称成功本土化的企业是宝洁。可以说是宝洁公司将旗下品牌命名与中国传统审美观结合得天衣无缝。宝洁公司在对中国市场进行充分调研之后发现，中国女性名称中，芳、翠、莲、婷、丽等非常多，其中，芳、翠等女性名称多为农村女孩名称，而莲、婷等则偏重城市女性用名，凸显清新高雅的气质。因此，宝洁公司为其旗下洗发水产品进行了独具匠心的命名。例如，潘婷的目标消费群恰恰是都市的职业女性，因此潘婷这一名称与该洗发水品牌定位十分吻合。而飘柔更是将中国人心中美女的长发飘飘、温柔多姿的典型形象表现得淋漓尽致，使中国消费者非常容易接受这些品牌，并且向往和品牌名称一样的美丽脱俗。在模特的选择上，宝洁精心挑选了深受都市女性喜爱的当红明星汤唯作为潘婷的代言人，如图 16-3 所示。汤唯清新脱俗的气质与潘婷的产品定位完美结合，进一步诠释了潘婷产品的内涵。

图 16-3　汤唯代言的潘婷洗发水广告

　　当然，也有由于忽略了本土化而造成巨大失败的案例。我国一款叫"芳芳"的口红，在推向国际市场时，将其品牌直接音译为"Fangfang"，却忽视了"fang"恰好是一个英文单词，意为狗的长牙或蛇的毒牙。结果使外国消费者联想到涂上这个牌子的口红就变成了张牙舞爪、毒汁四溅的恶狗或毒蛇。试想有谁愿意变成青面獠牙的魔鬼呢？所以口红销路不畅也就不难想象了。

　　（2）广告语言的本土化

　　以法国人头马酒品广告为例，在欧美国家，其广告是"干邑艺术，似火浓情"，而对东方人特别是华人市场，则采用"人头马一开，好事自然来"的广告语。这是因为商家看到了东西方酒文化的差异性，实施了本土化策略。在欧美国家崇尚激情、浪漫，而"干邑艺术，似火浓情"的广告语，把白兰地比作艺术品般精美诱人，把酒的醇香比作情火般浓烈，符合欧美风情与文化，很容易唤起西方人内心的共鸣，引起西方人的购买欲望和购买行为。但中国的酒文化则浸透着"吉"字：国家庆典、迎宾要喝，过年过节要喝，婚嫁迎娶更要喝，中国人特别喜欢在吉庆的日子把酒言欢。因此当人头马白兰地进入中国市场时，其广告语就改为"人头马一开，好事自然来"。充满吉祥祝福，使人马上联想到欢天喜地的喜庆氛围。相反，如果不了解东道国的民族性格，道德价值取向错误，就会造成不可弥补的损失。

　　（3）广告形象的本土化

　　广告形象的本土化，可以大大拉近与东道国目标消费者的距离，让广告受众有一种倍感亲切的感觉。例如，在 2003 年春节期间，肯德基的山德士上校一改平日白色西装的经典形象，开始在中国 170 座城市的 800 余家分店统一换上大红色唐装，头戴瓜皮小帽迎接顾客。上校还是那个上校，可着装的改变却凸显出一派喜气洋洋的中国年气象。这个代表了中国传统的家庭、亲情、友爱和默契的肯德基爷爷一下子拉近了与中国人的距离，令人感到十分亲切，同时也吸引了原本对洋快餐具有排斥心理的中老年消费者，扩大了潜在的目标消费群体。[1]

　　此外，肯德基专为中国消费者打造的新产品川辣嫩牛五方，颠覆了传统西式牛肉汉堡形象，摒弃了将碎牛肉压制成饼的做法，改为精选牛排肉，切成条状，腌制成中国独特的川辣口味，并配以新鲜的蔬菜和香脆玉米片，用面饼包成五方形奉客，充分考虑了中国消费者的口味和营养需求。其产品海报上的广告画面处处体现着中国的文化元素（见图 16-4）。

---

① 田丽. 国际广告的本土化策略研究. 现代经济信息，2010（1）：176-177.

图 16-4　肯德基专为中国消费者推出的新产品

（4）广告代言人的本土化

国内著名运动品牌"李宁"初进美国市场时并不为人所知，在市场上默默无闻，经营惨淡。为了塑造李宁的国际品牌形象，李宁签约 NBA 最著名的强力中锋、绰号大鲨鱼的奥尼尔，这一重量级代言人一改"李宁"品牌柔弱的东方人形象，以其高大霸气的新形象震撼世界。而"李宁"为 54 码大脚的奥尼尔推出的"SHAQ"系列，尤其是 2008 年的第四款"君临天下"，与代言人的气质完美统一，快速打开美国市场。

（5）广告创意的本土化

本土化广告创意策略有助于形成与目标受众在情感上的共鸣。例如，我国青岛啤酒进入东南亚市场时，企业在广告宣传中刻意强调了啤酒的产地——山东青岛崂山，并巧妙地运用了一句"美不美，家乡的水"的广告语。我们都知道，东南亚是广大华人聚集的地方，他们虽然远在异国他乡，但无时无刻不对家乡有着浓浓的思念之情。这句话引起了当地侨胞的极大共鸣，使他们感到青岛啤酒仿佛将他们带到了魂牵梦萦的祖国，所以喝下去的不仅是地道的美酒，还有对祖国的深深眷恋与热爱。

3. 全球性策划和本土化执行相结合的策略

国际广告创意的标准化策略和本土化策略各有千秋，孰劣孰优很难简单地给予评判。过分强调标准化或本土化都会带来一定的问题，这在前文都已经做过分析。因此，全球性策划和本土化执行相结合无疑有助于克服国际广告中过分标准化和本土化的缺点。例如，Adidas 于世界杯足球赛亚洲十强赛期间在中国推出的电视广告即是采取了这种策略。该电视广告表现的是由世界知名球星组成的两支球队激烈对抗的场景，片中最后的射门动作是由中国足球运动员来完成的。其实，Adidas 在全球使用的是创意完全相同的广告片，只不过在最后射门的时候换上了广告东道国的足球运动员。再有，高露洁—棕榄公司一直热衷于进行全球化广告的推广活动，但是它的广告策略却允许根据东道国的实际情况，对全球性广告进行修改和重新拍摄。但前提是必须保留原创意表现中"微笑的地球"这个统一概念和视觉形象。

16.2.3　国际广告创意策略实施的原则

在国际广告创意策略的实施过程中，应该注意以下几个原则。

1. 充分表现国际产品的核心内容及特色

国际广告创作应该表现国际产品的核心价值，因为核心价值是国际产品的理念与精髓，它既是企业面向国际市场的绝佳卖点也是东道国广告受众最为关注的利益点。国际产品的核心内容及特色能否在广告中被出色地展现，关系到国际广告最终的成败。

2. 恰当选择诉求方式

国际广告应该根据目标受众的不同心理采用恰当的诉求方式。例如，基于美国和日本两国消费者对广告的不同认知心理，日本松下电器公司的迷你冰箱在这两个国家采用了不同的诉求方式。这是因为美国人比较重视广告中所表现的产品的实际利益，而日本人则比较重视广告中模特对产品的情感体验。松下在美国的广告采用的是理性诉求的方式，广告中强调的是迷你冰箱体积小、价格便宜、适合单身家庭使用等特点。而在日本的广告中则采用了情感诉求的方式，广告片中一位单身妇女沮丧地望着地板上那张离去的情人的照片，而房间里放着一台迷你冰箱。这时，画外音响起："在这样的夜晚，与其为他的离去而犯愁，不如痛饮一杯，这样，你的心情会好受一些。忘掉他吧！你还拥有你的迷你。"这时广告的女主人从地板上爬起来，走向迷你冰箱。广告中的"迷你"一语双关，使这位单身妇女平添了几分信心，对未来充满了希望。

3. 重视广告语言文字的翻译

国际广告中语言文字的翻译非常重要，稍有不慎就会因不了解其他国家的语言含义和文化背景而造成不必要的麻烦。因为同样的词在不同的国家有不同的释义，如果不重视广告语言文字的翻译，就会带来很多文化上的歧义，甚至会引发文化上的冲突，从而对企业及其品牌造成不利的影响。例如，上海产"白翎"钢笔，其英译为"White Feather"，在英语国家无人问津，其原因在于英语中有句成语"to show the white feather"，意思是临阵逃脱，白色羽毛象征的是胆小鬼。

4. 国际广告必须与国际公关活动相结合

国际广告和国际公共关系虽然在宣传形式上有所区别，但它们的目标是一致的，都是加强和东道国人民的沟通，增进国际企业和各国人民之间的友谊，促进产品销售。在国际广告中把广告宣传和公关活动结合在一起，有时能够起到事半功倍的效果。

16.3　国际广告媒体

16.3.1　国际广告媒体的类型

国际广告可以选择的媒体有两种类型，国际媒体和当地媒体。国际媒体是指面向国内外或面向多国的媒体，甚至包括面向全世界的全球媒体。例如，美国的《纽约时报》《华盛顿邮报》《哈佛商业评论》等。[①]国际媒体一般是比较具有权威性和高可信度的，通过国际媒体打入国际市场犹如"站在巨人的肩膀上"，能让目标受众对广告中的信息更加信服。当地媒体是指东道国面向本国国内的媒体。当地媒体的针对性较强，更加熟悉东道国消费者的需求。选择东道国媒体做国际广告，有利于国际产品差异化和集中化战略的实施。企业应根据自身的实际情况来选择上述两类媒体。

一般来说广告主题直接明了，易被大众理解，广告信息能为大众熟知，不存在文化接受差异的国际广告宜选用国际媒体。这是因为这类广告受东道国文化的影响较小，采用标准化的策略，通过国际媒体进行广告发布，既高效又便于管理，而且还有助于节省广告费用。

但在以下情况下，如广告主题可能会在不同国家产生歧义、广告诉求方式以情感诉求为主的国际广

---

① 周立公. 现代广告学——理论策略技巧，第2版. 上海：上海财经大学出版社，2010：176.

告，应多选用东道国当地媒体来进行广告宣传。此类广告由于理解上有一定难度，受东道国文化的制约较多，启用熟知东道国市场情况的当地媒体可以有效避免上述问题。

16.3.2 国际广告媒体选择的原则

如何选择国际广告媒体，应从以下几个方面重点考虑。

1. 广告产品的性质和特点

国际企业应根据产品的性质与特点，选择与产品特性相适应的广告媒体。例如，服装类产品不仅要突出款式，还要传递出色彩的搭配效果，因此选择彩色的时装杂志是其最佳的选择；如果选择了报纸作为刊播媒介，服装的表现效果就会大打折扣。

2. 目标顾客的媒体习惯

目标市场上的顾客有其特定的接触媒体的习惯，充分了解他们的媒体习惯，有助于提升广告刊播效果的针对性和有效性。例如，电视和互联网对青少年来说可能是最为有效的广告媒体，而女性报刊或儿童杂志则是发布妇女、儿童用品较为适合的广告媒体。

3. 媒体费用

不同媒体的广告费用各不相同，这不仅取决于媒体自身的声誉及影响力，同时还受到广告时间长短、时段质量和版面位置、大小等因素的影响。例如，电视广告黄金时段的费用极为昂贵，而其他时间则相对便宜很多。因此，企业应根据自身的财务实力量力而行，选择最为经济有效的媒体。

4. 媒体发布广告的时间是否适宜

广告发布必须及时，错过时机的广告效果会大打折扣甚至是毫无意义。因此，只有了解广告媒体的发布周期和时间安排，才能在最适宜的时间点上刊播广告。例如，在印度，由于纸张供应紧张，引起报纸广告版面不足，广告主一般需在六个月之前就要预订广告位置。因此，在制订广告计划时需把握好广告发布的时间，密切配合商品的上市时机，做出恰当安排。

16.4 国际广告的跨文化管理

在国际广告活动中，不同文化之间的差异很可能成为国际广告顺利刊播的障碍。因此，掌握跨文化管理的基本知识，了解各种文化间的差异，是做好国际广告的前提和基础。

16.4.1 中西方文化对广告理解的差异

中西方文化的起源和发展路径不同，造成中西方消费者在思维方式、价值观和信仰等方面有着巨大的差异。就广告而言，主要有以下两个方面。

一是对广告的态度不同。与有着悠久的市场经济发展历史的欧美国家相比，中国的消费者对广告的信任程度还普遍较低。长期以来，我国消费者普遍存在"酒香不怕巷子深"的观念，认为好产品无须做广告，做广告也是"王婆卖瓜，自卖自夸"。因此，对于不少中国消费者来说，广告的内容往往是值得怀疑的。目前我国的广告多采用名人代言，除了利用名人的高知名度以外，使用名人的声誉为产品背书，从而增加消费者的信任程度，也是广告主考虑的主要因素。在我国广告市场上，人们更愿意接受直截了当的广告，诸如脑白金这样的广告往往是各类广告媒体上的常客。

随着经济全球化的发展，很多优秀的国际广告开始涌入我国的市场，它让我们的消费者开拓了眼界，也逐渐提高了对广告的鉴赏能力。例如，联邦快递曾将其在中国的宣传广告同神话故事中的哪吒结合，喻义联邦快递的快速犹如脚踏风火轮的哪吒一般，让国人倍感亲切。

在西方国家，企业将广告当作其推广品牌、树立企业形象、提高销售额的最佳途径，消费者则将广告视为购物指南、生活助手，同时也将广告作为自己的购物需求及购买能力的参照。中西方消费者对广告的态度显然有所不同。

二是广告的表现方式存在差异。虽然国际广告的表现形式很多，但是在做选择时一定要考虑到不同文化的差异性。西方多以隐蔽、诙谐的手法表现广告，如喜力啤酒在欧洲的广告中并没有一句话或一段文字提到产品。丹麦乐队在酒会上奏唱喜力啤酒主题曲 *The Golden Age*，两个功夫达人各显神通在酒会上和众人分享欢乐，只是在广告结尾奉上喜力的 Logo。但是整个广告已经让人们感受到了喜力带给人们的欢腾，让人们深切感受到喜力啤酒 "open your world" 的广告理念。

而中国观众并不喜欢表意不明的广告。国内大多数广告都是用直白的表达方式告诉观众为什么要选用该产品。例如，我们熟知的金龙鱼食用油广告，广告很直白地告诉观众"一生中只追求完美，我选择金龙鱼 1 ∶ 1 ∶ 1"。

16.4.2　国际广告跨文化管理的对策

1. 以东道国广告为参照

国际广告在投放到东道国之前，应该参考东道国本土品牌的广告进行调整。国际广告的跨文化交流中不能有"自我参照准则"的出现（所谓"自我参照准则"是指依据在母国的设计方式和习惯而制作投放到东道国的国际广告）。这是因为国际广告将要进驻的是和母国有着迥异的文化和广告受众的另一个国家，企业所投放的广告应该符合东道国的市场需求而不是固守母国的广告思维。如果运用"自我参照准则"来设计和创作国际广告，就很难符合东道国的市场需求及文化价值观，这显然不利于国际产品的市场推广。

2. 主动适应文化变迁[①]

一个国家的文化既有稳定性也有变异性，这种变化称为"文化变迁"。文化变迁就表明一个国家的消费和需求也会产生相应的变化。文化变迁既能为国际企业提供一种新的经营机会，又能对国际广告提出新的要求。面对文化变迁，国际广告首先要适应这种变化；其次是对这种变化主动施加影响，引导文化变迁，以便公司开拓更多的市场。如果国际广告的制作者死守该国的传统文化而看不到东道国文化的变迁，那么以此设计制作出的广告就无法适应形势变化的需要，当然也免不了失败的命运。

3. 实行法律监管

世界各国对于广告都有着严格的监管措施和法律法规。东道国有关广告的法律法规，是国际广告最重要的约束条件，必须要严格遵守。也就是说，国际广告无论怎样创意，都不应该违反东道国的法律规范，否则要受到东道国的干预和制裁。

不同的国家对广告制作发布的规定是不同的。例如，欧洲一些国家对广告创意中采用比较法和使用儿童模特有法律限制，在这些国家，不能以同类产品相比较的手法来设计广告，也不能使用儿童模特，否则就是违法。

📊 本章小结

国际广告是国际市场营销活动过程中最重要的促销手段之一，是广告主为促进商品销售，主要以付

---

① 周立公. 现代广告学——理论策略技巧，第 2 版. 上海：上海财经大学出版社，2010：185.

费的方式通过国际性媒体、广告代理商和国际营销渠道，对海外目标市场所进行的有关商品、服务或企业形象的双向或单向的信息传播活动。

由于不同的国家在社会制度、消费水平结构、风俗习惯、宗教信仰、自然环境以及由此形成的价值观和消费理念等方面都存在着极大的差异，因而国际广告也具有不同于一般国内广告的特殊性。

国际广告主要具有树立产品形象，推广国际品牌、反映和引导市场需求以及促进国际间文化交流，提升东道国企业竞争意识的作用。

国际广告必须考虑东道国的经济环境、必须适应东道国的文化、必须尊重东道国的宗教信仰和遵守各国对广告的管制。

根据消费者购买行为的差异，可以将国际广告策略主要划分为 3 种，即标准化策略、本土化策略以及全球性策划和本土化执行相结合的策略。如果不同国家和地区消费者的购买行为习惯相似或差异性较小，可采用标准化策略；反之，如果差异较大则采用本土化策略。当前，越来越多的企业采用了全球性策划和本土化执行相结合的策略。

国际广告可以选择的媒体有两种类型，国际媒体和当地媒体。如何选择国际广告媒体应该遵守一些相应的原则。

在国际广告活动中，不同文化之间的差异很可能成为国际广告顺利刊播的障碍，因此，掌握跨文化管理的基本知识，了解各种文化间的差异，是做好国际广告的前提和基础。

思 考 题

一、单选题

1．相比较国内广告，国际广告更加（　　）。

A．简单　　　　B．复杂　　　　C．标准化　　　　D．个性化

2．人们在面对饮食、服饰等基本（　　）方面的购买问题时，会受社会习俗或文化影响而建立起与社会要求相符合的价值观、消费观，这个层面上的观念不容易被动摇，却极易被触犯。

A．生理需求　　B．心理需求　　C．社会需求　　D．安全需求

3．德国产的世界名车"Mercedes Benz"进入中国市场，在翻译这一品牌时删除了复杂的 Mercedes，而被译为"奔驰"，采用的是（　　）策略。

A．广告创意的本土化　　　　B．广告形象的本土化
C．广告语言的本土化　　　　D．品牌名称的本土化

4．adidas 在全球使用了创意完全相同的广告片，只不过在最后射门的时候换上了东道国的足球运动员，我们称之为（　　）。

A．本土化策略　　　　B．标准化策略
C．全球化策略和本土化执行相结合　　　　D．国际化策略

5．日本松下电器公司的迷你冰箱在美国采用的广告诉求方式是（　　）。

A．理性诉求　　B．感性诉求　　C．幽默诉求　　D．USP 式诉求

二、多选题

1．国际广告的特殊性主要体现在（　　）。

A．经济环境的特殊性　　　　B．社会文化环境的特殊性
C．政治环境的特殊性　　　　D．法律环境的特殊性
E．科学技术环境的特殊性

2．国际广告的主要作用包括（　　　）。
  A．树立品牌形象
  B．提高东道国产品的竞争意识
  C．降低广告费用预算
  D．反映和引导市场需求
  E．促进国际间文化交流，提升东道国企业竞争意识

3．国际广告的社会文化环境，除社会结构外，还包括（　　　）。
  A．语言文字
  B．宗教信仰
  C．价值观念
  D．教育水平
  E．民风民俗

4．以下属于国际广告创意本土化策略的是（　　　）。
  A．将"Bayerische Motoren Werke AG"（巴伐利亚发动机制造厂股份有限公司）翻译为宝马
  B．宝洁旗下洗发水品牌命名为"潘婷"
  C．法国红酒广告语"人头马一开，好事自然来"
  D．耐克广告语"Just do it"
  E．海尔广告语"海尔，真诚到永远"

5．以下有关国际广告创意要求的说法错误的是（　　　）。
  A．国际广告必须要考虑东道国的经济环境
  B．国际广告不一定必须适应东道国的语言文化
  C．国际广告必须尊重东道国的宗教信仰
  D．国际广告必须要遵守母国对广告的管制
  E．国际广告的一切出发点是母国的文化

三、简答及论述题

1．何谓国际广告？其宣传途径主要有哪些？
2．何谓国际广告创意的本土化策略？
3．国际广告创意策略实施的原则有哪些？
4．试论述选择国际广告媒体时应考虑的因素。
5．试论述国际广告跨文化管理的对策。

案例讨论

耐克"恐惧斗室"广告事件

2004年，耐克在中国的电视广告《恐惧斗室》播出后引发争议，最后导致被禁播，成为耐克广告的一个失败案例。

"恐惧斗室"广告画面大气磅礴，情节生动连贯，沉稳而不失个性。它鼓励亚洲青少年直面恐惧，勇往直前，表现个人篮球风格。

这则广告失败在未对中国本土的文化和历史进行思量。广告的三个镜头都体现对中国文化的"怠慢"：身穿长袍中国人模样的老者和身穿中国服装的形似飞天的妇女以及两条龙纷纷被詹姆斯打败。也就是说耐克这则广告在市场调查分析这方面没有深入，对广告策略进行"盲目"创意。

广告的目的就是最好地推销产品，所以广告公司也就应该对推销地所在国家的文化、历史、民众心理有深入研究和深刻了解。

耐克公司在广告中运用这些中国元素，也许本意是为了贴近中国受众心理，但是却因为盲目运用，不了解其中深意，所以适得其反。身着长袍的老人在中国一般是值得尊重的，而"飞天"也是中国文化的艺术形象，龙更是中国的图腾，在一定意义上是中华民族的象征，然而这些却在"恐惧斗室"里被丑

化,自然会让看广告的中国观众感觉不痛快,产生抗拒厌恶心理。

资料来源:百度文库。

问题讨论

1. 耐克广告"恐惧斗室"被停止播放的深层次原因是什么?
2. 在国际广告的创意、设计、制作、发布过程中,需要注意哪些问题?
3. 结合案例,谈谈在国际广告活动中如何进行跨文化管理。

参考文献

[1] 严学军，汪涛. 广告策划与管理（3 版）. 北京：高等教育出版社，2015.

[2] 周茂君. 广告管理学. 武汉：武汉大学出版社，2012.

[3] 崔晓文. 广告学概论. 北京：清华大学出版社，2009.

[4] 维尔斯. 桂世河，王长征译. 广告学：原理与实务. 北京：中国人民大学出版社，2009.

[5] 蔡嘉清. 广告学教程（4 版）. 北京：北京大学出版社，2015.

[6] 陈培爱. 中外广告史教程. 北京：中央广播电视大学出版社，2007.

[7] 袁安府. 现代广告学导论. 杭州：浙江大学出版社，2007.

[8] 何佳讯. 广告案例教程. 上海：复旦大学出版社，2006.

[9] 韩光军. 现代广告学. 北京：首都经济贸易大学出版社，2011.

[10] 周鸿铎. 广告策划. 北京：中国财政经济出版社，2000.

[11] 魏超等. 网络广告. 石家庄：河北人民出版社，2000.

[12] 李宝元. 广告学教程. 北京：人民邮电出版社，2010.

[13] 迈克尔•R. 所罗门. 张莹等译. 消费者行为. 北京：经济科学出版社，1999.

[14] 王文成，莫凡. 网络广告案例评析. 武汉：武汉大学出版社，2011.

[15] 丁俊杰，初广志. 中国广告传播研究轨迹. 北京：中国传媒大学出版社，2015.

[16] 杨建华. 广告学原理. 广州：暨南大学出版社，1999.

[17] 栾港，于湛波. 现代广告理论与实务. 哈尔滨：哈尔滨工业大学出版社，2010.

[18] 樊志育. 广告效果研究. 北京：中国友谊出版社，1998.

[19] 李静. 影视广告设计. 北京：人民邮电出版社，2016.

[20] 黄合水. 广告心理学. 北京：东方出版社，1998.

[21] 王健. 广告创意. 北京：中国建筑工业出版社，1998.

[22] 傅汉章，邝铁军. 广告学. 广州：广东高等教育出版社，1997.

[23] 熊卫芝. 商业广告投放策略及效果评估理论与实证研究. 商业时代，2017（10）：56-58.

[24] 庞隽，毕圣. 广告诉求——品牌来源国刻板印象匹配度对品牌态度的影响机制. 心理学报，2015，47（3）：406-416.

[25] 李东进. 消费者搜寻信息努力与影响因素的实证研究——以广告媒体为中心. 南开管理评论，2000，3（4）：52-59.

[26] 李儒俊. 从网络定制剧看广告植入. 东南传播，2015（1）：107-109.

[27] 姚柳虹. 跨文化因素对国际广告的影响. 商业现代化，商业视角. 2008，9（550）.

[28] 入券俊雄. 企业 Image 战略. 东京：产能大学出版部，1984.

[29] BrumerII, Gordon C. (1990), "Music, Mood and Marketing," *Journal of Marketing,* (October).

[30] Burke, Marian Chapman and Julie A. Edell (1989), "The Impact of Feelings on Ad-Based Affect and Cognition," *Journal of Marketing Research,* Vol.26.

[31] Celsi, Richard L., and Jerry C. Olson (1988), "The Role of Involvement in Attention and Comprehension Processes," *Journal of Consumer Research,* Vol.15(September).

[32] Sirgy M J. Self-Image/Product-Image Congruity and Advertising Strategy. 2015.

[33] Dunn, S.Watson and Arnold M. Barban (1986), "Advertising: Its Role in Modern Marketing," 6th ed. New York, Dryden Press.

[34] Frazer, C. F. (1983), "Creative Strategy: A Management Perspective," *Journal of Advertising*, Vol.12.

[35] Gorn, Gerald J. (1982), "The Effects of Music In Advertising on Choice Behavior: A Classical Conditioning Approach," Journal of Marketing, Vol.16 (Dec.).

[36] Homer, Pamela M. (1990), "The Mediating Role of Attitude Toward the Ad: Some Additional Evidence," Journal of Marketing Research, Vol. 27 (February).

[37] Wright, John S., Daniel S. Warter and Sherilyn K. Zeisler (1982), "Advertising," 5th ed., New York, McGraw-Hill.

[38] Quesenberry K A. Social Media Strategy: Marketing and Advertising in the Consumer Revolution[J]. Journal of Advertising Education, 2016, 20.

[39] Laskey, *Henry* A., Ellen Day and Melvin Crask (1989), "Typology of Main Message Strategies for Television Commercials," Journal of Advertising, Vol.18.

[40] Tai S, Samiee S, Pae J H. Global advertising strategy: The moderating role of brand familiarity and execution style. International Marketing Review, 2002, 19(2):176-189(14).